# MANUEL
## DE
# LA GÉOGRAPHIE
### DE CROZAT,

*par demandes et par réponses;*

### ÉDITION AUGMENTÉE
# DU DICTIONNAIRE

DE TOUTES LES VILLES DE FRANCE,
avec les Départemens dans lesquels elles sont situées,
et leurs distances de Paris en lieues de poste;
Du Tableau des principales VILLES DU MONDE,
avec leurs distances de la Capitale;

D'un Traité de la Sphère, d'un Aperçu de Géologie; du siége des Archevêchés, Evêchés, Cours royales, Divisions militaires; de la Population des chefs-lieux de Préfectures, Sous-Préfectures, etc.; d'un Manuel de Géographie Ancienne;

TERMINÉE PAR LE TABLEAU DES MŒURS, USAGES, COUTUMES
DES PEUPLES DES CINQ PARTIES DU MONDE;

## Par M. DE FORIS,

Professeur de Géographie, Continuateur de l'Histoire de
France par Le Ragois.

OUVRAGE ORNÉ DE FIGURES ET CARTES
GRAVÉES PAR M. HOCQUART.

*Prix : 2 fr. 50 c.*

## PARIS,
J<sup>h</sup>. MORONVAL, IMPRIM.-LIBRAIRE-ÉDITEUR,
rue Galande, n°. 65.

# GÉOGRAPHIE PHYSIQUE. (Frontispice)

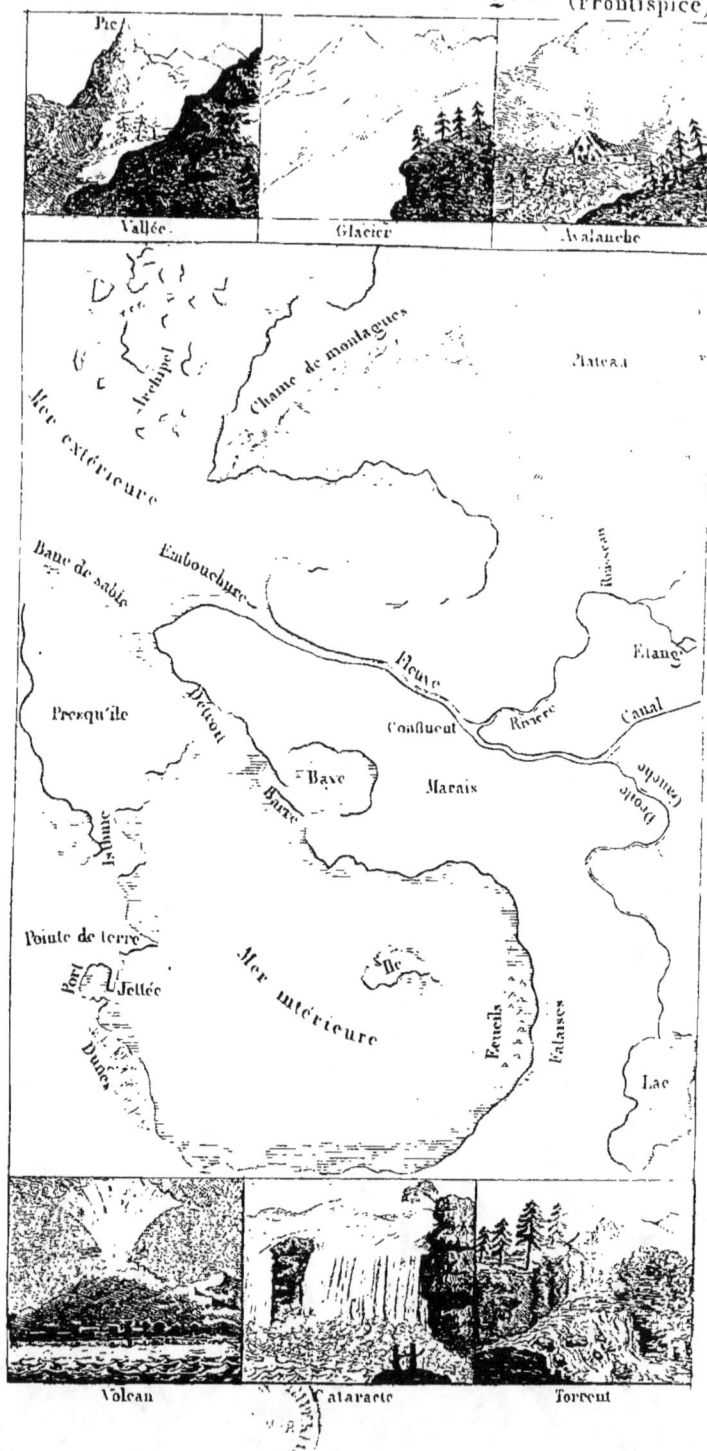

# MANUEL
DE
# LA GÉOGRAPHIE
## DE CROZAT,

*par demandes et par réponses;*

## SECONDE ÉDITION,

AUGMENTÉE

# DU DICTIONNAIRE
### DE TOUTES LES VILLES DE FRANCE,

avec les Départemens dans lesquels elles sont situées, et leurs distances de Paris en lieues de poste;

*Du Tableau des principales* VILLES DU MONDE, *avec leurs distances de la Capitale;*

D'un Traité de la Sphère, d'un Aperçu de Géologie; du siége des Archevêchés, Evêchés, Cours royales, Divisions militaires; de la Population des chefs-lieux de Préfectures, Sous-Préfectures, etc.; d'un Manuel de Géographie Ancienne;

TERMINÉE PAR LE TABLEAU DES MŒURS, USAGES ET COUTUMES DES PEUPLES DES CINQ PARTIES DU MONDE;

### PAR M. DE FORIS,

Professeur de Géographie, continuateur de l'Histoire de France par Le Ragois.

OUVRAGE ORNÉ DE CARTES ET FIGURES:

1°. Cartes de la Géographie Physique, Mappemonde, Sphère armillaire, Figures de Géométrie, Système Planétaire, Phases de la Lune, Éclipses, Rose des Vents, etc., etc.;
2°. Cartes de France, d'Europe, d'Asie, d'Afrique, de l'Amérique septentrionale et méridionale, de l'Océanie; de la Géographie Ancienne; Figures représentant les Costumes des Peuples des cinq Parties du Monde;

### GRAVÉES PAR M. HOCQUART.

## A PARIS,

CHEZ J<sup>H</sup>. MORONVAL, IMPRIM.-LIBRAIRE-ÉDITEUR,
rue Galande, n°. 65.

## 1829.

Tout Exemplaire non revêtu de ma signature sera réputé contrefait.

Imprimerie de J<sup>B</sup>. MORONVAL, rue Galande, n°. 65.

# PRÉFACE.

L'Éditeur commence par remercier le Public de l'accueil qu'il a fait à la première édition, épuisée en peu de temps ; et il espère, après un suffrage si honorable, le même succès pour la seconde, à laquelle viennent d'être faites de nouvelles améliorations.

Le mérite de la Géographie de Crozat, tant de fois réimprimée et toujours préférée pour être mise entre les mains des jeunes gens, l'avait placée parmi nos classiques les plus distingués. Cependant les changemens survenus en Europe depuis quarante ans, les progrès de l'industrie, l'accroissement de la population, etc. etc. ayant rendu son enseignement suranné, M. De Foris, connu par ses succès dans les Lettres, et particulièrement par son Histoire de Le Ragois (*), s'est chargé de refondre entièrement cet Ouvrage ; et dans un Précis d'Astronomie où les connaissances qui embrassent le Système du Monde et la Sphère sont mises à la portée de la jeunesse, il a inséré quelques aperçus de Géologie qu'on ne trouve ordinairement pas dans ces sortes d'ouvrages ; les enfans sauront donc quelque gré à l'auteur de leur apprendre les causes des phénomènes qui les frappent le plus, tels sont ceux de la pluie, de la grêle, du tonnerre, etc. etc. C'est dans le double but de ne point les distraire de l'étude de la Géographie proprement dite, et de leur faire saisir d'un seul coup-d'œil le caractère, les mœurs, les usages, les lois et les coutumes des différens peuples, qu'il en a formé un tableau, qui, aux charmes de la nouveauté, réunit l'avantage de les intéresser et de les instruire.

La description du Monde connu des anciens est indispensable aux jeunes gens dont l'éducation embrasse l'étude de la langue grecque et de la langue latine, et aux personnes qui apprennent l'Histoire Ancienne. Elle les transporte sur les lieux où se sont passés les événemens, leur fait connaître l'étendue, la situation et la division de chaque contrée, et les intéresse davantage à la lecture des auteurs. C'est pour ne rien laisser à désirer qu'on a ajouté un Abrégé de Géographie ancienne, accompagné

---

(*) *Instruction sur l'Histoire de France* par Le Ragois, continuée jusqu'au couronnement de S. M. Charles X, augmentée d'une Chronologie en vers des Rois de France ; par M. De Foris, professeur de Géographie. Douzième édition, ornée des Portraits de nos rois gravés sur bois par M. Thompson. Ouvrage admis pour la Bibliothèque de LL. AA. RR. les Enfans de France. Deux volumes in-12 en un. Prix : 3 fr. br., et 4 fr. rel. Chez Jh. Moronval, Imprimeur-Libraire, rue Galande, n°. 65.

# PRÉFACE.

d'une carte où tous les pays se trouvent placés avec la plus grande exactitude.

L'auteur n'a pas omis non plus de faire mention des curiosités et des chefs-d'œuvre des arts dans les villes qui en possèdent, ainsi que du genre d'industrie des habitans; mais il a distingué par un plus petit caractère ces indications, qui ne doivent point faire partie de leurs leçons.

. Comme il serait trop long d'entrer dans le détail des soins que l'auteur a apportés à la confection de ce Manuel, et qui en font un ouvrage tout nouveau, nous nous bornerons à dire que la clarté, la simplicité et l'exactitude des définitions relatives au Système du Monde, à la Sphère et à la Géographie, lui assignent un rang distingué parmi nos meilleurs livres élémentaires. Rédigé pour la jeunesse, il a le mérite de convenir aux personnes d'un âge mur, qui désirent remplir les lacunes de leur éducation ou se rappeler les objets de leurs premières études.

Nous ne pouvons cependant passer sous silence un autre genre d'améliorations qui distingue cette édition : il consiste dans les soins donnés à la disposition typographique; ils ajoutent ici à la clarté des descriptions. En effet, des chapitres bien coupés, la grosseur des caractères des titres en rapport avec l'importance des divisions, satisfont l'esprit en même temps que les yeux. On voit d'un coup-d'œil, au chapitre de la France et à la tête de chaque département, le nom de la province dont il est formé, la cour royale et la division militaire dont il dépend, et sa population : à la fin se trouvent placées les productions.

On a indiqué à chaque préfecture sa distance de Paris, et aux chefs-lieux d'arrondissement, leur distance au chef-lieu de préfecture.

Le Dictionnaire des villes de France avec leurs distances de la Métropole était susceptible de nombreuses augmentations : l'auteur, sans se rebuter d'un travail long et épineux, a eu soin d'y ajouter toutes les villes qui y manquaient, et par conséquent de le rendre aussi complet qu'on peut le désirer. Ce Manuel est orné des Cartes et Figures nécessaires à l'intelligence de la Sphère et de la Géographie; et une série de costumes des peuples des cinq parties du Monde se trouve placée en regard du tableau de leurs mœurs, usages, etc., et complète cette nouvelle édition, que nous recommandons à la bienveillance de MM. les Professeurs.

# DICTIONNAIRE

DE

## TOUTES LES VILLES DE FRANCE,

AVEC LES DÉPARTEMENS DANS LESQUELS ELLES SONT SITUÉES,

et leurs distances de Paris en lieues de poste.

---

| | |
|---|---|
| Abbeville, Somme. 41 | Amboise, Indre-et-Loire. 58 |
| Agde, Hérault. 200 | Amiens, Somme. 32 |
| Agen, Lot-et-Garonne. 183 | Ammerschwir, H.-Rhin. 125 |
| Ahun, Creuse. 114 | Ancenis, Loire-Inférieure. 89 |
| Aignay, Côte-d'Or. 66 | Ancy-le-Franc, Yonne. 52 |
| Aigre, Charente. 107 | Andelot, Haute-Marne. 63 |
| Aigueperse, P.-de-Dôme. 96 | Andelys (les), Eure. 36 |
| Aigues-Mortes, Gard. 187 | Andorre, Ariége. 202 |
| Aiguillon, Lot-et-Gar. 185 | Anduze, Gard. 171 |
| Airaines, Somme. 33 | Angers, Maine-et-Loire. 77 |
| Aire, Pas-de-Calais. 60 | Angerville, S.-et-Oise. 21 |
| Aire-sur-l'Adour, Landes. 185 | Angoulême, Charente. 117 |
| Airvaux, Deux-Sèvres. 101 | Aniane, Hérault. 199 |
| Aix, Bouches-du-Rhône. 200 | Annonay, Ardèche. 144 |
| Aix-d'Angillon (les), Cher. 55 | Annot, Basses-Alpes. 199 |
| Aizy, Yonne. 56 | Anse, Rhône. 113 |
| Ajaccio, Corse. 290 | Antibes, Var. 242 |
| Alaigne, Aude. 198 | Antrain, Ille-et-Vilaine. 93 |
| Alais, Gard. 169 | Apt, Vaucluse. 188 |
| Albert, Somme. 36 | Aramitz, B.-Pyrén. 208 |
| Alby, Tarn. 169 | Aramont, Gard. 172 |
| Alençon, Orne. 49 | Arbois, Jura. 104 |
| Aleth, Aude. 202 | Arc-en-Barrois, H.Marne. 68 |
| Allanches, Cantal. 130 | Arcis-sur-Aube, Aube. 41 |
| Allevard, Isère. 138 | Arcis-sur-Cure, Yonne. 54 |
| Alspach, Haut-Rhin. 120 | Ardes ou Ardres, Puy-de- |
| Altkirch, Haut-Rhin. 125 | Dôme. 110 |
| Amancey, Doubs. 106 | Ardres, Pas-de-Calais. 60 |
| Amarin, Haut-Rhin. 112 | Argancy, Moselle. 81 |
| Ambazac, Haute-Vienne. 98 | Argelès, H.-Pyrénées. 230 |
| Ambérieux, Ain. 121 | Argent, Cher. 42 |
| Ambert, Puy-de-Dôme. 114 | Argentan, Orne. 50 |
| Ambleteuse, P.-de-Calais. 67 | Argentat, Corrèze. 126 |

| | | | |
|---|---:|---|---:|
| Argenton, Indre. | 75 | Ballon, Sarthe. | 59 |
| Arinthod, Jura. | 112 | Bapaume, Pas-de-Calais. | 45 |
| Arles, B.-du-Rhône. | 189 | Barbeyrac, Aude. | 200 |
| Arleux, Nord. | 51 | Barbezieux, Charente. | 127 |
| Armentières, Nord. | 60 | Barcelounette, B.-Alpes. | 194 |
| Arnay-le-Duc, C.-d'Or. | 73 | Barenton, Manche. | 78 |
| Arpajon, Seine-et-Oise. | 9 | Bargemont, Var. | 225 |
| Arras, Pas-de-Calais. | 50 | Barjac, Gard. | 165 |
| Arreau, H.-Pyrénées. | 228 | Barjols, Var. | 222 |
| Artenay, Loiret. | 24 | Bar-le-Duc, Meuse. | 64 |
| Arzaneau, Finistère. | 148 | Barr, Bas-Rhin. | 113 |
| Asson, B.-Pyrénées. | 204 | Barréges, H.-Pyrén. | 225 |
| Astafort, Lot-et-Gar. | 187 | Bar-sur-Aube, Aube. | 56 |
| Athis, Orne. | 73 | Bar-sur-Seine, Aube. | 52 |
| Attigny, Ardennes. | 56 | Bassée (la), Nord. | 57 |
| Aubagne, B.-du-Rhône. | 210 | Bastia, Corse. | 300 |
| Aubenas, Ardèche. | 160 | Baud, Morbihan. | 131 |
| Aubigny, Cher. | 48 | Baugé, Maine-et-Loire. | 67 |
| Aubusson, Creuse. | 118 | Baume-les-Dames. | 107 |
| Auch, Gers. | 191 | Bavay, Nord. | 57 |
| Audenge, Gironde. | 154 | Bayon, Meurthe. | 97 |
| Aulnay, Calvados. | 72 | Bayeux, Calvados. | 75 |
| Aulnay, Charente-Inf. | 116 | Bayonne, B.-Pyrénées. | 204 |
| Aulps, Var. | 223 | Bazas, Gironde. | 156 |
| Aumale, Seine-Infér. | 35 | Baziéges, H.-Garonne. | 175 |
| Auray, Morbihan. | 133 | Beaucaire, Gard. | 183 |
| Aurillac, Cantal. | 138 | Beaufort, Maine-et-L. | 71 |
| Auriol, B.-du-Rhône. | 203 | Beaugency, Loiret. | 37 |
| Auterive, H.-Garonne. | 180 | Beaujeu, Rhône. | 105 |
| Autun, Saône-et-Loire. | 78 | Beaulieu, Corrèze. | 125 |
| Auvillars, Tarn-et-Gar. | 188 | Beaumarchez, Gers. | 198 |
| Auxerre, Yonne. | 43 | Beaumont-sur-Oise. | 9 |
| Auxonne, Côte-d'Or. | 88 | Beaumont-de-Lomagne, | |
| Auxy, Pas-de-Calais. | 48 | Tarn-et-Garonne. | 185 |
| Avallon, Yonne. | 57 | Beaumont, Sarthe. | 52 |
| Avesnes, Nord. | 55 | Beaune, Côte-d'Or. | 81 |
| Avignon, Vaucluse. | 181 | Beaupréau, Maine-et-L. | 91 |
| Avranches, Manche. | 89 | Beaurepaire, Isère. | 131 |
| Ax, Ariége. | 200 | Beausset (le), Var. | 218 |
| B | | Beauvais, Oise. | 22 |
| Baccarat, Meurthe. | 97 | Beauvoir, Deux-Sèvres. | 111 |
| Bagnères-de-Bigorre. | 223 | Bédarieux, Hérault. | 205 |
| Bagnères-de-Luchon. | 201 | Belesme, Orne. | 41 |
| Bagnols, Gard. | 172 | Belfort, H.-Rhin. | 118 |
| Bailleul, Nord. | 62 | Bellac, H.-Vienne. | 89 |
| Bain, Ille-et-Vilaine. | 102 | Belle-Isle, Morbihan. | 142 |
| Bains, Vosges. | 96 | Belle-Isle-en-Terre. | 129 |
| Balleroy, Calvados. | 77 | Belley, Ain. | 132 |

## DISTANCES DE PARIS.

| | | | |
|---|---|---|---|
| Bergerac, Dordogne. | 133 | Bourg-St-Andéol. | 170 |
| Bergues, Nord. | 75 | Bourgueil, Indre-et-L. | 72 |
| Bernay, Eure. | 43 | Bourmont, H.-Marne. | 71 |
| Bernis, Gard. | 182 | Boussac, Creuse. | 105 |
| Besançon, Doubs. | 101 | Boussenac, Ariége. | 196 |
| Besse, Sarthe. | 48 | Bouxvieller, B.-Rhin. | 113 |
| Bessières, H.-Garonne. | 167 | Bouzonville, Moselle. | 88 |
| Béthune, Pas-de-Calais. | 57 | Bozouls, Aveyron. | 179 |
| Béziers, Hérault. | 198 | Braine, Aisne. | 29 |
| Bidache, B.-Pyrénées. | 208 | Brassac, Puy-de-Dôme. | 111 |
| Billom, Puy-de-Dôme. | 107 | Bray-sur-Seine, S.-et-M. | 24 |
| Bischviller, Bas-Rhin. | 121 | Bressuire, Deux-Sèvres. | 95 |
| Bitch, Moselle. | 107 | Brest, Finistère. | 150 |
| Blainville, Meurthe. | 95 | Breteuil, Eure. | 36 |
| Blamont, Meurthe. | 99 | Briançon, H.-Alpes. | 171 |
| Blanc (le), Indre. | 76 | Briare, Loiret. | 40 |
| Blangy, Seine-Inférieure. | 41 | Brie-Comte-Robert. | 6 |
| Blaye, Gironde. | 139 | Brienne, Aube. | 50 |
| Bléré, Indre-et-Loire. | 58 | Bricy, Moselle. | 75 |
| Blois, Loir-et-Cher. | 46 | Brignais, Rhône. | 122 |
| Boën, Loire. | 118 | Brignolles, Var. | 227 |
| Bolbec, Seine-Inf. | 49 | Brionne, Eure. | 39 |
| Bollène, Vaucluse. | 169 | Brioude, H.-Loire. | 119 |
| Bonifacio, Corse. | 308 | Brives, Corrèze. | 125 |
| Bonnétable, Sarthe. | 46 | Broons, Côtes-du-Nord. | 104 |
| Bonneval, Eure-et-Loir. | 31 | Brou, Eure-et-Loir. | 34 |
| Bonneville, Jura. | 121 | Bronage, Charente-Inf. | 126 |
| Bonneville, Eure. | 41 | Bruniquel, Lot. | 184 |
| Bordeaux, Gironde. | 147 | Bruyères, Vosges. | 104 |
| Bort, Corrèze. | 115 | Bugue (le), Dordogne. | 128 |
| Bouchain, Nord. | 52 | Busançois, Indre. | 69 |
| Bouhière, Landes. | 194 | C | |
| Bouille-Loret, D.-Sèvres. | 103 | Cadenet, Vaucluse. | 183 |
| Boulay, Moselle. | 87 | Cadillac, Gironde. | 150 |
| Boulogne-sur-Mer. | 64 | Caen, Calvados. | 67 |
| Bourbon-Lancy, S.-et-L. | 82 | Cahors, Lot. | 143 |
| Bourbon-l'Archambault. | 78 | Calais, Pas-de-Calais. | 71 |
| Bourbonne, H.-Marne. | 79 | Calvi, Corse. | 305 |
| Bourbon-Vendée. | 114 | Cambrai, Nord. | 48 |
| Bourbriac, C.-du-Nord. | 125 | Cancale, Ille-et-Vilaine. | 119 |
| Bourdeille, Dordogne. | 117 | Candé, Maine-et-Loire. | 84 |
| Bourg-Argental, Loire. | 136 | Canne (la), Tarn. | 186 |
| Bourg-en-Bresse, Ain. | 110 | Canourgues, Lozère. | 147 |
| Bourg-d'Oisans (le), Isère. | 152 | Cannes, Var. | 237 |
| Bourganeuf, Creuse. | 118 | Cany, Seine-Inférieure. | 50 |
| Bourges, Cher. | 60 | Capdenac, Lot. | 199 |
| Bourgneuf, Loire-Inf. | 109 | Capelle (la), Aisne. | 49 |
| Bourgoin, Isère. | 129 | Caraman, H.-Garonne. | 173 |

| | | | |
|---|---|---|---|
| Carcassonne, Aude. | 196 | Chambon, Loire. | 134 |
| Carentan, Manche. | 87 | Champagnoles, Jura. | 109 |
| Carhaix, Finistère. | 144 | Champlitte, H.-Saône. | 78 |
| Carignan, Ardennes. | 70 | Champtoceaux, Maine- | |
| Carouges, Orne. | 53 | et-Loire. | 85 |
| Carpentras, Vaucluse. | 179 | Chantilly, Oise. | 10 |
| Carvin, Pas-de-Calais. | 57 | Chaource, Aube. | 56 |
| Carvin-Espinoi, Pas-de-Calais. | 59 | Charité (la), Nièvre. | 55 |
| Cassel, Nord. | 63 | Charleville, Ardennes. | 62 |
| Cassis, B.-du-Rhône. | 210 | Charlieu, Loire. | 97 |
| Castanet, H.-Garonne. | 175 | Charmes, Vosges. | 94 |
| Castel-Jaloux, Lot-et-G. | 184 | Charolles, Saône-et-L. | 92 |
| Castel-Joux, Lot-et-Gar. | 180 | Charost, Cher. | 65 |
| Castellanne, B.-Alpes. | 207 | Chartres, Eure-et-Loir. | 23 |
| Castel-Moron, Lot-et-G. | 184 | Châtaigneraye, Vendée. | 105 |
| Castel-Sagrat, Lot-et-G. | 188 | Châteaubriant, Loire-Inf. | 88 |
| Castelnaudary, Aude. | 198 | Château-Chinon, Nièvre. | 67 |
| Castelnau-de-Magnoa, H.-Pyrénées. | 192 | Château du-Loir, Sarthe. | 55 |
| Castelnau-de-Médoc, Gironde. | 140 | Châteaudun, Eure-et-L. | 34 |
| | | Chât.-Gontier, Mayenne. | 74 |
| | | Chât.-Landon, S-et-M. | 25 |
| Castelnau-de-Montratier, Lot. | 152 | Châteaulin, Finistère. | 157 |
| | | Châteauneuf, Charente. | 122 |
| Castel-Sarrazin, T.-et-G. | 179 | Châteauneuf, Cher. | 68 |
| Castillon, Gironde. | 141 | Châteaun uf, Loiret. | 30 |
| Castres, Tarn. | 179 | Château Regnault, l.-et-L. | 54 |
| Cateau (le), Nord. | 50 | Châteauroux, Indre. | 66 |
| Catelet (le), Aisne. | 42 | Château-Salins, Meurthe. | 93 |
| Caudebec, Seine-Inf. | 44 | Château-Thierry, Aisne. | 22 |
| Caussade, Tarn-et-Gar. | 174 | Château-Vilain, H. Marne. | 60 |
| Cavaillon, Vaucluse. | 185 | Châtelaudren, Côtes-du-Nord. | 117 |
| Caylus, Tarn-et-Gar. | 171 | Châtellerault, Vienne. | 77 |
| Cazaubon, Gers. | 189 | Chatillon, Ain. | 108 |
| Cazères, H.-Garonne. | 185 | Châtillon s. Indre, Indre. | 64 |
| Céret, Pyrén.-Or. | 234 | Châtillon s. Loing, Loiret. | 37 |
| Cernay, H.-Rhin. | 122 | Châtillon-sur-Seine. | 59 |
| Cette, Hérault. | 198 | Châtre (la), Indre. | 72 |
| Chabanais, Charente. | 104 | Chaudes-Aigues, Cantal. | 141 |
| Chablis, Yonne. | 46 | Chaumont, H.-Marne. | 63 |
| Chagny, Saône-et-Loire. | 83 | Chaumont-en-Vexin, Oise. | 18 |
| Chaise-Dieu, H.-Loire. | 124 | Chauny, Aisne. | 30 |
| Chalabre, Aude. | 206 | Chaussailles, S.-et-Loire. | 98 |
| Chalonne, Maine-et-Loire. | 84 | hauvigny, Vienne. | 94 |
| Châlons, Marne. | 42 | Chailard, Ardèche. | 148 |
| Châlons-s-Saône. | 90 | Chazelles, Loire. | 114 |
| Chalus, Haute-Vienne. | 106 | Chemillé, Maine-et-L. | 86 |
| Chambon, Creuse. | 111 | Cherbourg, Manche. | 97 |

## DISTANCES DE PARIS.

| | | | |
|---|---|---|---|
| Chevreuse, Seine-et-O. | 9 | Crest, Drôme. | 151 |
| Chinon, Indre-et-Loire. | 74 | Croisic, Loire-Infér. | 115 |
| Chollet, M.-et-L. | 92 | Cuers, Var. | 233 |
| Ciotat (la), B.-du-Rhône. | 215 | Cuiseaux, S.-et-Loire. | 105 |
| Civray, Vienne. | 100 | Cunlhat, Puy-de-Dôme. | 109 |
| Clairac, Lot-et-Gar. | 180 | Cusset, Allier. | 95 |
| Clamecy, Nièvre. | 52 | **D** | |
| Clermont-Lodève. | 190 | Dambach, Bas-Rhin. | 126 |
| Clermont, Meuse. | 63 | Dammartin, Seine-et-M. | 8 |
| Clermont, Oise. | 15 | Darney, Vosges. | 90 |
| Clerm.-Ferrand, P.-de-D. | 98 | Dax, Landes. | 192 |
| Cluny, Saône-et-Loire. | 97 | Decize, Nièvre. | 70 |
| Cognac, Charente. | 122 | Deneuvre, Meurthe. | 97 |
| Collioure, Pyrénées-Or. | 234 | Die, Drôme. | 154 |
| Colmar, Haut-Rhin. | 123 | Dieppe, Seine-Infér. | 47 |
| Combourg, Ille-et-Vil. | 98 | Dieu-le-Fit, Drôme. | 158 |
| Commercy, Meuse. | 74 | Dieuze, Meurthe. | 98 |
| Compiègne, Oise. | 19 | Digne, Basses-Alpes. | 193 |
| Concarneau, Finistère. | 156 | Digoin, Saône-et-Loire. | 88 |
| Conches, Eure. | 31 | Dijon, Côte-d'Or. | 78 |
| Condé, Nord. | 59 | Dinan, C.-du-Nord. | 101 |
| Condé, Calvados. | 71 | Dol, Ille-et-Vilaine. | 97 |
| Condom, Gers. | 182 | Dôle, Jura. | 95 |
| Condrieu, Rhône. | 126 | Domfront, Orne. | 64 |
| Confolens, Charente. | 102 | Domme, Dordogne. | 130 |
| Conquet, Finistère. | 106 | Domrémy, Vosges. | 77 |
| Corbeil, Seine-et-Oise. | 8 | Donzy, Nièvre. | 50 |
| Corbie, Somme. | 32 | Dorat, H.-Vienne. | 85 |
| Corbigny, Nièvre. | 58 | Dormans, Marne. | 27 |
| Corcieux, Vosges. | 111 | Douai, Nord. | 53 |
| Cordes, Tarn. | 165 | Douarnenez, Finistère. | 163 |
| Corte, Corse. | 303 | Doué, Maine-et-Loire. | 79 |
| Cosne, Nièvre. | 45 | Doulens, Somme. | 40 |
| Côte-St-André, Isère. | 134 | Dourdan, Seine-et-Oise. | 13 |
| Coulanges, Yonne. | 50 | Draguignan, Var. | 228 |
| Coulanges-la-Vineuse, Yonne. | 45 | Dreux, Eure-et-Loir. | 22 |
| Coulommiers, S.-et-M. | 15 | Dunkerque, Nord. | 77 |
| Coulonges, D.-Sèvres. | 112 | Dun-le-Roi, Cher. | 67 |
| Courpière, P.-de-Dôme. | 106 | Duras, Lot.et Garonne. | 183 |
| Courtenay, Loiret. | 32 | Durtal, Maine-et-L. | 67 |
| Courville, Eure-et-Loir. | 28 | **E** | |
| Coutances, Manche. | 91 | Ease, Gers. | 188 |
| Coutras, Gironde. | 136 | Ecomoy, Sarthe. | 55 |
| Craon, Mayenne. | 78 | Ecouen, Seine-et-Oise. | 5 |
| Craponne, H.-Loire. | 120 | Ecouis, Eure. | 25 |
| Crémieu, Isère. | 125 | Elbeuf, Seine-Inféricure. | 34 |
| Crespy, Oise. | 20 | Embrun, Hautes-Alpes. | 179 |
| | | Enghien, Seine-et-Oise. | 4 |

| | | | |
|---|---:|---|---:|
| Ensisheim, H.-Rhin. | 125 | Fontainebleau, Seine-et-M. | 15 |
| Entraigues, Aveyron. | 167 | Fontenay-le-Comte. | 109 |
| Entrevaux, B.-Alpes. | 200 | Fontevrault, Maine-et-L. | 76 |
| Epernay, Marne. | 33 | Forbach, Moselle. | 96 |
| Epernon, Eure-et-Loir. | 16 | Forcalquier, B.-Alpes. | 195 |
| Epinal, Vosges. | 98 | Forges, Seine Inférieure. | 33 |
| Ernée, Mayenne. | 69 | Fougères, Ille-et-Vilaine. | 94 |
| Espalion, Aveyron. | 170 | Foulletourte, Sarthe. | 57 |
| Estaing, Aveyron. | 168 | Fréjus, Var. | 234 |
| Estaires, Nord. | 58 | Fresnay, Sarthe. | 53 |
| Estissac, Aube. | 46 | Fronton, H.-Geronne. | 178 |
| Etain, Meuse. | 74 | Fruges, Pas-de-Calais. | 57 |
| Etampes, Seine-et-Oise. | 16 | Fumay, Ardennes. | 66 |
| Eu, Seine-Inférieure. | 42 | Fumel, Lot-et-Garonne. | 173 |
| Evaux, Creuse. | 100 | **G** | |
| Evreux, Eure. | 27 | Gabaret, Landes. | 180 |
| Evron, Mayenne. | 67 | Gabian, Hérault. | 199 |
| Excideuil, Dordogne. | 116 | Gacé, Orne. | 43 |
| **F** | | Gaillac, Tarn. | 171 |
| Falaise, Calvados. | 64 | Gaillon, Eure. | 24 |
| Farmoutiers, S.-et-Marne. | 14 | Gallardon, Eure-et-Loire. | 20 |
| Fatouville, Eure. | 48 | Gan, Basses Pyrénées. | 200 |
| Faverney, H.-Saône. | 95 | Ganges, Hérault. | 182 |
| Fay-Billot, H.-Marne. | 75 | Gannat, Allier. | 95 |
| Fécamp, Seine-Inférieure. | 54 | Gap, Hautes-Alpes. | 171 |
| Felletin, Creuse. | 120 | Gardanne, B.-du-Rhône. | 204 |
| Fenestrange, Meurthe. | 100 | Gensac, Gironde. | 150 |
| Fère (la), Aisne. | 32 | Gerardmer, Vosges. | 114 |
| Fère Champenoise, Marne. | 34 | Gerbeviller, Meurthe. | 96 |
| Ferney, Ain. | 128 | Gex, Ain | 120 |
| Ferté-Aleps (la), S.-et-O. | 12 | Gien, Loiret. | 38 |
| Ferté-Bernard (la), Sarthe. | 41 | Gimont, Gers. | 190 |
| Ferté-Gaucher, S.-et-M. | 17 | Giromagny, H.-Rhin. | 121 |
| Ferté-Macé (la), Orne. | 58 | Gisors, Eure. | 20 |
| Ferté-Milon (la), Aisne. | 20 | Givet, Ardennes. | 71 |
| Ferté-sous-Jouarre. | 14 | Givors, Rhône. | 125 |
| Ferté-St-Aubin (la), Loiret. | 36 | Givry, Saône-et-Loire. | 92 |
| Feurs, Loire. | 112 | Glandèves, B.-Alpes. | 209 |
| Figeac, Lot. | 197 | Goncelin, Isère. | 145 |
| Firmini, Loire. | 134 | Gondrecourt, Meuse. | 73 |
| Fismes, Marne. | 33 | Gonesse, Seine-et-Oise. | 5 |
| Flavigny, Côte-d'Or. | 70 | Gorgue (la), Nord. | 73 |
| Flèche (la), Sarthe. | 64 | Gourdon, Lot. | 139 |
| Flers, Orne. | 62 | Gournay-en-Bray, S.-Inf. | 26 |
| Fleurance, Gers. | 183 | Graçay, Cher. | 70 |
| Florac, Lozère. | 151 | Gramat, Lot. | 130 |
| Flotte (la), Char.-Inf. | 128 | Grancey, Côte-d'Or. | 87 |
| Foix, Ariége. | 193 | Grand-Pré, Ardennes. | 61 |

## DISTANCES DE PARIS.

| | | | |
|---|---|---|---|
| Grandvilliers, Oise. | 24 | Istres, B.-du-Rhône. | 208 |
| Granville, Manche. | 95 | **J** | |
| Grasse, Var. | 233 | Joigny, Yonne. | 37 |
| Gravelines, Nord. | 69 | Joinville, Haute-Marne. | 60 |
| Gray, Haute-Saône. | 82 | Jonzac, Charente-Inf. | 134 |
| Grenade, H.-Garonne. | 168 | Joyeuse, Ardèche. | 164 |
| Grenade, Landes. | 183 | Josselin, Morbihan. | 120 |
| Grenoble, Isère. | 146 | Jugon, Côtes-du-Nord. | 105 |
| Grignan, Drôme. | 159 | Juillac, Corrèze. | 120 |
| Guebviller, H.-Rhin. | 128 | Jussey, H.-Saône. | 104 |
| Guerande, Loire-Inf. | 116 | Juzennecourt, H.-Marne. | 66 |
| Guerche (la), Ille-et-Vil. | 91 | **L** | |
| Guéret, Creuse. | 110 | Lagny, Seine-et-Marne. | 8 |
| Guignes, Seine-et-Marne. | 9 | Laigle, Orne. | 36 |
| Guines, Pas-de-Calais. | 71 | Laignes, Côte-d'Or. | 56 |
| Guingamp, Côtes-du-N. | 123 | Lamballe, C.-de-Nord. | 110 |
| Guise, Aisne. | 43 | Lambesc, B.-du-Rhône. | 196 |
| Guyolle, Aveyron. | 165 | Landerneau, Finistère. | 141 |
| **H** | | Landivisiau, Finistère. | 141 |
| Hagettmaun, Landes. | 188 | Landrecies, Nord. | 52 |
| Haguenau, Bas-Rhin. | 119 | Langeac, H.-Loire. | 126 |
| Ham, Somme. | 32 | Langeais, Indre-et-Loire. | 68 |
| Harfleur, Seine-Inf. | 54 | Langogne, Lozère. | 140 |
| Havre (le), Seine-Inf. | 55 | Langon, Gironde. | 168 |
| Hazebrouck, Nord. | 61 | Langres, Haute-Marne. | 71 |
| Hennebon, Morbihan. | 138 | Lannion, C.-du-Nord. | 131 |
| Henrichemont, Cher. | 54 | Laon, Aisne. | 33 |
| Hesdin, Pas-de-Calais. | 52 | Larbresle, Rhône. | 115 |
| Hondscotte, Nord. | 81 | Largentière, Ardèche. | 162 |
| Honfleur, Calvados. | 57 | Lassay, Mayenne. | 72 |
| Houdan, Seine-et-Oise. | 17 | Launoy, Ardennes. | 74 |
| Huningue, Haut-Rhin. | 133 | Lauterbourg, B.-Rhin. | 134 |
| Hyères, Var. | 141 | Lautrec, Tarn. | 183 |
| **I** | | Lauzerte, Tarn-et-Gar. | 172 |
| Ille, Pyrénées-Orient. | 227 | Laval, Mayenne. | 72 |
| Illiers, Eure-et-Loir. | 28 | Lavaur, Tarn. | 178 |
| Ingouville, Seine-Infér. | 55 | Lavelanet, Ariége. | 198 |
| Ingrande, Maine-et-L. | 86 | Lectoure, Gers. | 181 |
| Is-sur-Tille, Côte-d'Or. | 75 | Leguévin, H.-Garonne. | 176 |
| Isigny, Calvados. | 84 | Lempde, Haute-Loire. | 116 |
| Isle (l'), Vaucluse. | 185 | Lemps-le-Grand, Isère. | 136 |
| Isle-Bouchard, Ind.-et-L. | 73 | Lens, Pas-de-Calais. | 54 |
| Isle-d'Oléron, Char.-Inf. | 132 | Lesparre, Gironde. | 138 |
| Isle-en-Jourdain, Gers. | 190 | Lévignac, Aveyron. | 177 |
| Ispagnac, Lozère. | 149 | Lévroux, Indre-et-Loire. | 61 |
| Issingeaux, H.-Loire. | 131 | Lézignan, Aude. | 196 |
| Issoire, Puy-de-Dôme. | 106 | Lezoux, Puy-de-Dôme. | 103 |
| Issoudun, Indre. | 60 | Liancourt, Oise. | 17 |

| | | | |
|---|---|---|---|
| Libourne, Gironde. | 140 | Mamers, Sarthe. | 44 |
| Ligneil, Ind.-et-Loire. | 68 | Manosque, Basses-Alpes. | 191 |
| Lignières, Cher. | 71 | Mans (le), Sarthe. | 54 |
| Ligny, Meuse. | 68 | Mantes, Seine-et-Oise. | 15 |
| Lille, Nord. | 60 | Marans, Charente-Infér. | 118 |
| Lillebonne, Seine-Infér. | 48 | Marche (la), Vosges. | 84 |
| Lillers, Pas-de-Calais. | 57 | Marchiennes, Nord. | 55 |
| Limoges, Haute-Vienne. | 97 | Marciac, Gers. | 200 |
| Limonest, Rhône. | 117 | Marcigny, Saône-et-L. | 96 |
| Limoux, Aude. | 201 | Marckolsheim, B.-Rhin. | 117 |
| Lions-la-Forêt, Eure. | 27 | Mardick, Nord. | 78 |
| Lisieux, Calvados. | 55 | Marennes, Charente-Inf | 133 |
| Loches, Indre-et-Loire. | 63 | Maringues, P.-de-Dôme. | 100 |
| Lodève, Hérault. | 187 | Marle, Aisne. | 38 |
| Lombès, Gers. | 195 | Marmande, Lot-et-Gar. | 177 |
| Longny, Orne. | 34 | Marseille, B.-du-Rhône. | 208 |
| Longuyon, Moselle. | 68 | Martel, Lot. | 130 |
| Longwy, Moselle. | 73 | Martigues, B.-du-Rhône. | 202 |
| Lonjumeau, S.-et-Oise. | 6 | Marvejols, Lozère. | 143 |
| Lons-le-Saulnier, Jura. | 105 | Mas-d'Azil, Ariège. | 193 |
| Lorient, Morbihan. | 125 | Masseube, Gers. | 196 |
| Loriol, Drôme. | 150 | Massiac, Cantal. | 129 |
| Lormes, Nièvre. | 59 | Massillargues, Hérault. | 197 |
| Lorris, Loiret. | 31 | Maubourguet, H.-Pyr. | 201 |
| Loudéac, Côtes-du-Nord. | 117 | Maubeuge, Nord. | 59 |
| Loudun, Vienne. | 78 | Mauléon, B.-Pyrénées. | 206 |
| Louhans, Saône-et-Loire. | 100 | Mauriac, Cantal. | 128 |
| Lourdes, Haut.-Pyrénées. | 125 | Maurs, Cantal. | 146 |
| Louviers, Eure. | 29 | Mauze, D.-Sèvres. | 112 |
| Luc (le), Var. | 217 | Mayenne, Mayenne. | 67 |
| Luçon, Vendée. | 115 | Mazamet, Tarn. | 183 |
| Lude (le), Sarthe. | 60 | Meaux, Seine-et-Marne. | 11 |
| Lunel, Hérault. | 192 | Mehun-sur-Yèvre, Cher. | 58 |
| Lunéville, Meurthe. | 93 | Mehun-s.-Loire, Loiret. | 36 |
| Lure, Haute-Saône. | 97 | Meillan, Lot-et-Garon. | 179 |
| Lury, Cher. | 65 | Melle, Deux-Sèvres. | 106 |
| Lusignan, Vienne. | 94 | Melun, Seine-et-Marne. | 11 |
| Luxeuil, Haute-Saône. | 92 | Mende, Lozère. | 145 |
| Luzarches, Seine-et-Oise. | 8 | Mens, Isère. | 164 |
| Luzy, Nièvre. | 76 | Mer, Loir-et-Cher. | 40 |
| Lyon, Rhône. | 119 | Mercœur, Corrèse. | 126 |
| M | | Méru, Oise. | 15 |
| Machecoul, Loire-Inf. | 108 | Merville, Nord. | 58 |
| Mâcon, Saône-et-Loire. | 102 | Méry-sur-Seine, Aube. | 35 |
| Magistère, Lot-et-Gar. | 187 | Metz, Moselle. | 79 |
| Magny, Seine-et-Oise. | 95 | Meulan, Seine-et-Oise. | 12 |
| Maintenon, Eure-et-Loir. | 19 | Meung, Loiret. | 35 |
| Malesherbes, Loiret. | 37 | Meximieux, Ain. | 118 |

| | | | |
|---|---|---|---|
| Meyrueix, Lozère. | 155 | Montluçon, Allier. | 84 |
| Mèze, Hérault. | 200 | Montluel, Ain. | 119 |
| Mézières, Ardennes. | 59 | Montmédy, Meuse. | 72 |
| Mézin, Lot-et-Garonne. | 190 | Montmerle, Ain. | 112 |
| Milhau, Aveyron. | 185 | Montmirail, Marne. | 25 |
| Mirabeau, B.-Alpes. | 196 | Montmorillon, Vienne. | 85 |
| Mirande, Gers. | 195 | Montoire, Loir-et-Cher. | 47 |
| Mirebeau, Vienne. | 84 | Montpellier, Hérault. | 193 |
| Mirebeau, Côte d'Or. | 83 | Montpezat, Ardèche. | 165 |
| Mirecourt, Vosges. | 90 | Montpont, Dordogne. | 133 |
| Mirepoix, Ariége. | 191 | Montrejeau, H.-Garon. | 192 |
| Moissac, Tarn-et Garon. | 177 | Montreuil-Bellay, Maine- | |
| Molières, Tarn-et-Gar. | 185 | et-Loire. | 78 |
| Molsheim, Bas-Rhin. | 113 | Montreuil-sur Mer. | 56 |
| Moncontour. | 112 | Montrevault, Maine-et-L. | 93 |
| Monein, B.-Pyrénées. | 203 | Montrichard, L.-et Cher. | 56 |
| Monestier, Tarn. | 174 | Moret, Seine-et-Marne. | 19 |
| Monestier, H.-Alpes. | 168 | Morez, Jura. | 119 |
| Monistrol, Haute-Loire. | 125 | Morlaix, Finistère. | 148 |
| Monségur, Lot-et-Gar. | 161 | Mortague, Orne. | 38 |
| Monségur, Gironde. | 144 | Mortain, Manche. | 80 |
| Montagnac, Hérault. | 195 | Moulins, Allier. | 75 |
| Montaigu, Puy-de-Dôm. | 90 | Moulins-Gilbert, Nièvre. | 69 |
| Montaigu, Vendée. | 106 | Moustiers, B.-Alpes. | 204 |
| Montargis, Loiret. | 29 | Mouzon, Ardennes. | 68 |
| Montauban, Tarn-et-G. | 179 | Moyenvic, Meurthe. | 94 |
| Montbarcy, Jura. | 98 | Mulhausen, Haut-Rhin. | 126 |
| Montbard, Côte-d'Or. | 59 | Mur-de-Barrez, Aveyron. | 150 |
| Montbazon, I.-et-Loire. | 65 | Murat, Cantal. | 132 |
| Montbéliard, Doubs. | 118 | Mure (la), Isère. | 155 |
| Montbrison, Loire. | 114 | Muret, Haute-Garonne. | 177 |
| Mont-Cénis, S.-et-Loire. | 83 | Mussey, Aube. | 56 |
| Mont-de-Marsan, Land. | 180 | Mussidan, Dordogne. | 120 |
| Montdidier, Somme. | 24 | N | |
| Montdoubleau, L. et Cher. | 42 | Najac, Aveyron. | 189 |
| Montelimard, Drôme. | 154 | Nancy, Meurthe. | 86 |
| Montendre, Char.-Inf. | 138 | Nangis, Seine-et-Marne. | 18 |
| Montereau, S.-et-Marne. | 20 | Nantes, Loire-Inférieure. | 100 |
| Montesquieu, H.-Gar. | 185 | Nanteuil, Oise. | 17 |
| Montfaucon, H.-Loire. | 129 | Nantua, Ain. | 120 |
| Montferrand, P.-de-Dôme | 97 | Narbonne, Aude. | 197 |
| Montflanquin, Lot-et- | | Navarreins, B. Pyrén. | 202 |
| Garonne. | 172 | Nay, Basses-Pyrénées. | 203 |
| Montfort-l'Amaury. | 13 | Négrepelisse, Tarn-et-G. | 175 |
| Montignac, Dordogne. | 123 | Nemours, S.-et Marne. | 20 |
| Montigny, H.-Marne. | 71 | Nérac, Lot-et-Garonne. | 187 |
| Montlhéry, S-et-Oise. | 6 | Nesle, Somme. | 50 |
| Montlouis, Pyrénées-Or. | 240 | Neufbourg, Eure. | 34 |

| | | | |
|---|---|---|---|
| Neuf-Brisach, H.-Rhin. | 128 | Pau, Basses-Pyrénées. | 200 |
| Neufchâteau, Vosges. | 80 | Payrac, Lot. | 136 |
| Neufchâtel-en-Bray. | 37 | Péage (le), Isère. | 129 |
| Neuvic, Dordogne. | 125 | Pelussin, Loire. | 129 |
| Neuville, Loiret. | 24 | Péquigny, Somme. | 33 |
| Neuville, Vienne. | 84 | Périgueux, Dordogne. | 121 |
| Neuville, Rhône. | 116 | Pernes, Vaucluse. | 180 |
| Neuvy-le-Roi, Ind.-et-L. | 58 | Péronne, Somme. | 35 |
| Nevers, Nièvre. | 60 | Perpignan, Pyrén.-Or. | 228 |
| Nions, Drôme. | 163 | Perrecy, Saône-et-Loire. | 86 |
| Niort, Deux-Sèvres. | 107 | Pertuis, Vaucluse. | 195 |
| Nismes, Gard. | 180 | Peyrolles, B.-du-Rhône. | 196 |
| Nogaro, Gers. | 190 | Pézenas, Hérault. | 196 |
| Nogent-le-Roi, H.-Marne. | 67 | Phalsbourg, Meurthe. | 110 |
| Nogent-le-Roi, E.-et-L. | 19 | Pierrelatte, Drôme. | 159 |
| Nogent-le-Rotrou. | 35 | Pignans, Var. | 230 |
| Nogent-sur-Seine, Aube. | 26 | Pipriac, Ille-et-Vilaine. | 111 |
| Noirmoutiers, Vendée. | 124 | Pithiviers, Loiret. | 21 |
| Nolay, Côte-d'Or. | 80 | Plaisance, Gers. | 196 |
| Nonancourt, Eure. | 25 | Planches, Jura. | 113 |
| Nontron, Dordogne. | 111 | Pleurtuit, Ille-et-Vil. | 102 |
| Nort, Loire-Inférieure. | 107 | Pleyben, Finistère. | 156 |
| Nouvion, Aisne. | 47 | Ploermel, Morbihan. | 115 |
| Noyers, Yonne. | 53 | Plogastel, Finistère. | 162 |
| Noyon, Oise. | 31 | Plombières, Vosges. | 101 |
| Nozay, Loire-Infér. | 110 | Plouagat, C.-du-Nord. | 121 |
| Nozeroi, Jura. | 116 | Ploubalay, C.-du-Nord. | 105 |
| Nuits, Côte-d'Or. | 80 | Ploudalmezau, Finistère. | 155 |
| O | | Ploudiry, Finistère. | 156 |
| Olargues, Hérault. | 210 | Plume (la), Lot-et-Gar. | 186 |
| Olioulles, Var. | 236 | Podensac, Gironde. | 150 |
| Oleron-Béarn, B.-Pyrén. | 205 | Poissy, Seine-et-Oise. | |
| Orange, Vaucluse. | 173 | Poitiers, Vienne. | 88 |
| Orbec, Calvados. | 50 | Poix, Somme. | 29 |
| Orchies, Nord. | 57 | Poligny, Jura. | 104 |
| Orgelet, Jura. | 110 | Poncin, Ain. | 125 |
| Orgon, B. du-Rhône. | 190 | Pons, Char.-Inf. | 132 |
| Orléans, Loiret. | 31 | Pontacy, B.-Pyrénées. | 205 |
| Ornans, Doubs. | 106 | Pont-à-Mousson, Meurth. | 82 |
| Orthès, Basses-Pyrén. | 197 | Pontarlier, Doubs. | 114 |
| Oust, Ariége. | 199 | Pont-Audemer, Eure. | 45 |
| P | | Pont-Beauvoisin, Isère. | 136 |
| Pacy-sur-Eure, Eure. | 23 | Pont-de-l'Arche, Eure. | 31 |
| Paimbœuf, Loire-Infér. | 108 | Pont-de-Vaux, Ain. | 103 |
| Paimpol, C.-du-Nord. | 121 | Pont-de-Cé, Maine-et-L. | 67 |
| Palisse (la), Allier. | 93 | Pont-de-Veyle, Ain. | 104 |
| Pamiers, Ariége. | 190 | Pont-Gibaud, Puy-de-D. | 104 |
| Parthenay, Deux-Sèvres. | 96 | Pontivy, Morbihan. | 126 |

| | | | |
|---|---|---|---|
| Pont-l'Evêque, Calvados. | 56 | Ripault, Indre-et-Loire. | 65 |
| Pontoise, Seine-et-Oise. | 8 | Rive-de-Gier, Loire. | 127 |
| Pontorson, Manche. | 94 | Roanne, Loire. | 101 |
| Pont-sur-Yonne, Yonne. | 25 | Roche-Bernard. | 123 |
| Pont-St-Esprit, Gard. | 170 | Rochechouart, H.-Vienne. | 99 |
| Pont-Ste.-Maxence, Oise. | 18 | Rochefort, Charente-Inf. | 124 |
| Port-Louis (le), Morbih. | 140 | Rochefoucault (la), Char. | 113 |
| Port-Ste-Marie, L.-et-G. | 183 | Rochelle (la), Char.-Inf. | 124 |
| Port-Vendre, Pyr.-Or. | 235 | Rocroy, Ardennes. | 60 |
| Pouilly, Nièvre. | 51 | Rodez, Aveyron. | 175 |
| Prades, Pyrén.-Orient. | 231 | Rognes, B.-du-Rhône. | 203 |
| Prahecq, Deux-Sèvres. | 109 | Roisel, Somme. | 38 |
| Prats-de-Mollo, Pyr.-Or. | 242 | Romans, Drôme. | 143 |
| Privas, Ardèche. | 158 | Romorantin, Loir-et-Cher. | 49 |
| Provins, Seine-et-Marne. | 23 | Roquefort, Landes. | 175 |
| Puiseaux, Loiret. | 24 | Roquelaure, Gers. | 188 |
| Puttelange, Moselle. | 103 | Roquemaure, Gard. | 178 |
| Puy (le), Haute-Loire. | 130 | Roquevaire, B.-du-Rhôn. | 208 |
| Puy-Laurens, Tarn. | 181 | Roscoff, Finistère. | 154 |
| Q | | Rosiers (les), Maine-et-L. | 77 |
| Quesnoy (le), Nord. | 54 | Rosoy-en-Brie, Seine-et-M. | 14 |
| Quillebeuf, Seine-Infér. | 46 | Roubaix, Nord. | 62 |
| Quimper, Finistère. | 159 | Rouans, Loire-Infér. | 110 |
| Quimperlé, Finistère. | 148 | Rouen, Seine-Inférieure. | 35 |
| Quintin, C.-du-Nord. | 118 | Rouvray, Côte-d'Or. | 60 |
| R | | Royan, Charente-Infér. | 137 |
| Rabasteins, Tarn. | 173 | Roye, Somme. | 27 |
| Rambervillers, Vosges. | 101 | Rue, Somme. | 47 |
| Rambouillet, Seine-et-O. | 13 | Ruffec, Charente. | 105 |
| Raon-l'Etape, Vosges. | 106 | Ryoz, Haute-Saône. | 96 |
| Raucourt, Ardennes. | 65 | S | |
| Ravières, Yonne. | 55 | Sablé, Sarthe. | 66 |
| Redon, Ille-et-Vilaine. | 113 | Sables (les), Vendée. | 125 |
| Reims, Marne. | 39 | Saffré, Loire-Infér. | 87 |
| Remiremont, Vosges. | 103 | Saillans, Drôme. | 158 |
| Rennes, Ille-et-Vilaine. | 89 | Saint-Affrique, Aveyron. | 188 |
| Réole (la), Gironde. | 149 | St-Aignan, Loir-et-Cher. | 55 |
| Rethel, Ardennes. | 52 | St-Amand, Nord. | 58 |
| Revel, H.-Garonne. | 173 | St-Amand, Cher. | 72 |
| Ribeauvillers, H.-Rhin. | 120 | St-Amour, Jura. | 108 |
| Ribécourt, Oise. | 23 | St-Antonin, Tarn-et-G. | 174 |
| Ribérac, Dordogne. | 122 | St-Aubin, Ille-et-Vilaine. | 93 |
| Riceys (les), Aube. | 54 | St-Avold, Moselle. | 91 |
| Richelieu, Indre-et-L. | 78 | St-Béat, H.-Garonne. | 197 |
| Rieux, Haute-Garonne. | 181 | St-Brieux, Côtes-du-N. | 114 |
| Rieux, Morbihan. | 115 | St-Bris, Yonne. | 44 |
| Riez, Basses-Alpes. | 204 | St-Calais, Sarthe. | 45 |
| Riom, Puy-de-Dôme. | 100 | St-Céré, Lot. | 133 |

| | | | |
|---|---|---|---|
| St-Chamond, Loire. | 129 | St-Péray, Ardèche. | 154 |
| St-Chély, Lozère. | 134 | St-Pierre-le-Moutier. | 68 |
| St-Chinian, Hérault. | 197 | St-Pol, Pas-de-Calais. | 52 |
| St-Claude, Jura. | 117 | St-Pons, Hérault. | 193 |
| St-Denis, Seine. | 2 | St-Quentin, Aisne. | 37 |
| St Dier, P.-de-Dôme. | 106 | St-Rambert, Ain. | 123 |
| St-Diez, Vosges. | 108 | St-Remy, B.-du-Rhône. | 188 |
| St-Dizier, H.-Marne. | 56 | St-Saens, Seine-Infér. | 37 |
| St-Etienne, Loire. | 132 | 't-Savinien, Char.-Inf. | 124 |
| St-Fargeau, Yonne. | 42 | St-Servan, Ille-et-Vil. | 105 |
| St-Flour, Cantal. | 135 | St-Sever, Landes. | 185 |
| Sainte-Foy-la-Grande, Gironde, | 160 | Ste-Suzanne, Mayenne. | 64 |
| | | St-Symphorien, Loire. | 105 |
| St-Galmier, Loire. | 118 | St-Symphorien-d'Ozon. | 122 |
| St-Gaudens, H.-Garonn. | 202 | St-Tropez, Var. | 247 |
| St-Gengoux, Saône-et-L. | 92 | St-Valery-en-Caux. | 51 |
| St-Geniez, Aveyron. | 173 | St-Valery-sur-Somme. | 44 |
| St-Genis, Char.-Infér. | 135 | St-Vallier, Drôme. | 136 |
| St-Geoire, Isère. | 137 | St-Yrieix, H.-Vienne. | 107 |
| St-Germain-en-Laye. | 6 | Saintes, Charente-Inf. | 128 |
| St-Gilles, Gard. | 186 | Saissac, Aude. | 201 |
| St-Girons, Ariége. | 196 | Salernes, Var. | 224 |
| St-Hilaire, Manche. | 83 | Salers, Cantal. | 138 |
| St-Hippolyte, Gard. | 173 | Saliès, Haute-Garonne. | 206 |
| St-Hippolyte, Doubs. | 116 | Salins, Jura. | 105 |
| St-Ibars, Ariége. | 185 | Salon, B.-du-Rhône. | 195 |
| St-Jean-d'Angély. | 120 | alvagnac, Tarn. | 168 |
| St-Jean-de-Losne. | 86 | Salvetat, Hérault. | 196 |
| St-Jean de-Luz, B.-Pyr. | 200 | Sancerre, Cher. | 53 |
| St-Jean-du-Gard, Gard. | 169 | Sancoins, Cher. | 70 |
| St-Jean-Pied-de-Port. | 208 | Santenay, Côte-d'Or. | 84 |
| St-Junien, H.-Vienne. | 96 | Sanzay, Vienne. | 100 |
| St-Léonard, H.-Vienne. | 96 | Sarais, Oise. | 30 |
| Ste-Livrade, Lot-et-Gar. | 177 | Sarlat, Dordogne. | 128 |
| St-Lô, Manche. | 83 | Sarrebourg, Meurthe. | 106 |
| St-Macaire, Gironde. | 151 | Sarreguemines, Moselle. | 100 |
| St-Maixent, D.-Sèvres. | 101 | Sartene, Corse. | 299 |
| St-Malo, Ille-et-Vilaine. | 104 | Sarzeau, Morbihan. | 128 |
| St-Marcellin, Isère. | 142 | Saugues, Haute-Loire. | 136 |
| Ste-Marie-aux-Mines. | 118 | Saujon, Charente-Infér. | 134 |
| St-Martin-de-Rhé. | 127 | Saulieu, Côte-d'Or. | 65 |
| St-Maximin, Var. | 125 | Sault, Vaucluse. | 186 |
| Ste-Menehould, Marne. | 55 | Saumur, Maine-et-Loire. | 73 |
| St-Mihiel, Meuse. | 71 | Sauves, Gard. | 174 |
| St-Nicolas, Meurthe. | 89 | Sauxillanges, P.-de-Dôme. | 110 |
| St-Omer, Pas-de-Calais. | 63 | Sauzé, Deux-Sèvres. | 106 |
| St-Palais, B.-Pyrénées. | 204 | Savenay, Loire-Inf. | 105 |
| St-Papoul, Aude. | 200 | Saverdun, Ariége. | 187 |

# DISTANCES DE PARIS.

| | | | |
|---|---|---|---|
| Saverne, Bas-Rhin. | 110 | Tautignan, Drôme. | 159 |
| Schelestadt, Bas-Rhin. | 114 | Teilleu' (le). Manche. | 77 |
| Sedan, Ardennes. | 66 | Terrasson Dordogne. | 120 |
| Séez, Orne. | 46 | Thann, Haut-Rhin. | 130 |
| Ségré, Maine-et-Loire. | 80 | T eil (le). Orne. | 45 |
| Seignelay, Yonne. | 40 | Thenon, Dordogne. | 131 |
| Selles, Loir-et-Cher. | 53 | Thiers. Puy-de-Dôme. | 103 |
| Selongey, Côte-d'Or. | 76 | Thionville, Moselle. | 80 |
| Semur, Côte-d'Or. | 62 | Thoissey, Ain. | 105 |
| Senez, Basses-Alpes. | 199 | Thouars, Deux-Sèvres. | 87 |
| Senlis, Oise. | 15 | Tinchebray, Orne. | 65 |
| Sennecy, Saône-et-Loire. | 91 | Tonnay, Charente-Inf. | 121 |
| Senones, Vosges. | 105 | Tonneins, Lot-et-Gar. | 179 |
| Sens, Yonne. | 29 | Tonnerre, Yonne. | 49 |
| Sept-Moncel, Jura. | 115 | Toucy, Yonne. | 48 |
| Seran, Maine-et-Loire. | 80 | Toul, Meurthe. | 79 |
| Sergines, Yonne. | 26 | Toulon, Var | 215 |
| Serre, Drôme. | 140 | Toulouse, H-Garonne. | 172 |
| Serres, Hautes-Alpes. | 174 | Tour (la), Puy-de-Dôme. | 116 |
| Serrières, Ardèche. | 140 | Tourcoing, Nord | 63 |
| Seurre, Côte-d'or. | 87 | Tour du Pin (la), Isère. | 131 |
| Severac, Aveyron. | 177 | Tournan, Seine-et-Marne. | 7 |
| Seyssel, Ain. | 128 | Tournon, Ardèche. | 150 |
| Sierck, Moselle. | 87 | Tournus, Saône-et-L. | 97 |
| Sigean, Aude. | 202 | Tours, Indre-et-Loire. | 62 |
| Sillé-le Guillaume. | 57 | Touvet, Isère. | 152 |
| Sisteron, Basses-Alpes. | 190 | Tramayes, Saône-et-L. | 107 |
| Soissons, Aisne. | 25 | Tréguier, Côtes-du-N. | 125 |
| Sommières, Gard. | 180 | Tremblade, Char.-Inf. | 135 |
| Souillac, Lot. | 132 | Treport, Seine-Infér. | 54 |
| Soulage, Aude. | 207 | Trets, B.-du-Rhône. | 204 |
| Soulz-s.-Forêts, B.-Rhin. | 129 | Trévoux, Ain. | 114 |
| Sourdeval, Manche. | 78 | Troyes, Aube. | 41 |
| Souvigny, Allier. | 77 | Truchtersheim, B.-Rhin. | 122 |
| Stenay, Meuse. | 68 | Tulles, Corrèze. | 118 |
| Strasbourg, Bas-Rhin. | 119 | Tullins, Isère. | 137 |
| Suippes, Marne. | 48 | U | |
| Sumène, Gard. | 179 | Ussel, Corrèze. | 111 |
| Surgères, Charente-Inf. | 117 | Uzerche, Corrèze. | 116 |
| T | | Uzès, Gard. | 176 |
| Taillebourg, Char.-Inf. | 123 | V | |
| Tain, Drôme. | 139 | Vaison, Vaucluse. | 177 |
| Talmont, Char.-Infér. | 135 | Valençay, Indre. | 56 |
| Tarare, Rhône. | 111 | Valence, Drôme. | 144 |
| Tarascon, Ariège. | 197 | Valence-d'Agen. | 178 |
| Tarascon, B.-du-Rhône. | 185 | Valenciennes, Nord. | 56 |
| Tarbes, H.-Pyrénées. | 209 | Valentine, H-Garonne. | 202 |
| Tartas, Landes. | 186 | Valleraugue, Gard. | 195 |

| | | | |
|---|---|---|---|
| Vallon, Ardèche. | 166 | Vienne, Isère. | 125 |
| Valognes, Manche. | 93 | Vierzon, Cher. | 56 |
| Valréas, Vaucluse. | 168 | Vigan (le), Gard. | 176 |
| Vandœuvre, Aube. | 59 | Villedieu, Manche. | 196 |
| Vannes, Morbihan. | 128 | Villefort, Lozère. | 154 |
| Vans (les), Ardèche. | 166 | Villefranche, H.-Gar. | 178 |
| Varenne, Allier. | 81 | Villefranche, Aveyron. | 175 |
| Varennes, Meuse. | 62 | Villefranche, Rhône. | 110 |
| Varzy, Nièvre. | 52 | Villemur, H.-Garonne. | 180 |
| Vassy, Haute-Marne. | 57 | Villenauxe, Aube. | 27 |
| Vatan, Indre. | 57 | Villeneuve-de-Berg. | 163 |
| Vaubry, Creuse. | 113 | Villeneuve-l'Archevêque. | 32 |
| Vaucouleurs, Meuse. | 77 | Villeneuve-le-Roi, Yonne. | 33 |
| Vence, Var. | 236 | Villeneuve-lès-Avignon. | 180 |
| Vendôme, Loir-et-Cher. | 43 | Villeneuve-d'Agen. | 165 |
| Verberie, Oise. | 22 | Villéréal, Lot-et-Gar. | 160 |
| Verdun, Meuse. | 70 | Villers-Coterets, Aisne. | 21 |
| Verdun-sur-Saône. | 90 | Vimoutiers, Orne. | 45 |
| Vermanton, Yonne. | 49 | Vire, Calvados. | 78 |
| Verneuil, Eure. | 32 | Virieu, Isère. | 134 |
| Vernon, Eure. | 21 | Vitré, Ille-et-Vilaine. | 89 |
| Vernoux, Ardèche. | 154 | Vitry-le-Français. | 48 |
| Versailles, Seine-et-Oise. | 5 | Vitteaux, Côte-d'Or. | 68 |
| Vertus, Marne. | 34 | Viviers, Ardèche. | 166 |
| Vervins, Aisne. | 45 | Vizille, Isère. | 150 |
| Vesoul, Haute-Saône. | 91 | Voiron, Isère. | 139 |
| Veynes, Hautes-Alpes. | 175 | Vouziers, Ardennes. | 58 |
| Veyre, Puy-de-Dôme. | 101 | Wasselonne, Bas-Rhin. | 117 |
| Vezelay, Yonne. | 54 | Wissembourg, B.-Rhin. | 122 |
| Vic-en-Bigorre, H.-Pyr. | 206 | Y | |
| Vichy, Allier. | 87 | Yvetot, Seine-Inférieure. | 45 |

FIN DU TABLEAU DES VILLES DE FRANCE.

## POPULATION DES CINQ PARTIES DU MONDE.

La population des cinq parties du Monde est évaluée à 996,000,000 habitans, et répartie ainsi qu'il suit :

| | |
|---|---|
| Asie. | 596,000,000 hab. |
| Afrique. | 150,000,000 |
| Europe | 180,000,000 |
| Amérique. | 60,000,000 |
| Océanie. | 10,000,000 |
| TOTAL | 996,000,000 hab. |

## TABLEAU SYNOPTIQUE
### des principales Villes du Monde, avec leurs distances de Paris.

| Ville | Dist. | Ville | Dist. | Ville | Dist. |
|---|---|---|---|---|---|
| Açores (les). | 550 | Bruxelles. | 78 | Dresde. | 260 |
| Agra. | 1748 | Bude. | 340 | Dublin. | 225 |
| Aix-la-Chapell. | 117 | Buénos-Ayres. | 2210 | Dunkerque. | 77 |
| Alep. | 863 | Burgos. | 273 | Dusseldorf. | 125 |
| Alexandrette. | 839 | Cadix. | 415 | Edimbourg. | 240 |
| Alexandrie, It. | 221 | Caen. | 67 | Egra. | 213 |
| Alexandrie, Eg. | 769 | Cagliari. | 348 | Ferrare. | 238 |
| Alger. | 348 | Caire (le). | 809 | Florence. | 312 |
| Alicante. | 344 | Calais. | 71 | Francfort-s.-M. | 140 |
| Altona. | 221 | Calcutta. | 1915 | Fribourg, All. | 123 |
| Amiens. | 32 | Canaries (les). | 640 | Fribourg, Suiss. | 140 |
| Amsterdam. | 122 | Candie. | 643 | Gand. | 85 |
| Ancône. | 237 | Cantorbéry. | 82 | Gênes. | 286 |
| Andrinople. | 598 | Cap de B. Esp. | 2257 | Genève. | 132 |
| Angers. | 77 | Cap-Haïtien. | 1620 | Gibraltar. | 447 |
| Angoulême. | 117 | Cap-Horn. | 2660 | Goa. | 3862 |
| Anvers. | 91 | Capoue. | 466 | Gothembourg. | 283 |
| Arnheim. | 130 | Cap-Vert. | 915 | Grenade. | 406 |
| Arras. | 50 | Carlsruhe. | 135 | Grenoble. | 146 |
| Augsbourg. | 189 | Carthagène. | 365 | Groningue. | 179 |
| Avignon. | 181 | Cassel, Allem. | 186 | Guadeloupe. | 1600 |
| Badajoz. | 388 | Catane. | 520 | Hambourg. | 221 |
| Bagdad. | 982 | Cayenne. | 1565 | Hanovre. | 176 |
| Bâle. | 120 | Cérigo. | 595 | Harlem. | 118 |
| Barcelonne. | 256 | Chambéry. | 145 | Hâvre (le). | 55 |
| Batavia. | 4000 | Chandernagor. | 1843 | Hermanstadt. | 420 |
| Bayonne. | 204 | Cherbourg. | 97 | Isle Bourbon. | 3000 |
| Belgrade. | 412 | Clermont-Ferr. | 97 | Ispahan. | 1183 |
| Berghen. | 341 | Clèves. | 139 | Jédo. | 5300 |
| Berg-op-Zoom. | 97 | Coblentz. | 153 | Jamaïque. | 1371 |
| Berlin. | 245 | Colmar. | 123 | Jérusalem. | 800 |
| Berne. | 143 | Cologne. | 133 | Kœnigsberg. | 346 |
| Besançon. | 102 | Constantinople | 650 | La Haye. | 108 |
| Bilbao. | 265 | Copenhague. | 272 | Lausane. | 134 |
| Bologne. | 262 | Cordoue. | 384 | Laval. | 72 |
| Bombay. | 1600 | Cracovie. | 345 | Laybach. | 302 |
| Bordeaux. | 147 | Damas. | 934 | Leipsick. | 234 |
| Boston. | 1200 | Dantzick. | 370 | Leyde. | 110 |
| Brême. | 194 | Darmstadt. | 148 | Liége. | 105 |
| Brescia. | 233 | Diarbekir. | 822 | Lille. | 60 |
| Breslau. | 298 | Dordrecht. | 103 | Lima. | 2411 |
| Brest. | 164 | Douai. | 53 | Limoges. | 97 |
| Bruges. | 100 | Douvres. | 78 | Lisbonne. | 456 |

# PRINCIPALES VILLES DU MONDE.

|  | |  | |  | |
|---|---|---|---|---|---|
| Lintz. | 258 | Nice. | 246 | Séville. | 397 |
| Livourne. | 315 | Nimègue. | 145 | Siam. | 1972 |
| Londres. | 105 | Nîmes. | 180 | Sienne. | 340 |
| Louvain. | 84 | Nuremberg. | 186 | Sinigaglia. | 326 |
| Lubeck. | 210 | Olmutz. | 312 | Smolensk. | 559 |
| Lucerne. | 140 | Orléans. | 31 | Smyrne. | 695 |
| Lucie (Ste.). | 1500 | Osnabruck. | 268 | Soleure. | 135 |
| Lucques. | 321 | Ostende. | 77 | Sophie. | 535 |
| Luxembourg. | 95 | Padoue. | 370 | Spire. | 136 |
| Lyon. | 119 | Palerme. | 480 | Stockholm. | 401 |
| Madère. | 530 | Pampelune. | 238 | Strasbourg. | 119 |
| Madras. | 1800 | Parme. | 260 | Stuttgardt. | 148 |
| Madrid. | 320 | Passaw. | 240 | Suze. | 182 |
| Maëstricht. | 115 | Pau. | 200 | Syracuse. | 530 |
| Magdebourg. | 213 | Pavie. | 220 | Tarragone. | 275 |
| Malaga. | 414 | Pékin. | 2350 | Terre-de-Feu. | 2661 |
| Malines. | 83 | Perpignan. | 228 | Terre-Neuve. | 900 |
| Malte. | 443 | Pest. | 340 | Tobolsk. | 1016 |
| Manheim. | 143 | Philadelphie. | 1250 | Tolède. | 347 |
| Mantoue. | 234 | Pise | 327 | Toulon. | 215 |
| Maroc. | 726 | Plaisance. | 243 | Toulouse. | 172 |
| Marseille. | 208 | Poitiers. | 88 | Tournay. | 63 |
| Martinique (la) | 1490 | Pondichéry. | 1850 | Trèves. | 105 |
| Mayence. | 141 | Porto | 352 | Trieste. | 300 |
| Mecque (la). | 940 | Port Mahon. | 265 | Tripoli. | 482 |
| Médine. | 910 | Potsdam. | 239 | Tunis. | 390 |
| Messine. | 500 | Prague. | 246 | Turin. | 196 |
| Metz. | 79 | Presbourg. | 297 | Udine. | 286 |
| Mexico. | 2190 | Québec. | 1300 | Utrecht. | 113 |
| Milan. | 214 | Rastadt. | 132 | Valence, Esp. | 319 |
| Mittau. | 405 | Ratisbonne. | 211 | Valenciennes. | 56 |
| Modène. | 278 | Riga. | 413 | Varsovie. | 378 |
| Moka. | 1040 | Rio-Janeiro. | 1844 | Venise. | 290 |
| Mons. | 63 | Rochefort. | 124 | Vera-Crux. | 2130 |
| Montpellier. | 193 | Rome. | 382 | Verceil. | 212 |
| Moscou. | 660 | Rotterdam. | 100 | Vérone. | 249 |
| Munich. | 190 | Rouen. | 35 | Vicence. | 263 |
| Munster. | 156 | Saint-Gall. | 170 | Vienne. | 280 |
| Namur. | 82 | St-J.-d'Acre. | 790 | Xérès. | 411 |
| Nanci. | 86 | S. Pétersbourg. | 580 | York. | 162 |
| Nankin. | 2860 | S. Salvador. | 1544 | Ypres. | 68 |
| Nantes. | 100 | Salerne. | 488 | Zurich. | 155 |
| Naples. | 474 | Saragosse. | 244 | Washington. | 1300 |
| Neuchâtel. | 130 | Savone. | 227 | Wesel. | 119 |
| Newcastle. | 175 | Schaffhouse. | 150 | Wilna. | 435 |
| New-York. | 1230 | Ségovie. | 313 | Wurtemberg. | 225 |

FIN DU TABLEAU DES PRINCIPALES VILLES DU MONDE.

ASTRONOMIE ET SPHÈRE

# MANUEL
DE
## GÉOGRAPHIE MODERNE,
PAR DEMANDES ET PAR RÉPONSES.

---

### DE L'ASTRONOMIE ET DE LA SPHÈRE.

D. Qu'est-ce que l'astronomie?

R. L'astronomie est une science qui traite des astres; elle nous en fait connaître la grandeur, la position et les distances réciproques; les mouvemens, les révolutions et les phases ou apparences.

D. De quels moyens se sert-on pour acquérir cette connaissance?

R. On se sert d'une sphère : c'est une machine ronde, mobile, composée de différens cercles et représentant la figure de la terre, la position respective des cercles célestes, et le cours des astres.

D. Qu'entendez-vous par astres ou corps célestes?

R. On nomme ainsi les étoiles fixes, les comètes,

le soleil, les planètes de premier ordre, et les planètes secondaires ou satellites.

D. Qu'est-ce que le Monde?

R. Le Monde est l'assemblage de tous les corps que Dieu a créés; ce qui comprend la vaste étendue de la terre, du ciel, et des astres ou corps célestes.

D. Qu'entendez-vous par système du Monde?

R. On appelle système du Monde, la disposition et l'arrangement que les astronomes supposent aux corps célestes; celui de Copernic (*voy*. Pl. I, fig. 7) paraît le plus conforme aux observations astronomiques : il place le soleil au centre du monde, et fait mouvoir les planètes d'occident en orient autour de cet astre.

D. En quoi consiste le système de Ptolomée?

R. Ptolomée, qui vivait au commencement du II$^e$. siècle après J.-C., place la terre immobile au centre du monde, et fait tourner autour d'elle, en 24 heures, le ciel avec tous les astres, d'occident en orient. Outre ce mouvement commun, il suppose aux étoiles fixes et aux planètes, parmi lesquelles il place le soleil et la lune, des révolutions particulières d'occident en orient.

## DES DIFFÉRENS CERCLES.

D. Combien y a-t-il de cercles dans la sphère?

R. Il y en a dix, six grands et quatre petits : les grands cercles sont l'horizon, le méridien, le Zodiaque au milieu duquel se trouve l'écliptique, l'équateur et les deux colures; les petits sont les deux tropiques et les deux cercles polaires. Les grands cercles ont le même centre que la sphère, et la partagent en deux parties égales ou hémisphères, tandis que les petits la divisent en parties inégales.

D. Pourquoi les astronomes ont-ils imaginé des cercles?

R. Ils ont imaginé des cercles sur la superficie concave du ciel pour figurer le mouvement des astres, et les géographes ont porté ces mêmes cercles sur le globe terrestre.

## DE L'HORIZON.

D. Qu'est-ce que l'horizon ?

R. C'est un grand cercle qui partage le monde en deux hémisphères, l'un supérieur qui est éclairé, l'autre inférieur qui est dans l'ombre.

D. A quoi sert l'horizon ?

R. Il sert à marquer le lever et le coucher des astres. Lorsqu'un astre vient sur l'horizon, il se lève ; quand il va au-dessous, il se couche. On a marqué sur ce cercle les quatre points cardinaux et la direction des vents.

D. Quels sont les quatre points cardinaux ?

R. L'Est, l'Orient ou le Levant, est le point où le soleil semble se lever ; l'Ouest, Occident ou Couchant, le point où il paraît se coucher ; le Sud ou Midi, le point du ciel où le soleil paraît au milieu du jour ; le Nord ou Septentrion, le point opposé à celui du Sud ou Midi.

D. Combien y a-t-il de sortes d'horizons ?

R. Il y en a deux sortes : le rationnel ou grand horizon, dont on vient de parler, et l'horizon visuel ou sensible, qui borne notre vue lorsque nous sommes dans une vaste plaine ou sur un lieu élevé. L'horizon a pour pôles deux points, l'un qui est au-dessus de notre tête et qu'on appelle zénith, et l'autre diamétralement opposé, qu'on appelle nadir.

D. L'horizon est-il le même pour tous les endroits?

R. Chaque endroit a son horizon particulier, et l'on ne peut faire un pas de côté ou d'autre, sans changer d'horizon.

## DU MÉRIDIEN.

**D.** Qu'est-ce que le méridien ?

**R.** Le méridien est un grand cercle qui passe par les pôles du monde et partage le globe en deux hémisphères, l'un oriental et l'autre occidental.

**D.** Pourquoi ce cercle est-il appelé méridien ?

**R.** Parce qu'il est midi pour ceux qui sont sous ce cercle, lorsque le soleil y passe sur l'horizon; il est alors minuit pour ceux qui habitent sous la moitié opposée de ce cercle.

**D.** A quoi sert le méridien ?

**R.** Il sert à marquer l'élévation du pôle au-dessus de l'horizon, excepté pour la sphère droite, parce qu'elle a l'un et l'autre pôle dans l'horizon.

**D.** Comment nomme-t-on les points où le méridien coupe l'horizon rationnel ?

**R.** L'un s'appelle le Midi ou le Sud, et l'autre le Nord ou le Septentrion (*).

**D.** A quoi servent les méridiens placés à l'est ou à l'ouest du premier méridien ?

**R.** Ils servent à indiquer les endroits situés à l'est ou à l'ouest, et par conséquent ceux qui ont midi plus tôt ou plus tard. Puisque la terre tourne en 24 heures, et que sa circonférence est divisée en 360 degrés, il est clair que les 360 degrés passent successivement devant le soleil en 24 heures, et par conséquent 15 degrés en une heure. Ainsi, de deux lieux éloignés de 15 degrés l'un de l'autre,

---

(*) Quoiqu'il n'y ait qu'un seul méridien dans la sphère, on peut cependant compter autant de méridiens qu'il y a de points dans l'équateur. Un homme peut aller en ligne directe d'un pôle à l'autre sans changer de méridien ; mais pour peu qu'il détourne vers l'orient ou l'occident, il répond à un méridien différent. Comme tous les méridiens se coupent aux pôles terrestres, ils sont d'autant plus rapprochés les uns des autres, qu'ils approchent plus des pôles où ils se réduisent à rien ; il suffit, pour en juger, de jeter un coup-d'œil sur un globe terrestre.

celui situé à l'orient aura midi, quand l'autre aura 11 heures; il est midi à Vienne en Autriche, quand il est 11 heures à Paris.

D. Quelle différence y a-t-il pour les heures entre les pays situés à l'est et ceux à l'ouest?

R. C'est que les heures sont en avance pour les pays situés à l'est, et en retard pour ceux à l'ouest.

D. Que faut-il faire pour trouver la différence des heures en avance, c'est-à-dire à l'est; et des heures en retard, c'est-à-dire à l'ouest?

R. Il faut d'abord chercher la longitude, et distinguer ensuite si elle est orientale ou occidentale.

On demande quelle heure il est à Moscow et à Philadelphie, quand il est midi à Paris.

Moscow est au 35° 12' de longitude E. Comme 15 degrés font une heure, que chaque degré vaut 4 minutes d'heure, et chaque minute de degré 4 secondes, je multiplie d'abord 35 par 4, et je trouve 140 minutes ou 2 heures 20 minutes; ensuite 12 minutes de degré par 4 secondes, ce qui donne 48 secondes. Je fais la même opération pour Philadelphie, située au 77° 36' de long. O., ce qui donne 5 heures 10 minutes 24 secondes. Ainsi, quand il est midi à Paris, il est 2 heures 20 minutes 48 secondes à Moscow, et 6 heures 49 minutes 36 secondes du matin à Philadelphie, c'est-à-dire qu'il s'en faut de 5 heures 10 minutes 24 secondes qu'il y soit midi.

## DU ZODIAQUE.

D. Qu'est-ce que le Zodiaque?

R. Le Zodiaque est un grand cercle ou plutôt une bande circulaire placée obliquement sur la sphère, et divisée dans sa largeur en deux parties égales par l'écliptique.

D. Comment divise-t-il l'équateur?

R. Il le coupe de manière que sa partie la plus

éloignée en est distante au nord et au sud de 23 degrés et demi.

D. Combien le Zodiaque a-t-il de degrés de largeur?

R. On lui donne en tout 17 degrés pour renfermer dans cet espace le cours des planètes; et la longueur de ce cercle est partagée en douze parties ou signes. (*Voy.* pages 28 et 29.)

## DE L'ÉQUATEUR.

D. Qu'est-ce que l'équateur?

R. C'est un grand cercle dont tous les points sont également distans des pôles, et qui coupe la sphère en deux parties égales, l'une septentrionale vers le pôle arctique (au nord), l'autre méridionale vers le pôle antarctique (au sud ou midi).

D. Pourquoi l'appelle-t-on aussi ligne équinoxiale?

R. Parce que, lorsque le soleil paraît le décrire, il y a équinoxe (*voy.* p. 40), c'est-à-dire égalité de jour et de nuit par toute la terre, excepté aux pôles.

## DES DEUX COLURES.

D. Qu'est-ce que les deux colures?

R. Ce sont deux grands cercles qui se coupent à angles droits (\*) aux pôles du Monde : l'un est appelé le colure des équinoxes, l'autre le colure des solstices (*voy.* page 40); ces deux cercles ne sont point représentés sur le globe terrestre. Le colure des équinoxes coupe l'équateur et l'écliptique aux premiers points du Bélier et de la Balance : on les appelle points équinoxiaux. Le colure des solstices coupe l'écliptique et les tropiques aux premiers points du Cancer et du Capricorne : on les appelle solsticiaux.

---

(\*) L'angle est l'ouverture que forment entr'elles deux lignes qui se rencontrent en un point. (Fig. 4, A. C. B.) Un angle droit est formé par une ligne qui tombe perpendiculairement sur une autre.

## DES DEUX TROPIQUES.

D. Qu'est-ce que les deux tropiques ?

R. Ce sont deux petits cercles parallèles à l'équateur, et qui en sont éloignés chacun de vingt-trois degrés et demi. L'un, vers le nord, se nomme tropique du Cancer ; l'autre, vers le midi, se nomme tropique du Capricorne.

D. A quoi servent les tropiques ?

R. A nous marquer les deux points (solstices) où le soleil paraît s'éloigner le plus de l'équateur.

## DES CERCLES POLAIRES.

D. Qu'est-ce que les cercles polaires ?

R. Ce sont deux petits cercles parallèles à l'équateur, et éloignés des pôles de vingt-trois degrés et demi. L'un, vers le nord, se nomme cercle *polaire arctique*, et l'autre, vers le midi, cercle *polaire antarctique*. Ils servent, avec les tropiques, à diviser la terre en cinq zones ou bandes circulaires. (*Voy.* Pl. I, fig. 6.)

D. Quelles sont les cinq zones ?

R. La zone torride, renfermée entre les deux tropiques, est ainsi nommée à cause de son exposition aux rayons perpendiculaires du soleil.

Les deux zones tempérées, situées de chaque côté de la zone torride, entre chaque tropique et le cercle polaire correspondant.

Les deux zones glaciales, situées entre les cercles polaires et les pôles, ainsi nommées parce qu'il y fait un froid très-rigoureux.

## DES ÉTOILES FIXES.

D. Qu'est-ce que les étoiles fixes ?

R. Les étoiles fixes sont des corps lumineux ; on les appelle fixes parce qu'elles restent toujours à la même distance de la terre, et qu'elles conservent toujours entr'elles la même position.

D. Peut-on en déterminer le nombre ?

R. Non, parce que leur prodigieuse distance de la terre en dérobe une infinité à nos yeux.

D. Quel moyen emploie-t-on pour mieux reconnaître les étoiles fixes ?

R. On les divise par constellations.

D. Qu'est-ce que la voie lactée, ou vulgairement le chemin de Saint-Jacques ?

R. C'est une bande lumineuse qui, pendant les belles nuits, divise le firmament en deux parties presque égales, et que l'on croit formée par un assemblage prodigieux d'étoiles, qui diffèrent par leur grandeur et leur situation.

D. Qu'est-ce qu'une constellation ?

R. C'est un assemblage d'étoiles auquel on a donné des noms d'animaux, d'instrumens, ou de divers personnages célèbres dans la Fable.

D. Quelles sont les constellations nécessaires à l'étude de la sphère ?

R. Ce sont les constellations du Zodiaque (*v.* p. 25 et 26). Elles se trouvent dans la ligne que le soleil semble décrire, et sont ordinairement appelées les douze signes du Zodiaque. Il importe d'en retenir le nom avec le mois correspondant à chaque signe.

| SIGNES | | | | |
|---|---|---|---|---|
| MÉRIDIONAUX. | Le Bélier ♈ | 21 Mars | } | Signes du printemps. |
| | Le Taureau ♉ | 20 Avril | | |
| | Les Gémeaux ♊ | 22 Mai | | |
| | L'Écrevisse ♋ | 22 Juin | } | Signes d'été. |
| | Le Lion ♌ | 23 Juillet | | |
| | La Vierge ♍ | 23 Août | | |
| SEPTENTRIONAUX. | La Balance ♎ | 23 Septembre | } | Signes d'automne. |
| | Le Scorpion ♏ | 23 Octobre | | |
| | Le Sagittaire ♐ | 22 Novembre | | |
| | Le Capricorne ♑ | 22 Décembre | } | Signes d'hiver. |
| | Le Verseau ♒ | 20 Janvier | | |
| | Les Poissons ♓ | 18 Février | | |

D. Combien chaque signe comprend-il de degrés?

R. Chaque signe comprend 30 degrés du Zodiaque (*) : le premier degré du Bélier répond au 21 mars, et les autres à un jour qui est depuis le 18 jusqu'au 23 du mois.

D. Les étoiles ont-elles un mouvement apparent?

R. Elles semblent se mouvoir autour de deux points du ciel directement opposés. Le mouvement de la terre est la cause de cette apparence.

D. Comment appelle-t-on ces deux points?

R. On les appelle les pôles célestes : l'un se nomme le pôle arctique (au nord), parce qu'il est près de la petite ourse; l'autre, pôle antarctique (au sud ou midi), parce qu'il est opposé à l'arctique.

### DES COMÈTES.

D. Qu'est-ce que les comètes?

R. Ce sont des corps célestes, lumineux seulement par réflexion comme les planètes, accompagnés d'une traînée de lumière qu'on nomme queue, et qui se meuvent autour du soleil.

D. Que pense-t-on de la queue lumineuse que les comètes traînent ordinairement après elles?

R. Ce sont des éclats de la lumière du soleil qu'elles réfléchissent, et que leur position momentanée nous permet d'apercevoir.

D. Comment se fait le cours des comètes?

R. Elles décrivent des ellipses (ovales) extrêmement allongées, et ne sont visibles que quand elles

---

(*) Qui ne sait tracer un cercle à l'aide d'un compas! Le point fixe C ($V$. p. 21, Pl. I, fig. 2), où repose l'une des pointes du compas, pendant que l'autre tourne autour d'elle, en est le centre. La courbe, A. D. B. E. A., tracée par la pointe mobile, à une distance égale du centre, en est la circonférence.

Tout cercle grand ou petit se divise en 360 parties égales qu'on appelle degrés (360°) ; chaque degré se divise en 60 minutes (60') ; chaque minute en 60 secondes (60"). Les astronomes divisant le cercle en 12 signes seulement, il s'en suit que chaque signe est de 30 degrés.

passent dans les régions du ciel où se trouve la terre, et quand elles parcourent la partie de leur orbite voisine du soleil. Dans le reste de leur cours, elles disparaissent très-long-temps à nos yeux.

D. En quoi les planètes diffèrent-elles des comètes?

R. Les planètes se meuvent toutes dans le même sens et dans des ellipses qui approchent beaucoup du cercle, tandis que les comètes se meuvent dans toutes les directions, même en sens opposé, et dans des ellipses dont l'allongement est prodigieux; ce qui est cause qu'elles sont si long-temps à redevenir visibles.

## DU SOLEIL.

D. Qu'est-ce que le soleil?

R. C'est l'astre qui éclaire le monde et constitue le jour : il est la source de la lumière et de la chaleur.

D. Quelle est la grosseur du soleil?

R. On croit qu'il est un million de fois plus gros que la terre, et qu'il en est éloigné d'environ 34 millions de lieues.

D. Est-ce que le soleil est fixe?

R. Oui, quoiqu'il paraisse faire le tour de notre globe, dont le mouvement réel est la cause de cette apparence (*).

D. Le soleil tourne-t-il sur son axe?

R. Il tourne sur son axe (**) dans l'espace de 25 jours 14 heures 8 minutes.

---

(*) Pour avoir une idée du mouvement apparent du soleil, supposez-vous dans un bateau emporté rapidement par le courant d'une rivière. C'est en effet le vaisseau qui descend, qui parcourt l'espace, tandis qu'à vos yeux ce sont les deux côtés de la rivière qui semblent se mouvoir avec rapidité en s'éloignant de vous.

(**) La ligne droite est le chemin le plus court d'un point à un autre. Cette définition d'Archimède est encore la meilleure qu'on puisse donner d'une chose aussi simple. (Fig. 1, A. D.) Toute ligne droite tirée du centre à la circonférence (fig. 2, C. D. C. E.) est un rayon du cercle. Tous les rayons d'un

D. Comment peut-on s'assurer de ce mouvement?

R. On s'en assure en observant le temps qui s'écoule depuis l'instant où une tache particulière du soleil disparaît, et celui où elle revient à la même place.

## DES PLANÈTES.

D. Qu'est-ce que les planètes?

R. Ce sont des corps opaques, c'est-à-dire qui ne brillent que par la lumière qu'ils reçoivent du soleil; ils se meuvent autour de cet astre d'occident en orient, dans des ellipses qu'on appelle orbes ou orbites.

Il y a onze planètes, qui sont :

| | | | |
|---|---|---|---|
| Mercure | ☿ | Uranus ou Herschel. | ♅ |
| Vénus | ♀ | Cérès. | ⚳ |
| La Terre | ♁ | Pallas. | ⚴ |
| Mars | ♂ | Junon. | ⚵ |
| Jupiter | ♃ | Vesta. | ⚶ |
| Saturne | ♄ | | |

Les planètes découvertes depuis 1801 sont Cérès, Pallas, Junon et Vesta.

D. Qu'entend-on par orbe ou orbite?

R. La ligne courbe qu'une planète décrit dans sa révolution autour du soleil, ou, en d'autres termes, l'espace qu'elle parcourt dans toute l'étendue de son cours. Comme les planètes opèrent leur révolution dans des ellipses, elles se trouvent plus rapprochées du soleil à certaines époques.

---

cercle sont égaux; pour comprendre en quoi le diamètre diffère de l'axe, imaginez une ligne A B, fig. 2, menée par le centre C d'un cercle, et terminée aux deux points opposés de la circonférence, ce sera le diamètre; tout diamètre coupe le cercle et la circonférence en deux parties égales. Maintenant supposez une boule tournant autour d'une broche qui la traverse par son centre et aboutit à deux points opposés, cette broche figure l'axe autour duquel une sphère est censée tourner.

D. Dans quel sens et en combien de temps chaque planète opère-t-elle sa révolution?

R. Elles opèrent toutes leur révolution dans le même sens, mais dans des temps inégaux. Mercure, qui est le plus près du soleil, achève sa période en trois mois; Vénus, en sept mois et demi; la Terre, en un an ou 365 jours 5 heures 48' (minutes) 48" (secondes); Mars, en un an 321 jours; Cérès, en 4 ans et 7 mois; Junon et Pallas à peu près dans le même espace de temps; Vesta en 3 ans 66 jours; Jupiter, en 11 ans 317 jours; Saturne, en 29 ans 174 jours; Uranus ou Herschel en 84 ans.

D. Qu'est-ce que l'apogée?

R. C'est le point où une planète se trouve placée à sa plus grande distance de la terre.

D. Qu'est-ce que le périgée?

R. C'est l'endroit du ciel où une planète se trouve le plus près de la terre.

D. Qu'entend-on par aphélie?

R. La plus grande distance d'une planète au soleil.

D. Qu'entend-on par périhélie?

R. La plus petite distance d'une planète au soleil.

D. En quoi diffèrent les étoiles et les planètes?

R. En ce que les étoiles étant fixes, gardent toujours entr'elles la même position, tandis que les planètes (astres errans), et les comètes encore plus errantes, changent continuellement de position par leur mouvement autour du soleil.

### DES PLANÈTES SECONDAIRES.

D. Qu'entend-on par planètes secondaires ou satellites?

R. On entend d'autres corps qui tournent autour de quelque planète principale, qui, par son propre mouvement autour du soleil, les transporte avec elle autour de cet astre.

D. Quelles sont les planètes auxquelles l'on connaît des satellites?

R. Jupiter, Saturne, Herschel et la Terre.

Jupiter a quatre satellites, Saturne sept, Herschel six; la Terre n'en a qu'un que nous appelons Lune.

La Terre et la Lune nous touchant de plus près que toutes les autres planètes, tant principales que secondaires, l'on va traiter particulièrement du globe que nous habitons, et de l'astre qui éclaire nos nuits.

## DE LA TERRE.

D. Que doit-on considérer en traitant de la terre?

R. On doit en considérer la grandeur, la sphéricité, l'éloignement du soleil, les différens mouvemens et les effets qu'ils produisent.

D. Quelle est la grandeur de la terre?

R. Le diamètre de la terre est d'environ 3000 lieues, et sa circonférence de 9000 lieues.

D. Quelle est la forme de la terre?

R. La terre est un globe ou corps de figure sphérique, légèrement aplati vers les pôles.

D. Comment sait-on qu'elle est sphérique?

1°. Parce que son ombre, quand elle est réfléchie sur la lune au moment d'une éclipse, est toujours circulaire;

2°. Parce que si la terre n'était qu'une immense surface plate, le lever et le coucher du soleil arriveraient à la même heure pour tous les peuples; et ils verraient tous en même temps la même éclipse: ce qui est contraire à l'observation;

3°. Parce qu'en faisant voile de l'équateur au nord, les étoiles polaires paraissent de plus en plus élevées: ce qui prouve clairement l'inclinaison graduelle de la surface du globe;

4°. Parce que, lorsqu'un navire quitte le port, le bas des édifices disparaît le premier, ensuite le milieu, enfin le sommet, et insensiblement les autres points plus élevés.

D. La hauteur des montagnes peut-elle changer la figure de la terre?

R. Nullement; une des plus hautes montagnes de la terre est le Chimboraço (Pérou), dont le sommet, élevé de 20,000 pieds au-dessus du niveau de la mer, est à notre globe ce que la tête d'un camion est à la surface d'un globe de trois pouces et demi de diamètre. (*Voy*. page 30., pour son éloignement du soleil).

D. Combien la terre a-t-elle de mouvemens?

R. Elle en a deux principaux, l'un diurne et l'autre annuel.

D. Quel est son mouvement diurne?

R. C'est sa rotation sur son axe ou sur elle-même dans l'espace de 24 heures. La terre, tournant ainsi d'occident en orient, produit la succession continuelle du jour et de la nuit.

D. Comment la rotation de la terre produit-elle le jour et la nuit?

R. Parce que le côté de sa surface, tourné vers le soleil et qui en reçoit la lumière, se trouve, en douze heures, directement opposé et par conséquent dans l'obscurité, tandis que le côté qui était d'abord obscur devient éclairé à son tour.

D. Qu'est-ce que l'axe de la terre?

R. C'est une ligne droite qu'on suppose traverser le centre de la terre et aboutir à deux points opposés de sa surface, qu'on nomme pôles, dont l'un est au nord et l'autre au sud. (*Voy*. page 29.) Ils répondent directement aux pôles célestes.

D. Quelle est la rapidité de son mouvement annuel?

R. Les astronomes pensent qu'elle fait au moins 22952 lieues à l'heure, ce qui fait 383 lieues par minute.

D. Pourquoi n'apercevons-nous pas le mouvement de la terre?

R. Parce que l'atmosphère, ainsi que tout ce qui couvre sa surface, tourne avec elle.

D. Qu'est-ce que l'atmosphère?

R. L'atmosphère, c'est-à-dire sphère des vapeurs, est cette masse d'air, cette réunion de tous les fluides qui enveloppe notre globe.

D. Comment se fait-il que les corps qui se trouvent sur la surface de la terre ne tombent pas?

R. Ils ne tombent point, quoiqu'elle tourne sur son axe, parce qu'ils sont retenus par la force de l'attraction qui agit sur tous les corps, ainsi que l'aimant sur le fer (*).

D. Qu'est-ce que le mouvement annuel de la terre?

R. C'est le mouvement entier qu'elle fait dans son orbite autour du soleil.

D. Comment nomme-t-on l'orbite de la terre?

R. On le nomme écliptique à cause des éclipses qui s'y forment. L'écliptique coupe le Zodiaque en deux parties dans toute sa longueur. (*Voy.* p. 25.)

D. Combien de temps met-elle à parcourir son orbite?

R. Elle met 365 jours 5 heures 48 minutes 48 secondes. C'est ce qu'on appelle la révolution annuelle de la terre; ainsi, notre année n'est autre chose que la révolution de notre globe autour du soleil.

D. Par quelle comparaison peut-on expliquer le double mouvement de la terre?

R. En même temps que la terre, par un mouvement diurne, tourne autour de son axe, elle s'avance peu à peu suivant l'ordre des signes du Zodiaque, d'occident en orient, de même qu'une

---

(*) On entend par attraction la force qui attire les corps terrestres vers le centre de la terre, ou la tendance continuelle de ces corps vers ce même centre.

boule qu'on fait rouler sur un plan, tourne suivant la longueur de ce plan pendant que sa surface tourne autour de son axe.

D. Pourquoi le soleil semble-t-il se mouvoir vers l'ouest?

R. Parce que le mouvement de la terre, d'occident en orient, est cause que le soleil et tous les astres nous paraissent tourner d'orient en occident; et, qu'étant de forme sphérique, et présentant successivement vers l'Est chaque partie de sa surface, elle disparaît graduellement. (*Voy.* la comparaison, page 30.)

D. Pourquoi dit-on que c'est le soleil qui se lève et se couche?

R. On ne s'exprime ainsi que pour se conformer à l'usage et aux apparences, car le soleil ne se lève ni ne se couche; c'est la terre, comme nous l'avons déjà dit, qui, par sa rotation sur elle-même, présente alternativement toutes les parties de sa surface, qui reçoivent et perdent tour à tour la lumière de cet astre.

D. Qu'est-ce que l'année bissextile?

R. C'est une année composée de 366 jours. L'année civile étant de 365 jours juste, les 5 heures 48 minutes 48 secondes qu'on néglige pendant trois ans de suite, forment, au bout de la quatrième année, 23 heures 15 minutes 12 secondes. C'est pourquoi on ajoute un jour à chaque quatrième année qui se trouve composée de 366 jours, et qu'on appelle bissextile, parce que les Romains comptaient deux fois le sixième jour avant les calendes de mars.

D. Quelles sont les années bissextiles?

R. Celles qui sont exprimées par les nombres divisibles par quatre.

D. Chaque quatrième année est-elle bissextile?

R. Non; comme il s'en fallait de 44 minutes 48 secondes que les quatre excédans annuels formassent un jour complet en quatre ans, cette différence, qui revenait à trois jours et quelque chose pour quatre siècles formant ensemble cent années bissextiles, obligea ensuite de retrancher, sur ce nombre séculaire, trois années bissextiles, c'est-à-dire la dernière des trois premiers siècles. Ainsi, les années 1700 et 1800 n'ont pas été bissextiles, 1900 ne le sera pas, 2000 le sera.

D. Qui a ordonné cette réforme?

R. Le pape Grégoire XIII ordonna, en 1582, cette réforme qui, de son nom, est appelée Grégorienne.

D. De combien d'années se compose un siècle?

R. Il se compose de 100 ans, le demi-siècle de 50, le quart de siècle de 25.

D. Qu'est-ce que le jour?

R. C'est l'espace de 24 heures ou la durée de la révolution de la terre sur son axe d'un moment à l'autre, ce qui distingue le jour naturel. Le jour naturel comprend le jour et la nuit; le jour artificiel se prend depuis le lever jusqu'au coucher du soleil.

D. Qu'est-ce que la semaine?

R. C'est l'espace de temps de sept jours à commencer de quelque jour que ce soit; les Chrétiens la commencent le dimanche, les Juifs le samedi, et les Mahométans le vendredi. L'année commune a 52 semaines 1 jour, et la bissextile un jour de plus.

D. Qu'est-ce qu'un mois?

R. La douzième partie de l'année, composée de 30 ou 31 jours, et seulement de 28 pour février, qui en a 29 quand l'année est bissextile.

D. Qu'est-ce qu'une olympiade?

R. L'espace de 4 ans, compté depuis une célébration des jeux olympiques jusqu'à la suivante. Ces jeux se célébraient auprès d'Olympie, dans le Péloponèse (Morée). La première olympiade commença au mois de juillet, l'an 776 avant J.-C.

D. Qu'est-ce qu'un lustre ?

R. L'espace de 5 ans. Il fut établi par Servius-Tullius, sixième roi de Rome. De là vint que les censeurs faisaient tous les cinq ans la revue générale et le dénombrement de tous les citoyens et de leurs biens.

D. Qu'est-ce que le crépuscule ou l'aurore ?

R. C'est la lumière qui précède le lever et suit le coucher du soleil lorsqu'il n'est qu'à 18 degrés au-dessous de l'horizon. Le crépuscule du matin est appelé aurore, parce qu'il prend une teinte de rouge orange. La durée des crépuscules augmente en avançant vers les pôles. La déviation que l'atmosphère fait éprouver aux rayons solaires produit cette augmentation de jour; ces rayons, brisés et détournés de la route directe, parviennent jusqu'à nous avant que le soleil ne soit arrivé au-dessus de l'horizon (crépuscule du matin), et restent après qu'il est descendu au-dessous (crépuscule du soir). Le brisement des rayons solaires est ce qu'on appelle réfraction.

D. Qu'est-ce que l'aurore boréale ?

R. C'est un météore lumineux regardé comme un effet de l'électricité; il est presque continuel dans les régions polaires, où, par sa lumière brillante, il dédommage de l'absence du soleil. Il est nommé aurore, parce que sa lumière ressemble à la couleur de l'aurore, et boréale, parce qu'il a coutume de paraître vers le nord ou la partie boréale du ciel.

## DE L'INÉGALITÉ DES JOURS ET DES NUITS,
### ET DU CHANGEMENT DES SAISONS.

D. D'où viennent l'inégalité des jours et des nuits, et la différence des saisons ?

R. Cette inégalité et cette différence viennent de ce que l'axe de la terre est incliné de 23 degrés et demi sur le plan de l'écliptique.

D. Qu'est-ce qui démontre cette inclinaison?

R. Si l'axe de la terre était perpendiculaire sur le plan de l'écliptique, le globe que nous habitons ne recevrait perpendiculairement (*) les rayons du soleil que sous l'équateur, et il n'y aurait qu'une saison dans toute l'année et des jours continuellement égaux aux nuits.

D. Pourquoi y a-t-il toute l'année égalité de jour et de nuit pour les peuples placés sous l'équateur?

R. Parce que, comme l'horizon coupe l'équateur en deux parties égales, le soleil est douze heures au-dessus de l'horizon et douze heures au-dessous; c'est ce que les astronomes appellent la *sphère droite* (*voy.* Pl. II, fig. 10) : ces peuples voient successivement toutes les étoiles, puisque leur horizon (**) s'étend jusqu'aux pôles.

D. Quels sont les peuples pour qui les jours sont inégaux aux nuits?

R. Ce sont les peuples qui se trouvent entre l'équateur et les pôles. Quand les habitans au nord de l'équateur ont les jours les plus longs, ceux qui sont au midi ont les plus courts, et ainsi alternativement. Cette inégalité vient de ce qu'à mesure qu'on s'éloigne de l'équateur, l'horizon s'élève sur un pôle et s'abaisse sur l'autre. C'est ce qu'on appelle avoir la *sphère oblique* (*voy.* Pl. II, fig. 13), parce que l'horizon de ces peuples coupe la terre obliquement.

D. L'inégalité des jours et des nuits est-elle la même pour tous les peuples qui ont la sphère oblique?

---

(*) Une ligne perpendiculaire est celle qui tombe sur une autre sans incliner d'aucun côté. (*V*. Pl. I, fig. 3, C. P.)

(**) Voyez, pour les différens cercles, pag. 22 et suiv.

*N. B.* On ne saurait trop recommander de mettre sous les yeux des élèves la sphère et les globes; par ce moyen on parvient, en les amusant, à leur faire comprendre beaucoup de détails qui les fatigueraient inutilement.

R. Non, l'inégalité est d'autant plus grande que ces peuples sont plus éloignés de l'équateur, ou, en d'autres termes, qu'ils sont plus près des pôles.

D. A quelles époques de l'année les jours sont-ils égaux aux nuits ?

R. Cette égalité arrive à deux époques qu'on appelle équinoxes.

D. Quand arrivent les équinoxes ?

R. Elles arrivent le premier jour du printemps, qui est le 21 mars, et le premier jour d'automne, qui est le 23 septembre. Alors le soleil, par le mouvement de la terre, se trouve alternativement aux deux points où l'écliptique coupe l'équateur ; et comme cet astre se trouve dans l'équateur, qui coupe le globe en deux parties égales, les jours sont égaux aux nuits.

D. Quand arrivent les jours les plus longs et les plus courts de l'année ?

R. Les plus longs jours arrivent au solstice d'été, et les plus courts au solstice d'hiver.

D. D'où vient le mot solstice ?

R. Il vient du latin *solsticium*, formé de *sol*, soleil, et de *stare*, s'arrêter, parce que le soleil, près du solstice, paraît, durant quelques jours, stationnaire.

D. Qu'est-ce que le solstice ?

R. Le temps où le soleil est dans son plus grand éloignement de l'équateur et décrit les tropiques.

D. Quand arrive pour nous le solstice d'été ?

R. Quand le soleil est parvenu au tropique du Cancer, le premier jour d'été, qui est le 22 juin.

D. Quand arrive pour nous le solstice d'hiver ?

R. Il arrive quand le soleil est parvenu au tropique du Capricorne, le premier jour de l'hiver, qui est le 22 décembre. A ces deux époques, le soleil se trouve alternativement aux deux points où le colure des solstices coupe l'écliptique.

D. Les peuples qui ont la sphère oblique voient-ils toutes les étoiles?

R. Il y a une partie du ciel qu'ils voient toujours, une autre qu'ils ne voient jamais, et une troisième enfin dont les astres sont tantôt au-dessus, tantôt au-dessous de leur horizon.

D. Quelle est la durée du jour et de la nuit pour les peuples sous les pôles?

R. Ces peuples, en supposant qu'il y en ait, n'ont qu'un seul jour et une seule nuit dans toute l'année, l'un et l'autre de six mois, parce que leur horizon se confondant avec l'équateur, coupe l'écliptique en deux parties égales, l'une supérieure et visible, et l'autre inférieure et invisible; et que le soleil est six mois sur leur horizon et six mois au-dessous.

D. Comment ces peuples ont-ils la sphère?

R. Ils ont la *sphère parallèle* (*voy*. Pl. II., fig. 12) parce que leur horizon est parallèle à l'équateur; ils ne voient jamais que la même moitié du ciel, celle qui est au-dessus de leur horizon.

D. Expliquez maintenant la différence des saisons?

R. A mesure que l'axe de la terre s'incline, le soleil répond à des points de plus en plus éloignés de l'équateur, et la chaleur est plus ou moins grande, suivant que ses rayons frappent plus ou moins directement le même point de la terre.

D. Quand avons-nous le printemps?

R. Nous avons le printemps lorsque le soleil paraît au signe du Bélier, parce qu'alors il passe par l'équateur terrestre, dont la France est éloignée de 42 à 51 degrés; nous avons l'automne lorsque le soleil paraît au signe de la Balance. Les peuples de l'autre hémisphère, c'est-à-dire de l'autre côté de l'équateur, ont les saisons opposées; ainsi, si nous avons le printemps, ils ont l'automne, etc.

D. Comment avons-nous l'été et l'hiver?

R. Nous avons l'été lorsque l'inclinaison de la terre est telle qu'elle présente au soleil le point qui répond au tropique du Cancer; le soleil paraissant alors à ce signe, la partie septentrionale de la terre reçoit plus directement ses rayons. Nous avons l'hiver lorsque la terre est inclinée de manière qu'elle présente au soleil le point qui répond au tropique du Capricorne; alors le soleil paraissant aussi à ce signe, la partie septentrionale en reçoit moins directement les rayons, tandis qu'au contraire c'est l'été pour le côté opposé.

D. Comment s'exprime-t-on en style astronomique?

R. On dit, lorsque notre printemps commence, que le soleil entre dans le signe du Bélier et la terre dans celui de la Balance; que le jour où commence notre été, le soleil est entré dans le signe du Cancer, et la terre dans celui du Capricorne; que le jour où commence notre automne, le soleil entre dans le signe de la Balance, et la terre dans celui du Bélier; que le jour où commence notre hiver, le soleil entre dans le signe du Capricorne, et la terre dans celui du Cancer.

D. En combien de temps le soleil semble-t-il parcourir les signes du Zodiaque?

R. Pendant que la terre opère en un an sa révolution autour du soleil, ce dernier astre semble chaque mois parcourir un signe; et comme chaque signe comprend trente degrés, il a achevé au bout de l'année les 360 degrés du Zodiaque.

## DE LA LUNE.

D. Qu'est-ce que la lune?

R. C'est un corps opaque qui se meut autour de la terre, et nous renvoie la lumière du soleil pour éclairer une partie de nos nuits. Elle est donc de toutes les planètes secondaires (*voy.* page 32) celle qu'il nous importe de connaître particulièrement.

D. Quelle est la grosseur de la lune?

R. Elle est environ cinquante fois plus petite que la terre; et si elle nous paraît plus grande que les autres planètes, c'est qu'elle est beaucoup plus près de notre globe.

D. Quelle est la distance moyenne de la lune à la terre?

R. Elle est de quatre-vingt-six mille lieues; elle a un diamètre de sept cent quatre-vingt-deux lieues: ce qui équivaut à peu près aux trois onzièmes de celui de la terre.

D. Quelle est la vitesse de son mouvement?

R. Elle parcourt quatorze lieues par minute; elle a par conséquent un mouvement beaucoup moins rapide que celui de la terre.

D. Combien la lune a-t-elle de mouvemens?

R. Elle en a trois : l'un autour de la terre, appelé périodique; l'autre sur son axe; enfin celui, qui l'emporte à la suite de la terre autour du soleil; ce dernier s'appelle synodique.

D. Comment la lune fait-elle sa révolution autour de la terre?

R. Elle la fait suivant l'ordre des signes, et l'achève en 27 jours 7 heures 43 minutes 11 secondes.

D. En combien de temps la lune tourne-t-elle sur son axe?

R. Elle emploie à tourner sur son axe le même temps qu'elle met à faire sa révolution autour de la terre.

D. Que résulte-t-il du rapport de ces deux mouvemens?

R. Que c'est toujours le même côté éclairé qu'elle nous présente, et le même côté obscur qu'elle nous cache; ainsi, nous ne voyons qu'un seul hémisphère, et toujours le même. Pour bien entendre ce double mouvement, dont le second est une suite du premier, on fera attention qu'une personne ne peut tourner autour d'un cercle en fixant toujours le centre, sans qu'elle ne tourne aussi sur elle-même.

D. En combien de temps la lune fait-elle sa révolution autour du soleil ?

R. Elle la fait en 354 jours, ce qui forme l'année lunaire, dont les douze mois sont alternativement de 29 et de 30 jours. Ainsi, l'année lunaire a onze jours de moins que l'année solaire.

D. Qu'entend-on par épactes ?

R. Le nombre de jours qu'il faut ajouter à l'année lunaire pour l'égaler à l'année solaire; elles servent à faire connaître l'âge de la lune. L'épacte d'une année quelconque est l'âge de cette planète au commencement de cette même année, c'est-à-dire le nombre de jours écoulés depuis la dernière néoménie (nouvelle lune) de l'année précédente. On s'en sert pour trouver la pleine lune de Pâques.

D. Qu'entend-on par phases de la lune ?

R. On entend par phases les différentes formes sous lesquelles se montre cette planète en tournant autour de la terre; on en distingue quatre, savoir: la nouvelle lune ●, le premier quartier ☽, la pleine lune ☉, et le dernier quartier ☾. (*Voyez* Pl. I, fig. 8.)

D. Qu'entend-on par lunaison ?

R. On entend par lunaison ou mois lunaire le temps qui s'écoule depuis le commencement de la nouvelle lune jusqu'à la fin du dernier quartier. Le mois lunaire est de 29 jours 12 heures 44 minutes 3 secondes (*).

---

(*) La lune achève sa révolution synodique en revenant entre le soleil et nous; mais quand elle a atteint le soleil, il y a plus de deux jours qu'elle a parcouru son orbite autour de la terre; car, pour arriver jusqu'au soleil, après avoir achevé sa véritable période, il faut qu'elle parcoure encore le chemin que le soleil a paru faire dans l'écliptique, par le mouvement annuel de la terre.

D. Quand est-ce que la lune est nouvelle?

R. La lune est nouvelle lorsqu'en tournant autour de la terre elle se trouve entr'elle et le soleil, ou, en style d'astronomie, qu'elle est en conjonction avec le soleil; alors elle a sa partie éclairée vers le soleil, et n'est point aperçue de la terre. Le lendemain, elle commence à paraître sous la forme d'un croissant très-échancré.

D. Quand est-ce que la lune est à son premier quartier?

R. Lorsque, sept jours environ après la nouvelle lune, elle a fait le quart de sa révolution, nous en apercevons alors une moitié sous la forme d'un demi-cercle bien terminé; dans le premier quartier, la partie éclairée est vers l'occident.

D. Quand arrive la pleine lune?

R. Vers le quatorzième jour et demi de son cours; alors, comme elle se trouve en opposition avec le soleil, c'est-à-dire que la terre est entr'elle et le soleil, elle nous présente toute sa partie éclairée. Le jour de la pleine lune, elle se lève quand le soleil se couche.

D. Quand est-ce que la lune est à son dernier quartier?

R. Sept jours environ après la pleine lune; cette planète a fait alors les trois quarts de sa révolution, et elle n'offre plus à la terre que la moitié de son hémisphère, éclairée sous la forme d'un demi-cercle; dans le dernier quartier, la partie éclairée est vers l'orient.

### DES ÉCLIPSES DE SOLEIL ET DE LUNE.

D. Qu'est-ce qu'une éclipse?

R. C'est l'obscurcissement passager d'un astre par rapport à nous. Le soleil et la lune sont les seuls corps célestes que nous voyons s'éclipser.

D. Qu'est-ce qu'une éclipse de soleil?

R. C'est la privation de la lumière de cet astre à l'égard de la terre; la lune se trouve alors directement entr'elle et le soleil. (*V*. Pl. I, fig. 9.)

D. Quand y a-t-il éclipse de soleil?

R. Il ne peut y avoir éclipse de soleil que lorsque la lune est nouvelle, c'est-à-dire en conjonction avec le soleil, et qu'elle se trouve en outre dans l'un de ses nœuds ou à côté.

D. Qu'entend-on par les nœuds de la lune?

R. On entend les points où son orbite est coupé par l'écliptique.

D. Qu'est-ce qu'une éclipse de lune?

R. C'est l'obscurité de la lune causée par l'interposition de la terre entr'elle et le soleil. Alors la terre, placée directement entre la lune et le soleil, la couvre de son ombre totalement ou en partie. (*Voy*. Pl. I, fig. 9.)

D. Quand y a-t-il éclipse de lune?

R. Il y a éclipse de lune lorsque la lune est pleine ou qu'elle est en opposition avec le soleil (*).

## DES CLIMATS.

D. Qu'entend-on par climat?

R. On entend un espace de terre compris entre deux cercles parallèles (à partir de l'équateur), de manière que, depuis le commencement de cet espace jusqu'à la fin, les jours augmentent d'une demi-heure, et d'un mois aux cercles polaires.

D. Pourquoi et comment a-t-on divisé le globe terrestre en climats?

R. C'est pour marquer l'augmentation progres-

---

(*) Il n'y a pas éclipse de lune à chaque pleine lune, ni de soleil à chaque nouvelle lune, parce que l'orbite de cette planète étant inclinée vers l'écliptique, cet astre n'est pas toujours en ligne droite avec la terre et le soleil, au moment d'une pleine lune ou nouvelle lune, mais au-dessus ou au-dessous de cette ligne; ce qui est cause que l'ombre de la terre ne couvre pas la lune, ni celle de la lune le soleil.

sive des jours qu'on l'a divisé en **climats**, par des cercles parallèles à l'équateur.

D. Combien y a-t-il de climats?

R. Il y a, dans chaque hémisphère, vingt-quatre climats de demi-heure depuis l'équateur jusqu'à chaque cercle polaire, et six climats de mois depuis chaque cercle polaire jusqu'à l'un des pôles (*); ce qui fait en tout soixante climats d'un pôle à l'autre.

D. D'où vient la division en vingt-quatre climats de demi-heure?

R. De ce que, de l'équateur aux cercles polaires, où le plus long jour est de 24 heures, il y a une différence de 12 heures ou de 24 demi-heures, qui forment 24 climats, dont le tableau suit:

*Climats septentrionaux de demi-heure; égalité de jour et de nuit sous l'équateur.*

| ÉTENDUE de CHAQUE CLIMAT. | JOUR le plus long. | PAYS COMPRIS dans CHAQUE CLIMAT. |
|---|---|---|
| 1. Depuis l'équateur jusqu'au 8° 25' de latitude......... | 12 h. 30 m. | Côte d'Or, des Dents, la Malaguette en Guinée, Malaca, l'île de Ceylan, Cayenne, Surinam. |
| 2. Du 8° 25' au 16° 25' lat............. | 13 h...... | Abyssinie, Siam, Madras, Pondichéry, Seringapatam, l'isthme de Panama, la Grenade, Tabago, la Martinique. |
| 3. Du 16° 25' au 23° 50' lat........... | 13 h. 30 m. | La Mecque, Surate, Calcutta, Ummerapoura, Mexico, Canton, les grandes Antilles. |
| 4. Du 23° 50' au 30° 25' lat........... | 14 h...... | Le Caire, les îles Canaries, Delhy, Lassa, la Floride, les îles Lucayes. |

(*) La division des climats est marquée sur le méridien des globes. Les climats de demi-heure et de mois n'ont pas la même étendue. Les premiers vont en diminuant jusqu'aux cercles polaires, tandis que les autres sont d'autant plus larges qu'ils approchent des pôles.

| ÉTENDUE de CHAQUE CLIMAT. | JOUR le plus long. | PAYS COMPRIS dans CHAQUE CLIMAT. |
|---|---|---|
| 5. Du 30° 25' au 36° 28' lat.......... | 14 h. 30 m. | Gibraltar, Tunis, Alger, Jérusalem, Bagdad, Ispahan, Cachemire, Nankin, Charlestown. |
| 6. Du 36° 28' au 41° 22' lat.......... | 15 h...... | Lisbonne, Madrid, Cagliari, Lépante, Smyrne, Samarcande, Pékin, Philadelphie. |
| 7. Du 41° 22' au 45° 29' lat.......... | 15 h. 30 m. | Burgos, Sarragosse, Marseille, Gênes, Florence, Rome, Constantinople, Sinope, Boston, New-York. |
| 8. Du 45° 29' au 49° 10' lat......... | 16 h...... | Paris, Lyon, Munich, Vienne, Presbourg, la Nouvelle-Ecosse, Terre-Neuve, Québec. |
| 9. Du 49° 10' au 52° lat............. | 16 h. 30 m. | Londres, Lille, Bruxelles, Prague, Dresde, Cracovie, le midi de la Russie, une partie de la Tartarie. |
| 10°. Du 52° au 54° 27' lat.......... | 17 h...... | Dublin, York, Amsterdam, Berlin, Varsovie, le Labrador. |
| 11. Du 54° 27' au 56° 37' lat....... | 17 h. 30 m. | Edimbourg, Copenhague, Moscow. |
| 12. Du 56° 37' au 58° 29' lat....... | 18 h...... | Tobolsk et la partie méridionale de la Suède. |
| 13. Du 58° 29' au 59° 58' lat...... | 18 h. 30 m. | Les Orcades, Stockholm. |
| 14. Du 59° 58' au 61° 18' lat...... | 19 h...... | St-Pétersbourg, Berghen en Suède. |
| 15. Du 61° 18' au 62° 25' lat...,... | 19 h. 30 m. | Abo en Finlande, Wibourg. |
| 16. Du 62° 25' au 63° 20' lat...... | 20 h...... | Une partie de la Sibérie, le sud du Groënland. |
| 17. Du 63° 20' au 64° 6' lat....... | 20 h. 30 m. | Une partie de la Finlande, Drontheim en Norwége. |
| 18. Du 64° 6' au 64° 49' lat.......... | 21 h...... | Le nord de la Finlande. |
| 19. Du 64° 49' au 65° 21' lat...... | 21 h. 30 m. | Pitéa en Suède, Archangel. |

| ÉTENDUE de CHAQUE CLIMAT. | JOUR le plus long. | PAYS COMPRIS dans CHAQUE CLIMAT. |
|---|---|---|
| 20. Du 65° 21' au 65° 45' lat...... | 22 h...... | Le mont Hécla en Islande. |
| 21. Du 65° 45' au 66° 6' lat....... | 22 h. 30 m. | Le nord de la Sibérie. |
| 22. Du 66° 6' au 66° 20' lat......... | 23 h...... | La Nouvelle-Galles septentrionale. |
| 23. Du 66° 20' au 66° 28' lat ...... | 23 h. 30 m. | Il ne renferme aucun lieu considérable. |
| 24. Du 66° 28' au 66° 31' lat ..... | 24 h...... | La partie septentrionale de l'Islande. |

D. D'où vient la division par climats de mois ?

R. De ce que, depuis les cercles polaires jusqu'aux pôles, où le plus long jour est de six mois, les jours n'augmentent plus de demi-heure, mais d'un mois. En voici le tableau :

## CLIMATS DE MOIS.

| ÉTENDUE de CHAQUE CLIMAT. | JOUR le plus long | PAYS COMPRIS dans CHAQUE CLIMAT. |
|---|---|---|
| 1. Du 66° 31' au 67° 21' lat.......... | Jours d'un mois. | Le sud de la Laponie. |
| 2. Du 67° 21' au 69° 48' lat.......... | de 2 mois. | Le Groënland occidental. |
| 3. Du 69° 48' au 73° 37' lat.......... | de 3 mois. | Une partie de la Nouvelle-Zemble. |
| 4. Du 73° 37' au 78° 30' lat.......... | de 4 mois. | La baie de Baffin. |
| 5. Du 78° 30' au 84° 5' lat.......... | de 5 mois. | Le Spitzberg. |
| 6. Du 84° 5' au 90°. | de 6 mois. | Lieux inconnus. |

NOTA. Comme l'étendue des climats et la longueur du jour sont tout-à-fait les mêmes pour les climats méridionaux, les personnes chargées de l'enseignement exerceront les élèves à en dresser le tableau.

## DE LA LONGITUDE ET DE LA LATITUDE.

D. Qu'est-ce que la longitude?

R. C'est la distance du méridien d'un lieu au premier méridien; elle se mesure sur l'équateur, en allant d'occident en orient.

D. Où est placé le premier méridien?

R. Il est placé à l'Ile-de-Fer par une ordonnance de Louis XIII; mais aujourd'hui les astronomes français le font passer par l'Observatoire de Paris, qui est à vingt degrés de celui de l'Ile-de-Fer. Ils distinguent la longitude en orientale et en occidentale, chacune de 180 degrés.

D. Les degrés de longitude ont-ils partout la même étendue?

R. Ils ont 25 lieues de 2,280 toises sous l'équateur, mais ils vont toujours en décroissant jusqu'aux pôles; de sorte qu'au 90$^{me}$. degré de latitude ils se réduisent à rien, puisque tous les méridiens ne font plus qu'un seul point.

*Echelle de la valeur décroissante des degrés de longitude en approchant des pôles.*

| Degrés à l'équateur. | Lieues décimales. | Degrés à l'équateur. | Lieues décimales. |
|---|---|---|---|
| » | 25 | 50 | 16 |
| 15 | 24,149 | 55 | 14,334 |
| 20 | 23,490 | 60 | 12,500 |
| 25 | 22,658 | 65 | 10,565 |
| 30 | 21,649 | 70 | 8,540 |
| 35 | 20,482 | 75 | 6,469 |
| 40 | 19,150 | 80 | 4,334 |
| 45 | 17,555 | 85 | 2,178 |

Sous les pôles...... zéro.

On voit que la diminution des degrés de longitude n'est sensible que vers le 15$^e$ degré de latitude.

D. Qu'est-ce que la latitude?

R. C'est la distance de l'équateur à chacun des pôles : cette distance est de 90 degrés ; il y a par conséquent deux sortes de latitude, l'une septentrionale et l'autre méridionale. Les degrés de latitude sont partout de 25 lieues de 2,280 toises.

D. Qu'entend on par la latitude d'un lieu ?

R. On entend la distance de ce lieu à l'équateur : elle se mesure sur le méridien, et elle est toujours égale à l'élévation du pôle, au-dessus de l'horizon de l'endroit dont il s'agit.

D. A quoi servent la longitude et la latitude ?

R. A déterminer précisément la position d'un lieu sur le globe terrestre, et à mesurer les distances.

D. Où sont marqués les degrés de longitude et de latitude dans les cartes de géographie ?

R. Ceux de longitude sont marqués en haut et en bas par une ligne tirée du nord au sud, et ceux de latitude à droite et à gauche, par une ligne tirée de l'est à l'ouest.

D. De quelle utilité peut être, pour les enfans, la valeur des degrés de longitude et de latitude ?

R. En connaissant ce que valent ces degrés, ils ne se trompent jamais sur l'étendue des états, quand on met sous leurs yeux une carte plus ou moins grande. On demande à l'élève de déterminer l'étendue de la Chine propre, de l'est à l'ouest, au 30° de lat. N.; on lui fait d'abord compter les degrés de longitude, il en trouve 21 ; on lui fait ensuite chercher dans l'échelle la valeur du degré de longitude au 30° degré de latitude, il ne lui reste qu'à multiplier 21,649 par 21 degrés. Le résultat de la multiplication donne 454,629 ; et retranchant 629 pour séparer les entiers de la fraction décimale, il trouve 454 lieues de 25 au degré, tandis que s'il multipliait comme sous l'équateur 25 par 21, il trouverait 525 lieues.

*Des habitans de la terre, considérés par rapport à leurs longitudes et latitudes respectives.*

D. Qu'entend-on par Antiœciens?

R. Les peuples qui sont placés sous le même méridien et sous une latitude opposée, mais égale, c'est-à-dire que si l'un d'eux est situé au 48° de lat. N., l'autre est situé au 48° de lat. S.

D. Que résulte-t-il de cette position?

R. Que les Antiœciens ont même élévation de pôle sous un pôle différent, les mêmes heures, c'est-à-dire qu'ils ont en même temps midi et minuit; mais leurs saisons sont opposées, c'est-à-dire quand les uns ont l'hiver, les autres ont l'été.

D. Qu'entend-on par Périœciens?

R. Les peuples qui ont la même latitude, soit au nord, soit au sud, mais qui sont opposés en longitude, c'est-à-dire que si l'un est au 21° de lat. N., l'autre est situé sur le même degré de la même latitude; mais l'un dans l'hémisphère oriental, et l'autre dans l'hémisphère occidental.

D. Que résulte-t-il de cette position?

R. Que les Périœciens ont la même élévation et le même pôle, les mêmes saisons, parce qu'ils se trouvent au même degré de latitude; mais leurs heures sont opposées, parce qu'ils sont sur des méridiens opposés. Ainsi, quand les uns ont midi, les autres ont minuit : tels sont les habitans de Mexico et de Surate.

D. Qu'entend-on par Antipodes?

R. Les habitans qui se trouvent sur des méridiens et des parallèles opposés, c'est-à-dire que si les uns sont sur le 40° de lat. N., les autres sont sur le 40° degré de lat. S.; et, si les uns sont dans l'hémisphère oriental, les autres sont dans l'hémisphère occidental. Ils sont distans de tout le diamètre de la terre.

## DE GÉOGRAPHIE.

D. Que résulte-t-il de cette position?

R. Que les Antipodes diffèrent en longitude de 180 degrés; qu'ils ont tout opposé, heures, jours et saisons. On explique facilement la position des Antipodes par la tendance continuelle des corps vers le centre de la terre. (*Voy.* page 55.)

D. Que veut dire le mot Antipodes?

R. Ce mot, qui vient du grec, signifie les peuples qui ont les pieds opposés. Supposez un trou qui aboutit diamétralement à deux points opposés de la surface de la terre, deux habitans Antipodes se rencontreront au centre pieds contre pieds.

---

### TABLEAU COMPARATIF
#### DES ANCIENNES ET NOUVELLES MESURES ITINÉRAIRES DE FRANCE.

| Mesures. | kilomètres. |
|---|---|
| La lieue de 20 au degré (2,850 toises) vaut........ | 0,556 |
| La lieue de 25 au degré (2,280 toises) vaut........ | 0,444 |
| La lieue de poste de 28 1/2 au degré (2,000 t.) vaut | 0,3898 |

| | Lieues. |
|---|---|
| Le myriamètre, qui est la mesure légale, vaut en lieues de 20 au degré..................... | 1 80 |
| de 25 au degré.................... | 2 25 ou 1/4 |
| de poste de 28 1/2 au degré......... | 2 565 |

*Mesures itinéraires des principaux peuples, avec l'indication du nombre de milles, de lieues, etc, contenus dans le degré, et leur évaluation en toises d'après la quantité de toises (57,008) que contient le degré.*

| | Toises. | Fractions. |
|---|---|---|
| La lieue d'Espagne, de 17 1/2 au degré..... | 3257 | 60 |
| La lieue légale d'Espagne, de 26 1/2 au degré. | 2151 | 24 |
| La lieue de Suisse et de Savoie, de 22 au degré. | 2591 | 27 |
| L'agash ou lieue commune de Turquie, de 22 au degré................................ | 2591 | 27 |
| La lieue moyenne de Portugal, de 18 au degré. | 3167 | 11 ou 1/9 |
| La lieue commune de Portugal, de 19 au degré. | 3000 | 42 |
| Le mille commun d'Allemagne, de 15 au deg. | 3800 | 53 |
| Le mille de Prusse et de Danemarck, de 14 au degré.................................. | 4072 | » |

|  | Toises. | Fractions. |
|---|---|---|
| Le mille de Hongrie, de 13 au degré...... | 4385 | 23 |
| Le mille d'Angleterre de 69 au degré...... | 826 | 20 |
| Le mille commun d'Italie, de 60 au degré... | 950 | 13 |
| Le mille de Pologne, de 20 au degré....... | 2850 | » |
| Le mille de Hollande, de 19 2/3 au degré... | 2898 | 71 |
| Le mille de Suède, de 10 1/2 au degré..... | 5429 | 33 ou 1/3 |
| Le mille de Grèce, de 87 au degré........ | 656 | 41 |
| Le werst de Russie, de 104 au degré....... | 548 | 15 |
| Le coss commun des Indes, de 37 au degré.. | 1540 | 75 |

*Explications sur les échelles placées dans les cartes de géographie.*

Il suffit, pour faire la conversion d'une mesure quelconque, de la multiplier par son équivalent dans l'autre mesure à laquelle on veut la comparer. Ainsi, pour réduire les myriamètres en lieues de 25 au degré, il faut les multiplier par 2 lieues, 25 ou 1/4.

Il est nécessaire de savoir que le degré contient 57,008 toises, parce qu'il sert exactement à évaluer en toises les différentes mesures itinéraires, toutes les fois qu'on connaît combien il y a de lieues ou de milles dans un degré. Pour réduire les lieues d'Espagne de 17 1/2 au degré en toises, il faut diviser 57,008 par 17 lieues 1/2, et l'on trouve que cette mesure itinéraire vaut en toises 3257,6.

Les échelles placées dans les cartes générales et particulières indiquent ordinairement des lieues et des milles, et servent à mesurer en ligne droite (c'est ce qu'on appelle à vol d'oiseau) la distance entre deux villes. Cette distance est beaucoup plus courte que par les routes ordinaires qu'allongent les détours et les montagnes; par exemple, on ne trouve de Paris à Lyon, en ligne droite, que 85 lieues de 2000 toises, tandis que par la route ordinaire on compte 119 lieues.

Pour trouver sur une carte la distance entre

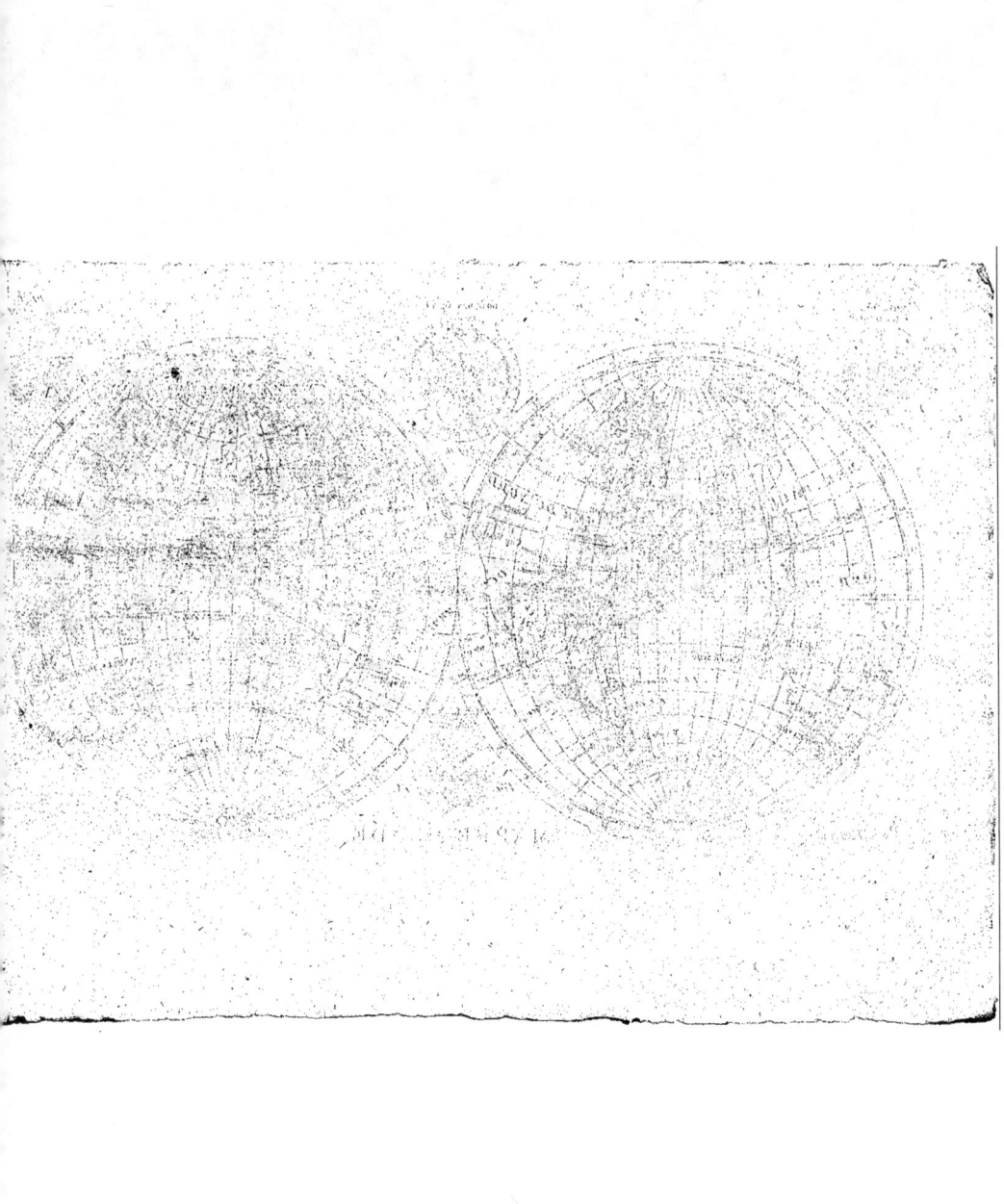

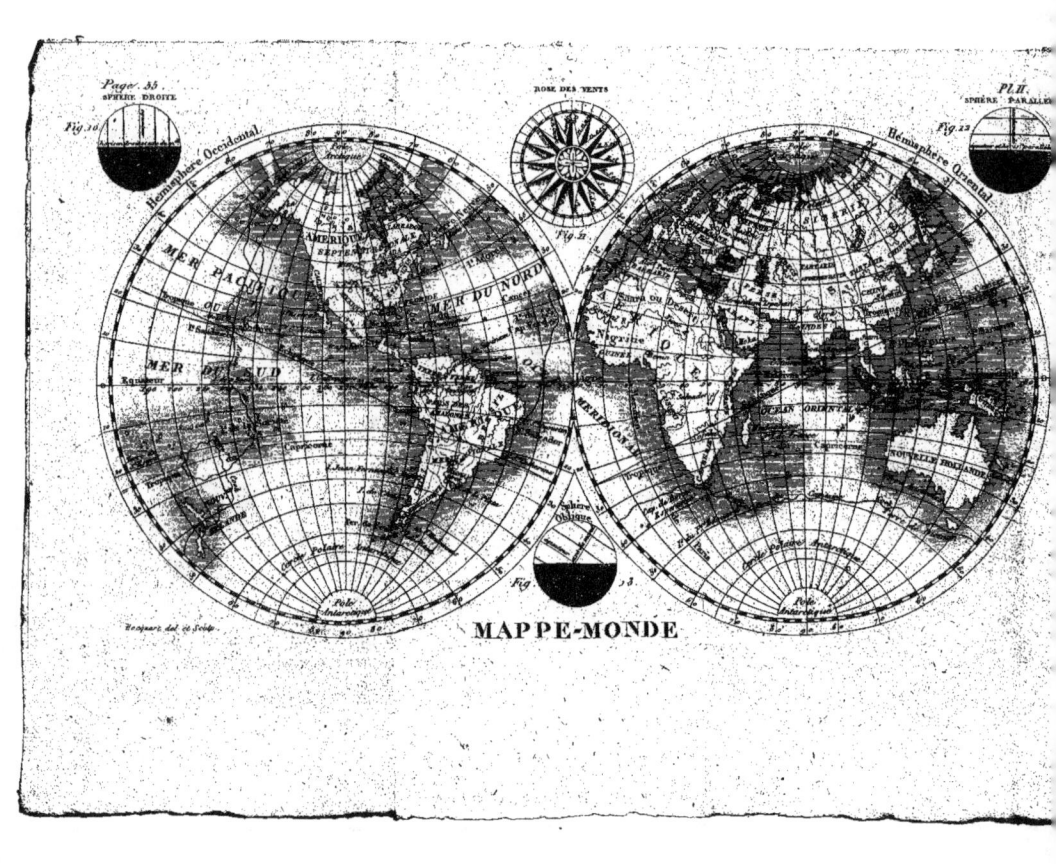

Page. 55.
SPHERE DROITE.

Fig. 10.

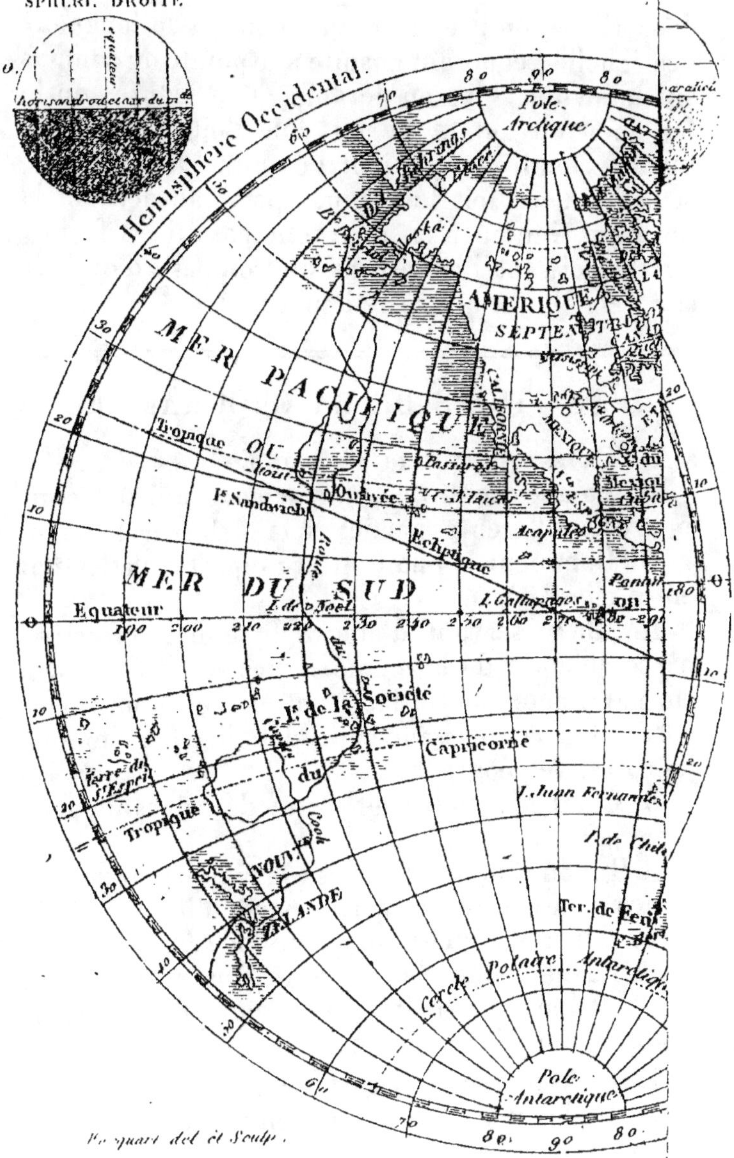

deux villes, on prend avec un compas la longueur de l'échelle, et posant ensuite une pointe du compas sur une ville, sans en déranger l'ouverture, on le fait mouvoir autant de fois que l'intervalle entre les deux endroits contient l'étendue de l'échelle ; si la dernière fois le compas passe au-delà de la dernière ville ou n'en approche pas, il est facile, en rétrécissant l'ouverture du compas, d'évaluer sur l'échelle ce qui reste à mesurer.

## DÉFINITIONS DE LA GÉOGRAPHIE.

D. Qu'est-ce que la géographie ?

R. La géographie est une science qui fait connaître les différentes parties de la surface de la terre.

D. Comment connaît-on le rapport qu'elles ont entre elles ?

R. En se servant d'abord du globe terrestre, parce qu'étant de la même figure que la terre, il en fait mieux sentir la situation ; et pour avoir ensuite une connaissance plus détaillée, on emploie les cartes de géographie.

D. Combien y a-t-il de sortes de cartes de géographie ?

R. Il y en a de trois sortes : la mappemonde, les cartes générales et les cartes particulières.

D. Qu'est-ce que la mappemonde ?

R. La mappemonde ou planisphère représente le globe coupé par le méridien en deux parties égales, qu'on nomme hémisphères.

D. Qu'est-ce que les cartes générales ?

R. Celles qui représentent en raccourci ou une partie de la terre ou un grand état, comme la carte d'Europe, la carte de France.

D. Qu'est-ce que les cartes particulières ?

R. Celles qui représentent une province, un département, un petit territoire, comme la carte des environs de Paris, celle d'un département, etc.

D. Où sont marqués les points cardinaux?

R. Le Nord ou Septentrion est en haut des cartes, le Midi ou Sud en bas, l'Orient ou Est, à droite, l'Occident ou Ouest, à gauche.

D. Qu'est-ce qu'on appelle s'orienter?

R. C'est reconnaître l'orient et les autres points cardinaux du lieu où l'on est.

D. Comment s'y prend-on pour s'orienter?

R. On regarde le côté où le soleil paraît se lever, et dans cette position on a l'orient devant soi, l'occident derrière, le midi à sa droite, et le nord à sa gauche.

Quand il est midi, on se tourne du côté du soleil, on a alors le sud devant soi, le nord derrière, l'occident à sa droite et l'orient à sa gauche.

D. Comment divise-t-on la surface de la terre?

R. En terre et en eau.

D. Quels sont les termes de géographie relatifs à la terre?

R. Ce sont ceux de continent, île, presqu'île, isthme, cap, côte, montagne, colline, volcan, défilé, ou col, falaise, dune, banc, etc.

D. Qu'est-ce qu'un continent?

R. Un continent, qu'on appelle aussi terre-ferme, est une vaste étendue de terre, comprenant plusieurs pays qui ne sont point séparés par des mers, tels que l'Europe, etc.

D. Qu'est-ce qu'une île?

R. Une île est une portion de terre entourée d'eau de tous côtés.

D. Qu'est-ce qu'une presqu'île ou péninsule?

R. Une terre entourée d'eau, excepté d'un seul côté par lequel elle est jointe à une autre terre.

D. Qu'est-ce qu'un isthme?

R. Un isthme est une langue de terre qui sépare

deux mers, et joint une presqu'île à un continent, ou un continent à un autre continent.

D. Qu'est-ce qu'un cap?

R. Un cap est une portion de terre qui s'avance dans la mer; on l'appelle promontoire quand il s'élève, et pointe quand il est aigu, et sans, ou presque sans élévation.

D. Qu'entend-on par une côte?

R. On entend les extrémités des terres qui touchent la mer.

D. Qu'est-ce qu'une montagne?

R. C'est une masse considérable qui s'élève au-dessus de la surface du globe terrestre. On appelle colline une montagne qui s'élève peu; chaîne de montagnes, une suite de montagnes qui tiennent les unes aux autres; et pic une montagne très-haute qui a presque la forme d'un cône, c'est-à-dire d'un pain de sucre.

D. Qu'entend-on par plateaux?

R. On entend par plateaux de grandes masses de terre très-élevées, avec des pentes longues et douces, comme le Thibet au centre de l'Asie, tandis que les montagnes offrent, au contraire, des pentes roides et escarpées.

D. Qu'est-ce qu'une vallée?

R. C'est un espace de pays situé entre deux ou plusieurs montagnes. Les vallées prennent le nom de vallons, quand elles sont peu profondes.

D. Qu'est-ce qu'un coteau?

R. C'est un terrain incliné qui s'étend le long d'une plaine?

D. Qu'est-ce qu'un glacier?

R. C'est un amas de glaces et de neiges durcies sur de hautes montagnes, et qui, se fondant et se renouvelant sans cesse, fournissent une grande abondance d'eau.

D. Qu'entend-on par avalanche?

R. On entend la chute des neiges qui se détachent avec fracas des montagnes et tombent dans les vallons, en renversant tout sur leur passage.

D. Qu'est-ce qu'on appelle une oasis?

R. On appelle une oasis un lieu habité dans un désert, comme Syouah dans le désert de Lybie en Afrique.

D. Qu'entend-on par frontières, confins, limites?

R. On entend par frontières, confins, limites, les extrémités d'un pays, ou, en d'autres termes, la ligne de démarcation qui sépare deux pays. On emploie les mots frontières, confins, en parlant de deux états, comme la France et l'Espagne; et limites ou bornes, en parlant d'une province, d'un département, d'un canton.

D. Qu'est-ce qu'un volcan?

R. C'est une montagne qui vomit du feu à de certains intervalles, et d'où il sort de la fumée en tout temps; on appelle cratère la bouche d'un volcan, c'est-à-dire l'endroit par où s'échappent les flammes.

D. Qu'est ce qui produit le feu des volcans?

R. Le soufre, le bitume et autres matières combustibles renfermées dans le sein de la terre, et qui, en s'enflammant par le contact de l'air, forment des explosions.

D. Comment les volcans causent-ils les tremblemens de terre?

R. Par les secousses terribles que l'air, le feu, l'eau et les autres substances produisent en faisant effort pour s'échapper de la terre.

D. Qu'est-ce que l'air?

R. C'est ce fluide compressible, élastique et transparent que nous respirons, et qui occupe la plus grande partie de l'atmosphère.

D. Qu'est-ce que le vent?

R. Le vent n'est autre chose que l'air agité : c'est

une partie de l'atmosphère qui se meut, comme un courant, avec une certaine vitesse et dans une direction déterminée. Le déplacement de quelques parties de l'atmosphère est la cause des vents.

D. Qu'entend-on par défilé, pas, col ou gorge?

R. On entend par ces termes un passage étroit et difficile, qui conduit d'un pays à un autre.

D. Qu'est-ce que les falaises?

R. Ce sont des terres et des rochers escarpés le long de la mer.

D. Qu'est-ce que les dunes?

R. Ce sont des collines sablonneuses situées sur les bords de la mer.

D. Qu'est-ce qu'un banc?

R. C'est un grand amas de sable sous les eaux.

D. Qu'entend-on par écueils et récifs?

R. On entend par écueils, des rochers à fleur d'eau, où les vaisseaux peuvent échouer; et par récifs ou brisans, des rochers voisins de la côte où la mer se brise avec violence.

D. Quels sont les termes de géographie relatifs à l'eau?

R. Ce sont ceux de mer, golfe, baie, rade, port, détroit, archipel, lac, étang, rivière, fleuve, confluent, canal.

D. Qu'est-ce que la mer?

R. C'est une immense étendue d'eau salée qui environne la terre et où se déchargent les fleuves.

D. Qu'est-ce que le flux et le reflux de la mer?

R. On nomme flux le mouvement régulier ou périodique qui fait remonter la mer dans les rivières, et reflux celui qui la fait descendre; ce double mouvement est appelé marée : il est causé par l'attraction que le soleil et surtout la lune exercent sur la terre.

D. Combien y a-t-il de sortes de mers?

R. Il y en a deux sortes : les mers extérieures,

qui environnent les continens, et les mers intérieures qui entrent dans les terres.

D. Comment divise-t-on les mers extérieures?

R. On les divise en quatre océans ou mers extérieures:

1°. L'Océan Atlantique, entre l'Europe et l'Afrique, à l'est, et l'Amérique à l'ouest.

2°. Le grand Océan, appelé aussi mer Pacifique et mer du Sud, entre l'Amérique à l'est, et l'Asie à l'ouest. C'est la plus grande mer du globe.

3°. L'Océan Glacial arctique, au nord des deux continens.

4°. L'Océan Glacial antarctique, qui occupe la partie la plus méridionale du globe.

D. Comment divise-t-on l'Océan Atlantique?

R. On le divise en boréal au nord, en équinoxial vers l'équateur, en austral au sud.

D. Comment divise-t-on le grand Océan?

R. On le divise également en boréal au nord, en équinoxial vers l'équateur, en austral au sud.

D. Comment considère-t-on la mer des Indes?

R. On la considère comme faisant partie du grand Océan austral; elle est située entre l'Asie au nord, l'Afrique à l'ouest, la Nouvelle-Hollande à l'est.

D. Quelles mers intérieures forme l'Océan Atlantique?

R. Il forme, 1°. en Europe, la mer Baltique; le Zuyderzée en Hollande; la mer du Nord ou Germanique; la Manche; 2°. la Méditerranée; 3°. en Amérique, le golfe du Mexique; la mer des Antilles, au nord; le golfe de Saint-Laurent, la baie d'Hudson, et la mer de Baffin.

D. Quelles mers intérieures forme le grand Océan?

R. Il forme, 1°. en Amérique, la mer Vermeille ou golfe de Californie; la baie de Panama; 2°. en Asie, le golfe d'Anadir; les mers de Penjina et d'Ochotsk; la Manche de Tartarie; la mer du Japon; le golfe de Corée; la Mer-Jaune; la Mer-Bleue; le golfe de Tonkin; enfin celui de Siam.

D. Quelles mers intérieures forme la mer des Indes?

R. Elle forme la Mer-Rouge ou golfe Arabique, le golfe d'Oman; le golfe Persique; le golfe de Bengale; le golfe de Martaban.

D. Quelles mers intérieures forme l'Océan glacial arctique?

R. Il forme, 1°. en Europe, la Mer-Blanche; 2°. en Asie, les golfes de Kara et d'Obi (*).

D. Qu'est-ce qu'un golfe?

R. Un golfe est une partie de mer qui avance dans les terres. Tout avancement considérable doit être regardé comme une mer intérieure.

D. Qu'est-ce qu'une baie?

R. Une baie est un enfoncement de mer dans la terre beaucoup plus large en dedans qu'à l'entrée. Le golfe diffère de la baie en ce qu'il a plus d'enfoncement que de largeur. On appelle anse un petit avancement de la mer dans les terres.

D. Qu'est-ce qu'une rade?

R. Une rade est un espace de mer le long des côtes, où les vaisseaux sont à l'abri des vents.

D. Qu'est-ce qu'un port?

R. Un port est un endroit où les vaisseaux se retirent pour se mettre à l'abri des vents et décharger les marchandises. Le port diffère du hâvre, en ce qu'il est l'ouvrage des hommes, et que le hâvre est l'ouvrage de la nature.

D. Qu'est-ce qu'un port franc?

R. C'est un port où il est libre aux marchands de toutes les nations de décharger et recharger leurs marchandises sans payer aucun droit.

---

(*) L'Océan glacial antarctique ne forme aucune mer; il était entièrement inconnu des anciens.

D. Qu'est-ce qu'une jetée ?

R. C'est un ouvrage de maçonnerie qui consiste à élever un amas de pierres à l'entrée d'un port ou le long d'un quai.

D. Qu'est-ce qu'un môle ?

R. C'est un ouvrage de maçonnerie fort avancé dans la mer, et fait en ligne circulaire ou en angle, où l'on pratique une entrée assez spacieuse pour les vaisseaux.

D. A quoi servent les môles et les jetées ?

R. Ils servent 1°. à arrêter le sable qui pourrait entrer dans le port et le combler; 2°. à rompre l'impétuosité des vagues, afin que les vaisseaux y soient plus en sûreté; 3°. à resserrer le lit d'un fleuve dont l'embouchure forme le port, pour lui donner plus de profondeur.

D. Qu'est-ce qu'un détroit ?

R. Un détroit, qu'on appelle aussi pas ou phare, est un espace de mer resserré entre deux terres.

D. Qu'est-ce qu'un archipel ?

R. Un archipel est une étendue de mer entrecoupée de plusieurs îles. Quand on dit simplement l'Archipel, on entend particulièrement cette partie de la mer Méditerranée que les anciens appelaient mer Egée.

D. Qu'est ce qu'un lac ?

R. Un lac est une étendue d'eau dormante, ordinairement douce, et qui ne tarit jamais.

D. Y a-t-il plusieurs sortes de lacs ?

R. Il y en a trois : ceux qui, tels que le lac Maravi (Afrique), ne reçoivent point de rivière et d'où il n'en sort aucune; d'autres où il entre des fleuves et d'où il en sort, comme les lacs de Constance et de Genève; d'autres enfin, comme la Mer-Caspienne, qui reçoivent des fleuves et d'où il n'en sort aucun. Les premiers lacs sont des espèces d'étangs où s'amassent les eaux pluviales, ou des eaux souterraines alimentées par des sources.

D. Qu'est-ce qu'un étang?

R. Un étang est un amas d'eau soutenu par une chaussée, et dans lequel on nourrit du poisson.

Le lac diffère de l'étang, en ce que le lac a toujours de l'eau, au lieu que l'étang tarit souvent dans les grandes sécheresses. On appelle marais un amas d'eau très-peu profond qui n'a point d'écoulement.

D. Qu'est-ce qu'une rivière?

R. Une rivière est une eau de source qui coule toujours jusqu'à ce qu'elle se jette dans une autre rivière ou dans la mer.

D. Qu'est-ce qu'un fleuve?

On nomme fleuve une rivière considérable qui se perd dans la mer, et ruisseau, un petit courant d'eau.

D. Qu'est-ce qu'on appelle source, confluent, embouchure?

R. On appelle source l'endroit d'où sort une rivière; confluent, celui où se joignent deux rivières; embouchure, celui où un fleuve se jette dans la mer. On nomme lit d'une rivière, l'étendue de terre sur laquelle elle coule depuis sa source jusqu'à son embouchure.

D. Qu'est-ce qu'une cataracte?

R. C'est la chute des eaux d'une rivière ou d'un fleuve, lorsqu'elles se précipitent avec fracas d'un lieu très-élevé, comme les cataractes du Nil.

D. Qu'est-ce qu'un torrent?

R. C'est un courant d'eau rapide qui coule sur un terrain incliné où il se creuse un lit, qu'on appelle ravin lorsqu'il est à sec.

D. Qu'est-ce qu'on nomme la droite ou la gauche d'une rivière?

R. On nomme la droite ou la gauche d'une rivière le côté de son lit qui est à la droite ou à la gauche d'une personne qui la descend ou qui la voit couler devant elle.

On appelle le haut ou le dessus d'une rivière, l'endroit le plus près de sa source; et le bas ou le dessous, l'endroit le plus près de son embouchure.

D. Qu'est-ce qu'un canal?

R. Un canal est une rivière qui est l'ouvrage des hommes, et qui joint une rivière à une autre rivière ou à la mer.

D. Qu'est-ce que le brouillard?

R. C'est un amas de vapeurs épaisses, réunies à la surface de la terre, et qui obscurcissent l'air qui nous environne au point de nous cacher quelquefois les objets les plus proches.

D. Qu'est-ce qu'on nomme givre ou frimas?

R. On nomme givre ou frimas les vapeurs des brouillards dont le froid augmente la condensation, au point qu'elles se gèlent et s'attachent, sous la forme de petits glaçons, aux branches des arbres, aux cheveux des voyageurs, etc.

D. Comment se forment les nuages?

R. Lorsque les vapeurs élevées dans l'air par l'évaporation sont devenues visibles par leur rapprochement, et qu'elles restent suspendues à une certaine hauteur, elles nous paraissent sous la forme d'un corps opaque que nous appelons nuage.

D. Quelle est la cause de la pluie?

R. Elle est produite par la résolution des nuages en eau, causée par le froid, la compression, et en général par l'absence du calorique qui laisse précipiter l'eau avec laquelle il était uni dans l'état de vapeur.

D. Qu'est-ce que l'arc-en-ciel?

R. C'est un des plus beaux météores lumineux, en forme d'arc de différentes couleurs, produit par la réflexion des rayons solaires dans un nuage, et visible, lorsqu'ayant le dos tourné au soleil, on regarde une nuée qui tombe en pluie fine et est éclairée par cet astre.

D. Qu'est-ce qui produit la neige et la grêle?

R. La neige provient de ce qu'un froid plus considérable qu'il ne faut pour résoudre les nuages en pluie, condense les vapeurs sous la forme de flocons blancs et légers, et d'autant plus fins que le froid est plus rigoureux. Un degré de condensation plus fort ou plus brusque convertit ces vapeurs en une infinité de glaçons irréguliers : c'est ce qu'on appelle grêle.

D. Qu'est-ce que le tonnerre et l'éclair?

R. Le tonnerre est une détonation produite par le feu électrique et les matières combustibles de l'atmosphère; et l'éclair est cette flamme brillante causée par l'inflammation.

## TABLEAU DES DÉCOUVERTES,

### DE 860 A 1785.

| | |
|---|---|
| L'Islande, par un pirate Norwégien | 860 |
| Le Groënland, par un Islandais | 970 |
| Madère, par un vaisseau anglais | 1345 |
| Les Açores, par les Portugais | 1412 |
| Les îles du Cap-Vert, par les mêmes | 1460 |
| Le Cap de Bonne-Espérance, par Diaz, Portugais | 1486 |
| L'Amérique, par Christophe Colomb | 1492 |
| Les côtes orientales de l'Afrique et la côte de Malabar, par Vasco de Gama | 1498 |
| Le Brésil, par les Portugais | 1500 |
| La Patagonie, par Magellan | 1520 |
| Conquête du Mexique, par Fernand Cortez | 1521 |
| Les îles Philippines et Mariannes, par Magellan | 1521 |
| Les Bermudes, par Juan Bermudes, Espagnol | 1522 |
| Conquête du Pérou, par Pizarre | 1533 |
| Le Chili, par Diego d'Almagro | 1536 |
| Le Japon, par Mindez Pinto, Portugais | 1542 |
| Le Spitzberg | 1552 |
| L'archipel de Salomon, par Alvaro de Mendano | 1567 |

| | |
|---|---|
| Découverte et conquête de la Sibérie, par Jermak, chef des Cosaques... | 1581 |
| La Nouvelle-Zemble, par les Hollandais............ | 1594 |
| Origine de la colonie française dans la Martinique..... | 1635 |
| La Nouvelle-Zélande, par les Hollandais............ | 1642 |
| L'île d'Otaïti .................................. | 1667 |
| Le Kamtschatka, par un chef Cosaque............. | 1699 |
| La Nouvelle-Calédonie, par Cook................. | 1774 |
| Les îles Sandwich, par le même................... | 1778 |
| La Manche de Tartarie, par La Pérouse............ | 1785 |

## DIVISION DE LA TERRE.

D. En combien de parties divise-t-on la terre?

R. On la divise en cinq parties:

1°. L'Europe;

2°. L'Asie;

3°. L'Afrique, qu'on appelle l'ancien continent, parce qu'il était le seul connu des anciens;

4°. L'Amérique, appelée le nouveau continent, parce qu'il n'est connu que depuis la fin du quinzième siècle (1492);

5°. L'Océanie ou Océanique, qui comprend les îles situées au sud de l'Asie; toutes les îles dispersées dans le grand Océan, et la Nouvelle-Hollande, île immense, aussi grande que l'Europe. C'est à cause de son étendue qu'on lui donne le nom de continent.

Longitude du Méridien de l'Ile de Fer.

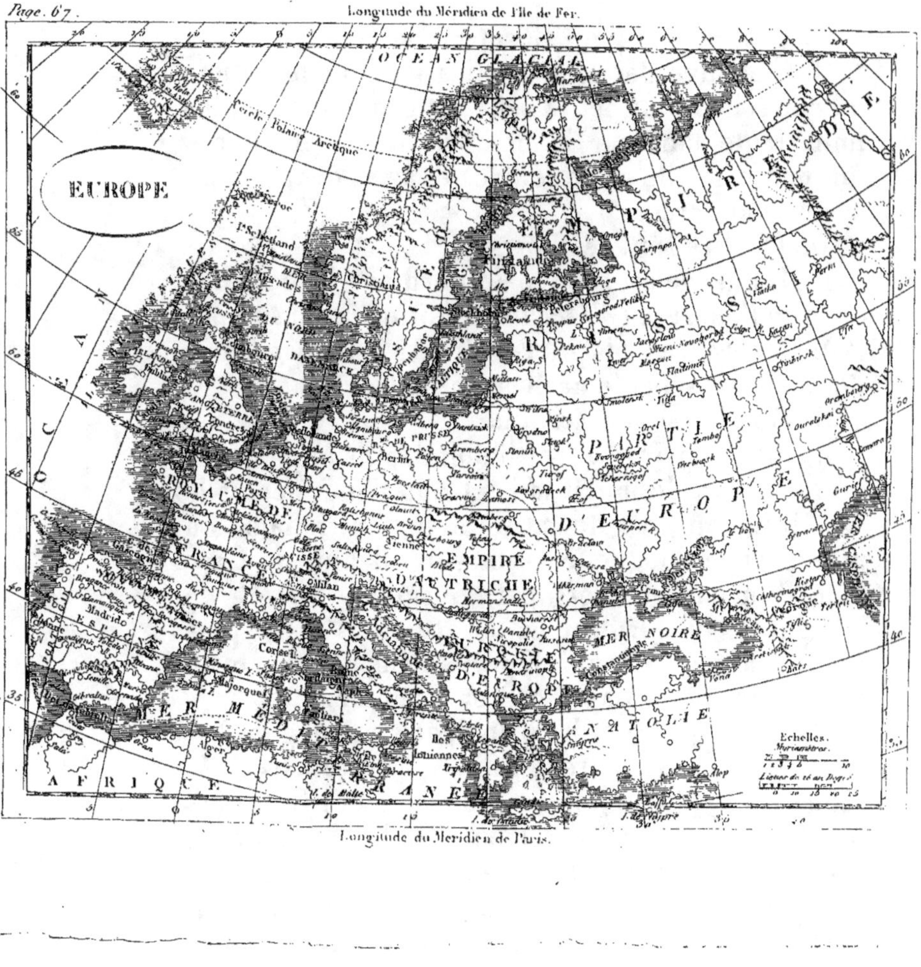


Longitude du Méridien de Paris.

## CHAPITRE PREMIER.

# EUROPE.

D. Qu'est-ce que l'Europe ?
R. C'est une des cinq parties du Monde; quoiqu'elle soit la plus petite, elle est cependant la plus importante tant par le nombre de ses habitans, que parce qu'elle est le centre des arts, des sciences et du commerce.

D. Quelles sont ses bornes ?
R. L'Europe est bornée au nord par la Mer-Glaciale, à l'ouest par l'Océan Atlantique, au sud par la Méditerranée et la Mer-Noire, à l'est par l'Asie dont elle est séparée par les Monts Ourals.

D. Quelle est son étendue ?
R. Elle a environ 1,100 lieues depuis le 7$^e$. degré jusqu'au 77$^e$. de longitude, et 900 lieues depuis le 35$^e$. jusqu'au 72$^e$. de latitude septentrionale. La plus grande longueur se mesure depuis le Cap-Saint-Vincent en Portugal, jusqu'au détroit de Waigatz, au nord-est de la Russie; et la plus grande largeur s'étend depuis le Cap-Matapan en Grèce, jusqu'au Cap-Nord en Laponie.

D. Quelles en sont les principales montagnes ?
R. Les Alpes, entre la Suisse, la France et l'Italie; les Pyrénées, entre la France et l'Espagne; les Apennins, qui traversent l'Italie du nord au sud; les Monts Krapacks, entre la Hongrie et la Pologne; les Dophrines ou Alpes Scandinaves, entre la Suède et la Norwége; les Monts Ourals, qui séparent l'Asie de l'Europe; les Monts Rhodope et Hémus, en Turquie.

D. Quels sont les principaux caps de l'Europe?

R. Le Cap-Nord, en Norwége; la Hogue, au nord-ouest de la France; Finistère, en Espagne; St-Vincent, en Portugal; Passaro, en Sicile; Matapan, en Grèce.

D. Combien y a-t-il de volcans?

R. Il y en a trois: le Mont-Vésuve, en Italie, près de Naples, haut de 3,694 pieds; le Mont-Etna, en Sicile, haut de 9,850 pieds; le Mont-Hécla, en Islande.

D. Combien y a-t-il d'isthmes?

R. Il y en a deux: l'isthme de Corinthe, qui joint la presqu'île de Morée au reste de la Grèce (quelques géographes l'appellent à présent Hexamili, parce qu'il a six milles de largeur); et l'isthme de Pérécop, qui joint la presqu'île de Crimée à la Petite-Tartarie.

D. Quels sont les principaux golfes de l'Europe?

R. Ce sont, outre ceux dont il a été fait mention (pages 61 et 62), savoir: le golfe de Murray, au nord-est de l'Ecosse; de Gascogne, entre la France et l'Espagne; de Lyon, au sud de la France; de Gênes, à l'est du précédent; de Tarente, en Italie; de Lépante, en Grèce.

D. Quels sont les principaux détroits?

R. Le détroit de Waigatz, au nord-est de l'Europe; le Sund, à l'entrée de la mer Baltique, entre le Danemarck et la Suède; le Grand-Belt, entre la Sééland et la Fionie; le Petit-Belt, entre la Fionie et le Jutland; le canal de Saint-Georges, entre l'Angleterre et l'Irlande; le Pas-de-Calais, entre la France et l'Angleterre; le détroit de Gibraltar, à l'entrée de la Méditerranée; le phare de Messine, entre la Sicile et l'Italie; le détroit des Dardanelles, autrefois l'Hellespont, entre l'Archipel et la mer de Marmara; le canal de Constantinople, anciennement Bosphore de Thrace, entre la mer

Page 69

ROYAUME DE FRANCE
Divisé en 86 Départemens

de Marmara et la Mer-Noire; enfin le détroit de Caffa ou d'Enikale, entre la Mer-Noire et la mer d'Azoff.

D. Quels sont les principaux lacs?

R. Les lacs de Genève, traversé par le Rhône; de Constance, traversé par le Rhin; Majeur, traversé par le Tésin; de Côme, traversé par l'Adda; de Garde, de Pérugia et de Célano, en Italie; Balaton, en Hongrie; Meler et Wener, en Suède; Onéga, Ladoga et Ilmen, en Russie.

D. Quelles sont les principales îles?

R. Ce sont, dans la mer Baltique, la Sééland, la Fionie; dans l'Océan Atlantique, l'Angleterre, l'Irlande, l'Islande; dans la Méditerranée, les îles Majorque et Minorque, la Corse, la Sardaigne, la Sicile, Candie et Négrepont.

---

## ARTICLE PREMIER.

# FRANCE. (royaume de)

D. Quelles sont les limites de la France?

R. Elle est bornée, au nord, par la Manche et le royaume des Pays-Bas; à l'est, par l'Allemagne, la Suisse et l'Italie; au midi, par la Méditerranée et l'Espagne; à l'ouest, par l'Océan Atlantique.

D. Quelle est l'étendue de la France?

R. Elle s'étend entre le 42°. et le 51°. degré de latitude septentrionale, et entre le 13°. et le 26°. degré de longitude du méridien de l'Isle-de-Fer. Elle a environ 220 lieues de longueur du sud au nord (de Perpignan à Dunkerque), et 200 lieues de largeur de l'ouest à l'est (de Brest à Strasbourg).

D. Comment s'appelait autrefois la France?

La France, appelée autrefois Gaule, était habitée par les Gaulois ou Celtes, nation renommée par son hospitalité, et redoutable par sa force et sa valeur. Ce peuple belliqueux inquiéta souvent les Romains. Jules-César employa dix années à subjuguer les Gaules, qui ne furent entièrement soumises qu'environ cinquante ans avant J.-C. Lorsqu'ils y pénétrèrent, il y avait très-peu de villes, et ces villes n'étaient que des amas de cabanes en bois. La Gaule fit partie de l'empire romain jusqu'au commencement du 5$^{me}$ siècle. Les Francs, les plus courageux des Germains, vinrent alor s'y établir sous la conduite de Pharamond; mais il était réservé à Clovis-le-Grand d'y anéantir la puissance romaine, et d'y asseoir les fondemens d'une monarchie qui subsiste depuis quatorze siècles. Les évêques qui voyaient en lui le libérateur de la Gaule, le rendirent cher à ses nouveaux sujets, et l'opposèrent aux Bourguignons et aux Visigoths qui étaient Ariens. Clovis, converti à la religion catholique, en devint un zélé défenseur; il était le seul roi qui ne fût pas engagé dans quelque hérésie. Sous son règne, la Gaule prit le nom de France, et Paris devint la capitale du royaume.

Sous les rois de la première race, la langue latine était la langue vulgaire; au commencement du 8$^{me}$ siècle, elle fit place à un mélange de franc et de latin appelé la langue romance, d'où s'est formé le français, qui s'est perfectionné par tous les genres de littérature sous le règne de Louis-le-Grand.

D. Quel est le climat de la France?

R. La France a un climat si doux, qu'elle n'est sujette ni à un froid long et rigoureux, ni à des chaleurs excessives. L'air y est pur et sain.

D. Quelles sont ses productions?

R. Elle abonde en grains de toute espèce, vins,

fruits, huiles, lin, chanvre, excellens pâturages; elle fournit tout ce qui est nécessaire à la vie, et peut se suffire à elle-même : ses nombreuses manufactures sont une source féconde de richesses. On y exploite quelques mines de plomb et de cuivre, et beaucoup de mines de fer et de houille.

D. Quelles sont les montagnes de la France?

R. Les principales sont : le Puy-de-Dôme, le Mont-d'Or, le Cantal, en Auvergne; les Cévennes, en Languedoc; les Vosges, qui séparent la Lorraine de l'Alsace; le Jura, entre la Suisse et la Franche-Comté.

D. Quels sont les principaux fleuves?

R. La Loire, qui prend sa source dans le département de l'Ardèche, au Mont Gerbier-de-Joux; la Garonne, qui a sa source au Val-d'Aran, dans les Pyrénées; la Seine, qui prend sa source à Saint-Seine, près de Chanceaux (Côte-d'Or); le Rhône, qui a sa source au Mont-des-Fourches, en Suisse.

D. Quel est le cours de la Loire?

R. Elle passe au Puy, à Roanne, où elle commence à porter bateau, à Nevers, Orléans, Blois, Tours, Saumur, Nantes, et se jette dans l'Océan au-dessous de Paimbœuf. Elle reçoit, à gauche, l'Allier, le Cher, l'Indre et la Vienne; à droite, la Mayenne qui reçoit la Sarthe, accrue des eaux du Loir.

D. Quel est le cours de la Garonne?

R. Elle passe à Toulouse où elle communique avec le canal de Languedoc; à Agen, Marmande, Bordeaux; reçoit la Dordogne au Bec-d'Ambez, prend le nom de Gironde, et se jette dans l'Océan au-dessous de Blaye. Elle reçoit le Tarn au-dessus d'Agen, et le Lot à Aiguillon.

D. Quel est le cours de la Seine?

R. Elle passe à Troyes, Melun, Corbeil, Paris, Saint-Germain-en-Laye, Rouen, et se jette dans la Manche au Hâvre-de-Grâce; elle reçoit l'Yonne à Montereau, la Marne à Charenton, et l'Oise à Conflans-Sainte-Honorine.

D. Quel est le cours du Rhône?

R. Il passe à Sion, traverse le lac et la ville de Genève, entre en France, arrose Lyon, Vienne, Valence, Pont-Saint-Esprit, Avignon, Beaucaire, Arles, forme l'île de la Camargue, et se jette dans la Méditerranée. Il reçoit la Saône à Lyon, l'Isère au-dessus de Valence, la Durance au-dessous d'Avignon.

D. Quelles sont les autres rivières considérables qui se jettent dans la mer?

1°. La Charente, qui a sa source dans le département de la Haute-Vienne, passe à Angoulême, Cognac, Saintes, et se jette dans l'Océan au-dessous de Rochefort;

2°. L'Adour, qui prend sa source dans le département des Hautes-Pyrénées, passe à Tarbes, Bayonne, et se jette dans le golfe de Gascogne;

3°. La Somme, qui a sa source au-dessus de Saint-Quentin, arrose cette ville, Péronne, Amiens, Abbeville, et se jette dans la Manche au-dessous de Saint-Valery.

D. Quels sont les principaux canaux?

R. Le canal du Midi ou du Languedoc, qui joint la Méditerranée à l'Océan; celui de Bourgogne, entre la Saône et l'Yonne; du Centre, entre la Saône et la Loire; le canal de Briare, entre la Seine et la Loire; de Saint Quentin, entre la Somme et l'Escaut.

D. Quel est le gouvernement de la France?

R. C'est le gouvernement monarchique le plus ancien de l'Europe. Le Roi prend le titre de Roi Très-Chrétien, et son fils aîné celui de Dauphin; les femmes sont exclues de la couronne.

D. Quelle est la religion de l'état?

R. C'est la religion catholique, apostolique et romaine, établie en France depuis l'an 496. Les autres cultes y sont permis en vertu de la Charte octroyée par Louis XVIII.

D. Quels sont les principaux corps de l'état ?

R. La chambre des pairs et la chambre des députés, qui discutent, approuvent ou rejettent les projets de loi proposés par les ministres au nom du Roi; le conseil-d'état; la cour de cassation, établie pour casser les jugemens contraires à la loi; et la chambre des comptes.

D. Par qui est rendue la justice ?

R. 1°. Par les juges-de-paix, institués pour concilier les parties; 2°. par les tribunaux de première instance et de commerce; enfin par les cours royales qui jugent en dernier ressort.

D. Combien y a-t-il de cours royales ?

R. Il y en a vingt-sept, dont le siége est dans les villes suivantes :

| | | | |
|---|---|---|---|
| Agen. | Bourges. | Lyon. | Pau. |
| Aix. | Caen. | Metz. | Poitiers. |
| Amiens. | Colmar. | Montpellier. | Rennes. |
| Angers. | Dijon. | Nancy. | Riom. |
| Bastia. | Douai. | Nîmes. | Rouen. |
| Besançon. | Grenoble. | Orléans. | Toulouse. |
| Bordeaux. | Limoges. | Paris. | |

D. Combien y a-t-il d'hôtels des monnaies ?

R. Il y en a treize, dont voici les noms, avec les lettres qui les distinguent :

| | | | |
|---|---|---|---|
| Paris. | A | Marseille, un | A |
| Bayonne. | L | dans une | M. |
| Bordeaux | K | Nantes | T |
| La Rochelle | H | Perpignan. | Q |
| Lille. | W | Rouen. | B |
| Limoges | I | Strasbourg | BB |
| Lyon. | D | Toulouse | M |

## DIVISION ANCIENNE ET NOUVELLE DE LA FRANCE.

D. Comment divisait-on la France avant 1789 ?

R. En trente-deux gouvernemens ou provinces, qui forment maintenant quatre-vingt-six départemens, dont voici le tableau :

| Anciens gouvernemens. | Départemens. | Chefs-Lieux. |
|---|---|---|
| 1. Flandre | Nord | Lille *. |
| 2. Artois | Pas-de-Calais | Arras *. |
| 3. Picardie | Somme | Amiens *. |
| 4. Normandie | Seine-Inférieure | Rouen *. |
|  | Calvados | Caen. |
|  | Manche | Saint-Lô. |
|  | Orne | Alençon. |
|  | Eure | Evreux. |
| 5. L'Isle-de-France | Aisne | Laon. |
|  | Oise | Beauvais. |
|  | Seine | Paris *. |
|  | Seine-et-Marne | Melun. |
|  | Seine-et-Oise | Versailles. |
| 6. Champagne | Ardennes | Mézières. |
|  | Aube | Troyes *. |
|  | Marne | Châlons. |
|  | Haute-Marne | Chaumont. |
| 7. Lorraine | Meurthe | Nancy *. |
|  | Meuse | Bar-sur-Ornain. |
|  | Moselle | Metz. |
|  | Vosges | Epinal. |
| 8. Alsace | Bas-Rhin | Strasbourg *. |
|  | Haut-Rhin | Colmar. |
| 9. Bretagne | Côtes-du-Nord | Saint-Brieux. |
|  | Finistère | Quimper. |
|  | Ille-et-Vilaine | Rennes *. |
|  | Loire-Inférieure | Nantes. |
|  | Morbihan | Vannes. |
| 10. Maine | Mayenne | Laval. |
|  | Sarthe | Le Mans *. |
| 11. Anjou | Maine-et-Loire | Angers *. |

NOTA. Les villes marquées d'un astérisque étaient autrefois capitales de provinces.

## DE GÉOGRAPHIE.

| Anciens gouvernemens. | Départemens. | Chefs-Lieux. |
|---|---|---|
| 12. Touraine | Indre-et-Loire | Tours *. |
| 13. Orléanais | Eure-et-Loir | Chartres. |
| | Loiret | Orléans *. |
| | Loir-et-Cher | Blois. |
| 14. Berry | Cher | Bourges *. |
| | Indre | Châteauroux. |
| 15. Nivernais | Nièvre | Nevers *. |
| 16. Bourgogne | Ain | Bourg. |
| | Côte-d'Or | Dijon *. |
| | Saône-et-Loire | Mâcon. |
| | Yonne | Auxerre. |
| 17. Franche-Comté | Doubs | Besançon *. |
| | Jura | Lons-le-Saulnier. |
| | Haute-Saône | Vesoul. |
| 18. Poitou | Deux-Sèvres | Niort. |
| | Vendée | Bourbon-Vendée. |
| | Vienne | Poitiers *. |
| 19. Limosin | Corrèze | Tulle. |
| | Haute-Vienne | Limoges *. |
| 20. Marche | Creuse | Guéret *. |
| 21. Bourbonnais | Allier | Moulins *. |
| 22 et 23. Aunis, Saintonge et Angoumois. | Charente-Infér | La Rochelle *. |
| | Charente | Angoulême *. |
| 24. Auvergne | Puy-de-Dôme | Clermont *. |
| | Cantal | Aurillac. |
| 25. Lyonnais | Loire | Montbrison. |
| | Rhône | Lyon *. |
| 26. Dauphiné | Isère | Grenoble *. |
| | Drôme | Valence. |
| | Hautes-Alpes | Gap. |
| 27. Guyenne et Gascogne. | Gironde | Bordeaux *. |
| | Dordogne | Périgueux. |
| | Lot-et-Garonne | Agen. |
| | Tarn-et-Garonne | Montauban. |
| | Lot | Cahors. |
| | Aveyron | Rodez. |
| | Landes | Mont-de-Marsan. |
| | Gers | Auch. |
| | Hautes-Pyrénées | Tarbes. |
| 28. Béarn | Basses-Pyrénées | Pau *. |

| Anciens gouvernemens. | Départemens. | Chefs-Lieux. |
|---|---|---|
| 29. Languedoc...... | Haute-Loire..... | Le Puy. |
| | Lozère.......... | Mende. |
| | Ardèche......... | Privas. |
| | Gard............ | Nîmes. |
| | Hérault......... | Montpellier. |
| | Aude............ | Carcassonne. |
| | Haute-Garonne... | Toulouse *. |
| | Tarn............ | Albi. |
| 30. Comté de Foix.. | Ariége.......... | Foix *. |
| 31. Roussillon...... | Pyrénées-Oriental. | Perpignan *. |
| 32. Provence....... | Basses-Alpes..... | Digne. |
| | Bouches-du-Rhôn. | Marseille. |
| | Var............. | Draguignan. |
| Corse, réunie en 1769. | Corse........... | Ajaccio. |
| Comtat Venaissin, réuni en 1791. | Vaucluse........ | Avignon. |

NOTA. Il y avait, en outre, huit petits gouvernemens formés d'une seule ville et de son territoire, savoir :

1. Paris, dans l'Isle de France.
2. Le Boulonnais, en Picardie.
3. Le Hâvre-de-Grâce, en Normandie.
4. Saumur, avec le Saumurrois, entre l'Anjou et le Poitou.
5. Metz et le Messin,
6. Verdun et le Verdunois, } en Lorraine.
7. Toul et le Toulois,
8. Sedan, entre la Lorraine et la Champagne.

D. Comment la France est-elle divisée actuellement?

R. En 86 départemens, subdivisés en préfectures et sous-préfectures.

| Départemens. | Préfectures. | Sous-Préfectures. |
|---|---|---|
| 1. Ain...... | Bourg ...... | Belley, Gex, Nantua, Trévoux. |
| 2. Aisne..... | Laon........ | Château-Thierry, St-Quentin, Soissons, Vervins. |

## DE GÉOGRAPHIE.  77

| Départemens. | Préfectures. | Sous-Préfectures. |
|---|---|---|
| 3. Allier.... | Moulins..... | Gannat, la Palisse, Montluçon. |
| 4. Alpes (B.) | Digne...... | Barcelonnette, Castellane, Forcalquier et Sisteron. |
| 5. Alpes (H.) | Gap........ | Briançon, Embrun. |
| 6. Ardèche.. | Privas...... | L'Argentière et Tournon. |
| 7. Ardennes. | Mézières.... | Rhetel, Rocroi, Sedan et Vouziers. |
| 8. Ariége... | Foix........ | Pamiers, St.-Girons. |
| 9. Aube..... | Troyes...... | Arcis et Bar-sur-Aube, Bar et Nogent-sur-Seine. |
| 10. Aude..... | Carcassonne.. | Castelnaudary, Limoux, Narbonne. |
| 11. Aveyron.. | Rhodez...... | Espalion, Milhau St-Afrique, Villefranche. |
| 12. Bouches du Rhône... | Marseille.... | Aix et Arles. |
| 13. Calvados.. | Caen....... | Bayeux, Falaise, Lisieux, Pont-l'Evêque, Vire. |
| 14. Cantal.... | Aurillac..... | Mauriac, Murat, St.-Flour. |
| 15. Charente.. | Angoulême.. | Barbezieux, Cognac, Confolens, Ruffec. |
| 16. Charente-Infér.... | La Rochelle.. | Jonzac, Marennes, Rochefort, Saintes, St.-Jean-d'Angely. |
| 17. Cher..... | Bourges..... | Saint-Amand, Sancerre. |
| 18. Corrèze... | Tulles...... | Brives, Ussel. |
| 19. Corse..... | Ajaccio..... | Bastia, Calvi, Corte, Sartène. |
| 20. Côte-d'Or. | Dijon....... | Beaune, Châtillon-sur-Seine, Sémur. |
| 21. Côtes-du-Nord.... | Saint-Brieux. | Dinan, Guingamp, Lannion, Loudéac. |
| 22. Creuse.... | Guéret...... | Aubusson, Bourganeuf, Boussac. |

| Départemens. | Préfectures. | Sous-Préfectures. |
|---|---|---|
| 23. Dordogne. | Périgueux... | Bergerac, Nontron, Riberac, Sarlat. |
| 24. Doubs.... | Besançon.... | Baume-les-Dames, Montbéliard, Pontarlier. |
| 25. Drôme.... | Valence.... | Die, Montelimart, Nyons. |
| 26. Eure...... | Evreux..... | Les Andelys, Bernay. Louviers, Pont-Audemer. |
| 27. Eure et Loire. | Chartres.. | Châteaudun, Dreux, Nogent-le-Rotrou. |
| 28. Finistère... | Quimper... | Brest, Châteaulin, Morlaix, Quimperlé. |
| 29. Gard..... | Nîmes...... | Alais, Uzès, le Vigan. |
| 30. Garonne(H) | Toulouse... | Muret, Saint-Gaudens, Villefranche. |
| 31. Gers...... | Auch...... | Condom, Lectoure, Lombez, Mirande. |
| 32. Gironde... | Bordeaux... | Bazas, Blaye, Lesparre, Libourne, la Réole. |
| 33. Hérault... | Montpellier.. | Béziers, Lodève, St.-Pons. |
| 34. Ille-et-Vilaine.... | Rennes...... | Fougères, Montfort, Redon, St.-Malo, Vitré. |
| 35. Indre..... | Châteauroux. | Issoudun, la Châtre, Le Blanc. |
| 36. Indre-et-Loire.... | Tours....... | Chinon, Loches. |
| 37. Isère..... | Grenoble.... | Saint-Marcellin, la Tour-du-Pin, Vienne. |
| 38. Jura...... | Lons-le-Saulnier.. | Dôle, Poligny, Saint-Claude. |
| 39. Landes... | Mont-de-Marsan....... | Dax, Saint-Sever. |

## DE GÉOGRAPHIE. 79.

| *Départemens.* | *Préfectures.* | *Sous-Préfectures.* |
|---|---|---|
| 40. Loir-et-Cher | Blois | Romorantin, Vendôme. |
| 41. Loire | Montbrison | Roanne, St.-Etienne. |
| 42. Loire (H.) | Le Puy | Brioude, Yssengeaux. |
| 43. Loire-Inf. | Nantes | Ancenis, Châteaubriant, Paimbeuf, Savenay. |
| 44. Loiret | Orléans | Gien, Montargis, Pithiviers. |
| 45. Lot | Cahors | Figeac, Gourdon. |
| 46. Lot-et-Garonne | Agen | Marmande, Nérac, Villeneuve-d'Agen. |
| 47. Lozère | Mende | Florac, Marvejols. |
| 48. Maine-et-Loire | Angers | Baugé, Beaupréau, Saumur, Segré. |
| 49. Manche | Saint-Lô | Avranches, Cherbourg, Coutances, Mortain, Valognes. |
| 50. Marne | Châlons-s.-M. | Épernay, Reims, Ste.-Ménehould, Vitry. |
| 51. Marne (H.) | Chaumont | Langres, Vassy. |
| 52. Mayenne | Laval | Château-Gontier, Mayenne. |
| 53. Meurthe | Nancy | Château-Salins, Lunéville, Sarrebourg, Toul. |
| 54. Meuse | Bar-le-Duc | Commercy, Montmédy, Verdun. |
| 55. Morbihan | Vannes | Lorient, Ploërmel, Pontivy. |
| 56. Moselle | Metz | Briey, Sarreguemines, Thionville. |
| 57. Nièvre | Nevers | Château-Chinon, Clamecy, Cosne. |
| 58. Nord | Lille | Avesnes, Cambrai, Douai, Dunkerque, Hazebrouck, Valenciennes. |

MANUEL

| Départemens. | Préfectures. | Sous-Préfectures. |
|---|---|---|
| 59. Oise | Beauvais | Clermont, Compiègne, Senlis. |
| 60. Orne | Alençon | Argentan, Domfront, Mortagne. |
| 61. Pas-de-Calais | Arras | Béthune, Boulogne, Montreuil, Saint-Omer, Saint-Pol. |
| 62. Puy-de-Dôme | Clermont-Ferrand. | Ambert, Issoire, Riom, Thiers. |
| 63. Pyrénées (Hautes.) | Tarbes | Argelès, Bagnères. |
| 64. Pyrénées (Basses.) | Pau | Bayonne, Mauléon, Oléron, Orthez. |
| 65. Pyrénées-Orientales. | Perpignan | Ceret, Prades. |
| 66. Rhin (H.) | Colmar | Altkirch, Belfort. |
| 67. Rhin (Bas-) | Strasbourg | Saverne, Schelestadt, Vissembourg. |
| 68. Rhône | Lyon | Villefranche. |
| 69. Saône (H.) | Vesoul | Gray, Lure. |
| 70. Saône-et-Loire | Mâcon | Autun, Châlons-sur-Saône, Charolles, Louhans. |
| 71. Sarthe | Le Mans | La Flèche, Mamers, Saint-Calais. |
| 72. Seine | Paris, capitale. | Saint-Denis, Sceaux. |
| 73. Seine-et-Marne | Melun | Coulommiers, Fontainebleau, Meaux, Provins. |
| 74. Seine-et-Oise | Versailles | Corbeil, Etampes, Mantes, Pontoise, Rambouillet. |
| 75. Seine-Inférieure | Rouen | Dieppe, le Hâvre, Neufchâtel, Yvetot. |
| 76. Sèvres (deux) | Niort | Bressuire, Melle, Parthenay. |

| Départemens. | Préfectures. | Sous-Préfectures. |
|---|---|---|
| 77. Somme... | Amiens..... | Abbeville, Doulens, Montdidier, Péronne. |
| 78. Tarn..... | Albi........ | Castres, Gaillac, Lavaur. |
| 79. Tarn-et-Garonne. | Montauban.. | Castel-Sarrasin, Moissac. |
| 80. Var....., | Draguignan. | Brignolles, Grasse, Toulon. |
| 81. Vaucluse.. | Avignon..... | Apt, Carpentras, Orange. |
| 82. Vendée... | Bourbon Vendée. | Fontenay, les Sables d'Olonne. |
| 83. Vienne... | Poitiers..... | Châtellerault, Civray, Montmorillon, Loudun. |
| 84. Vienne(H.) | Limoges.... | Bellac, Rochechouart, Saint-Yrieix. |
| 85. Vosges.... | Epinal...... | Mirecourt, Neufchâteau, Remiremont, Saint-Dié. |
| 86. Yonne.... | Auxerre..... | Avallon, Joigny, Sens, Tonnerre. |

D. D'où les départemens tirent-ils leurs noms ?

R. Ils le tirent d'une rivière ou d'une fontaine, d'une montagne ou d'une forêt, de la situation ou de la nature du sol.

D. Comment se subdivise chaque département?

R. En arrondissemens de sous-préfectures, chaque arrondissement en cantons ou justices de paix, chaque canton en communes.

D. Par qui est administré chaque département?

R. Par un préfet; chaque arrondissement par

un sous-préfet; il y a dans chaque commune un maire avec un ou plusieurs adjoints.

D. Comment divise-t-on la France par rapport à la situation des départemens?

R. En trois parties: celle du Nord, du Centre et du Midi.

### PARTIE DU NORD.

| | | |
|---|---|---|
| Nord. | Eure. | Marne. |
| Pas-de-Calais. | Côtes-du-Nord. | Ardennes. |
| Somme. | Oise. | Moselle. |
| Seine-Inférieure. | Aisne. | Meuse. |
| Calvados. | Seine. | Meurthe. |
| Manche. | Seine-et-Oise. | Bas-Rhin. |
| Orne. | Seine-et-Marne. | |

### PARTIE DU CENTRE.

| | | |
|---|---|---|
| Finistère. | Cher. | Nièvre. |
| Morbihan. | Aube. | Allier. |
| Ille-et-Vilaine. | Haute-Marne. | Rhône. |
| Loire-Inférieure. | Haute-Saône. | Loire. |
| Mayenne. | Vosges. | Puy-de-Dôme. |
| Sarthe. | Haut-Rhin. | Creuse. |
| Maine-et-Loire. | Doubs. | Haute-Vienne. |
| Indre-et-Loire. | Jura. | Vienne. |
| Eure-et-Loir. | Ain. | Deux-Sèvres. |
| Loir-et-Cher. | Saône-et-Loire. | Vendée. |
| Loiret. | Côte-d'Or. | Charente. |
| Indre. | Yonne. | Charente-Inférieure. |

### PARTIE DU MIDI.

| | | |
|---|---|---|
| Cantal. | Hautes-Pyrénées. | Haute-Loire. |
| Corrèze. | Basses-Pyrénées. | Ardèche. |
| Dordogne. | Ariége. | Isère. |
| Lot. | Pyrénées-Orientales. | Hautes-Alpes. |
| Aveyron. | Aude. | Drôme. |
| Tarn-et-Garonne. | Haute-Garonne. | Vaucluse. |
| Lot-et-Garonne. | Tarn. | Basses-Alpes. |
| Gironde. | Hérault. | Bouches-du-Rhône. |
| Landes. | Gard. | Var. |
| Gers. | Lozère. | Corse. |

D. Combien y a-t-il d'archevêchés et d'évêchés?

DE GÉOGRAPHIE.   83

R. Il y a quatorze archevêchés et soixante-six évêchés, indiqués dans le tableau suivant :

| | | | |
|---|---|---|---|
| PARIS *. | Troyes. | Tulle. | Pamiers. |
| Chartres. | Nevers. | Saint-Flour. | Carcassonne. |
| Meaux. | Moulins. | ALBY. | AIX. |
| Orléans. | REIMS. | Rodez. | Marseille. |
| Blois. | Soissons. | Cahors. | Fréjus. |
| Versailles. | Châlons. | Mende. | Digne. |
| Arras. | Beauvais. | Perpignan. | Gap. |
| Cambrai. | Amiens. | BORDEAUX. | Ajaccio. |
| LYON. | TOURS. | Agen. | BESANÇON. |
| Autun. | Le Mans. | Angoulême. | Strasbourg. |
| Langres. | Angers. | Poitiers. | Metz. |
| Dijon. | Rennes. | Périgueux. | Verdun. |
| St.-Claude. | Nantes. | La Rochelle. | Belley. |
| Grenoble. | Quimper. | Luçon. | Saint-Dié. |
| ROUEN. | Vannes. | AUCH. | Nancy. |
| Bayeux. | Saint-Brieux. | Aire. | AVIGNON. |
| Evreux. | BOURGES. | Tarbes. | Nîmes. |
| Séez. | Clermont. | Bayonne. | Valence. |
| Coutances. | Limoges. | TOULOUSE. | Viviers. |
| SENS. | Le Puy. | Montauban. | Montpellier. |

* On a distingué les Archevêchés par des majuscules.

D. En combien de gouvernemens militaires est divisée la France ?

R. En vingt-un gouvernemens indiqués dans le tableau suivant, avec les départemens dépendans de chaque division.

1re. Division. PARIS.......... { Seine, Aisne, Oise, Seine-et-Oise, Seine-et-Marne, Eure-et-Loir, Loiret.

2e. Division. CHALONS..... Ardennes, Marne, Meuse.

3e. Division. METZ.......... Moselle, Meurthe, Vosges.

4e. Division. TOURS......... { Indre-et-Loire, Loir-et-Cher, Maine-et-Loire, Mayenne, Sarthe.

5e. Division. STRASBOURG.. Bas-Rhin, Haut-Rhin.

6e. Division. BESANÇON.... { Doubs, Jura, Haute-Saône, Ain.

7e. Division. GRENOBLE.... Isère, Drôme, Hautes-Alpes.

8e. Division. MARSEILLE.... { Var, Bouches-du-Rhône, Basses-Alpes, Vaucluse.

9ᵉ. Division. MONTPELLIER. { Hérault, Gard, Tarn, Aveyron, Lozère, Ardèche.

10ᵉ. Division. TOULOUSE.... { Haute-Garonne, Tarn-et-Garonne, Aude, Pyrénées-Orientales, Ariège, Hautes-Pyrénées.

11ᵉ. Division. BORDEAUX.... { Gironde, Gers, Landes, B˙sses-Pyrénées.

12ᵉ. Division. LA ROCHELLE. { Charente-Inférieure, Vienne, Deux Sèvres, Vendée, Loire-Inférieure.

13ᵉ. Division. RENNES....... { Ille-et-Vilaine, Morbihan, Finistère, Côtes-du-Nord.

14ᵉ. Division. CAEN......... Calvados, Manche, Orne.

15ᵉ. Division. ROUEN........ { Seine-Inférieure, Eure, Somme.

16ᵉ. Division. LILLE......... Nord, Pas-de-Calais.

17ᵉ. Division. BASTIA....... Corse.

18ᵉ. Division. DIJON......... { Côte-d'Or, Saône-et-Loire, Yonne, Aube, Haute-Marne.

19ᵉ. Division. LYON.......... { Rhône, Loire, Haute-Loire, Puy-de-Dôme, Cantal.

20ᵉ. Division. PÉRIGUEUX... { Dordogne, Lot-et-Garonne, Lot, Corrèze, Charente.

21ᵉ. Division. BOURGES..... { Cher, Nièvre, Allier, Indre, HauteVienne, Creuse.

## DESCRIPTION DES DÉPARTEMENS

### PAR ORDRE ALPHABÉTIQUE (*).

**AIN**, formé de la Bresse, du Bugey, du Valromey, et de la principauté de Dombes; population, 341,628 habitans.

(Cour royale de Lyon, 6ᵉ. division militaire.)

Ce département a pris son nom de l'Ain, qui le traverse; il est situé dans la partie du Centre, borné par ceux de Saône-et-Loire, du Jura, de

---

(*) Chaque département pouvant fournir la matière d'une leçon, on a supprimé la forme questionnelle dans cet article.

l'Isère et du Rhône, et arrosé par la Saône, l'Ain et la Reissouse. Il se divise en cinq arrondissemens, dont les chefs-lieux sont :

BOURG, sur la Reissouse, chef-lieu de préfecture, tribunal de première instance; population, 8,400 habitans; distance de Paris, 110 lieues (43 myriamètres). L'église de Brou, bâtie aux portes de la ville, est remarquable par son architecture. Le grammairien Vaugelas est né à Bourg.

PONT-DE-VAUX, sur la Reissouse, chef-lieu de canton, à 8 lieues et demie de Bourg; population, 3,200 habitans.

BELLEY, à une lieue et demie du Rhône, sous-préfecture, évêché, tribunal de première instance, à 16 lieues de Bourg; population, 5,200 habitans.

SAINT-RAMBERT, sur l'Albarine, chef-lieu de canton, à 6 lieues de Belley; population, 2,300 habitans. Fabriques considérables de toiles communes.

GEX, au pied du Jura, sous-préfecture, tribunal de première instance, à 20 lieues de Bourg; population, 2,600 habitans. Grand commerce de bons fromages du pays.

NANTUA, sur le petit lac de Nantua, sous-préfecture, tribunal de première instance, à 7 lieue et demie de Bourg, population, 3,700 habitans, est une ville très-industrieuse.

TRÉVOUX, sur la Saône, sous-préfecture, tribunal de première instance, à 9 lieues de Bourg, population, 3,000 habitans, est une ville très ancienne.

MONTLUEL, chef-lieu de canton, à 6 lieues et demie de Trévoux; population, 3,800 habitans. Grand commerce de graines de chanvre.

PRODUCTIONS : Vin, blé, poisson d'étang, bestiaux gras, poulardes et chapons excellens dits de Bresse.

**AISNE**, formé de partie de l'Isle-de-France et de la Picardie; pop. 489,560 hab.

(Cour royale d'Amiens, 1re. division militaire.)

Ainsi nommé de la rivière d'Aisne, et situé dans la partie du Nord, il est borné par les départemens du Nord, des Ardennes, de la Marne, de Seine-et-Marne, de l'Oise et de la Somme, et divisé en cinq arrondissemens, dont les chefs-lieux sont :

LAON, sur une hauteur, préf., trib. de prem. inst.; pop. 7,350 habit.; dist. de Paris, 33 lieues (13 myriamètres.)

LA FÈRE, ch.-l. de canton, à 5 lieues de Laon; arsenal de construction, école d'artillerie établie en 1719. Pop. 2,400 hab.

CHAUNY-SUR-OISE, ch.-l. de cant., à 7 lieues et demie de Laon; pop. 4,000 hab.

SAINT-GOBAIN, célèbre par son usine à couler les glaces, à 4 l. et demie de Laon; pop. 2,400 h.

CHATEAU-THIERRY, sur la Marne, s.-pr., trib. de prem. inst.; pop. 4,400 habit.; patrie de La Fontaine. A 6 lieues de cette ville est La Ferté-Milon, sur l'Ourcq, à 16 lieues de Laon; pop. 1,800 hab. Patrie de Racine.

SAINT-QUENTIN, sur la Somme, s.-pr., trib. de prem. inst. et de comm., très-considérable par ses manufactures, à 10 lieues de Laon; pop. 17,600 h. Cette ville a vu naître le père Charlevoix, jésuite, célèbre comme missionnaire et historien. Elle fut prise par les Espagnols en 1557, et rendue par la paix de Cateau-Cambrésis.

SOISSONS, sur l'Aisne, s.-pr., évêché, trib. de prem. inst. et de comm., à 7 lieues et demie de Laon; pop. 7,500 hab. On y remarque la cathédrale. Cette ville très-ancienne a été, sous les rois de la première dynastie, la capitale d'un royaume qui en portait le nom.

Vervins, sur le Vilpion, s.-pr., trib. de prem. inst. et de comm., à 8 lieues de Laon, pop. 2,700 h., est célèbre par la paix de 1598, entre la France et l'Espagne.

Guise, sur l'Oise, ch.-l. de cant., à 5 lieues et demie de Vervins; pop. 3,000 hab.

Nouvion-en-Thiérarche, ch.-l. de canton., à 5 lieues et demie de Vervins; pop. 3,100 hab.

Productions: Grains de toute espèce, fruits, cidre, vin médiocre, chanvre, lin, prairies, haricots de Soissons, artichauts de Laon, forêts, tourbe.

---

**ALLIER**, formé du Bourbonnais; pop. 285,000 h.

(Cour royale de Riom, 21ᵉ. division militaire.)

Il est situé dans la partie du Milieu, et tire son nom de l'Allier qui le traverse. Il est borné par les départemens du Cher, de la Nièvre, de Saône-et Loire, de la Loire, du Puy-de-Dôme et de la Creuse, et divisé en quatre arrondissemens, dont les chefs-lieux sont:

MOULINS, sur l'Allier, ch.-l. de préf., évêché, trib. de prem. inst. et de comm., coll. royal, pop. 14,500 hab., dist. de Paris, 75 lieues (29 myriam.), est une belle ville bien bâtie, et environnée de jolies promenades; on y remarque le pont sur l'Allier et la caserne. La coutellerie et les productions du pays sont les principales branches du commerce. Cette ville a vu naître le maréchal de Villars.

Gannat, sur l'Andelot, s.-pr., trib. de prem. inst., à 13 lieues de Moulins; pop. 5,000 hab.

La Palisse, sur la Besbre, s.-pr., à 11 lieues de Moulins; pop. 2,200 hab. Le tribunal de prem. inst. est à Cusset; pop. 4,000 hab.

Montluçon, sur le Cher, s.-pr. trib. de prem. inst., à 15 lieues de Moulins; pop. 4,560 hab.

Etablissemens d'eaux minérales à Bourbon-l'Archambault; pop. 2,700 hab.; à Néris-les-Bains, pop. 1,100 hab.; à Vichy, pop. 800 hab.

Productions : Froment et autres grains, légumes, fruits, pâturages, bois, bestiaux, porcs, beaucoup d'étangs.

## BASSES-ALPES, formé de partie de la Provence; pop. 153,000 hab.

(Cour royale d'Aix, 8°. division militaire.)

Ce département, situé dans la partie du Midi, tire son nom de la partie inférieure des Alpes, qui le sépare du Piémont. Il est borné par les Alpes, par les départemens des Hautes-Alpes, du Var, des Bouches-du-Rhône, de Vaucluse et de la Drôme, et comprend cinq arrondissemens, dont les chefs-lieux sont :

DIGNE, sur la Bléone, ch.-l. de préf., évêché, trib. de prem. inst.; dist. de Paris, 193 lieues (75 myriam. et demi); pop. 3,950 hab. Commerce de fruits secs, surtout de prunes très-estimées.

Riez, sur le Colostre, ch.-l. de cant., à 8 lieues et demie de Digne; pop. 3,700 hab. Vins estimés, excellens fruits. On trouve dans cette ville des antiquités remarquables.

Barcelonnette, dans la vallée de même nom, s.-pr., trib. de prem. inst., à 12 lieues de Digne; pop. 1,700 hab.

Castellane, sur le Verdon, s.-pr., trib. de prem. inst., à 9 lieues de Digne; pop. 1,900 hab.

Forcalquier, s.-pr., trib. de première inst., à 10 lieues de Digne; pop. 2,100 hab.

Manosque, chef-lieu de canton, à 3 lieues de Forcalquier, tribunal de commerce, population, 5,600 habitans, est la ville la plus marchande et la plus peuplée du département.

Sisteron, sur la Durance, s.-pr., trib. de

prem. inst., à 6 lieues et demie de Digne; population, 3,600 habitans.

PRODUCTIONS: Fruits du Midi, excellens pruneaux, vins, amandes, truffes, huile d'olive, figues, miel, vers à soie, mines de plomb, eaux minérales à Digne et à Gréoux, même arrondissement.

## HAUTES-ALPES, formé de partie du Dauphiné; population, 125,400 habitans.

(Cour royale de Grenoble, 7e. division militaire.)

Ainsi nommé de la partie supérieure des Alpes, qui le sépare du Piémont, il est situé dans la partie du Midi, borné par les départemens de l'Isère, de la Drôme, des Basses-Alpes, et divisé en trois arrondissemens, dont les chefs-lieux sont:

GAP, ch.-l. de préf., évêché, trib. de prem. inst.; dist. de Paris, 171 lieues (66 myriam. et demi); pop. 7,000 habitans. Cette ville était plus considérable avant qu'elle eût été incendiée dans la guerre de 1661.

BRIANÇON, vers la source de la Durance, sous-préfecture, trib. de prem. inst., à 15 lieues de Gap; pop. 3,000 hab.

EMBRUN, sur un rocher près de la Durance, s.-pr., tribunal de première instance, à 8 lieues de Gap; pop. 2,890 hab.

PRODUCTIONS: Vin, seigle, avoine, froment, noix, manne, pâturages, plantes aromatiques, bois, bestiaux, beaucoup de chèvres, mulets, eaux minérales à Monestiers près Briançon.

## ARDÈCHE, formé du Vivarais; pop. 328,400 hab.

(Cour royale de Nîmes, 9e. division militaire.)

Ainsi nommé de la petite rivière de l'Ardèche, il est situé dans la partie du Midi, borné par les départemens de la Loire, de l'Isère, de la Drôme, du Gard, de la Lozère, de la Haute-Loire, et comprend trois arrondiss. dont les chefs-lieux sont :

PRIVAS, à 3 lieues du Rhône, ch.-l. de préfect., trib. de prem. inst.; distance de Paris, 158 lieues (60 myriamètres et demi); pop. 4,200 habitans. Commerce de soie.

AUBENAS, près de l'Ardèche, chef-lieu de canton, à 5 lieues de Privas, trib. de comm.; pop. 4,700 habitans. Commerce de marrons, de truffes et surtout de soie.

BOURG-SAINT-ANDÉOL, sur le Rhône, chef-lieu de canton, à 10 lieues de Privas; pop. 4,300 habitans. Commerce de soie.

VIVIERS, près du Rhône, chef-lieu de canton, évêché, à 4 lieues de Privas ; pop. 2,400 habit.

ARGENTIÈRE, sous-préfecture, tribunal de première instance, à 8 lieues et demie de Privas; population, 2,800 habitans.

TOURNON, sur le Rhône, sous-préfecture, tribunal de première instance, coll. royal, à 12 lieues de Privas; pop. 3,600 habitans. Commerce de vins, de marrons et de soie.

ANNONAY, au confluent de la Cance et de la Deume, ch.-l. de cant., trib. de commerce; population, 9,000 hab. Papeteries nombreuses et florissantes, commerce d'épicerie.

PRODUCTIONS : Pâturages, marrons dits de Lyon, excellens vins, entr'autres ceux de Saint Péray et de Cornas, mûriers, truffes, vers à soie, eaux minérales. Les papeteries et la récolte de la soie font la richesse de ce département.

---

**ARDENNES**, formé en partie de la Champagne et pays adjacens ; population, 281,700 habit.

(Cour royale de Metz, 2ᵉ. division militaire.)

Situé dans la partie du Nord, il tire son nom de la forêt des Ardennes, est borné par les départemens de la Meuse, de la Marne, de l'Aisne, et par le royaume des Pays-Bas, et se divise en cinq arrondissemens, dont les chefs-lieux sont :

MÉZIÈRES, sur la Meuse, ch.-l. de préfecture, place forte; dist. de Paris, 59 lieues (23 myriam. et demi); pop. 4,100 hab. Le trib. de prem. inst. est à Charleville, sur la Meuse; pop. 8,400 hab.; manufacture royale d'armes à feu. Cette ville est séparée de Mézières par un pont sur la Meuse.

RHÉTEL, sur l'Aisne, tribunal de première instance, à 11 lieues de Mézières; pop. 6,100 hab.

ROCROI, sous-préf., trib. de prem. inst., place forte, ville célèbre par la victoire du grand Condé sur les Espagnols, en 1643, à 6 lieues de Mézières; pop. 3,500 habitans.

SEDAN, sur la Meuse, sous-pr., trib. de prem. inst. et de comm., place forte; pop. 12,600 hab. Manufacture de draps noirs très-estimés. Patrie de Turenne. A 5 lieues de Mézières.

VOUZIERS, sur l'Aisne, sous-préfecture, tribunal de première instance, à 10 lieues de Mézières; population, 1,900 habitans.

PRODUCTIONS : Grains, bois, bons pâturages, chanvre, fruits, bons chevaux, moutons estimés, belles carrières d'ardoises, mines de fer.

---

**ARIÉGE**, formé du Comté de Foix, du Couserans et de partie du Languedoc; pop. 247,900 hab.

(Cour royale de Toulouse, 10°. division militaire.)

Situé dans la partie du Midi, il est ainsi nommé de l'Ariége qui le traverse, est borné par les départemens de la Haute-Garonne, de l'Aude, des Pyrénées-Orientales et par les Pyrénées, et divisé en trois arrondissemens, dont les chefs-lieux sont :

FOIX, sur l'Ariége, ch.-l. de préfecture, trib. de première instance; distance de Paris, 193 lieues

(75 myriamètres et demi); pop. 4,950 habitans. Commerce de bestiaux.

Pamiers, sur l'Ariége, sous-préfecture, évêché, trib. de prem. instance, à 4 lieues de Foix; population, 6,200 habitans.

Saint-Girons, sur le Salat, sous-préf., trib. de première instance, à 9 lieues de Foix; population, 4,450 habitans.

Productions : Vins, fruits excellens, grains, pâturages, chanvre, lin, mulets, peu de chevaux, mines de fer, carrières de marbre, eaux minérales à Ax et à Ussat.

---

**AUBE**, formé de partie de la Champagne et de la Bourgogne; pop. 241,760 h.

(Cour royale de Paris, 18°. division militaire.)

Ainsi nommé de la rivière d'Aube, et situé dans la partie du centre, il est borné par les départemens de la Marne, de la Haute-Marne, de la Côte-d'Or, de l'Yonne et de Seine-et-Marne, et comprend cinq arrondissemens, dont les chefs-lieux sont :

TROYES, sur la Seine, ch.-l. de pr., anc. cap. de la Champagne, év., tr. de pr. inst. et de comm.; dist. de Paris, 41 l. (16 myr.); pop. 25,600 hab. Patrie du sculpteur Girardon et du peintre Mignard. La charcuterie, la bonneterie et les toiles de coton sont les principales branches de commerce.

Arcis-sur-Aube, sous-préfecture, trib. de première instance, à 6 lieues de Troyes; pop. 2,600 habitans.

Bar-sur-Aube, sous-préfecture, trib. de prem. instance, à 12 lieues de Troyes; pop. 3,750 hab.

Bar-sur-Seine, sous-préfect., trib. de prem. inst., à 8 lieues de Troyes; popul. 2,100 habitans.

Riceys (les), sur la Laigne, ch.-l. de canton, à 3 lieues de Bar-sur-Seine; commerce considérable de vins du territoire très-estimés; pop. 3,700 hab.

Nogent-sur-Seine, s.-pr., trib. de prem. inst.; 12 lieues de Troyes; pop. 3,200 hab. Port très-commode pour l'approvisionnement de Paris.

Productions: Grains, fruits, chanvre, pâturages, vins de bonne qualité, bois, miel.

---

## AUDE, formé de partie du Languedoc; pop. 265,990 habitans.

(Cour royale de Montpellier, 10e. division militaire.)

Il doit son nom à la rivière de l'Aude, est situé dans la partie du Midi, borné par la Méditerranée et les départemens de l'Hérault, du Tarn, de la Haute-Garonne, de l'Ariége et des Pyrénées-Orientales, et divisé en quatre arrondissemens, dont les chefs-lieux sont :

CARCASSONNE, sur l'Aude, ch.-l. de préf., évêché, trib. de prem. inst. et de commerce; distance de Paris, 196 lieues (76 myriam. et demi); pop. 17,700 hab. Manufactures de draps, commerce considérable d'eaux-de-vie. Cette ville est bien percée, très-régulière, bâtie en pierres de taille, et arrosée par plusieurs fontaines d'eau vive.

Castelnaudary, sur le canal du Midi, s.-pr., trib. de prem. inst. et de comm., à 8 lieues de Carcassonne; pop. 9,990 hab.

Limoux, sur l'Aude, s.-pr., trib. de prem. inst. et de comm., à 4 lieues de Carcassonne; popul. 6,500 hab. Fabriques de draps.

Narbonne, près de la Méditerranée, sous-préf., trib. de prem. inst. et de comm., à 13 lieues de Carcassonne, pop. 10,000 habitans, est une ville très-ancienne; on en tire l'excellent miel dit de Narbonne.

Productions : Grains, vins excellens, olives, maïs, miel, chevaux, mulets, nombreuses mines de fer, marbres divers, plâtre en abondance.

**AVEYRON**, formé du Rouergue; pop. 350,000 h.

(Cour royale de Montpellier, 9ᵉ. division militaire.)

Il tire son nom de la rivière de l'Aveyron, est situé dans la partie du Midi, borné par les départemens du Cantal, de la Lozère, de l'Hérault, du Tarn et du Lot, et comprend cinq arrondissemens, dont les chefs-lieux sont :

RODEZ, sur l'Aveyron, chef-lieu de préf., évêché, trib. de prem. inst. et de comm., coll. royal; distance de Paris, 175 lieues (68 myriam. un quart); population, 7,750 habitans.

ESPALION, sur le Lot, sous-préfecture, tribunal de première instance, à 6 lieues de Rodez; population, 2,350 habitans.

SAINT-GENIEZ-D'OLT, sur le Lot, ch.-l. de cant., à 4 lieues et demie d'Espalion, trib. de commerce; pop. 2,580 habitans. Fabrique d'étoffes de laine.

MILHAU, sur le Tarn, s.-pr., trib. de première inst. et de comm., à 12 lieues de Rodez, pop. 8,580 habit., dans une situation favorable au commerce.

SAINT-AFFRIQUE, sur la Sorgue, s.-pr., trib. de prem. inst. et de comm., à 12 l. de Rodez; pop. 6,400 hab. A 2 lieues de cette ville on trouve Roquefort, renommé par ses excellens fromages.

VILLEFRANCHE, sur l'Aveyron, s.-pr., trib. de prem. instance, à 11 lieues de Rodez; pop. 9,500 hab., jolie petite ville; aux environs, nombreuses forges de cuivre. Patrie du maréchal de Belle-Isle.

PRODUCTIONS : Peu de blé et de vin, chanvre, châtaignes, amandes douces et amères, truffes en abondance, champignons, bons pâturages, excellent fromage dit de Roquefort, mûriers, bois de charpente et autres; bestiaux, mulets, mines de houille, de fer, de cuivre rouge et d'alun.

**BOUCHES-DU-RHONE**, formé de partie de la Provence; population, 326,300 habitans.

( Cour royale d'Aix, 8e. division militaire. )

Situé dans la partie du Midi, il tire son nom du Rhône qui y termine son cours en se jetant dans la Méditerranée par plusieurs embouchures; est borné par les départemens du Var, des Basses-Alpes, de Vaucluse, du Gard, et par la Méditerranée, et divisé en trois arrondissemens, dont les chefs-lieux sont :

MARSEILLE, port sur la Méditerranée, chef-lieu de préfecture, évêché, tribunal de première instance et de commerce, hôtel des monnaies (un A entrelacé dans une M), collége royal, manufacture royale de tabac; distance de Paris, 208 l. (81 myriamètres) ; population, 116,000 habitans.

C'est une des plus belles et des plus anciennes villes de France; elle fut fondée le sixième siècle avant Jésus-Christ par une colonie de Phocéens. Elle est située au fond d'un golfe défendu par plusieurs îles, et bâtie partie sur le penchant d'une colline, partie dans une plaine. Elle est aujourd'hui divisée en ville vieille et en ville neuve; celle-ci a de très-beaux édifices et des rues larges et alignées, avec des trottoirs. Le port, de forme ovale, vaste et sûr, peut contenir environ 1200 vaisseaux; il est défendu par les forts Saint-Jean et Saint-Nicolas, que Louis XIV fit bâtir en 1660. Les édifices les plus curieux sont : 1°. la cathédrale, qui passe pour la plus ancienne des Gaules; 2°. la bourse; 3°. le lazareth, un des plus beaux de l'Europe, et la salle de spectacle. La grande rue, qui conduit en ligne directe de la porte d'Aix à celle de Rome, est remarquable par la beauté des façades et la promenade du Cours qui en fait partie. Les environs sont remplis de très-jolies maisons de campagne qu'on appelle *bastides*. Cette ville a vu naître Pythéas, célèbre navigateur, qui vivait environ 350 ans avant Jésus-Christ, et qui passa le premier le détroit de Gibraltar; Puget, fameux sculpteur; Mascaron, évêque de Tulle, célèbre orateur sacré, etc., etc.

Marseille fait un commerce considérable dans toutes les parties du monde; les principales branches de son industrie sont les raffineries de sucre, les tanneries, les mégisseries, et surtout les nombreuses fabriques de savon.

AUBAGNE, sur l'Huveanne, ch.-l. de canton, à

5 lieues de Marseille, patrie de l'abbé Barthélemy; population, 6,300 habitans. Commerce de vins du territoire.

La Ciotat, petit port sur la Méditerranée, ch.-l. de cant., à 5 lieues et demie de Marseille, trib. de commerce; pop. 5,300 hab. Le territoire produit d'excellens vins muscats.

Aix, s.-pr., ancienne capitale de la Provence, archevêché, cour royale, académie universitaire, trib. de prem. inst. et de comm.; distance de Paris, 200 lieues; pop. 23,000 hab. Commerce d'excellente huile d'olive; patrie du botaniste Tournefort. Cette ville fut fondée environ 120 ans avant Jésus-Christ, par le consul Caïus-Sextius-Calvinus.

Martigues, port sur l'étang de Berre, chef-lieu de canton, à 9 lieues d'Aix, tribunal de commerce; population, 7,300 habitans.

Salon, sur le canal de Craponne, ch.-l. de canton, à 6 lieues d'Aix; pop. 6,000 hab. Patrie du Bailli de Suffren, un de nos plus illustres marins.

Arles, port à l'embouchure du Rhône, s.-pr., trib. de comm., distance de Paris, 189 lieues, pop. 20,000 hab., est une ville très-ancienne; il y a beaucoup de restes d'antiquités. On remarque l'hôtel-de-ville, construit sur les dessins de Hardouin Mansard, et l'obélisque de granit, haut de 10 toises, déterré en 1676, relevé et dédié à Louis XIV l'année suivante.

Tarascon, sur le Rhône, ch.-l. de canton, à 4 lieues d'Arles, tribunal de première instance et de commerce; population, 11,000 habitans.

Productions : Vins en abondance, dont les plus estimés sont ceux de la Ciotat et de Cassis; olives, figues, câpres, jujubes, amandes, pruneaux et autres fruits; culture, seulement dans les jardins, de l'oranger, du grenadier et du citronnier; peu de blé et de pâturages; nombreux troupeaux de moutons; pêche du thon, des sardines, des anchois et du corail, chevaux estimés, mines de houille.

---

**CALVADOS**, formé de partie de la Normandie ; population, 501,000 habitans.
(Cour royale de Caen, 14e. division militaire.)

Situé dans la partie du Nord, il tire son nom des rochers très-élevés qui bordent ses côtes, est borné par la Manche, par les départemens de l'Eure, de l'Orne et de la Manche, et divisé en six arrondissemens, dont les chefs-lieux sont :

CAEN, sur l'Orne, ch.-l. de préf., cour royale, trib. de prem. inst. et de comm., académie universitaire, collége royal; distance de Paris, 67 lieues (26 myriam. un quart); pop. 38,000 hab. Patrie du poëte Malherbe et de Huet, évêque d'Avranches. C'est une des plus belles villes de France.

BAYEUX, sur l'Aure, à 2 lieues de la mer, s.-pr., évêché, tribunal de première instance et de commerce, à 7 lieues de Caen; population, 10,000 habitans.

FALAISE, s.-pr., trib. de prem. inst. et de comm., à 8 lieues de Caen; pop. 10,300 hab. C'est dans un faubourg de Falaise que se tient la célèbre foire dite de Guibray, qui commence le 15 août.

LISIEUX, sur la Touques, s.-pr., trib. de prem. inst. et de comm., à 11 lieues de Caen; population, 10,700 hab. Fabriques considérables de toiles cretonnes.

PONT-L'ÉVÊQUE, s.-pr., sur la Touques, trib. de première instance, à 11 lieues de Caen; population, 2,500 habitans.

HONFLEUR, port près de l'embouchure de la Seine, ch.-l. de cant., à 3 lieues de Pont-l'Évêque, tribunal de commerce; pop. 9,800 habitans.

VIRE, sur la Vire, s.-pr., trib. de prem. inst.

et de comm., à 13 lieues de Caen; pop. 8,100 habitans. Fabriques de gros draps.

Condé-sur-Noireau, ch.-l. de canton, à 6 lieues de Vire, tribunal de commerce; pop. 5,000 hab.

Productions : Toutes sortes de grains, lin, chanvre, cidre, excellent beurre d'Isigny, pâturages, fruits, melons, beaucoup de chevaux et de bêtes à cornes, volailles délicates, poissons de mer et d'eau douce, forêts de chênes.

---

**CANTAL**, formé de l'Auvergne; pop. 262,100 h.
(Cour royale de Riom, 19<sup>e</sup>. division militaire.)

Situé dans la partie du Midi, il doit son nom à la montagne du Cantal, dont le point culminant, appelé le plomb du Cantal, s'élève environ 1,017 pieds (330 mètres) au-dessus du niveau de la mer; il est borné par les départemens du Puy-de-Dôme, de la Haute-Loire, de la Lozère, de l'Aveyron, du Lot et de la Corrèze, et divisé en quatre arrondissemens, dont les chefs-lieux sont :

Aurillac, sur la Jordane, ch.-lieu de préf., trib. de prem. inst. et de commerce; distance de Paris, 158 lieues (54 myriam.); pop. 9,500 hab. Patrie du pape Sylvestre II.

Saint-Flour, sous-pr., évêché, trib. de prem. inst. et de comm., à 13 lieues d'Aurillac; population, 6,500 hab. Fabriques de colle forte.

Mauriac, s.-pr., trib. de prem. instance, à 8 lieues d'Aurillac; pop. 2,500 hab.; commerce de fromages. On y élève des chevaux très-estimés.

Murat, sous-préfect., trib. de prem. instance, à 10 lieues d'Aurillac; pop. 2,400 habitans.

Productions : Pâturages abondans, fromages, chevaux et mulets estimés, bétail, nombreuses papeteries. Ce département est d'ailleurs fort pauvre.

**CHARENTE**, formé de l'Angoumois et de partie de la Saintonge; pop. 553,000 hab.

(Cour royale de Bordeaux, 20°. division militaire.)

Il est situé dans la partie du Milieu, tire son nom de la Charente qui l'arrose; est borné par les départemens de la Charente-Inférieure, des Deux-Sèvres, de la Vienne, de la Haute-Vienne, de la Dordogne, et divisé en cinq arrondissemens, dont les chefs-lieux sont :

ANGOULÊME, sur la Charente, ch.-l. de préf., ancienne capitale de l'Angoumois, évêché, trib. de prem. inst. et de comm., collège royal de la marine; distance de Paris, 117 lieues (45 myriamètres et demi); population, 15,000 habitans; fait un commerce considérable de papier, de vins et eaux-de-vie.

BARBEZIEUX, s.-pr., sur la route de Paris à Bordeaux, tribunal de prem. inst., à 10 lieues d'Angoulême; pop. 3,000 hab.

COGNAC, sur la Charente, sous-préf., trib. de première inst. et de comm., à 9 lieues et demie d'Angoulême; pop. 3,000 hab.; fait un grand commerce d'eaux-de-vie, les meilleures de France. Cette ville a vu naître François I$^{er}$.

JARNAC, sur la Charente, chef-lieu de canton, à 3 lieues de Cognac, pop. 2,000 habitans, est un bourg fameux par la bataille qu'y gagna, en 1669, le duc d'Anjou, devenu roi sous le nom de Henri III.

CONFOLENS, sur la Vienne, sous-préf., tribunal de première instance, à 14 lieues et demie d'Angoulême; population, 2,200 habitans.

RUFFEC, près de la Charente, sous-préfecture, trib. de prem. inst., à 11 lieues d'Angoulême; pop. 2,600 habitans.

PRODUCTIONS : Fruits, grains, vins en abondance, truffes, beaucoup de gibier, chevaux, nombreuses papeteries, fonderies de fer, distilleries et commerce considérable d'eaux-de-vie.

**CHARENTE-INFÉRIEURE**, formé de l'Aunis et de partie de la Saintonge; pop. 424,000 hab.
(Cour royale de Poitiers, 12º. division militaire )

Ce département, où se trouve l'embouchure de la Charente, est situé dans la partie du Milieu, et borné par les départemens de la Vendée, des Deux-Sèvres, de la Charente, de la Dordogne, de la Gironde, et par l'Océan. Il comprend six arrondissemens, dont les chefs-lieux sont :

LA ROCHELLE, préfecture, port de mer, évêché, trib. de prem. inst. et de comm., hôtel des monnaies (lettre H); distance de Paris, 124 lieues (48 myriamètres et demi); pop. 11,000 hab. Patrie du célèbre naturaliste Réaumur. Cette ville fut prise en 1628 par Louis XIII sur les Calvinistes, après un siége opiniâtre.

A quatre lieues de La Rochelle est l'ISLE-DE-RHÉ; population, 17,000 habitans dans huit communes.

SAINT-MARTIN, port et chef-lieu de l'île, trib. de comm.; pop. 2,500 hab.; rade sûre.

JONZAC, sous-préfect., trib. de prem. instance, à 4 lieues et demie de La Rochelle; pop. 2,500 h.

MARENNES, à l'embouchure de la Seudre, s.-pr., tr. de prem. inst. et de comm., à 13 l. de La Rochelle; pop. 5,000 hab. Huîtres vertes très-renommées.

A 2 lieues de Marennes est l'ISLE-D'OLÉRON; population, 15,000 habitans.

SAINT-PIERRE D'OLÉRON, chef-lieu de canton, au milieu de l'île, trib. de comm.; pop. 3,000 hab.

ROCHEFORT, s.-pr., port royal à l'embouchure de la Charente, trib. de prem. inst. et de comm.; distance de Paris, 124 lieues (62 postes); population, 13,000 hab. On y remarque l'hôpital pour la marine, les magasins pour l'armement des vaisseaux, et le chantier de construction. Cette ville, belle et régulière, fut bâtie en 1664 par Louis XIV. L'île d'Aix est située à 3 lieues de Rochefort.

SAINTES, sur la Charente, s.-pr., ancienne capitale de la Saintonge, trib. de prem. inst. et de comm., à 12 lieues de La Rochelle; pop. 10,300 hab. Commerce considérable en blé, vins et excellentes eaux-de-vie.

SAINT-JEAN-D'ANGELY, sur la Boutonne, s.-pr., trib. de prem. inst. et de comm., à 20 lieues de La Rochelle; pop. 5,800 hab.

PRODUCTIONS : Grains, fruits, lin, chanvre, vins excellens pour la fabrication des eaux-de-vie, marais salans.

CHER, formé de partie du Berry; pop. 248,590 h.

(Cour royale de Bourges, 21e. division militaire.)

Ainsi nommé de la rivière qui le traverse, il est situé dans la partie du Milieu, borné par ceux de l'Indre, de Loir-et-Cher, du Loiret, de la Nièvre et de l'Allier, et divisé en trois arrondissemens, dont les chefs-lieux sont :

BOURGES, au confluent de l'Auron et de l'Yèvre, ch.-l. de préf., anc. cap. du Berry, archev., académie universitaire, coll. royal, cour royale, trib. de prem. inst. et de comm.; distance de Paris, 60 lieues (25 myriamètres un quart); pop. 19,000 habitans. La cathédrale est un des plus beaux morceaux d'architecture gothique. Cette ville a vu naître le père Bourdaloue, prédicateur, et le père d'Orléans, historien.

SAINT-AMAND, sur le Cher, sous-préfecture, tribunal de première inst., à 10 lieues de Bourges; pop. 6,000 habitans.

SANCERRE, s.-p., à une demi-lieue de la Loire, trib. de prem. inst., à 10 lieues de Bourges; pop.

3,100 hab. Commerce en bestiaux, grains et vins.

Productions : Grains, châtaignes, noix, excellens fruits à couteau, vins, lin, bois, bestiaux, chevaux, pierres de taille et meulières, mines de fer d'excellente qualité.

---

**CORRÈZE**, formé de la partie méridionale du Limousin; pop. 284,900 hab.

(Cour royale de Limoges, 20e. division militaire.)

Il tire son nom d'une rivière qui se jette dans la Vezère, est situé dans la partie du Midi, borné par les départ. de la Dordogne, de la Haute-Vienne, de la Creuse, du Puy-de-Dôme, du Cantal et du Lot, et divisé en trois arrondissemens, dont les chefs-lieux sont :

TULLE, sur la Corrèze, préfecture, évêché, trib. de prem. inst. et de comm., manufacture royale d'armes à feu; distance de Paris, 118 lieues (46 myriam.); population, 8,400 habitans.

BRIVES, sur la Corrèze, s.-pr., trib. de prem. inst. et de comm., à 7 lieues et demie de Tulle; pop. 7,200 hab., est dans une plaine riante et fertile dont les productions consistent en vins, châtaignes, huile de noix.

USSEL, sous-préfecture, trib. de prem. instance, à 13 lieues et demie de Tulle; pop. 2,550 hab.

Productions : Vins, très-bons fruits, huile de noix, beaucoup de seigle, morilles, truffes, belle espèce de bêtes à laine, bons chevaux limousins, houille, marbre, ardoises, mines de fer et de plomb.

---

**CORSE**, formé de l'île de même nom; popul. 185,000 habitans.

(Cour royale de Bastia, 17e. division militaire.)

Il est situé dans la mer Méditerranée, et divisé en cinq arrondissemens, dont les chefs-lieux sont :

AJACCIO, préfecture, port de mer, évêché, tribunal de prem. inst. et de comm.; distance de Paris, 290 lieues; pop. 7,600 hab.; résidence du commandant supérieur de l'île. Commerce de vins et d'huile d'olive.

BASTIA, petit port, sous-préf., cour royale, trib. de prem. inst. et de comm., à 24 lieues d'Ajaccio, pop. 9,500 hab., est la ville la plus considérable de l'île.

CALVI, s.-pr., port, tribunal de première inst., à 15 lieues d'Ajaccio; population, 2,000 hab.

CORTÉ, sous-préfecture, trib. de prem. inst., à 13 lieues d'Ajaccio; pop. 2,800 habitans.

SARTÈNE, s.-pr., tribunal de première instance, à 9 lieues d'Ajaccio; pop. 2,400 habitans.

BONIFACIO, chef-lieu de canton, à 10 lieues de Sartène, port de mer, trib. de comm.; population, 2,600 hab. Pêche du corail.

PRODUCTIONS : Châtaignes, amandes, oranges, citrons, figues, raisins secs, oliviers, mûriers, vins, miel et cire très-recherchés, forêts de chênes et de pins, vers à soie, marbre, corail, eaux minérales. L'air, dans ce département, est grossier et malsain, le terroir plein de montagnes et mal cultivé.

---

**COTE-D'OR**, formé de partie de la Bourgogne; population, 370,940 habitans.
( Cour royale de Dijon, 18ᵉ. division militaire. )

Il est situé dans la partie du Milieu, borné par les départem. de la Nièvre, de l'Yonne, de l'Aube, de la Haute-Marne, de la Haute-Saône, du Jura et de Saône-et-Loire, et tire son nom d'une chaîne de petites montagnes qui s'étendent depuis Dijon jusqu'aux environs de Châlons. Il est divisé en quatre arrondissemens, dont les chefs-lieux sont:

DIJON, au confluent de l'Ouche et du Suzon,

ch.-l. de préf., anc. cap. de la Bourgogne, évêché, cour royale, académie universitaire, coll. royal, trib. de prem. inst. et de comm.; distance de Paris, 78 l. (30 myr. et demi). Popul. 24,000 hab. C'est une des plus belles villes de France. On y remarque le portail de l'église St.-Michel, celui de l'église de Notre-Dame, chef-d'œuvre d'architecture gothique, l'hôpital, l'ancien palais des gouverneurs, et surtout un monument éclatant des arts, la flèche de Saint-Bénigne, de 375 pieds de haut. Elle a vu naître Bossuet, l'aigle des orateurs sacrés, Crébillon, Piron, Rameau, etc., etc.

Auxonne, sur la Saône, ch.-l. de canton, à 7 l. et demie de Dijon, trib. de comm., école d'artillerie, arsenal de construction d'artillerie; population, 5,400 habitans.

Beaune, s.-préf., sur la Bouzeoise, tribunal de prem. inst. et de comm., à 9 lieues et demie de Dijon; pop. 9,400 habit. Cette ville jouit d'une certaine aisance qu'elle doit au commerce des vins exquis de son territoire; elle a un superbe hôpital.

Chatillon-sur-Seine, s.-préf., trib. de prem. inst. et de comm., à 19 lieues de Dijon; population, 3,960 hab. Aux environs beaucoup de forges et de mines de fer.

Semur, sur l'Armançon, sous-préfecture, trib. de prem. instance, à 14 lieues et demie de Dijon; population, 4,200 habitans.

Montbard, sur la Brenne, ch.-l. de canton, à 3 l. de Semur; pop. 2,000 habitans. Patrie des célèbres naturalistes Buffon et Daubenton.

Saulieu, ch.-l. de canton, à 6 l. et demie de Semur, sur la route de Paris à Lyon, tribunal de commerce; population, 2,400 habitans.

Productions: Fruits, grains, pépinières, abondance d'excellens vins, forêts, bœufs gras du Mervan, mérinos, beaucoup de mines de fer.

**COTES-DU-NORD**, formé de la partie septentrionale de la Bretagne ; pop. 581,684 hab.

(Cour royale de Rennes, 13e. division militaire.)

Situé dans la partie du Nord, il est borné par la Manche, par les départemens d'Ille-et-Vilaine, du Morbihan et du Finistère, et divisé en cinq arrondissemens, dont les chefs-lieux sont :

SAINT-BRIEUX, préfecture, à une lieue de la mer, évêché, trib. de prem. inst. et de commerce; dist. de Paris, 114 lieues (44 myr. et demi) ; pop. 9,900 habitans. Fabriques de toiles.

LAMBALLE, chef-lieu de canton, à 4 lieues et demie de Saint-Brieux; population, 4,430 hab.

QUINTIN, ch.-l. de canton à 4 l. de St-Brieux, trib. de comm.; pop. 4,000 habitans. Fabrique d'excellentes toiles fines.

DINAN, près de la Rance, s.-préf., tribunal de prem. inst., à 13 lieues de Saint-Brieux; population, 7,700 hab. Etablissement d'eaux minérales.

GUINGAMP, sur le Trieux, sous-préf., trib. de prem. inst., à 7 l. de Saint-Brieux; pop. 5,000 hab. Fabriques de toiles.

LANNION, sur le Guer, sous-préfecture, trib. de prem. inst., à 14 lieues et demie de Saint-Brieux; pop. 5,200 hab.

LOUDÉAC, s.-préf., trib. de prem. inst., à 11 l. de Saint-Brieux; pop. 7,000 hab. Beaucoup de fabriques de toiles.

PRODUCTIONS : Grains, lin, chanvre, miel, bons pâturages, excellent cidre, maïs, chevaux estimés.

---

**CREUSE**, formé de la Marche et pays circonvoisins; pop. 252,900 hab.

(Cour royale de Limoges, 21e. division militaire.)

Ainsi nommé de la rivière qui y prend sa source, il est situé dans la partie du Milieu, borné par la

Haute-Vienne, l'Indre, l'Allier, le Puy-de-Dôme et la Corrèze, et divisé en quatre arrondissemens, dont les chefs-lieux sont :

GUÉRET, ch.-l. de préfect., anc. capitale de la Marche, trib. de prem. inst.; distance de Paris, 110 lieues (43 myr.); pop. 3,400 habitans. Ville mal bâtie et mal située.

AUBUSSON, sur la Creuse, s.-pr., trib. de prem. inst., à 8 lieues et demie de Guéret; pop. 4,100 hab. Manufactures de tapisseries et de tapis très-estimés.

FELLETIN, sur la Creuse, chef-lieu de canton, à 2 l. d'Aubusson; pop. 2,500 hab. Manufactures de tapisseries.

BOURGANEUF, s.-préf. près du Taurion, trib. de prem. inst., à 5 lieues et demie de Guéret; population, 1,600 hab. Papeteries.

BOUSSAC, s.-préf.; pop. 600 hab. Le tribunal de prem. inst. est à Cambon, à 8 lieues et demie de Guéret; pop. 1,750 habitans.

PRODUCTIONS : Beaucoup de seigle, d'avoine et de pommes de terre, excellens pâturages, raves, châtaignes, bois de merisier pour meubles.

---

**DORDOGNE**, formé du Périgord; pop. 464,000 h.

(Cour royale de Bordeaux, 20<sup>e</sup>. division militaire.)

Il tire son nom de la rivière qui prend sa source au Mont-d'Or (Puy-de-Dôme), est situé dans la partie du Midi, et borné par les départemens de la Gironde, de la Charente-Inférieure, de la Charente, de la Haute-Vienne, de la Corrèze, du Lot et de Lot-et-Garonne, et se divise en cinq arrondissemens, dont les chefs-lieux sont :

PÉRIGUEUX, sur l'Isle, ch.-l. de préfecture, évêché, trib. de prem. inst. et de comm.; distance de Paris, 121 l. (47 myr. un quart.); pop. 8,600 hab. On vante les pâtés de truffes de cette ville.

Bergerac, sur la Dordogne, s.-préf., trib. de prem. inst. et de comm., à 11 lieues de Périgueux; pop. 8,500 h. Beaucoup de papeteries aux environs.

Nontron, sur le Baudiat, s.-préf., trib. de prem. inst.; à 10 lieues de Périgueux; pop. 1,900 hab.

Riberac, s.-préf., trib. de première instance, à 7 lieues et demie de Périgueux; pop. 3,600 hab.

Sarlat, sous-préf., trib. de prem. inst. et de comm., à 13 l. de Périgueux; pop. 5,500 h. Commerce considérable d'huile de noix et de bestiaux.

Productions : Blé, noix, châtaignes, vins, forêts, truffes les meilleures de France, bestiaux gras, nombreux étangs, volailles grasses, pierres meulières, mines de fer, beaucoup de papeteries.

## DOUBS, formé de partie de la Franche-Comté; pop. 254,300 hab.

(Cour royale de Besançon, 6e. division militaire.)

La rivière du Doubs, qui le traverse, lui donne son nom; il est situé dans la partie du Milieu, et borné par les départemens du Jura, de la Haute-Saône, du Haut-Rhin, et par la Suisse, et divisé en quatre arrondissemens, dont les chefs-lieux sont:

BESANÇON, sur le Doubs, ch.-l. de préfect., ancienne capitale de la Franche-Comté, archevêché, cour royale, trib. de prem. inst. et de comm., académie universitaire, collége royal, place forte; distance de Paris, 101 lieues (39 myr. et demi); pop. 30,000 hab. On y remarque la citadelle bâtie sur un rocher par ordre de Louis XIV. Cette ville a de beaux restes d'antiquités romaines, de jolies promenades et des environs pittoresques. L'horlogerie en est la principale branche d'industrie.

Baume-les-Dames, près du Doubs, s.-préfect., trib. de prem. inst., à 7 lieues de Besançon; pop. 2,230 habitans.

Montbéliard, sur le Doubs, s.-préf., trib. de prem. inst., à 15 lieues de Besançon; pop. 4,600 hab.

Pontarlier, sur le Doubs, s.-préf., trib. de prem. inst., à 12 lieues de Besançon; pop. 4,550 h. Passage très-fréquenté de France en Suisse; commerce considérable d'excellens fromages.

Productions : Bois, bons pâturages, vins, légumes, excellens fromages, chevaux forts et vigoureux, salines royales, beaucoup de forges et de mines de fer.

## DROME, formé de partie du Dauphiné; popul. 285,790 hab.

(Cour royale de Grenoble, 7°. division militaire.)

Ainsi nommé du torrent qui l'arrose, et situé dans la partie du Midi, il est borné par les départemens des Hautes et Basses-Alpes, de Vaucluse, de l'Ardèche et de l'Isère, et divisé en quatre arrondissemens, dont les chefs-lieux sont :

VALENCE, sur le Rhône, préfecture, évêché, trib. de prem. inst., école royale d'artillerie; distance de Paris, 144 l. (56 myr.); pop. 10,300 hab. Pie VI, si illustre par ses malheurs et sa résignation, y termina sa carrière en 1798. On y voit son mausolée dans la cathédrale.

Chabreuil, ch.-l. de canton, à 2 l. trois quarts de Valence; pop. 4,000 hab. Soie et papeterie.

Romans, sur l'Isère, ch.-l. de canton, à 4 l. de Valence, trib. de comm.; popul. 9,300 hab.

Die, près de la Drôme, s.-préf., trib. de prem. instance, à 11 lieues de Valence; pop. 3,000 hab.

Crest, sur la Drôme, ch.-l. de canton, à 7 l. de Die; pop. 3,000 hab. Filatures de soie.

Montélimart, sur la route de Lyon à Marseille, s.-préf., trib. de prem. inst., à 11 lieues de Valence; pop. 7,600 hab. On vante le nougat de Montélimart.

Nyons, sous-préf., tribunal de première instance, à 17 lieues de Valence; pop. 2,700 habitans.

Productions : Peu de grains, tous les fruits du Midi, et vins de qualité supérieure, entr'autres ceux de l'Hermitage; riches prairies, mûriers blancs, éducation très en grand des vers à soie, truffes, huile de noix en abondance, papeteries. Fabriques de serges et de ratines.

**EURE**, formé de partie de la Normandie; pop. 421,600 hab.

(Cour royale de Rouen, 15e. division militaire.)

Il doit son nom à la rivière d'Eure, qui prend sa source dans la forêt de Longny, département de l'Orne; il est situé dans la partie du Nord, et borné par les départemens de l'Orne, du Calvados, de la Seine-Inférieure, de l'Oise, de Seine-et-Oise et d'Eure-et-Loir. Il est divisé en cinq arrondissemens, dont les chefs-lieux sont :

ÉVREUX, sur l'Iton, préfecture, évêché, trib. de prem. instance; distance de Paris, 27 lieues (10 myriamètres et demi); pop. 9,700 hab. A une demi-lieue est le superbe château de Navarre.

VERNEUIL, sur l'Avre, ch.-l. de cant., à 9 lieues d'Évreux; pop. 4,000 hab. Tanneries estimées.

VERNON, sur la Seine, ch.-l. de cant., à 6 lieues et demie d'Évreux, pop. 2,700 hab.; parc royal d'artillerie et de génie.

LES ANDELYS, sur la Seine, s.-pr., trib. de prem. inst., à 8 lieues d'Évreux; pop. 5,200 hab. Patrie de Nicolas Poussin, peintre célèbre.

GISORS, sur l'Epte, ch.-l. de canton, pop. 3,500 hab., à 6 lieues des Andelys. L'église paroissiale, d'une belle architecture gothique, est décorée de magnifiques vitraux, et de plusieurs ornemens de sculpture parmi lesquels on distingue un squelette de la plus effrayante vérité. Il y a une belle filature hydraulique de coton.

BERNAY, sur la Charentonne, sous-pr., trib. de prem. inst. et de comm., à 10 l. d'Évreux; pop. 6,600 h. Papeteries dans l'arrondissement.

LOUVIERS, sur l'Eure, s.-pr., trib. de prem. inst. et de comm., à 5 lieues d'Évreux; pop. 9,300 hab. Cette ville est célèbre par ses nombreuses manufactures de draps superfins.

PONT-AUDEMER, sur la Rille, sous-pr., trib. de prem. inst. et de comm., à 15 l. d'Evreux; pop. 5,400 hab. Cette ville est très-connue par ses tanneries, mégisseries et corroieries.

PRODUCTIONS: Grains, fourrages et légumes en abondance, forêts de chênes et de hêtres, excellens fruits à pepins, cidre en quantité, chevaux estimés.

## EURE-ET-LOIR, formé de la Beauce et du Dunois; pop. 277,780 hab.

(Cour royale de Paris, 1re. division militaire.)

Ce département, situé dans la partie du Milieu, tire son nom des deux rivières de l'Eure et du Loir qui le traversent; il est limité par ceux de la Sarthe, de l'Orne, de l'Eure, de Seine-et-Oise, du Loiret et de Loir-et-Cher, et divisé en quatre arrondissemens, dont les chefs-lieux sont:

CHARTRES, sur l'Eure, préfecture, ancienne capitale de la Beauce, évêché, trib. de prem. inst. et de comm.; distance de Paris, 23 lieues (9 myriamètres un quart); pop. 15,000 hab. On remarque la cathédrale et surtout les deux clochers, dont l'un frappe d'étonnement par sa forme pyramidale, et l'autre par le fini de son travail et la délicatesse des ornemens. Bibliothèque de 40,000 vol. Chartres est le centre du commerce des grains de la Beauce, et fournit aux gourmets d'excellens pâtés.

Chateaudun, sur le Loir, s.-pr., trib. de prem. inst., est une jolie petite ville, à 10 lieues de Chartres; pop. 6,400 hab.

Dreux, sur la Blaise, s.-pr., trib. de prem. inst. et de comm., à 7 lieues et demie de Chartres; pop. 6,200 hab. C'est une ville très-ancienne, la plus considérable des Gaules du temps de Jules-César; elle est célèbre par la bataille de 1562, où le prince de Condé fut fait prisonnier.

Nogent-le-Rotrou, sur l'Huisne, sous-préfect., tribunal de première instance, à 12 l. de Chartres; popul. 6,600 hab.

Productions : Froment en abondance et d'excellente qualité, légumes, pâturages, fruits, cidre, peu de vin, forêts de chênes, gibier, abeilles, bœufs et moutons gras, volailles grasses, argile à porcelaine, pierres de taille.

---

**FINISTÈRE**, formé de partie de la Bretagne; pop. 502,850 hab.

(Cour royale de Rennes, 13<sup>e</sup>. division militaire.)

Ce département, ainsi nommé de sa position, est situé dans la partie du Milieu, et borné de tous côtés par l'Océan, excepté à l'est par les départemens des Côtes-du-Nord et du Morbihan. Il est divisé en cinq arrondissemens, dont les chefs-lieux sont :

Quimper, sur l'Odet, à 3 lieues et demie de l'Océan, ch.-l. de préfect., évêché, trib. de prem. inst. et de commerce; distance de Paris, 159 lieues (62 myriamètres un quart); pop. 9,700 hab.

Brest, sous-préfecture, port de mer, un des plus beaux et des plus sûrs de l'Europe; école spéciale du génie maritime et de navigation, trib. de prem. inst. et de comm.; dist. de Paris, 164 lieues; population, 26,600 habitans. On remarque dans cette ville l'arsenal, les chantiers, les magasins, le quartier de la marine, la place d'armes et la salle de spectacle.

Isle-d'Ouessant (l'), à 5 lieues et demie de la côte, et 11 lieues de Brest; pop. 1,850 habitans, la plupart pilotes.

Landernau, chef-lieu de canton, très-joli port à l'embouchure de l'Elorn, dans la rade de Brest; population, 4,300 habitans.

Chateaulin, sur l'Aulne, s.-pr., trib. de prem. inst., à 5 lieues et demie de Quimper; pop. 3,000 hab. Pêche de saumons, commerce d'ardoises.

Morlaix, sur la rivière de Morlaix, à 2 lieues et demie de la mer, s.-pr., trib. de prem. inst. et de comm., à 17 lieues de Quimper; pop. 9,800 hab. Cette ville fait un commerce considérable: on y remarque un bel hôpital.

Quimperlé, s.-pr., tribunal de première instance, à 11 lieues de Quimper; pop. 4,000 habitans.

Productions: Blé, lin, chanvre, légumes, cidre, beaucoup d'abeilles, chevaux, bestiaux gras, mines de plomb. La pêche et les salaisons sont les principales branches d'industrie du département.

**GARD**, formé de partie du Languedoc; populat. 347,550 habitans.

(Cour royale de Nîmes, 9<sup>e</sup> division militaire.)

Ainsi appelé du fameux pont du Gard, monument des Romains, il est situé dans la partie du Midi, est borné par la Méditerranée, et par les départemens des Bouches-du-Rhône, de Vaucluse, de l'Ardèche, de la Lozère et de l'Hérault, et divisé en quatre arrondiss., dont les chefs-lieux sont:

Nimes, chef-lieu de préf., évêché, cour royale, trib. de prem. inst. et de comm., collége royal; distance de Paris, 180 lieues (70 myriamètres un quart); pop. 39,000 hab.

L'antiquité de cette ville est prouvée par les plus beaux monumens romains, tels que l'amphithéâtre assez bien conservé, le temple de Diane, ou la fontaine, la maison carrée dont on admire la légèreté et l'élégance, et où est établi le Musée Marie-Thérèse. Nîmes est l'entrepôt des soies récoltées dans le pays, et tient le second rang après Lyon pour les fabriques de toutes sortes d'étoffes de soie.

Près de cette ville est le fameux pont du Gard bâti par les Romains pour conduire les eaux d'une montagne à l'autre, et si remarquable par sa solidité; il a 728 pieds de long sur 174 de haut, et est composé de trois rangs d'arcades élevés l'un sur l'autre.

BEAUCAIRE, sur le Rhône, ch. lieu de canton, à 6 lieues de Nîmes; pop. 9,900 hab. La foire de cette ville est la plus considérable de l'Europe; elle commence le 22 juillet et finit le 28.

SAINT-GILLES, ch.-l. de canton, à 3 lieues de Nîmes; popul. 5,600 habitans. Commerce considérable d'excellens vins du territoire.

ALAIS, sur le Gard, s.-pr., trib. de prem. inst. et de comm., à 7 lieues de Nîmes; pop. 10,200 hab. Commerce en soie grége et ouvrée, mines de houille et de couperose verte aux environs.

ANDUZE, chef-lieu de canton, à 3 lieues d'Alais, trib. de commerce; population, 5,500 habitans.

UZÈS, s.-pr., trib. de prem. inst., à 5 lieues de Nîmes; pop. 5,700 hab. La filoselle et la bourre de soie en sont la principale branche d'industrie.

BAGNOLS, sur la Cèse, ch.-l. de cant., à 6 lieues d'Uzès; population, 4,300 habitans.

PONT-SAINT-ESPRIT, sur le Rhône, ch.-l. de canton, à 8 lieues d'Uzès; pop. 4,100 hab. On y remarque le fameux pont qui a 410 toises de long et est composé de 26 arches.

VIGAN (le), sur l'Arre, s.-pr., tr. de pr. inst, à 17 lieues de Nîmes; population, 4,300 habitans. Cette ville est située dans un beau vallon bordé de fertiles coteaux.

PRODUCTIONS : Olives et tous les fruits du Midi, vins en abondance, dont les plus recherchés sont ceux de Tavel et de Saint-Gilles; plantes médicinales et tinctoriales, vers à soie, sels de Peccais, mines de houille, eaux minérales.

---

**HAUTE-GARONNE**, formé de partie du Languedoc; popul. 407,000 hab.
(Cour royale de Toulouse, 10ᵉ. division militaire.)

Ce département, auquel le fleuve de la Garonne, quoique assez éloigné de son embouchure, a donné son nom, est situé dans la partie du Midi; il est borné par les Pyrénées, les départemens des Hautes-Pyrénées, du Gers, de Tarn-et-Garonne, du Tarn, de l'Aude et de l'Ariége, et divisé en quatre arrondissemens, dont les chefs-lieux sont :

TOULOUSE, sur la Garonne, ch.-l. de préfect., ancienne capitale du Languedoc, archevêché, cour royale, trib. de prem. inst. et de comm., académie universitaire, collége royal, école royale d'artillerie, hôtel des monnaies (lettre M); distance de Paris, 172 lieues (67 myriam.); pop. 53,300 hab.

Cette ville est très-ancienne et très-grande, mais elle n'est point peuplée en raison de son étendue, et fait peu de commerce, quoique avantageusement située près de la jonction du canal du Midi avec la Garonne. On y remarque le moulin de Basacle et l'hôtel-de-ville, le plus beau de France après celui de Lyon. Peu de villes ont des promenades aussi vastes et aussi agréables. Elle est la patrie de Clémence Isaure, regardée comme l'institutrice des Jeux Floraux; de Cujas, célèbre jurisconsulte; des poètes Palaprat et Campistron, etc.

MURET, sur la Garonne, s.-pr., trib. de prem. inst., à 4 lieues de Toulouse; pop. 3,300 hab.; fabriques de draps grossiers.

SAINT-GAUDENS, près de la Garonne, sous-préf., tribunal de première instance, à 14 lieues de Toulouse; pop. 5,600 hab.

BAGNÈRES DE LUCHON, chef-lieu de canton, à 9 lieues et demie de Saint-Gaudens; pop. 1,960 hab. Etablissement d'eaux minérales, mine de cuivre.

Villefranche, près du canal du Midi, s.-pr., trib. de prem. inst., à 8 lieues de Toulouse; population, 2,500 habitans.

Productions: Grains, vins, bons pâturages, truffes; beaucoup de mulets, de bœufs, de bêtes à laine, d'oies et de canards, ortolans, beaux marbres, eaux minérales.

**GERS**, formé de partie de la Guyenne; populat. 307,000 habitans.

(Cour royale d'Agen, 11e. division militaire.)

Ce département, qui tire son nom de la petite rivière du Gers qui le traverse, est situé dans la partie du Midi, borné par les départ. des Landes, de Lot-et Garonne, de Tarn-et-Garonne, de la Haute-Garonne, des Hautes-Pyrénées et des Basses-Pyrénées, et divisé en cinq arrondissemens, dont les chefs-lieux sont :

Auch, sur le Gers, ch.-l. de préfect., archevêché, trib. de prem. inst. et de comm.; distance de Paris, 191 lieues (74 myriam. un quart); population, 10,800 hab. La cathédrale est un beau monument d'architecture gothique. Le commerce consiste en vins et en eaux-de-vie d'Armagnac.

Condom, sur la Baïse, sous-pr., trib. de prem. instance, à 10 lieues d'Auch; pop. 7,300 habitans.

Eauze, ch.-l. de cant., à 3 lieues de Condom; pop. 6,300 hab. Excellente eau-de-vie d'Armagnac.

Lectoure, sur le Gers, sous-pr., trib. de prem. instance, à 8 l. et demie d'Auch; pop. 6,300 hab.

Lombez, sur la Save, sous-préfecture, tribunal de première instance, à 8 lieues et demie d'Auch; population, 1,600 habitans.

Ile-Jourdain (l'), sur la Save, chef-lieu de canton, à 3 lieues de Lombez; pop. 1,700 hab.

Mirande, sur la Baïse, sous-pr., trib. de prem. instance, à 5 l. et demie d'Auch; pop. 2,200 hab.

Productions : Grains, vins, excellens fruits, eaux-de-vie très-estimées d'Armagnac, beaucoup de porcs, de mulets, d'oies et de canards.

---

**GIRONDE**, formé de partie de la Guyenne; pop. 538,000 habitans.

( Cour royale de Bordeaux, 11<sup>e</sup>. division militaire. )

Ainsi appelé du nom que prennent, à leur confluent, la Garonne et la Dordogne, il est situé dans la partie du Midi, borné par les départemens de la Charente-Inférieure, de la Dordogne, de Lot-et-Garonne et des Landes, et divisé en six arrondissemens, dont les chefs-lieux sont :

BORDEAUX, sur la Garonne, ch.-l. de préfect., ancienne capitale de la Guyenne, archevêché, cour royale, trib. de prem. inst. et de comm., académie universitaire, collége royal, hôtel des monnaies (lettre K); distance de Paris, 147 lieues (57 myriamètres et demi); pop. 96,000 hab.

Cette ville est une des plus belles et des plus considérables de France; elle doit l'étendue de ses opérations commerciales tant à la sûreté et à la commodité de son port qu'à la communication avec la Méditerranée par le canal du Languedoc ou du Midi. Les monumens les plus remarquables sont : le palais-royal, la bourse, l'hôtel des douanes, le grand-théâtre, un des plus beaux de l'Europe; le pont sur la Garonne, voûté en briques, qui a 17 arches et 534 mètres de longueur (1645 pieds). Cette ville a de belles promenades, de belles places, des quais longs et larges; mais la plus grande partie de ses rues sont étroites. Il y a quelques vestiges d'antiquités romaines. Elle a vu naître Ausone, poëte et grammairien; Saint-Paulin, évêque de Nole. A 3 lieues de Bordeaux est le château de la Brede, où naquit Montesquieu.

BAZAS, sous-préfecture, tribunal de première instance, à 14 l. de Bordeaux; pop. 1,900 hab.

LANGON, sur la Garonne, ch.-l. de canton, à 3 lieues et demie de Bazas; population, 1,700 hab. Excellens vins blancs.

BLAYE, sur la Gironde, s.-pr., trib. de prem.

inst. et de comm., à 8 l. et demie de Bordeaux; pop. 2,900 hab. Rade où mouillent les bâtimens qui montent et descendent la rivière.

LESPARRE, s.-pr., tribunal de première instance; à 15 lieues de Bordeaux, pop. 950 habitans.

LIBOURNE, sur la Dordogne, sous-préfecture, trib. de prem. inst. et de comm., à 6 lieues de Bordeaux; pop. 8,900 hab.

COUTRAS, ch.-l. de cant., à 5 lieues et demie de Libourne; pop. 3,000 h. Célèbre par la bataille qu'y gagna, en 1587, Henri IV, qui était alors roi de Navarre, et où fut tué le duc de Joyeuse.

RÉOLE (la), sur la Garonne, sous-pr., trib. de prem. inst., à 13 l. de Bordeaux; pop. 2,600 h.

PRODUCTIONS: Fruits, grains, arbres à liége, pins maritimes; vins très-recherchés, entr'autres les rouges de Laffitte, Château-Margaux; et les blancs de Barsac, Sauterne, Langon; grande récolte de térébenthine et de goudron, excellentes pierres à bâtir, grand commerce d'importation et d'exportation.

**HÉRAULT**, formé de partie du Languedoc; pop. 339,560 habitans.

(Cour royale de Montpellier, 9e. division militaire.)

Il tire son nom de l'Hérault qui le traverse, se trouve situé dans la partie du Midi; est borné par la Méditerranée, et par les départemens de l'Aude, du Tarn, de la Lozère et du Gard, et divisé en quatre arrondissemens, dont les chefs-lieux sont:

MONTPELLIER, à 2 lieues de la mer, chef-lieu de préfect., évêché, cour royale, trib. de prem. inst. et de comm., académie universitaire, célèbre école de médecine, collége royal; distance de Paris, 193 lieues (75 myriam. un quart), pop. 35,800 h.

Il y a dans cette ville de beaux édifices, une jolie salle de spectacle, un jardin royal des plantes, le premier qui ait existé en Europe; une belle promenade qu'on appelle le Perrou, ornée d'une fontaine qui distribue l'eau dans la ville par des canaux. Elle fait un commerce considérable de vert-de-gris, de vins, d'eaux-de-vie, et autres denrées du pays.

Cette, port sur la Méditerranée, ch.-l. de canton, à 5 lieues de Montpellier, trib. de comm.; pop. 10,000 hab. Un large canal, bordé de superbes quais, traverse la ville dans toute sa longueur: elle commerce en eaux-de-vie, parfums et liqueurs très-renommées.

Lunel, ch.-l. de canton, à 4 lieues de Montpellier; pop. 5,900 hab. Beaucoup de fabriques d'eaux-de-vie, commerce d'excellent vin muscat du territoire.

Béziers, sur l'Orbe et le canal du Midi, s.-pr., trib. de prem. inst. et de comm., à 16 lieues de Montpellier; pop. 16,500 hab. Commerce considérable de vins, eaux-de-vie et autres denrées du pays. Cette ville, agréablement située, est un des plus beaux séjours de la France; elle a vu naître Paul Riquet, inventeur du canal du Midi; l'historien Pélisson, et le père Vanière.

Agde, sur l'Hérault, à une lieue de la Méditerranée, chef-lieu de canton, à 5 lieues de Béziers, tribunal de commerce; population, 7,840 hab.

Pezenas, près de l'Hérault, chef-lieu de canton, à 4 lieues de Béziers, tribunal de commerce; population, 8,300 hab.; commerce en vins excellens, eaux-de-vie, fruits secs du Midi, olives, câpres, vert-de-gris.

Lodève, s.-pr., trib. de prem. inst. et de commerce, à 12 lieues de Montpellier; pop. 9,840 h. Fabriques de draps, commerce d'eaux-de-vie et d'huile d'olive.

Clermont-l'Hérault, ch.-l. de cant., à 3 lieues et demie de Lodève, tr. de comm.; pop. 6,100 hab. Fabriques de draps, commerce d'eaux-de-vie, huile d'olive, amandes, vert-de-gris.

Saint-Pons-de-Tomiers, sur le Jaur, s.-pr., trib. de prem. inst., à 25 lieues de Montpellier; population, 6,100 hab. Fabriques de draps.

Productions : Oliviers, grenadiers, mûriers, figuiers presque toujours verts, vin exquis, melons en plein champ, fruits secs du Midi, olives confites, plantes médicinales et tinctoriales, huile d'olive, nombreuses distilleries d'eaux-de-vie, vers-à-soie, marbres, les plus beaux de France, vert-de-gris, marais salans, beaucoup de manufactures de draps, eaux minérales à Balaruc.

---

**ILLE-ET-VILAINE**, formé de partie de la Bretagne; pop. 553,450 hab.

(Cour royale de Rennes, 13<sup>e</sup>. division militaire.)

Ce département a pris son nom des deux rivières qui l'arrosent; il est situé dans la partie du Milieu, et borné par la mer et par les départemens de la Manche, de la Mayenne, de la Loire-Inférieure, du Morbihan et des Côtes-du-Nord. Il est divisé en six arrondissemens, dont les chefs-lieux sont :

Rennes, sur la Vilaine, chef-lieu de préfect., ancienne capitale de la Bretagne, évêché, cour royale, trib. de prem. inst. et de commerce, académie universitaire, collège royal, école royale d'artillerie; distance de Paris, 89 lieues (34 myriamètres deux tiers); pop. 30,000 hab. Nombreuses fabriques de toiles à voiles aux environs. Cette ville est ornée de beaux édifices, dont le plus remarquable est le Palais-de-Justice.

Fougères, sur le Nanson, s.-pr., trib. de prem. inst., à 10 lieues de Rennes; pop. 7,900 hab. Beaucoup de fabriques de toiles.

Montfort-sur-Meu, s.-pr., trib. de prem. inst., à 5 lieues de Rennes; pop. 1,200 hab.

Redon, port sur la Vilaine, sous-préfect., trib.

de prem. inst., à 15 l. de Rennes; pop. 3,000 hd

SAINT-MALO, port sur la Manche, s.-pr., trib. de prem. inst. et de comm., à 16 lieues et demie de Rennes; pop. 9,900 hab. Armemens considérables, fabriques de toile. Patrie de Duguay-Trouin l'un des plus grands marins de son siècle.

CANCALE, petit port de mer, chef-lieu de canton, à 3 lieues et demie de Saint-Malo; population, 3,000 habitans. Huîtres excellentes.

SAINT-SERVAN, port à l'embouchure de la Rance, ch.-l. de canton, à une demi-lieue de Saint-Malo; population, 9,900 habitans.

VITRÉ, sur la Vilaine, s.-pr., trib. de prem. inst.; à 10 lieues de Rennes; pop. 9,000 hab. Beaucoup de tanneries.

PRODUCTIONS : Bons pâturages, sarrasin, gruau estimé, abondante récolte de chanvre et de lin, excellent beurre, surtout celui de la Prévalais, cidre, miel, beaucoup de bêtes à cornes, verreries, papeteries, grand commerce de toiles.

---

**INDRE**, formé de partie du Berry; population, 237,600 habitans.

(Cour royale de Bourges, 21e. division militaire.)

Situé dans la partie du Milieu, il doit son nom à la rivière qui y prend sa source, est borné par les départemens du Cher, de Loir-et-Cher, d'Indre-et-Loire, de la Vienne, de la Haute-Vienne et de la Creuse, et divisé en quatre arrondissemens, dont les chefs-lieux sont :

CHATEAUROUX, sur l'Indre, ch.-l. de préf., trib. de prem. inst. et de comm.; distance de Paris, 66 lieues (26 myriamètres); pop. 15,000 hab.

BLANC (le), sur la Creuse, sous-préf., trib. de prem. inst., à 13 lieues de Châteauroux; population, 4,600 habitans.

Chatre (la), sur l'Indre, s.-pr., trib. de prem. inst., à 7 lieues de Châteauroux; pop. 4,200 hab. Fort marché aux châtaignes.

Issoudun, sous-pr., trib. de prem. instance et de comm., à 6 lieues et demie de Châteauroux; pop. 11,000 hab. Parchemineries, commerce de laines et de blé. Cette ville est la plus considérable du département.

Productions : Grains, fruits, beaucoup de châtaigniers, vins médiocres, forêts, bœufs et moutons gras, oies, porcs en grande quantité, laines très-recherchées, mines d'excellent fer, pierres meulières et à fusil, fabriques de draps.

**INDRE-ET-LOIRE**, formé de la Touraine; population, 290,000 habitans.
(Cour royale d'Orléans, 4e. division militaire.)

Il est ainsi nommé des deux rivières qui le traversent, est situé dans la partie du Milieu, borné par les départemens de Maine-et-Loire, de la Sarthe, de Loir-et-Cher, de l'Indre et de la Vienne, et divisé en trois arrond. dont les chefs-lieux sont :

TOURS, sur la Loire, chef-lieu de préfecture, ancienne capitale de la Touraine, archevêché, trib. de prem. inst. et de commerce; distance de Paris, 62 lieues (24 myriamètres un quart); population, 21,000 habitans. On y remarque la cathédrale d'architecture gothique. Cette ville a des fabriques de soie; l'amidon de Tours est renommé; et la belle qualité de ses laines est attribuée en partie à la supériorité de leur lavage. C'est la patrie du poète comique Destouches, et du père Rapin, auteur du poëme des Jardins.

Amboise, sur la Loire, ch.-l. de cant., à 5 lieues un quart de Tours; pop. 5,300 hab. Fabriques de draps, grand commerce de vins.

CHINON, sur la Vienne, s.-pr., trib. de première inst., à 10 lieues et demie de Tours; pop. 6,800 h. Cette ville fut la résidence de Charles VII pendant que les Anglais étaient maîtres de la plus grande partie de la France.

LOCHES, sur l'Indre, sous-préfecture, tribunal de prem. inst., à 9 l. et demie de Tours; pop. 3,500 h.

PRODUCTIONS: Vins, plantes potagères et fruits dont l'abondance et la qualité ont mérité au pays le surnom de Jardin de la France; excellens pruneaux, anis, coriandre, réglisse, angélique, miel, cire, pierres meulières et lithographiques, fabriques d'étoffes de soie et de grosses draperies.

---

**ISÈRE**, formé de partie du Dauphiné; populat. 525,980 habitans.

( Cour royale de Grenoble, 7e. division militaire. )

Situé dans la partie du Midi, il doit son nom à l'Isère qui le traverse; est borné par la Savoie, par les départemens de l'Ain, du Rhône, de l'Ardèche, de la Drôme et des Hautes-Alpes, et divisé en quatre arrondissemens, dont les chefs-lieux sont:

GRENOBLE, sur l'Isère, chef-lieu de préfecture, ancienne capitale du Dauphiné, évêché, cour royale, trib. de prem. inst. et de comm., académie universitaire, collége royal; distance de Paris, 146 lieues (56 myriamètres trois quarts); population, 22,000 hab. La cathédrale, d'architecture gothique, et l'hôpital, sont les monumens les plus remarquables de cette ville. La ganterie et les liqueurs, surtout l'excellent ratafia dit de Grenoble, sont les principales branches de son commerce. Patrie de Vaucanson, célèbre mécanicien.

VOIRON, ch.-l. de canton, à 5 lieues de Grenoble; pop. 7,000 hab. Commerce considérable de toiles.

SAINT-MARCELLIN, s.-pr., trib. de prem. inst.,

à 8 lieues de Grenoble; pop. 2,500 hab. Comm. de soies écrues.

Tour-du-Pin (la), sur la Bourbre, sous-préf., à 12 lieues de Grenoble; pop. 1,700 habitans.

Bourgoin, sur la Bourbre, chef-lieu de canton, à 3 lieues et demie de la Tour-du-Pin, trib. de prem. inst.; pop. 3,600 habitans. Commerce de chanvre et de farine.

Vienne, sur le Rhône, sous-pr., trib. de prem. inst. et de comm., à 10 l. et demie de Grenoble; pop. 13,800 habitans. Beaucoup de fabriques de draps. L'église paroissiale de Saint-Maurice, ci-devant cathédrale, est un beau morceau d'architecture gothique; il y a dans cette ville plusieurs restes d'antiquités romaines.

Côte Saint-André (la), ch.-l. de cant., à 8 lieues de Vienne; pop. 3,800 hab. Distilleries de l'excellente liqueur dite Eau de la Côte.

Productions : Grains, vins, chanvre, soie, plantes médicinales, térébenthine très-estimée, mines de fer et de plomb, acier de Rive, eaux minérales, papeteries, fabriques de toiles et de draps.

---

**JURA**, formé de partie de la Franche-Comté ;
population, 310,280 habitans.
(Cour royale de Besançon, 6e. division militaire.)

Son nom est tiré d'une haute montagne qui le sépare de la Suisse; il est situé dans la partie du Milieu, borné par les départemens du Doubs, de la Haute-Saône, de la Côte-d'Or, de Saône-et-Loire et de l'Ain, et divisé en quatre arrondissemens, dont les chefs-lieux sont :

LONS-LE-SAULNIER, sur la Vallière, ch.-l. de préfect., trib. de prem. inst. et de commerce; distance de Paris, 105 lieues (41 myriamètres);

pop. 7,800 hab.; commerce de grains. Cette ville est dans une situation fertile et agréable.

Dôle, sur le Doubs, s.-pr., trib. de prem. inst. et de comm., à 12 lieues de Lons-de-Saulnier; pop. 9,800 hab. Cette ville gagne beaucoup à l'ouverture de la jonction du Rhône au Rhin; il y a de belles casernes.

Poligny, s.-pr., à 5 lieues et demie de Lons-le-Saulnier, pop. 5,540 hab., est une jolie petite ville.

Arbois, sur la Cuisance, ch.-l. de canton, à 2 lieues de Poligny, trib. de prem. inst; pop. 6,400 h. Les environs produisent des vins blancs renommés.

Salins, sur la Furieuse, ch.-l. de canton, à 4 lieues et demie de Poligny; sources salées importantes; pop. 5,200 hab. Cette ville a beaucoup souffert d'un incendie en 1825.

Saint-Claude, sur la Bienne, s.-pr., évêché, trib. de prem. inst., à 10 lieues et demie de Lons-le-Saulnier; pop. 5,500 hab. Fabriques en corne, bois, buis, os et ivoire.

Productions: Grains, pâturages, beurre, fromage façon Gruyère, fromage estimé de Sept-Moncel, forêts, vins dont les meilleurs sont les rouges de Salins et de Poligny, et les blancs d'Arbois; beau marbre, plâtre très-blanc, mines de fer, chevaux, volaille.

**LANDES**, formé de partie de la Guyenne; pop. 265,310 hab.

(Cour royale de Pau, 11e. division militaire.)

Sa situation dans un pays stérile, couvert de sables et de bruyères, lui a donné son nom; il est dans la partie du Midi, borné par l'Océan, par les départemens de la Gironde, de Lot-et-Garonne, du Gers et des Basses-Pyrénées, et divisé en trois arrondissemens, dont les chefs-lieux sont:

**MONT-DE-MARSAN**, au confluent de la Douze

et du Midou, ch.-l. de préfect., trib. de prem. inst.; distance de Paris, 180 lieues (70 myriamètres un quart); pop. 3,060 hab. Cette ville a été bâtie en 1140 par Pierre, vicomte de Marsan.

Dax, sur l'Adour, s.-pr., trib. de prem. inst., à 13 lieues de Mont-de-Marsan; pop. 5,000 hab. Commerce en vins, eaux-de-vie, excellens jambons dits de Bayonne, et autres productions du pays; il y a des bains thermaux très-fréquentés, et un cabinet de minéralogie.

Saint-Sever, sur l'Adour, sous-préf., trib. de prem. inst., à 4 l. de Mont-de-Marsan; pop. 2,600 h. Commerce de vins, grains et eaux-de-vie.

Aire, sur l'Adour, ch.-l. de canton, à 5 lieues de Saint-Sever, évêché; pop. 3,600 hab.

Tartas, sur la Midouze, ch.-l. de canton, à 5 lieues de Saint-Sever; pop. 2,650 hab. Commerce des productions du pays.

Productions : Fruits en abondance, vignes, garance, agaric, liége, forêts de chênes et de pins, résine, goudron, excellens moutons, porcs, pierres meulières, mines de fer, eaux thermales.

---

## LOIR-ET-CHER, formé de partie de l'Orléanais; pop. 230,666 hab.

(Cour royale d'Orléans, 4e. division militaire.)

Situé dans la partie du Milieu, il a pris son nom des deux rivières qui le traversent, est borné par les départemens d'Indre-et-Loire, de la Sarthe, d'Eure-et-Loir, du Loiret, du Cher et de l'Indre, et divisé en trois arrond. dont les chefs-lieux sont:

BLOIS, sur la Loire, ch.-l. de préfect., évêché, trib. de prem. inst. et de comm.; distance de Paris, 46 lieues (18 myriamètres); populat. 12,000 hab. Ganterie, coutellerie, commerce de vins, d'eaux-de-vie, de bois-merrain et à brûler. Il y a un superbe pont sur la Loire; à 4 lieues de Blois est le château royal de Chambord, beau monument gothique, bâti par François Ier. Le maréchal de Saxe en eut la jouissance pendant sa vie, et y termina sa carrière. Il appartient aujourd'hui à S. A. R. le duc de Bordeaux.

Romorantin, sur la Saudre, sous-préf., trib. de prem. inst. et de comm., à 10 lieues de Blois; pop. 7,000 hab.

Vendôme, sur le Loir, s.-pr., trib. de première inst., à 7 lieues de Blois; pop. 6,800 hab. Commerce considérable de fruits et de légumes.

Productions : Grains, chanvre, vins, fruits, forêts, moutons, volaille, beaucoup d'étangs, belles carrières de pierres à fusil, fabriques de sucre de betterave et de vinaigre, verreries.

---

**LOIRE**, formé du Forez et de partie du Lyonnais; pop. 369,298 hab.

(Cour royale de Lyon, 19e. division militaire.)

Ce département doit son nom à ce fleuve qui le traverse dans toute sa longueur du sud au nord; il est situé dans la partie du Milieu, borné par les départemens de l'Allier, de Saône-et-Loire, du Rhône, de l'Isère, de l'Ardèche, de la Haute-Loire et du Puy-de-Dôme, et divisé en trois arrondissemens, dont les chefs-lieux sont :

MONTBRISON, sur le Vizezy, ch.-l. de préf., trib. de prem. inst.; distance de Paris, 114 lieues (44 myriamètres un tiers); pop. 5,000 hab. Cette ville est située dans la plaine du Forez, qui est très-fertile. Il y a de belles casernes.

Roanne, sur la Loire, sous-pr., trib. de prem. inst., à 12 lieues et demie de Montbrison; population, 8,900 habitans. Entrepôt des marchandises du Midi pour Paris. La Loire, sur laquelle on y a bâti un superbe pont, commence à y être navigable.

Saint-Etienne, sur le Furens, s.-pr., trib. de prem. inst. et de comm., à 8 lieues de Montbrison; pop. 30,600 hab. Manufacture royale d'armes établie par François I$^{er}$., école des mineurs, extraction considérable de charbon de terre, fabriques d'armes à feu, de chasse, d'armes blanches, de rubans de soie, d'acier fondu, de couteaux communs, de limes.

Rive-de-Gier, sur le Gier, ch.-l. de cant., à 4 lieues de Saint-Etienne; pop. 8,000 hab. Verreries, extraction considérable de charbon de terre.

Saint-Chamond, sur le Gier, ch.-l. de canton, à 2 lieues et demie de Saint-Etienne; pop. 6,600 hab. Fabriques de rubans et galons de soie, fonderie de fer, clouterie.

Productions : Grains, pâturages, chanvre, vin, riche herborisation dans les montagnes, pierres à bâtir et à aiguiser, dindons recherchés.

---

**HAUTE-LOIRE**, formé du Velay et de partie du Languedoc; pop. 285,670 hab.

(Cour royale de Riom, 19$^e$. division militaire.)

Sa situation près de la source de la Loire lui a fait prendre ce nom; il est situé dans la partie du Midi, borné par les départemens de la Loire, de l'Ardèche, de la Lozère, du Cantal et du Puy-de-Dôme, et divisé en trois arrondissemens, dont les chefs-lieux sont :

PUY (le), sur le Mont-Anis, près de la Loire, chef-l. de préfecture, évêché, trib. de prem. inst. et de comm.; distance de Paris, 130 lieues (50 myriamètres et demi); pop. 15,000 hab. Fabriques d'outres, de dentelles et de blondes. Ce qu'il y a de plus remarquable est la promenade, dite le Brueil, le rocher de Saint-Michel, et près de ce rocher un petit temple antique bien conservé. Cette ville a vu naître le cardinal de Polignac, auteur du poëme latin l'*Anti-Lucrèce*.

Brioude, sur l'Allier, sous-préf., trib. de prem. inst. et de comm., à 12 lieues du Puy; pop. 5,400 h.

Yssyngeaux, s.-préf., trib. de prem. inst., à 5 lieues et demie du Puy; pop. 6,900 hab. Forts marchés de bestiaux.

Productions : Grains, marrons, légumes, peu de vin, pâturages, beaucoup d'abeilles, riche herborisation, fromages estimés, mines de charbon. Les nombreuses fabriques de dentelles, les bestiaux et les mulets font la richesse du pays.

---

**LOIRE-INFÉRIEURE**, formé de partie de la Bretagne; pop. 457,090 hab.

(Cour royale de Rennes, 12e. division militaire.)

Il doit son nom à sa position près de l'embouchure de cette rivière, est situé dans la partie du Milieu, borné par l'Océan, par les départemens du Morbihan, d'Ille-et-Vilaine, de la Mayenne, de Maine-et-Loire et de la Vendée, et divisé en cinq arrondissemens, dont les chefs-lieux sont :

NANTES, port sur la Loire, ch.-l. de préfecture, évêché, trib. de prem. inst. et de comm., collége royal, hôtel des monnaies (lettre T); distance de Paris, 100 lieues (39 myriamètres); pop. 71,700 hab. Commerce maritime très-étendu, construction de vaisseaux marchands.

C'est une des villes les plus considérables et les plus commerçantes de France; il y a de belles promenades. Les édifices les plus remarquables sont la cathédrale, la bourse, l'hôtel-de-ville, et la salle de spectacle. Les environs de Nantes sont très-agréables.

Ancenis, sur la Loire, sous-pr., trib. de prem. inst., à 8 lieues de Nantes; pop. 4,000 hab.

Chateaubriant, sous-pr., trib. de prem. inst.,

à 15 lieues de Nantes; pop. 2,100 hab. Cette petite ville fournit d'excellentes confitures d'angélique.

PAIMBŒUF, port sur la Loire, sous-pr., trib. de prem. inst., à 3 lieues de Nantes; pop. 3,600 hab. Les gros vaisseaux y débarquent leurs cargaisons.

SAVENAY, s.-pr., trib. de prem. inst., à 8 lieues de Nantes; pop. 1,800 hab. Grand commerce de bestiaux.

GUÉRANDE, ch.-lieu de cant., à 9 lieues et demie de Savenay; pop. 8,000 habitans. Manufactures de toiles de lin, de coton (basins de Guérande); marais donnant un sel très-blanc et très-léger.

PRODUCTIONS: Grains, pâturages, fruits, vin, cidre, mines de fer et de charbon, argile, pierres d'aimant à l'embouchure de la Loire, beaucoup d'abeilles, bestiaux, chevaux petits et vigoureux.

---

**LOIRET**, formé de partie de l'Orléanais et du Gâtinais; pop. 304,228 hab.

(Cour royale d'Orléans, 1re. division militaire.)

Situé dans la partie du Milieu, il a pris son nom d'une petite rivière qui s'y jette dans la Loire, est borné par les départemens de Loir-et-Cher, d'Eure-et-Loire, de Seine-et-Oise, de Seine-et-Marne, de l'Yonne, de la Nièvre et du Cher, et divisé en quatre arrondissemens, dont les chefs-lieux sont:

ORLÉANS, sur la Loire, chef-lieu de préfecture, ancienne capitale de l'Orléanais, évêché, cour royale, trib. de prem. inst. et de comm., académie universitaire, collége royal; distance de Paris, 31 l. (12 myriamètres un tiers); pop. 40,300 hab.

Cette ville est belle, grande, bien bâtie, et avantageusement située pour le commerce. La cathédrale est un beau morceau d'architecture, et le pont sur la Loire est magnifique. Elle est célebre dans l'histoire par le siége soutenu par les Anglais, qui furent contraints de le lever, en 1429, par la valeur de Jeanne-d'Arc, dite la Pucelle d'Orléans, dont on voit la statue sur la

6.

place du Martroy. Elle est la patrie du père Pétau, savant chronologiste.

BEAUGENCY, sur la Loire, ch.-lieu de canton, à 6 lieues d'Orléans; pop. 4,900 hab. Commerce de vins et eaux-de-vie.

MEUNG, sur la Loire, chef-lieu de canton, à 4 lieues et demie d'Orléans; pop. 5,100 hab. Commerce considérable de farines, tanneries renommées.

GIEN, sur la Loire, s.-pr., trib. de prem. inst., à 15 lieues d'Orléans; pop. 5,000 hab. Fabriques de serges aux environs.

MONTARGIS, sur le Loing, au bord du canal de Briare, s.-pr., trib. de prem. inst. et de comm., à 16 lieues d'Orléans; pop. 6,600 hab. Nombreuses papeteries, commerce de miel, cire et safran.

PITHIVIERS, s.-pr., trib. de prem. inst., à 10 lieues d'Orléans; population, 4,000 hab. Centre du commerce du safran du Gâtinais, pâtés d'alouettes et gâteaux aux amandes très-renommés.

PRODUCTIONS: Grains en abondance, pâturages, fruits de la meilleure qualité, excellent safran, miel estimé, vins dont les meilleurs sont ceux de Beaugency, beaucoup de forêts, dont la plus vaste est celle d'Orléans, bons poissons, mérinos, pays fertile et bien cultivé.

**LOT**, formé du Quercy et de partie de la Guyenne; population, 280,515 hab.

(Cour royale d'Agen, 20e. division militaire)

Son nom lui vient de la rivière qui le traverse; il est situé dans la partie du Midi, borné par les départemens de Lot-et-Garonne, de la Dordogne, de la Corrèze, du Cantal, de l'Aveyron et de Tarn-et-Garonne, et divisé en trois arrondissemens, dont les chefs-lieux sont:

CAHORS, sur le Lot, ch.-l. de préf., évêché,

trib. de prem. inst. et de commerce, académie universitaire, collége royal; dist. de Paris, 143 l. (56 myr.); pop. 12,400 hab. Commerce de vins du pays; patrie du poète Clément Marot.

Figeac, sur le Sellé, s.-préf., trib. de prem. inst., à 13 lieues de Cahors; pop. 6,300 hab. Fabriques de toiles et commerce de bestiaux.

Gourdon, sur la Bleue, s.-préf., trib. de prem. inst., à 8 lieues et demie de Cahors; population, 6,000 hab. Commerce de vins et de noix.

Souillac, près de la Dordogne, ch.-l. de cant., à 5 lieues de Gourdon, trib. de commerce; pop. 1,800 hab. Commerce de vins et fabriques d'outils, d'armes, etc. Près de Souillac est le pont d'Angoulême, sur la Dordogne, composé de sept arches.

Productions : Abondance de grains, chanvre, noyers, mûriers blancs, culture du safran et du tabac, vins dont les plus estimés sont ceux de Cahors, truffes, huile de noix, pâturages, bestiaux, chevaux, beaucoup de porcs, vers à soie, quelques mines de fer.

---

**LOT-ET-GARONNE**, formé de l'Agenois et de partie de la Guyenne; pop. 356,886 hab.

(Cour royale d'Agen, 20e. division militaire.)

Ce département, situé dans la partie du Midi, doit son nom au confluent de ces deux rivières; il est borné par les départemens de la Gironde, de la Dordogne, du Lot, de Tarn-et-Garonne, du Gers et des Landes, et divisé en quatre arrondissemens, dont les chefs-lieux sont:

AGEN, sur la Garonne, chef-lieu de préfecture, évêché, cour royale, tribunal de prem. inst. et de comm.; distance de Paris, 183 lieues (71 myriamètres et demi); pop. 12,000 hab. Commerce d'eaux-de-vie et de prunes dites d'Agen. Cette ville a de belles promenades et quelques restes d'antiquités romaines; elle a vu naître Joseph Scaliger, auteur de la période Julienne.

Marmande, sur la Garonne, s.-préf., trib. de prem. inst. et de comm. à 12 l. et demie d'Agen; pop. 7,000 hab. Fabriques d'eaux-de-vie dans les environs.

Tonneins, sur la Garonne, ch.-l. de canton, à 4 lieues de Marmande; pop. 6,600 hab. Manufacture royale de tabac, commerce considérable de cordages, de chanvre et de prunes sèches.

Nérac, sur la Baïse, s.-pr., trib. de prem. inst. et de comm., à 5 lieues et demie d'Agen; population, 5,900 hab. Cette petite ville a une des plus belles halles de France; il s'y fait un grand commerce en toiles, lin et chanvre.

Villeneuve-d'Agen, sur le Lot, sous-préf., trib. de prem. inst., à 6 lieues d'Agen; pop. 9,500 h. Cette petite ville, bâtie au 13e. siècle, est tirée au cordeau; elle fait très-peu de commerce.

Productions : Récolte suffisante en grains, fruits, excellentes prunes, beaucoup de vignes, chanvre de qualité supérieure, miel, cire, tabac estimé, arbres à liége, pins, résine, goudron, beaucoup de mulets, belle espèce de bêtes à cornes.

## LOZÈRE, formé du Gévaudan et de partie du Languedoc; pop. 138,778 hab.

(Cour royale de Nîmes, 9e. division militaire.)

Il est situé dans la partie du Midi, et tire son nom d'une très-haute montagne des Cévennes; il est borné par les départemens de l'Aveyron, du Cantal, de la Haute-Loire, de l'Ardèche et du Gard, et divisé en trois arrondissemens, dont les chefs-lieux sont :

Mende, sur le Lot, ch.-l. de préf., évêché, trib. de prem. inst.; distance de Paris, 145 lieues

(56 myriamètres et demi); pop. 5,500 hab. Centre du commerce de serges et de cadis. On remarque la flèche de la cathédrale, et à la préfecture la galerie de tableaux peints par Antoine Benard.

Florac, près du Tarn, sous-pr., trib. de prem. inst., à 5 lieues et demie de Mende; pop. 1,900 h. Peu de commerce.

Marvejols, s.-pr., trib. de prem. inst. à 4 l. de Mende; pop. 3,300 hab. Cette ville est située dans un vallon agréable planté d'arbres à fruits.

Productions : Bons pâturages, beaucoup de châtaignes, très-peu de vin, récolte insuffisante de grains, mines d'argent, de cuivre, de plomb, d'antimoine, pays froid et montueux.

## MAINE-ET-LOIRE, formé de l'Anjou et du Saumurois; pop. 458,674 hab.
(Cour royale d'Angers, 4<sup>e</sup>. division militaire.)

Ainsi appelé parce qu'il est arrosé par la Loire et la Mayenne, qui reçoit à Angers le nom de Maine, il est situé dans la partie du Milieu, et borné par les départemens de la Mayenne, de la Sarthe, d'Indre-et-Loire, de la Vienne, des Deux-Sèvres, de la Vendée et de la Loire-Inférieure, et divisé en cinq arrondissemens, dont les chefs-lieux sont :

ANGERS, sur la Mayenne, près de son confluent avec la Loire, ch.-l. de préf., ancienne capitale de l'Anjou, évêché, cour royale, trib. de prem. inst. et de commerce, académie universitaire, collége royal; distance de Paris, 77 lieues (30 myriamètres); pop. 30,000 hab. Beaucoup de carrières d'ardoises aux environs.

Baugé, s.-pr., trib. de prem. inst., à 8 lieues d'Angers; population, 3,400 habitans. Fabriques d'étoffes de laine.

Beaufort, ch.-l. de canton, à 3 lieues et demie

de Baugé; population, 6,000 habitans. Fabriques de toiles à voiles.

BEAUPRÉAU, s.-pr., trib. de prem. inst., à 21 l. d'Angers; pop. 1,400 habitans.

CHOLET, ch.-lieu de canton, à 4 lieues et demie de Beaupréau, trib. de commerce; pop. 7,300 hab. Beaucoup de fabriques de mouchoirs et de toiles dites Cholettes.

SAUMUR, sur la Loire, s.-pr., trib. de prem. inst. et de comm., à 11 lieues d'Angers; pop. 10,300 hab. Commerce considérable en vins, eaux-de-vie, vinaigres. On y remarque de belles casernes de cavalerie et un pont hardi sur la Loire.

SEGRÉ, sur l'Oudon, s.-pr., trib. de prem. inst., à 8 lieues d'Angers; pop. 950 hab.

PRODUCTIONS : Beaucoup de grains et de fruits, chanvre, huile de noix, très bons vins, entr'autres les rouges de Neuillé et de Champigné-le-Sec, et les blancs du Clos-Morin et de Varrains, pâturages abondans, forêts, mines de fer, grande exploitation d'ardoises.

**MANCHE**, formé de partie de la Normandie; pop. 611,206 hab.

(Cour royale de Caen, 14e. division militaire.)

Situé dans la partie du Nord, il doit son nom à sa situation sur la Manche; il est borné par ce bras de mer, par les départemens du Calvados, de l'Orne, de la Mayenne et d'Ille-et-Vilaine, et divisé en six arrondiss., dont les chefs-lieux sont :

SAINT-LO, sur la Vire, ch.-l. de préf., trib. de prem. inst. et de comm.; distance de Paris, 83 lieues (32 myriamètres et demi); pop. 8,500 hab. Très-bonne coutellerie, fabr. de toiles, coutils et draps.

AVRANCHES, près de la Sécz, sous-pr., trib. de prem. inst., à 13 lieues de Saint-Lô; pop. 6,900 hab. Fabrique de sel blanc.

Granville, port sur la Manche, ch.-l. de cant., à 6 lieues d'Avranches, trib. de comm.; pop. 7,200 hab. Entrepôt de sel, armemens, construction de navires, salaisons. Ce port a été construit sous Louis XVI, en 1784.

Cherbourg, port sur la Manche, sous-préfect., trib. de prem. inst. et de comm.; distance de Paris, 97 lieues; pop. 17,000 hab. La rade est une des meilleures de France. On remarque la digue à une lieue et demie de la mer, et la manufacture de glaces, la première qui a été établie en France.

Coutances, près de la Souille, s.-pr., évêché, trib. de prem. inst. et de comm., à 6 l. et demie de Saint-Lô; pop. 9,000 h. Fabriques de coutils, etc. La cathédrale est un des plus beaux morceaux d'architecture gothique.

Mortain, sous-préfecture, trib. de prem. inst., à 13 l. et demie de St-Lô; pop. 2,700 habitans.

Valognes, sur le Merderet, s.-pr., trib. de prem. inst., à 13 lieues de Saint-Lô; popul. 6,950 hab. Commerce des productions du pays.

Productions : Grains, lin, chanvre, cidre en abondance, beaucoup de pâturages, chevaux très-estimés, volaille, bestiaux, marais salans, ardoises, pierres meulières, tégulaires, à aiguiser et à crayons, nombreuses papeteries.

### MARNE, formé de partie de la Champagne; pop. 325,045 hab.

(Cour royale de Paris, 2ᵉ. division militaire.)

Ce département, situé dans la partie du Nord, tire son nom de la rivière qui le traverse de l'est à l'ouest; il est borné par ceux de Seine-et-Marne, de l'Aisne, des Ardennes, de la Meuse, de la Haute-Marne et de l'Aube, et se divise en cinq arrondissemens, dont les chefs-lieux sont :

**CHALONS**, sur la Marne, ch.-l. de préf., évêché, trib. de prem. inst. et de comm., école royale d'arts et métiers; distance de Paris, 42 lieues (16 myriamètres et demi); pop. 12,400 hab. Les plus beaux édifices sont : l'hôtel de ville, l'hôtel de la préfecture, la cathédrale dont on admire les flèches et le jubé. La promenade, appelée le Jard, est une des plus belles de France.

**Epernay**, sur la Marne, s.-pr., trib. de prem. inst. et de comm., à 8 lieues de Châlons; pop. 5,000 hab. Cette petite ville est située dans un vallon agréable et fertile, entouré de coteaux qui produisent d'excellens vins.

**Reims**, sur la Vesle, s.-pr., archevêché, trib. de prem. inst. et de comm., collège royal; distance de Paris, 38 lieues (15 myriamètres); population, 34,800 habitans.

Cette ville, une des plus anciennes et des plus célèbres de France, est située dans une petite plaine entourée de collines, où l'on récolte un vin délicieux, dont la vente est une des principales branches de son commerce. L'archevêque de Reims a, depuis plusieurs siècles, le privilège de sacrer les Rois de France. La cathédrale, dont la construction fut commencée dans le douzième siècle, est un édifice gothique de la plus grande beauté, le portail est un chef-d'œuvre d'architecture. Les autres objets dignes de curiosité sont l'hôtel-de-ville, la place royale, et la superbe promenade, dite le Cours. Elle est la patrie de l'immortel Colbert, ministre de Louis XIV, et du naturaliste Pluche.

On vante les biscuits, le pain d'épices, les poires tapées de Reims. Il y a beaucoup de manufactures d'étoffes de laine de différentes espèces.

**Sainte-Menehould**, sur l'Aisne, sous-préfect., trib. de prem. inst., à 10 lieues et demie de Châlons; population, 3,000 hab.

**Vitry-le-Français**, sur la Marne, s.-pr., trib. de prem. inst., à 7 lieues et demie de Châlons; popul. 7,200 habitans. Cette ville doit sa fondation à François I$^{er}$.

**Productions** : Excellens vins rouges, blancs mousseux et non mousseux, fruits à pepins et à noyaux, mérinos, beaucoup de moutons, volaille, abeilles, forêts, très-bonnes pierres meulières.

**HAUTE-MARNE**, formé de partie de la Champagne; pop. 244,823 hab.
(Cour royale de Dijon, 18e. division militaire.)

Ainsi appelé à cause de sa proximité de la source de la Marne, il est situé dans la partie du Milieu, borné par les départemens de la Marne, de la Meuse, des Vosges, de la Haute-Saône, de la Côte-d'Or et de l'Aube, et divisé en trois arrondissemens, dont les chefs-lieux sont :

CHAUMONT, près de la Marne, ch.-l. de préf., trib. de prem. inst. et de comm.; dist. de Paris, 63 lieues (24 myriam. trois quarts); pop. 6,000 h. Patrie du fameux sculpteur Bouchardon. Fabriques de gants et de bas de laine drapés et à l'aiguille.

LANGRES, sur une hauteur, près de la Marne, s.-préf., évêché, trib. de prem. inst. et de comm., à 8 lieues de Chaumont; pop. 7,000 h. Fabriques de coutellerie très-estimée, commerce considérable d'excellentes pierres meulières.

BOURBONNE-LES-BAINS, ch.-l. de canton, à 8 l. un quart de Langres; pop. 3,500 habitans. Eaux thermales très-fréquentées.

VASSY, sur la Blaise, sous-préf., trib. de prem. inst., à 11 lieues et demie de Chaumont; popul. 2,600 hab.

SAINT-DIZIER, sur la Marne, ch.-l. de canton, à 4 lieues de Vassy, trib. de comm.; population, 6,000 hab. Commerce de bois et de fer.

PRODUCTIONS : Grains, légumes, noix, vin, racines de gentiane, beaucoup de forêts, prairies, dindons et abeilles, belles pierres de taille, meules à aiguiser, immense fabrication de fer.

**MAYENNE**, formé de partie du Maine et de l'Anjou; pop. 354,138 hab.

(Cour royale d'Angers, 4e. division militaire.)

Il doit son nom à la rivière qui le traverse du nord au sud, est situé dans la partie du Milieu, borné par les départemens d'Ille-et-Vilaine, de la Manche, de l'Orne, de la Sarthe et de Maine-et-Loire, et se divise en trois arrondissemens, dont les chefs-lieux sont:

LAVAL, sur la Mayenne, ch.-l. de préfecture, trib. de prem. inst. et de comm.; distance de Paris, 72 lieues (28 myriam.); pop. 15,900 hab. Beaucoup de fabriques de calicot, de mouchoirs de fil, de toiles, de linge de table. La halle aux toiles est belle et vaste.

Chateau-Gontier, sur la Mayenne, s.-préf., tr. de prem. inst., à 7 l. de Laval; pop. 6,000 hab. Fabriques de toiles, commerce en fil de lin.

Mayenne, sur la Mayenne, sous-préf., trib. de prem. inst. et de comm., à 7 lieues de Laval; pop. 9,800 hab. Fabriques de mouchoirs, de toiles et de calicot.

Productions: Abondance de grains, de légumes et de fruits, peu de vin, beaucoup de cidre, miel, bestiaux, moutons, volaille, ardoises, pierres de taille, mines de fer, papeteries.

---

**MEURTHE**, formé de partie de la Lorraine; pop. 403,038 hab.

(Cour royale de Nancy, 3e. division militaire.)

Ainsi appelé d'une rivière qui a sa source dans les Vosges, il est situé dans la partie du Nord, borné par les départemens de la Meuse, de la Moselle, du Bas-Rhin et des Vosges, et divisé en cinq arrondissemens, dont les chefs-lieux sont:

NANCY, sur la Meurthe, ch.-l. de préfecture,

ancienne capitale de la Lorraine, évêché, cour royale, trib. de prem. inst. et de comm., académie universitaire, collége royal; distance de Paris, 86 lieues (33 myriamètres et demi); pop. 30,000 h. Boules vulnéraires d'acier, broderies en tout genre sur percale, mousseline, tulle.

> C'est une des plus belles villes par la régularité et la magnificence de ses édifices publics, parmi lesquels on distingue l'ancien palais des ducs de Lorraine, le palais du commerce, l'hôtel-de-ville, la cathédrale, les casernes neuves, et dans l'église de Notre-Dame de Bon-Secours, le mausolée de Stanislas-le-Bienfaisant, roi de Pologne. Les autres objets les plus remarquables sont la place royale et l'arc de triomphe qui la décore, la place d'Alliance, une superbe bibliothèque publique et les belles promenades du cours Bourbon et de la pépinière. Nancy est la patrie de Jacques Callot et d'Israël Sylvestre, célèbres graveurs; de Saint-Lambert, auteur du poëme des Saisons.

Pont-a-Mousson, sur la Moselle, ch.-l. de cant., à 6 lieues et demie de Nancy; populat. 7,000 hab. Fabriques de sucre de betterave, deux sources d'eaux ferrugineuses aux environs.

Château-Salins, sur la Seille, sous-préfecture, à 7 lieues de Nancy; pop. 2,750 hab. Salines considérables. Le trib. de prem. inst. est à Vic, sur la Seille, ch.-l. de cant.; pop. 3,100 hab.

Lunéville, sur la Vezouze, près de son confluent avec la Meurthe, sous-préf., trib. de prem. inst., à 6 lieues et demie de Nancy; pop. 12,400 hab. Ganterie renommée, broderie en tulle. Les ducs de Lorraine y tenaient leur cour, et le château qu'ils habitaient sert aujourd'hui de caserne.

Sarrebourg, sur la Sarre, sous-préf., trib. de prem. inst., à 17 lieues de Nancy; pop. 1,900 h.

Phalsbourg, ch.-l. de cant., à 4 lieues de Sarrebourg; pop. 2,000 hab. Liqueurs renommées.

Toul, sur la Moselle, sous-préf., trib. de prem. inst., à 6 lieues de Nancy; pop. 7,500 hab. L'église, ci-devant cathédrale, est un monument remarquable. Cette ville fut prise par Henri II en

1552, et resta à la France par le traité de Westphalie. Les vignobles aux environs produisent les meilleurs vins du département.

PRODUCTIONS : Abondance de grains, de légumes et de fruits, chanvre, vignes, prairies, beaucoup de forêts, carrières de pierres de taille, puits salans, vaste banc de sel gemme, manufactures de faïence, de porcelaine, de glaces, de verreries, etc.

## MEUSE, formé du Barrois et de partie de la Lorraine; pop. 306,339 hab.
(Cour royale de Nancy, 2<sup>e</sup>. division militaire.)

Ce département, situé dans la partie du Nord, est borné par ceux des Ardennes, de la Marne, de la Haute-Marne, des Vosges, de la Meurthe et de la Moselle; il doit son nom à la Meuse qui commence à être navigable à Verdun, et est divisé en quatre arrondissemens, dont les chefs-lieux sont :

BAR-LE-DUC, sur Ornain, ch.-l. de préfect., trib. de prem. inst. et de comm.; distance de Paris, 64 lieues (25 myriamètres); pop. 12,500 hab. Filatures de coton, excellentes confitures de groseilles rouges et blanches.

LIGNY, sur l'Ornain, ch.-l. de cant., à 4 lieues de Bar-le-Duc; pop. 3,000 hab. Commerce de laines et de bois de construction. Les promenades du parc sont les plus belles du département.

COMMERCY, sur la Meuse, s.-préf., à 8 lieues de Bar; pop. 3,700 hab. On y remarque une superbe caserne de cavalerie et un bel hôtel-de-ville. Le tribunal de première instance est à

SAINT-MIHIEL, sur la Meuse, ch.-l. de canton, à 3 lieues et demie de Commercy; pop. 5,600 hab. On y remarque le sépulcre dans l'église du Bourg, et le camp de César.

VAUCOULEURS, sur la Meuse, ch.-l. de canton, à

4 lieues et demie de Commercy; pop. 2,300 hab. C'est à Domremy, près de Vaucouleurs, que naquit Jeanne-d'Arc, dite la Pucelle d'Orléans, qui délivra la France des Anglais.

Montmédy, sur la Chiers, s.-préf., place forte, trib. de prem. inst., à 22 lieues de Bar; popul. 2,000 hab. Cette ville devait être le terme du voyage de l'infortuné Louis XVI, si ce prince n'eût pas été arrêté le 22 juin 1791 à Varennes, ch.-lieu de canton, à 6 lieues et demie de Verdun.

Verdun, sur la Meuse, sous-préf., évêché, trib. de prem. inst. et de comm., place forte; à 12 l. de Bar; pop. 9,900 h. Les liqueurs et les dragées de cette ville jouissent à juste titre de leur réputation. Chevert, qui de simple soldat s'éleva par son mérite au grade de lieutenant-général, naquit à Verdun en 1695.

Productions : Grains en abondance, graines oléagineuses, superbes prairies, fromages façon Gruyère, vins délicats, forêts, excellens poissons, nombreuses mines de fer, carrières d'excellentes pierres de taille, beaucoup de forges, verreries.

---

**MORBIHAN**, formé de partie de la Bretagne; pop. 427,453 hab.

(Cour royale de Rennes, 13ᵉ. division militaire.)

Il tire son nom d'un canal qui conduit au golfe de Vannes, est situé dans la partie du Milieu, borné par l'Océan, par les départemens du Finistère, des Côtes-du-Nord, d'Ille-et-Vilaine et de la Loire-Inférieure, et divisé en quatre arrondissemens, dont les chefs lieux sont :

VANNES, port à 3 lieues de l'Océan, auquel il communique par le canal du Morbihan, ch.-l. de préf., évêché, trib. de prem. inst. et de comm.; distance de Paris, 128 lieues (50 myriamètres);

pop. 11,300 hab. Pêche de la sardine, commerce maritime. Vannes formait une république du temps de Jules-César. Aux environs sont les pierres de bout de Carnac, monumens celtiques très-remarquables, rangées sur cinq lignes au nombre de 4,000.

Lorient, port à l'embouchure de la rivière de Scorff, et à une lieue de la mer, s.-préf., trib. de prem. inst. et de commerce; distance de Paris, 125 lieues (48 myriamètres et demi); population, 15,300 hab. Pêche de la sardine, commerce maritime. C'est une jolie ville bien fortifiée, bâtie en 1720. On y remarque le port, les magasins du commerce, une très-jolie salle de spectacle, le collége et les promenades.

Aurai, petit port au confluent des rivières d'Aurai et de Vannes, ch.-l. de canton, à 9 lieues de Lorient; pop. 3,300 hab. Pêche de la sardine. Cette petite ville est connue par la bataille de 1364, où Duguesclin fut fait prisonnier.

Belle-Isle-en-Mer (l'île), à 10 l. de Lorient; pop. 8,000 hab. Excellent mouillage. La ville de Palais est le chef-lieu de l'île; pop. 1,700 hab.

Hennebon, petit port sur le Blavet, ch.-l. de canton, à 2 lieues de Lorient; pop. 4,000 hab.

Ploermel, sous-préfecture, trib. de prem. inst., à 10 lieues de Vannes; pop. 2,500 hab. Commerce de bestiaux. L'église paroissiale est un édifice gothique dont les vitraux sont bien conservés.

Pontivi, sur le Blavet, s.-préf., trib. de prem. inst., collége royal, à 12 lieues de Vannes; population, 3,400 hab. Fabriques de toiles de Bretagne.

Productions: Grains, lentilles, miel, peu de vin, beaucoup de cidre, bons pâturages, excellent beurre, bestiaux, chevaux, ardoises, pêche considérable de sardines.

**MOSELLE**, formé de partie de la Lorraine et des Trois-Evêchés; pop. 409,155 hab.

(Cour royale de Metz, 3e. division militaire.)

Situé dans la partie du Nord, borné par les départemens de la Meuse, de la Meurthe et du Bas-Rhin, au nord par les Grands-Duchés du Luxembourg et du Bas-Rhin, il doit son nom à la Moselle navigable à Metz, et est divisé en quatre arrondissemens, dont les chefs-lieux sont:

METZ, au confluent de la Moselle et de la Seille, ch.-l. de préf., évêché, cour royale, trib. de prem. inst. et de comm., académie universitaire, collége royal, place forte; distance de Paris, 79 lieues (31 myriamètres); pop. 45,300 hab. Jambons estimés, confitures renommées de mirabelles.

On y remarque les remparts, la promenade de l'esplanade, les casernes, l'arsenal, l'hôtel-de-ville, le palais de justice, la cathédrale, édifice gothique orné de superbes vitraux, et d'une élévation prodigieuse. On voit près de Metz, à Jouy-aux-Arches, sur la route de Nancy, les restes d'un magnifique aqueduc construit sous le consulat de Drusus. Charles-Quint l'assiégea inutilement en 1552. Cette ville a vu naître l'intrépide Fabert, maréchal de France. Elle fut sous les rois de la première dynastie la capitale du royaume d'Austrasie.

BRIEY, sur le Voigot, sous-préf., trib. de prem. inst., à 5 lieues de Metz; pop. 1,700 hab.

SARGUEMINES, sur la Sarre, sous-préf., trib. de prem. inst., à 15 lieues de Metz; pop. 3,900 hab. Fabriques de tabatières de carton.

THIONVILLE, sur la Moselle, sous-préf., trib. de prem. inst., place forte, à 6 lieues de Metz; pop. 5,900 hab. Louis Ier., dit le Débonnaire, y tint souvent sa cour. Les fortifications sont ce qu'il y a de plus remarquable.

PRODUCTIONS: Abondance de grains, vins, chanvre, excellens fruits, nombreuses pépinières, forêts, beaucoup de porcs, riches mines de fer, forges importantes, chaux renommée, verreries.

**NIÈVRE**, formé du Nivernais; pop. 271,777 hab.
(Cour royale de Bourges, 21e. division militaire.)

Ce département, auquel la petite rivière de Nièvre a donné son nom, est situé dans la partie du Milieu, borné par les départemens du Cher, du Loiret, de l'Yonne, de la Côte-d'Or, de Saône-et-Loire et de l'Allier, et se divise en quatre arrondissemens, dont les chefs-lieux sont :

NEVERS, sur la Loire, au confluent de la Nièvre, ch.-l. de préf., évêché, trib. de prem. inst. et de comm.; distance de Paris, 60 lieues (23 myriamètres deux tiers); pop. 15,800 hab.

Commerce de fer, bois, bétail, manufacture de porcelaine et de faïence. On fait cas des ouvrages en émail de Nevers. Cette ville a une fonderie royale de canons, et de belles casernes de cavalerie.

CHATEAU-CHINON, sur l'Yonne, près de sa source, s.-préf., trib. de prem. inst., à 15 lieues de Nevers; pop. 2,200 h. Commerce de bois et de bestiaux.

CLAMECY, au confluent du Beuvron et de l'Yonne, s.-préf., trib. de prem. inst. et de comm., à 15 l. de Nevers; pop. 5,400 h. Grand commerce de bois.

COSNE, sur la Loire, sous-préf., trib. de prem. inst., à 13 l. de Nevers; pop. 5,950 h. Coutellerie et clouterie; il y a une jolie promenade sur la Loire, d'où l'on aperçoit la colline et la ville de Sancerre.

LA CHARITÉ, sur la Loire, ch.-l. de cant., à 7 lieues de Cosne; pop. 4,500 hab. Cette petite ville, mal percée et mal bâtie, est agréablement située au pied d'un coteau de vignes. Commerce de charbon pour Paris et de bois pour la marine.

POUILLY, sur la Loire, ch.-l. de cant., à 3 lieues et demie de Cosne; pop. 2,600 hab. Vins blancs très-estimés du territoire.

PRODUCTIONS : Grains, chanvre, vin, forêts, bons pâturages, beaucoup de chevaux, bétail, abondantes mines de fer, houille, mines de plomb, ocre jaune, grès à aiguiser.

**NORD**, formé de partie de la Flandre et du Hainault; pop. 962,648 hab.

(Cour royale de Douai, 16°. division militaire.)

Ce département, qui tire son nom de sa position, est situé dans la partie du Nord; il est borné par les départemens du Pas-de-Calais et de l'Aisne; au nord par la mer d'Allemagne; à l'est par le royaume des Pays-Bas, et est divisé en sept arrondissemens, dont les chefs-lieux sont :

LILLE, sur la Deule, ch.-l. de préf., ancienne capitale de la Flandre Française, trib. de prem. inst. et de comm.; place forte, hôtel royal des monnaies (W), manufacture royale de tabac; distance de Paris, 60 lieues (23 myriamètres et demi); pop. 69,900 hab. Raffineries de sucre, filatures de coton, fabriques de fil retors et de toiles.

Cette ville est grande, belle, riche et bien bâtie; on y entre par sept portes : celle de Paris est d'une architecture imposante, et terminée par un trophée sur lequel est assise la victoire qui couronne la statue de Louis-le-Grand. Elle a de belles rues, surtout la rue Royale remarquable par sa longueur, sa largeur et la régularité de ses édifices. On y remarque la citadelle bâtie par Vauban, une des plus belles qu'il y ait en Europe; la salle de spectacle dans le genre italien, le cirque d'une architecture légère et élégante, et l'hôpital général.

ARMENTIÈRES, sur la Lys, ch.-l. de canton, à 3 lieues de Lille; pop. 6,500 hab. On y fait un commerce considérable de toiles.

ROUBAIX, ch.-l. de cant., à 2 lieues un quart de Lille; pop. 13,000 hab. Cette ville a pris depuis cinq ans un accroissement considérable; elle ne comptait en 1806 que 8,700 hab. Elle a de nombreuses filatures de coton.

TURCOING, ch.-l. de cant., à 2 lieues et demie de Lille; pop. 1,600 hab.

7

La population, l'étendue et les fabriques de cette ville augmentent tous les jours. L'hôtel-de-ville, agrandi depuis quelques années, est orné d'une façade régulière. L'église de Saint-Christophe, la plus ancienne, est grande et bien décorée; celle de Saint-Jacques, plus petite, reçoit tous les jours de nouveaux embellissemens.

Avesnes, sur l'Helpe, s.-préf., trib. de prem. inst., place forte, à 22 l. de Lille; pop. 3,500 h. Commerce en bois et en marbre.

Landrecies, sur la Sambre, ch.-l. de canton, à 4 lieues d'Avesnes, place forte; pop. 3,800 hab. Commerce de bestiaux, fromages, houblon, charbon, lin.

Maubeuge, sur la Sambre, ch.-l. de cant., à 4 lieues d'Avesnes, place forte, manufacture royale d'armes; pop. 6,000 hab. Clouterie, marbrerie, grand commerce de charbon de terre et d'ardoises. Près de Maubeuge est Malplaquet, célèbre par la bataille perdue par les Français en 1709.

Cambrai, sur l'Escaut, s.-préf., évêché, trib. de prem. inst. et de comm., place forte, à 13 l. et demie de Lille; pop. 17,000 hab. Entrepôt de charbon de terre, raffineries de sel, fabriques de toiles, de batistes, de linons et de percales.

La citadelle est très-forte. Le clocher de la cathédrale est remarquable par la délicatesse du travail et son élévation. Cette ville a un bel hôtel-de-ville d'architecture moderne, et une superbe bibliothèque.

Cateau-Cambrésis, sur la Selle, ch.-l. de cant., à près de 6 lieues de Cambrai; pop. 4,700 hab. Cette petite ville est célèbre par le traité de paix conclu en 1559 avec l'Espagne.

Douai, sur la Scarpe, sous-préf., cour royale, trib. de prem. inst., académie universitaire, collége royal, école royale d'artillerie, à 7 l. et demie de Lille; pop. 19,900 h.

Les objets les plus curieux sont l'hôtel-de-ville, les remparts, l'arsenal et la fonderie de canons. Cette ville est défendue par le fort de la Scarpe, éloigné d'une demi-lieue. Elle est la patrie de Jean-de-Boulogne, célèbre sculpteur.

Dunkerque, port sur la mer d'Allemagne, s.-pr., trib. de prem. inst. et de comm.; dist. de Paris, 77 lieues (30 myriam. et un quart), à 17 lieues de Lille; pop. 24,500 h. Commerce très-étendu d'importation et d'exportation.

Le port de Dunkerque est beau et vaste, et la rade une des plus belles de l'Europe. Les curiosités de cette ville sont les promenades, la place du Champ-de-Mars, décorée de la statue de Jean-Bart, les magasins de la marine, et surtout la superbe façade de l'église de Saint-Éloi.

Bergues, petite ville fortifiée sur la Colme, ch.-l. de cant., à 2 lieues de Dunkerque; population, 5,900 hab. Marchés hebdomadaires de bestiaux et de grains les plus considérables du pays. Séjour malsain à cause des eaux stagnantes.

Gravelines, port sur la Manche, à l'embouchure de l'Aa, ch.-l. de cant., à 4 lieues et demie de Dunkerque; pop. 3,950 hab.

Hazebrouck, sur le canal du même nom, s.-pr., trib. de prem. inst., à 9 lieues et demie de Lille, pop. 7,600 h., est une jolie ville où l'on remarque une belle place et l'élévation de la tour de l'église paroissiale.

Bailleul, ch.-l. de cant., à 3 lieues et demie d'Hazebrouck; pop. 9,500 hab. Fabriques de toiles, de rubans de fil et de serviettes.

Cassel, sur une hauteur, ch.-l. de canton, à 2 lieues et demie d'Hazebrouck; pop. 4,300 hab. Le point de vue, pris du sommet de la montagne, s'étend sur la mer et sur trente-deux villes; il s'y est livré deux batailles mémorables, l'une gagnée en 1428 par Philippe de Valois contre les Flamands; l'autre en 1677, contre le prince d'Orange.

Valenciennes, au confluent de la Rouelle et de l'Escaut, s.-préf., place forte, trib. de prem. inst. et de comm., à 8 lieues de Lille; pop. 20,000 hab. Commerce considérable de charbon de terre, centre de fabriques de batistes et de linons.

Depuis le bombardement de 1793, des rues étroites et tortueuses ont fait place à de nouvelles rues tirées au cordeau. La citadelle et les fortifications sont l'ouvrage de Vauban. Les édifices les plus remarquables sont l'hôtel-de-ville, la tour du Beffroi, l'hôpital général sur les bords de l'Escaut, le nouvel arsenal, et une belle salle de spectacle. Cette ville est la patrie de Froissard, historien du 14$^{me}$. siècle, et du célèbre peintre Antoine Wateau.

Condé, au confluent de la Hayne et de l'Escaut, ch.-l. de canton, à 3 lieues de Valenciennes, place orte; pop. 7,000 hab.

Saint-Amand, sur la Scarpe, ch.-l. de canton, 3 lieues de Valenciennes; pop. 9,100 hab. Centre de la culture du lin pour les batistes, navets très-estimés, eaux et boues thermales.

Productions : Grains, houblon, lin superbe, chanvre, colza, légumes, fourrages; abondantes mines de charbon à Anzin; grès à paver, bestiaux, excellent beurre, verreries, clouteries, scieries de marbre, une foule de fabriques de tous genres.

---

**OISE**, formé du Beauvoisis et de partie de l'Ile-de-France; pop. 385,124 h.

(Cour royale d'Amiens, 1$^{re}$. division militaire.)

Ce département, situé dans la partie du Nord, est borné par ceux de l'Eure, de la Seine-Inférieure, de la Somme, de l'Aisne, de Seine-et-Marne et de Seine-et-Oise; il doit son nom à l'Oise qui le traverse du nord au sud, et est divisé en quatre arrondissemens, dont les chefs-lieux sont :

BEAUVAIS, sur le Thérain, ch.-l. de préf., évêché, trib. de prem. inst. et de comm.; distance de Paris, 22 lieues (8 myriamètres trois quarts); pop. 12,800 hab. Manufacture royale de tapisseries (genre des Gobelins), fabriques de tapis de pied.

La cathédrale n'a pas été finie, le chœur est un chef-d'œuvre par sa hardiesse, ses proportions et son élévation. On y admire le tombeau du cardinal Forbin de Janson, par Coustou. L'hôtel-de-ville est un édifice moderne d'une belle architecture.

Cette ville est célèbre par sa défense opiniâtre contre Charles-le-Téméraire, qui commandait une armée de 80,000 hommes, et qui fut obligé d'en lever le siège en 1472, par la valeur de Jeanne-Hachette, combattant sur les remparts à la tête des femmes. Elle est la patrie de Lenglet-Dufresnoi, célèbre chronologiste, et du grammairien Restaut.

Clermont, s.-pr., tr. de prem. inst., à 6 lieues et demie de Beauvais; pop. 2,400 h.

Compiègne, sur l'Oise, s.-préf., trib. de prem. inst. et de comm., à 13 l. et demie de Beauvais; pop. 7,300 hab. Commerce de bois, culture en grand du chanvre, fabriques considérables de sabots et de boissellerie.

Le château royal est vaste et entouré d'un parc et de beaux jardins, la façade a été entièrement rebâtie par Louis XIV, et l'intérieur est décoré à la moderne. La forêt de Compiègne, qui s'étend à l'est et au sud de la ville, est un rendez-vous de chasse royale. Elle a 28,390 arpens (14,500 hectares). La pucelle d'Orléans y fut prise, en 1430, dans une sortie, par les Bourguignons, et livrée aux Anglais, qui la firent brûler vive à Rouen, le 30 mai de l'année suivante.

Noyon, près de l'Oise, ch.-lieu de canton, à 5 lieues et demie de Compiègne; pop. 6,200 hab. Cette ville communique par l'Oise à la Seine, et par le canal de Saint-Quentin avec les départemens du Nord. C'est la patrie de l'hérésiarque Calvin.

Senlis, sur la Nonnette, sous préf., trib. de prem. inst., à 11 l. de Beauvais; pop. 5,000 hab. Blanchisseries de toiles. On remarque l'élévation de la flèche du clocher de la ci-devant cathédrale.

Productions: Grains, légumes, chanvre, cidre, pierres de taille de Saint-Leu et autres, pierres meulières, abeilles, volaille, porcs et bêtes à laine, tabletterie, fabriques d'étoffes de laine et de toiles.

---

**ORNE**, formé du Perche septentrional et de partie de la Normandie; pop. 434,579 hab.

(Cour royale de Caen, 14ᵉ. division militaire.)

Situé dans la partie du Nord, borné par les départemens de la Manche, du Calvados, de l'Eure, d'Eure-et-Loir, de la Sarthe et de la Mayenne, il doit son nom à la rivière de l'Orne qui y prend sa source, et se divise en quatre arrondissemens, dont les chefs-lieux sont :

ALENÇON, sur la Sarthe, chef-lieu de préf., trib. de prem. inst. et de comm.; distance de Paris, 49 lieues (19 myriam. un quart); pop. 14,000 h. Fabriques de dentelles, dites point d'Alençon, commerce de toiles.

L'église paroissiale est ornée d'un superbe portail et d'une belle nef. Aux environs sont les carrières de pierre où l'on trouve les diamans dits d'Alençon, qui ne sont autre chose qu'une espèce de cristal de roche.

Séez, sur l'Orne, ch.-l. de canton, à 5 lieues d'Alençon, évêché; pop. 6,000 hab. On remarque dans la cathédrale le chœur, les marbres et les sculptures.

Argentan, sur l'Orne, s.-préf., trib. de prem. inst., à 9 l. d'Alençon; pop. 6,000 h. Commerce de dentelles et de toiles de Cretonne. A environ 3 lieues de cette ville est le superbe haras royal du Pin.

Domfront, sur la Varenne, sous-préf., trib. de prem. inst., à 14 lieues d'Alençon; pop. 1,700 h. On y voit à l'ouest des rochers qui offrent une coupe à pic de plus de 200 pieds de profondeur, à travers laquelle passe la Varenne.

Mortagne, s.-préf., trib. de prem. inst., à 9 l. d'Alençon; pop. 5,400 h. Commerce de chanvre et de toiles fortes et légères pour les colonies. A 3 lieues de là est la célèbre abbaye de la Trappe.

Laigle, sur la Rille, ch.-l. de cant., à 7 l. de Mortagne, trib. de comm.; pop. 5,800 h. Tanneries, clouteries, quincaillerie, fabriques d'épingles, d'aiguilles à coudre, de gros fil de fer et de laiton.

Productions : Grains, forêts, pâturages, cidre, miel, chanvre, lin, belle race de chevaux, excellente volaille, beaucoup d'oies, de porcs et d'abeilles, nombreuses mines de fer, granit, terre à crayon, à dessiner, établissement d'eaux minérales à Bagnolles, fabriques de toiles de Cretonne.

---

**PAS-DE-CALAIS**, formé de l'Artois et de partie de la Basse-Picardie; pop. 642,969 hab.
(Cour royale de Douai, 16e. division militaire.)

Le détroit qui sépare la France de l'Angleterre a fait donner le nom de Pas-de-Calais à ce département, qui est situé dans la partie du Nord, borné par les départemens de la Somme et du Nord, et divisé en six arrondiss., dont les chefs-lieux sont :

ARRAS, sur la Scarpe, ch.-l. de préf., ancienne capitale de l'Artois, évêché, trib. de prem. inst. et de comm., place forte, école royale du génie; distance de Paris, 50 lieues (19 myriamètres et demi); pop. 22,000 hab. Blanchisseries de cire, brasseries, raffineries de sucre de betterave, commerce de dentelles, de charbon de terre, etc.

L'hôtel-de-ville est un beau morceau d'architecture gothique; et la place où il est situé est bâtie en arcades dans le genre espagnol. Les autres édifices les plus remarquables sont la cathédrale, monument gothique très-estimé, la citadelle, une des plus belles des Pays-Bas, les casernes, l'hôtel de la préfecture, la salle de spectacle et le beffroi. Arras a de jolies promenades et une riche bibliothèque (34,000 volumes), formée des restes de celle de l'ancienne abbaye de Saint-Wast. Les Français s'en rendirent maîtres en 1640 sur les Espagnols.

BÉTHUNE, sur la Brette, s.-préf., trib. de prem. inst., place forte, à 7 lieues d'Arras; pop. 6,800 hab. Le canal de la Lave qui aboutit à la Lys, y facilite le commerce. L'église paroissiale est remarquable par la nef que soutiennent des colonnes d'un travail délicat.

BOULOGNE, port sur le détroit du Pas-de-Calais, et à l'embouchure de la Liane, s.-préf., trib. de prem. inst. et de comm., passage très-fréquenté de France en Angleterre; distance de Paris, 64 lieues;

d'Arras, 24 lieues; de Douvres, 9 lieues; population, 19,300 hab. Armemens pour la pêche, commerce maritime, magnifique établissement de bains de mer. Les remparts sont aujourd'hui une promenade très-agréable d'où l'on découvre la tour de Douvres, quand le ciel est clair.

Calais, port sur le détroit de même nom, ch.-l. de cant., à 7 lieues et demie de Boulogne, trib. de commerce; pop. 10,000 hab. Pêche de harengs et de maquereaux, passage le plus court pour aller de France en Angleterre. On fait en trois heures le trajet de Calais à Douvres par les bateaux à vapeur.

*Curiosités*: La colonne élevée sur le port pour perpétuer le souvenir du débarquement de Louis XVIII, en avril 1814; l'église paroissiale, bâtie par les Anglais, dont le maître-autel est en marbre d'Italie, et qui renferme dix-huit statues de la même matière; l'avant-dernière porte d'entrée, bâtie par les ordres du cardinal de Richelieu, le plus beau morceau d'architecture de la ville; et la tour de l'horloge, édifice léger et élégant dans le genre gothique.

Montreuil, sur la Canche, à 3 lieues et demie de la mer et à 19 lieues d'Arras, s.-préf., trib. de prem. inst.; pop. 3,900 hab.

Saint-Omer, sur l'Aa, sous-préf., place forte, trib. de prem. inst. et de comm., à 16 lieues d'Arras; pop. 19,000 habitans. Centre d'un commerce important, fabriques d'huile, manufactures de draps lisses, cuirs de laine croisés, tanneries nombreuses, fabriques d'amidon, etc.

C'est une ville ancienne, assez grande et bien bâtie, où il y avait avant la révolution beaucoup d'églises et de couvens. Le vandalisme, qui n'a point épargné dans sa fureur la riche et magnifique abbaye de Saint-Bertin, a laissé subsister la ci-devant cathédrale, édifice gothique de la plus belle architecture. Les promenades de Saint-Omer sont les remparts et les bords du canal. Les Français s'emparèrent de cette ville en 1677, après la bataille de Cassel.

Aire, au confluent de la Lys et de la Laquette, ch.-l. de cant., à 4 lieues de Saint-Omer, place forte; pop. 9,000 hab. Fabriques d'huile. Ce qu'il y a de plus curieux sont les casernes et surtout les fontaines.

SAINT-POL, près des sources de la Ternoise, s.-préf., trib. de prem. inst., à 8 lieues d'Arras; pop. 3,500 hab. Commerce d'huile.

PRODUCTIONS : Grains en abondance, légumes, pâturages, excellent beurre, chanvre, lin, colza, culture du tabac, forêts, race de chevaux boulonnais estimés, porcs, volaille, marbres, grès à paver, houille, tourbe, nombreuses manufactures.

## PUY-DE-DÔME, formé de partie de l'Auvergne; pop. 556,573 hab.
(Cour royale de Riom, 19<sup>e</sup>. division militaire.)

Ce département, situé dans la partie du Milieu, est borné par ceux de la Corrèze, de la Creuse, de l'Allier, de la Loire, de la Haute-Loire et du Cantal; il doit son nom à la montagne du Puy-de-Dôme, élevée de 820 toises au-dessus du niveau de la mer, et comprend cinq arrond. dont les chefs-lieux sont :

CLERMONT-FERRAND, entre deux ruisseaux, la Tiretaine et l'Artier, et au pied de la montagne du Puy-de-Dôme, ch.-l. de préf., ancienne cap. de l'Auvergne, évêché, trib. de prem. inst. et de commerce, académie universitaire, collége royal; distance de Paris, 98 lieues (38 myriamètres et demi); pop. 30,000 hab. Entrepôt général du commerce de Lyon et de Bordeaux. Confitures sèches renommées d'abricots, de coings, de pommes, grand commerce de toiles fabriquées dans le pays, de vins et de fromages.

C'est une grande et ancienne ville; elle était déjà considérable du temps de Jules-César. Les rues étroites, irrégulières, et les maisons élevées, bâties avec la pierre noire de Volvic, rendent triste et sombre l'intérieur de la ville; mais les promenades et les places publiques sont superbes. La cathédrale est vaste, majestueuse et d'un fort bon goût dans le genre gothique. Le collége, bâti dans le 17<sup>me</sup>. siècle, est un bel édifice.

Les autres objets les plus curieux sont la fontaine Delille, située au sud-est; la fontaine incrustante de Saint-Allyre, dans le faubourg du même nom, et le pont naturel sur le ruisseau de la Tiretaine, dû à la qualité pétrifiante des eaux minérales. Cette ville a vu naître Blaise Pascal, célèbre physicien, et l'abbé Girard, excellent grammairien.

Billom, ch.-l. de cant., à 5 lieues de Clermont, trib. de comm.; pop. 5,200 hab. Fabriques de fil de Bretagne, beaucoup de fours à chaux.

Ambert, près du torrent de la Dore, sous-préf., trib. de prem. inst. et de comm., à 15 lieues de Clermont; pop. 7,400 hab. Beaucoup de papeteries. Les meilleurs fromages d'Auvergne se font dans cet arrondissement.

Issoire, sur la Crouse, près de son confluent avec l'Allier, s.-préf., trib. de prem. inst. et de comm., à 7 l. de Clermont; pop. 6,100 hab. Fabriques de chaudrons et autres instrumens en cuivre, commerce d'huile de noix. Dépôt d'étalons à Parentigna, près d'Issoire.

Riom, s. préf., cour royale, trib. de prem. inst. et de commerce, à 3 lieues de Clermont; population, 12,700 hab. Cette ville, agréablement située à l'extrémité d'une plaine, a des rues larges et bien alignées. Les maisons sont bâties avec la pierre de Volvic, découverte dans le 12e. siècle.

*Curiosités :* La tour de l'horloge, d'où l'on a le plus beau point de vue; et au palais-de-justice, la Sainte-Chapelle qui est un beau morceau d'architecture gothique.

Aigueperse (du latin *aquas sparsas*), ch.-l. de cant., à 3 lieues de Riom; pop. 3,000 habitans. Patrie du chancelier de l'Hospital.

Volvic, à une lieue et demie de Riom; population, 3,000 hab. Ecole d'architecture établie par M. le comte de Chabrol, préfet de Paris, pour l'exploitation des carrières de Volvic, la coupe et la sculpture des pierres de taille.

Thiers sur la Durole et la belle route de Lyon à Clermont, sous-préf., trib. de prem. inst. et de comm., à 9 lieues et demie de Clermont; pop. 11,600 hab. Papeteries, fabriques de coutellerie en tout genre. C'est la plus commerçante de l'Auvergne.

Productions : Pâturages abondans, excellens fromages de Saint-Nectaire et autres, dits du Cantal, vins, forêts, la plaine de la Limagne très-fertile en grains, légumes, fruits, chanvre de première qualité, beaucoup de chevaux, mais petits, bestiaux, étangs, mines de plomb et d'antimoine, exploitation de charbon de terre, établissement d'eaux minérales au Mont-d'Or et à St.-Nectaire.

### BASSES-PYRÉNÉES, formé du Béarn et du Navarrais; pop. 412,469 hab.

(Cour royale de Pau, 11e. division militaire.)

Il tire son nom de sa situation vers la partie inférieure des Monts-Pyrénées, est situé dans la partie du Midi, borné par les départemens des Hautes-Pyrénées, du Gers et des Landes, et à l'ouest par l'Océan, et divisé en cinq arrondissemens, dont les chefs-lieux sont :

PAU, sur le Gave, de même nom, chef-lieu de préf., ancienne capitale du Béarn, cour royale, trib. de prem. inst. et de comm., académie universitaire, collége royal; distance de Paris, 200 lieues (78 myriamètres un quart); pop. 11,700 hab. Fabriques de mouchoirs de toiles et de linge de table. Dépôt royal d'étalons.

*Curiosités :* Le château où naquit Henri IV, la vallée qu'arrose le Soust, sur les bords duquel sont situées de jolies maisons de campagne. La vue s'étend du château royal sur les coteaux qui produisent l'excellent vin de Jurançon.

BAYONNE, port au confluent de l'Adour et de la Nive, à une lieue de l'Océan, s.-préf., évêché, trib. de prem. inst. et de comm. Hôtel des monnaies (L), école royale de navigation; distance de Paris, 204 lieues, de Pau, 23 lieues; popul. 13,500 hab. Armemens pour la pêche et les colonies, grand commerce avec l'Espagne, jambons renommés, excellent chocolat, eaux-de-vie d'Andaye très-estimées. C'est à Bayonne que fut inventée l'arme redoutable qui, de son nom, a été appelée baïonnette.

*Curiosités* : La citadelle, construite par Vauban; le port; la place de Grammont, la plus belle de la ville; les Allées Marines, superbe promenade d'où l'on a le plus beau point de vue.

Saint-Jean-de-Luz, sur la route d'Espagne, petit port de mer, ch.-l. de cant., à 4 lieues de Bayonne; pop. 2,000 hab. Louis XIV y épousa, en 1660, Marie-Thérèse, infante d'Espagne. Elle fut le séjour du cardinal Mazarin pendant les négociations de paix dans l'île des Faisans.

Mauléon, s.-préf., à 11 l. de Pau; pop. 1,050 h. Le trib. de première instance est à St-Palais, sur la Midouze, à 4 lieues de Mauléon; pop. 1,130 hab.

Saint-Jean-Pied-de-Port, à 4 lieues de Mauléon; pop. 2,500 hab. Petit port de mer.

Oleron, sur le Gave, de même nom, s.-préf., trib. de prem. inst., à 5 lieues de Pau; pop. 6,500 hab. Grand commerce de laines.

Orthez, sur le Gave de Pau, s.-préf., trib. de prem. inst. à 10 lieues de Pau; pop. 6,800 hab. Grand commerce en cuirs, jambons et plumes d'oies.

Salies, chef-lieu de cant., à trois petites lieues d'Orthez; pop. 7,600 hab. Commerce de jambons et de chevaux. Il y a dans son territoire des sources d'eau salée qui fournissent le plus beau sel blanc.

Productions : Récolte insuffisante en céréales, excellens fruits, bon vin, lins très-doux, agaric, pins extrêmement hauts, espèce de chêne donnant des noix de galle, chevaux Navarrins très-estimés, mulets, porcs, beaucoup d'ortolans.

**HAUTES-PYRÉNÉES**, formé du Bigorre et les Quatre-Vallées, et de partie de la Gascogne; pop. 222,059 hab.

(Cour royale de Pau, 10e. division militaire.)

Situé dans la partie du Midi, il tire son nom de sa position vers la partie la plus élevée des Pyrénées, est borné par les départemens de la Haute-Garonne, du Gers et des Hautes-Pyrénées, et divisé en trois arrondiss. dont les chefs-lieux sont :

TARBES, sur l'Adour, ch.-l. de préf., évêché, trib. de prem. inst. et de comm., dépôt royal d'étalons; distance de Paris, 209 lieues (81 myriamètres et demi); pop. 8,700 hab. Entrepôt de tout le commerce du département. Cette petite ville a des rues larges, bien percées, et arrosées par des eaux limpides. Il s'y tient tous les quinze jours des marchés considérables de denrées et de bestiaux.

ARGELÈS, s.-préf., à 12 lieues et demie de Tarbes; pop. 1,200 hab. Le tribunal de prem. inst. est à

LOURDES, près le Gave de Pau, ch.-l. de cant., à 3 lieues d'Argelès; pop. 3,700 hab. Fabriques de toiles de lin et de mouchoirs.

BAGNÈRES-DE-BIGORRE, près de l'Adour, s.-préf., trib. de prem. inst. et de comm., à 5 l. de Tarbes; pop. 7,000 hab. Fabriques d'étoffes de laine.

C'est une jolie petite ville dont les maisons sont bâties avec élégance, et dont les rues, bien percées, sont sans cesse arrosées par des eaux dérivées de l'Adour, qui y entretiennent la fraîcheur et la propreté. L'établissement des eaux minérales et thermales attire toutes les années à Bagnères un grand concours d'étrangers.

PRODUCTIONS : Forêts, vins, lin, prairies, beurre de la vallée de Campan, chevaux estimés pour la cavalerie légère, mulets, bêtes à laine, porcs, oies et abeilles, grenat, ocre, granit, carrières de marbre, établissemens d'eaux minérales et thermales à Barréges, Cauteret, Saint-Sauveur, Bagnères, etc.

**PYRÉNÉES-ORIENTALES**, formé du Roussillon et de la Cerdagne; pop. 151,372 hab.

(Cour royale de Montpellier, 10e. division militaire.)

Ce département, situé dans la partie du Midi, est borné par la Méditerranée, les Pyrénées, et les départemens de l'Aude et de l'Ariége; il doit son nom à sa situation du côté de l'est des Monts-Pyrénées, et est divisé en trois arrondissemens, dont les chefs-lieux sont :

PERPIGNAN, sur la Thet, à 2 lieues de son embouchure dans la mer, ch.-l. de préf., évêché, trib. de prem. inst. et de comm., place forte, hôtel des monnaies (Q); distance de Paris, 228 l. (89 myriamètres); pop. 15,300 hab. Centre du commerce des vins, liqueurs et autres récoltes dans le département. On y remarque l'église de Saint-Jean, l'hôtel-de-ville, la citadelle et le puits, les casernes, les remparts, la bergerie royale.

RIVESALTES, sur la Gly, ch.-l. de cant., à 2 lieues de Perpignan; pop. 3,000 h. Excellens vins muscats.

CÉRET, près du Tech, sous-préf., trib. de prem. inst., à 6 lieues et demie de Perpignan; population, 3,000 hab.

COLLIOURE, petit port sur la Méditerranée, ch.-l. de cant., à 7 lieues de Céret; pop. 3,200 hab. Commerce des vins du pays et de sardines salées.

PORT-VENDRE, petit port sur la Méditerranée, commune de Collioure. Le port est défendu par des montagnes et deux forts.

PRAST-DE-MOLLO, sur le Tech, ch.-l. de cant., à 6 lieues de Céret, place forte; pop. 5,000 hab. Fabriques de draps communs, carrières de marbre.

PRADES, sur la Thet, s.-préf., trib. de prem. inst., à 10 lieues de Perpignan; pop. 2,800 hab. Fabriques de draps communs, à 2 lieues de là exploitation de mines de fer.

PRODUCTIONS : Orangers, citronniers, grenadiers, oliviers, mûriers, excellens vins, entr'autres le muscat de Rivesaltes, les vins de liqueurs de Collioure, de Torremilla, de Corneilla, de Banyuls-sur-Mer, miel en abondance, liège, vers-à-soie, excellens moutons, bestiaux pour l'Espagne, chevaux de Cerdagne très-estimés, beaux marbres de diverses couleurs, mines de fer, houille; les terrains incultes sont couverts de plantes odoriférantes, comme thym, lavande, genièvre, romarin.

**BAS-RHIN**, formé de partie de l'Alsace ; pop. 535,468 habitans.

( Cour royale de Colmar, 5<sup>e</sup>. division militaire. )

Ce département, ainsi appelé parce qu'il est situé plus près de l'embouchure du Rhin, est dans la partie du Nord, séparé de l'Allemagne par ce fleuve, et borné par les départemens du Haut-Rhin, les Vosges, la Meurthe et la Moselle. Il est divisé en quatre arrondiss. dont les chefs-l. sont :

**STRASBOURG**, sur l'Ill, à un quart de lieue du Rhin, ch.-l. de préf., ancienne capitale de l'Alsace, évêché, trib. de prem. inst. et de comm.; place forte, académie universitaire, collége royal, hôtel des monnaies (BB), manufacture royale de tabac, école royale d'artillerie, manufacture royale d'armes blanches; distance de Paris, 119 lieues (46 myriamètres et demi); pop. 50,000 hab. Cette ville a une belle bibliothèque (51,000 volumes), et un jardin botanique très-riche en plantes exotiques.

*Commerce :* Vins, liqueurs, garance, tabac, faïence, porcelaine, orfèvrerie supérieure, librairie, brasseries, tanneries, fabriques de toiles à voiles, peintes, cirées, de draps, d'huile de graine, de peignes de corne, d'instrumens de chirurgie, entrepôt général du commerce entre la France et l'Allemagne.

*Curiosités :* Parmi les édifices, on remarque l'hôtel de la préfecture, l'hôtel-de-ville, l'évêché, la nouvelle salle de spectacle, l'hôpital militaire, l'arsenal, le mausolée du maréchal de Saxe, chef-d'œuvre de Pigalle, dans le temple de Saint-Thomas; le château royal, d'une belle architecture. La cathédrale, commencée en 1005, est un des plus beaux édifices de l'Europe; la tour, percée à jour, et découpée comme de la dentelle, est la plus belle qu'on puisse voir; elle a 445 pieds de hauteur (143 mètres). L'horloge est un chef-d'œuvre de mécanisme et d'astronomie par la quantité de ses machines qui marquent le mouvement des constellations, le cours de la lune et des autres planètes. Les environs de Strasbourg sont charmans; la promenade la plus agréable et la plus fréquentée est le Robertsau, plantée sur les dessins de Le Nôtre, et embellie d'une orangerie magnifique. Les rues de Strasbourg sont belles en général, et les maisons assez bien bâties. Il y a plusieurs places, parmi lesquelles on distingue la place d'armes.

HAGUENEAU, sur la Moder, ch.-l. de cant., à 6 l. et demie de Strasbourg, place forte; pop. 9,500 hab. Brasseries, sécheries de garance; fabriques d'huile. On y remarque le collège et l'hôpital.

SAVERNE, sur le Zorn, s.-préf., trib. de prem. inst., à 8 lieues de Strasbourg; pop. 4,900 hab. Le magnifique château des évêques de Strasbourg y a été transformé en casernes.

SCHÉLESTADT, sur l'Ill, s.-préf., trib. de prem. inst., place forte à 8 lieues de Strasbourg; population, 9,600 hab. C'est dans cette ville qu'a été inventé l'art de vernisser les vases de terre.

BARR, au pied des Vosges, ch.-l. de cant., à 4 lieues et demie de Schélestadt, pop. 4,200 hab., est une ville presque neuve, dont les rues sont belles et bien percées; elle est entourée de vignobles.

WISSEMBOURG, sur la Lauter, s.-préf., trib. de prem. inst., à 13 lieues et de Strasbourg; population, 6,000 hab. Brasseries, fabriques de chapeaux de paille. Entre Lauterbourg et Wissembourg se trouvent les lignes de fortification connues sous ce dernier nom.

PRODUCTIONS: Froment en abondance, pâturages, beaucoup de forêts, culture de la garance, du tabac et du chanvre, fèves, plantes oléagineuses, choux et navets renommés, morilles, fruits, beaucoup de merises, petites cerises employées pour le kirschwasser, vins dont les plus recherchés sont ceux de Molsheim, Volxheim, Schewiller, Heiligenstein. Chevaux, beaucoup de porcs, mines de fer, pierres de taille, plâtre, établissement d'eaux minérales à Niderbroun.

**HAUT-RHIN**, formé de partie de l'Alsace ; pop. 408,741 habitans.
(Cour royale de Colmar, 5e. division militaire.)

Ainsi appelé parce qu'il est plus près de la source du Rhin, il est situé dans la partie du Milieu, séparé par ce fleuve de la Suisse et de l'Allemagne, et borné par les départ. du Doubs, de la Haute-Saône, des Vosges et du Bas-Rhin. Il se divise en trois arrondiss. dont les chefs-l. sont :

COLMAR, sur le ruisseau de Lauch et un bras de la Fecht, qui se joignent au sortir de la ville, et se perdent dans l'Ill, à une demi-lieue plus loin, ch.-l. de préf., cour royale, trib. de première inst. et de comm.; distance de Paris, 123 lieues (48 myriamètres) ; pop. 15,500 hab. Commerce de fer, épiceries, vins, etc. Cette ville a de belles promenades, de beaux édifices, des prisons vastes et saines, et est l'une des plus agréables du pays.

Sainte-Marie-aux-Mines, sur la Liepvrette, ch.-l. de cant., à 6 lieues de Colmar; pop. 8,600 hab. Fabriques de draps et de toiles peintes. Le kirschwasser des environs est très-renommé.

Neuf-Brisach, près du Rhin, ch.-l. de cant., à 3 l. de Colmar; pop. 1,800 hab. Cette ville, fortifiée par Vauban, a des rues tirées au cordeau. Les casernes et l'église paroissiale sont de très-beaux édifices.

Altkirch, sur un coteau baigné par l'Ill, s.-préf.,

trib. de prem. inst., à 13 lieues et demie de Colmar; pop. 2,550 hab.

Huningue, ch.-l. de cant., à 8 lieues d'Altkirch; pop. 1,000 hab. Fortifications détruites en 1815.

Mulhausen, dans une île formée par l'Ill, ch.-l. de cant., à 3 lieues d'Altkirch, trib. de comm.; pop. 13,000 hab. Centre de l'industrie du département, filatures de coton, manufactures de draps, de mousselines, de toiles de coton. Autour de la ville, plusieurs belles maisons de campagne.

Belfort, sur la Savoureuse, s.-préf., trib. de prem. inst. et de comm., place forte, centre de sept grandes routes, à 16 lieues de Colmar; pop. 5,000 h. Le voisinage de la Suisse et de l'Allemagne y entretient un commerce très-actif. On y remarque la belle église paroissiale, construite en 1738. A Beaucour, à 5 lieues trois quarts de Belfort, est une horlogerie mécanique, où sont confectionnées d'un seul coup les principales parties qui composent le mouvement d'une montre.

Cernay, sur la Thurr, ch.-l. de cant., à 7 lieues et demie de Belfort; pop. 3,400 hab. Blanchisseries de toiles, filatures de coton, fabriques de toiles peintes.

Thann, sur la Thurr, à l'entrée de la Vallée de Saint-Amarin, ch.-l. de cant., à 6 lieues de Belfort; pop. 6,500 hab. Fabriques de produits chimiques, de toiles peintes, filatures de coton. L'église de Saint-Théobald, bâtie en 1430, est un bel édifice gothique.

Productions : Beaucoup de grains, de forêts, d'excellens vins, dont les plus recherchés sont le Ketterlé et ceux de la Hart, chanvre estimé, gentiane jaune, beaucoup de pépinières, très-belles pierres de taille, granit varié, marbre, porphyre des Vosges, plâtre, cristal de roche, taillanderie, papeteries, outils d'horlogerie et autres, usines à fer, à cuivre et à laiton, nombreuses distilleries de kirschwasser, fabriques de chapeaux de paille.

---

**RHONE**, formé du Lyonnais et du Beaujolais;
pop. 416,575 hab.

(Cour royale de Lyon, 19ᵉ. division militaire.)

Situé dans la partie du Milieu, il doit son nom au Rhône qui passe à Lyon; il est borné par les départemens de Saône-et-Loire, de l'Ain, de l'Isère et de la Loire, et se divise en deux arrondissemens, dont les chefs-lieux sont:

LYON, au confluent du Rhône et de la Saône, ch.-l. de préf., ancienne capitale du Lyonnais, archevêché, cour royale, trib. de prem. et de comm., académie universitaire, collége royal, hôtel des monnaies (D), manufacture royale de tabac, petite poste pour Lyon et les environs; distance de Paris, 119 lieues (46 myriam. et demi): pop. 180,000 hab., y compris les trois faubourgs de Vaize, de la Croix-Rousse et de la Guillottière.

*Commerce :* Entrepôt de sels, de denrées coloniales et de soies; fabriques de chapeaux, de tirage d'or, de fleurs artificielles, et de toutes sortes d'étoffes de soie, constamment préférées dans l'étranger; dorures, passementeries, ornemens d'église, librairie, commerce très-étendu de commission, de fer, de toiles, de draps et d'épicerie, etc.

Lyon est regardé avec raison comme la seconde ville du royaume par ses embellissemens, l'accroissement de sa population, et l'importance de ses manufactures. Elle fut fondée 42 ans avant J.-C., par Munatius-Plancus, lieutenant de Jules-César; mais quelques historiens en font remonter la fondation à une époque plus reculée.

*Places, Rues et Quais :* On compte à Lyon 245 rues, 55 places, 25 quais. L'étrécissement des rues et l'extrême hauteur des maisons rendent triste et sombre l'intérieur de la ville; mais on en est bien dédommagé par la beauté des quais, surtout de ceux du Rhône, d'où la vue s'étend au loin de l'autre côté du fleuve. Le quai Saint-Clair est remarquable par la magnifique architecture des maisons. L'immense place de Bellecour, l'une des plus belles de l'Europe, est ornée de la statue équestre de Louis-le-Grand, ouvrage de Lemot, sculpteur, né à Lyon;

les connaisseurs admirent surtout le cheval que monte le monarque. La place des Terreaux, beaucoup moins vaste, mais très-régulière, est le centre des affaires. Dans la jolie place carrée des Célestins, il y a des cafés aussi riches et aussi élégans que ceux de Paris.

*Monumens* : L'hôtel-de-ville, dont on admire surtout la façade, et où sont bien conservés, 1°. les deux superbes groupes de Coustou, représentant le Rhône et la Saône ; 2°. un taurobole antique ; et 3°. la table de bronze sur laquelle est gravée la harangue de l'empereur Claude en faveur de la ville de Lyon. La bibliothèque, bel édifice renfermant 120,000 volumes ; la ci-devant abbaye de Saint-Pierre où est placé le musée ; l'hôpital, dont le dôme et l'intérieur sont magnifiques ; l'hospice de la Charité, d'une étendue extraordinaire ; le palais-de-justice et les prisons ; le palais archiépiscopal ; la cathédrale, beau morceau gothique, dont on remarque les vitraux, l'horloge et la grosse cloche ; le portail de l'église de Saint-Nizier ; les églises de Saint-Paul et d'Ainay. Les ponts qui méritent d'être cités, sont, sur le Rhône, le pont Morand, léger et hardi ; celui de la Guillotière, seulement remarquable par sa solidité et sa longueur ; sur la Saône, le pont de pierre très-fréquenté et très-ancien, le superbe pont de l'archevêché, et le pont de la Mulatière, près du confluent du Rhône et de la Saône.

*Promenades et Environs* : Les Bretteaux de l'autre côté du Rhône, les bords de la Saône, l'allée Perrache entre les deux rivières. On jouit, de la terrasse de l'église de Fourvières, de la vue la plus étendue, et lorsque l'horizon est clair, on découvre la cime du Mont-Blanc. Les environs les plus agréables sont le village d'Oullins ; l'île Barbe, au milieu de la Saône ; le Mont-Cindre, le joli bois de Roche-Cardon ; Charbonnières, charmant village, dont les eaux minérales sont conseillées pour guérir les obstructions.

*Hommes Illustres* : Patrie des empereurs Claude et Marc-Aurèle ; d'Audran, célèbre graveur ; de Coysevox, de Nicolas et Guillaume Coustou, excellens sculpteurs ; de Bernard de Jussieu, savant botaniste ; de Bourgelat, médecin vétérinaire ; de l'abbé Rozier, auteur du Cours d'Agriculture ; de Bertholon, physicien distingué ; de Montucla, auteur de l'Histoire très-estimée des Mathématiques, etc., etc.

Givors, sur le Rhône, ch.-l. de cant., à 5 lieues et demie de Lyon ; pop. 2,200 hab. Beau canal jusqu'à Rive-de-Gier, plusieurs verreries, teinture de la soie en couleurs fines.

Condrieux, sur le Rhône, commune du canton de Sainte-Colombe, à 7 lieues de Lyon. Commerce de grains et de vins blancs renommés ; pop. 3,600 h.

Villefranche, sur le Morgon, près de la Saône, sous-préf., trib. de prem. inst. et de commerce, à 6 lieues de Lyon; pop. 5,300 hab. Commerce de toiles fabriquées dans le pays.

Tarare, sur la Turdine, ch.-l. de canton, à 6 lieues et demie de Villefranche et à 10 lieues de Lyon, trib. de comm.; pop. 6,900 hab. Fabriques considérables de mousselines unies, brodées et brochées. Cette ville, bien bâtie, est sur la route de Lyon à Paris.

Productions : Excellens fruits, chanvre, vins, dont les plus recherchés sont les vins fins du Beaujolais, ceux de Condrieux, de Ste-Foi, de Millery, de la Gallé, de Charly, des Barolles, etc.; belles pierres à bâtir, excellente chaux, mines considérables de cuivre de Saint-Bel et de Chessy; vingt mille chèvres dans le Mont-d'Or fournissent un fromage renommé et un duvet précieux.

---

**HAUTE-SAONE**, formé de partie de la Franche-Comté; pop. 327,641 hab.

Cour royale de Besançon, 6e. division militaire.)

Ce département tire son nom de sa proximité de la source de la Saône; il est situé dans la partie du Milieu, borné par les départemens de la Haute-Marne, des Vosges, du Haut-Rhin, du Doubs, du Jura et de la Côte-d'Or, et divisé en trois arrondissemens, dont les chef-lieux sont :

VESOUL, sur le Durgeon, chef-lieu de préf., trib. de prem. inst.; distance de Paris, 91 lieues (35 myriamètres et demi); pop. 5,700 hab. Cette ville est entourée de vignobles qui produisent de bon vin; il y a une belle caserne de cavalerie.

Gray, sur la Saône, sous-préf., trib. de prem. inst. et de comm., à 12 lieues de Vesoul; pop. 7,100 hab. Commerce considérable en fer, grains, farines, vins, entrepôt des marchandises du Midi et des denrées coloniales transportées de là dans l'est de la France et à l'étranger.

*Curiosités :* Le pont sur la Saône, les casernes de cavalerie, une jolie promenade, le superbe moulin de M. Tramoy, sur la Saône, à quinze tournans, dont douze pour la mouture du blé et trois pour les mécaniques extérieures.

CHAMPLITTE, ch.-l. de cant., à 6 lieues et demie de Gray; pop. 3,400 hab. Vignobles renommés.

LURE, près de l'Ognon, s.-préf., trib. de prem. inst., à 6 l. et demie de Vesoul; pop. 2,800 hab.

FOUGEROLLES, ch.-l. de cant., à 5 lieues de Lure; pop. 5,700 h. Distilleries de kirchswasser.

LUXEUIL, sur le Breuchin, ch.-l. de canton, à 3 lieues de Lure; pop. 3,450 hab. Etablissement d'eaux thermales de la plus haute antiquité. On remarque le bâtiment pour les bains, orné d'une belle façade, et la rue dite des Romains.

PRODUCTIONS : Grains en abondance, beaucoup de forêts, fromage, excellent beurre, fruits, mines de fer, pierres à aiguiser, chaux, plâtre, carrières de superbe granit, forges et usines pour le fer et l'acier, papeteries, verreries, fabriques de chapeaux de paille, distilleries de kirschwasser.

## SAONE-ET-LOIRE, formé de partie de la Bourgogne ; pop. 515,776 hab.

(Cour royale de Dijon, 18e. division militaire.)

Il doit son nom à ces deux rivières qui le traversent ; il est situé dans la partie du Milieu, borné par les départemens de l'Allier, de la Nièvre, de la Côte-d'Or, de l'Ain, du Rhône et de la Loire, et se divise en cinq arrondissemens, dont les chefs-lieux sont :

MACON, sur la Saône, ch.-l. de préf., trib. de prem. inst. et de commerce ; distance de Paris,

102 l. (40 myr.); pop. 10,400 h. Commerce considérable des vins très-estimés de son territoire.

Tournus, sur la Saône, ch.-l. de cant., à 6 lieues de Mâcon, trib. de comm.; pop. 5,000 hab. Fournit à Lyon de belles pierres à bâtir. Fabriques de couvertures de laine et de coton.

Autun, près de l'Arroux, sous-préf., évêché, trib. de prem. inst. et de comm., à 21 l. de Mâcon, pop. 9,800 h., est une ville très-ancienne qui offre aux amateurs de précieux souvenirs d'antiquités romaines, entr'autres les portes d'Arroux, Saint-André, etc. Parmi les édifices modernes, on distingue la grille et la façade du collége, le chœur et le maître-autel de la cathédrale, le séminaire situé hors de la ville. Au Creusot, à 4 lieues d'Autun, est la célèbre fonderie royale pour la marine; les établissemens du Creusot embrassent l'exploitation des mines de charbon, la fonderie et la manufacture des cristaux.

Chalons, sur la Saône, s.-préf., trib. de prem. inst. et de comm., à 13 lieues de Mâcon; popul. 10,600 hab. Entrepôt des marchandises qui sont expédiées par le canal du Centre, commerce considérable de vins. C'est une jolie ville, en général bien bâtie, où l'on remarque de beaux édifices.

Charolles, s.-préf., trib. de prem. inst. et de comm., à 11 l. de Mâcon; pop. 3,000 hab. Commerce de vins, belles forges aux environs.

Bourbon-Lancy, ch.-l. de cant., à 11 lieues un quart de Charolles, pop. 2,400 hab., est une petite ville renommée par ses eaux minérales.

Louhans, sur la Seille, s.-préf., trib. de prem. inst. et de comm., à 12 l. de Mâcon; pop. 3,200 h. Forges, fourneaux, martinets, entrepôt des marchandises expédiées de Lyon en Suisse.

Productions: Abondance de grains et de fruits, chanvre, beaucoup de forêts et de pâturages, très-bons vins et en grande quantité, les plus estimés sont ceux de la côte Châlonaise, nombreux bétail, rivières poissonneuses, porcs, pierres lithographiques, pierres de taille exploitées en grand.

---

**SARTHE**, formé de partie du Maine et de l'Anjou; pop. 446,519 hab.

(Cour royale d'Angers, 4ᵉ division militaire.)

Ce département, situé dans la partie du Milieu, tire son nom de la Sarthe qui le traverse de l'est à l'ouest; il est borné par les départemens de l'Orne, d'Eure-et-Loire, de Loir-et-Cher, d'Indre-et-Loire, de Maine-et-Loire et de la Mayenne, et se divise en quatre arrondissemens, dont les chefs-lieux sont :

**MANS (le)**, sur la Sarthe, au confluent de l'Huisne, ch.-l. de préf., anc. capitale du Maine, évêché, trib. de prem. inst. et de comm.; distance de Paris, 54 lieues (21 myriamètres un quart); pop. 19,300 hab. Commerce de bestiaux et de volaille, fabriques de bougies, blanchiment renommé de la cire et des toiles. On remarque la cathédrale, un des plus beaux édifices gothiques, l'hôtel-de-ville, l'hôtel de la préfecture. Elle a de belles promenades et une riche bibliothèque.

**La Flèche**, sur le Loir, s.-préf., trib. de prem. inst., école d'artillerie, à 10 lieues du Mans; pop. 5,400 h. Commerce de chapons et de poulardes renommées. L'église du collége, d'architecture moderne, est remarquable par la hardiesse des voûtes.

**Mamers**, près des sources de la Dive, s.-préf., trib. de prem. inst. et de comm., à 10 l. et demie du Mans; pop. 5,600 hab. Fabriques de toiles.

**Bonnétable**, ch.-l. de cant., à 5 lieues de Mamers, sur la route du Mans à Paris; pop. 2,500 hab.

**La Ferté-Bernard**, sur l'Huisne, ch.-l. de cant., à 6 lieues de Mamers; pop. 2,400 hab.

Fabriques de calicots, de piqués, de toiles jaunes, écrues et de toutes couleurs pour les colonies.

Saint-Calais, sur l'Anille, s.-préf., trib. de prem. inst., à 11 lieues du Mans; pop. 3,700 hab. Commerce en blé et graines de trèfle.

Productions : Récolte suffisante en céréales, chanvre, graines de trèfle, marrons, noix, vins de médiocre qualité, excepté les blancs de Château-du-Loir, Chassaignes, etc., bestiaux, volaille grasse, beaucoup de mérinos, mines de fer, houille, grès à paver, pierres meulières et de taille, granit, ardoises, papeteries, fabriques de gants, toiles, etc.

---

**SEINE**, formé de l'Isle-de-France; p. 1,013,373 h. suivant le recensement de 1821.

(Cour royale de Paris, 1re. division militaire.)

Le département de la Seine, situé dans la partie du Nord, est enclavé dans celui de Seine-et-Oise; il doit son nom à la Seine qui le traverse, et est divisé en trois arrondissemens, dont les chefs-lieux sont :

PARIS, sur la Seine, capitale du royaume, résidence du Roi, siége du gouvernement, chef-lieu de préfecture, archevêché, cour de cassation, cour des comptes, cour royale, tribunal de première instance et de commerce, institut royal divisé en quatre académies, université royale, académie universitaire comprenant les cinq facultés, 1°. de théologie, 2°. de droit, 3°. de médecine, 4°. des sciences, 5°. des lettres, sept colléges royaux, école royale des mines et des ponts-et-chaussées, école royale polytechnique sous la protection de S. A. R. Monseigneur le Dauphin, hôtel des monnaies (A), manufacture royale de tabac, petite poste pour Paris et la banlieue. Le parvis Notre-

Dame, point de départ de toutes les distances de Paris. Population, environ 1,000,000 d'habitans.

DIVISION. - Paris est divisé en douze arrondissemens formant autant de mairies et de justices de paix, chaque arrondissement subdivisé en quatre quartiers, 48 commissaires de police, un par chaque quartier, sous les ordres du préfet de police, 37 églises paroissiales. Il a près de sept lieues de tour (de 2,000 toises), environ deux lieues et demie de longueur, 58 barrières, 1,094 rues, 74 places, 119 impasses, 32 carrefours, 33 quais, 9 ports, 15 ponts, 3 îles au milieu du lit de la Seine, 118 passages, 50,000 maisons, 5 halles, 25 marchés, 5 abattoirs.

PALAIS. - *Palais des Tuileries*, habité par Sa Majesté; il fut commencé par les ordres de Catherine de Médicis en 1564, et augmenté sous Henri IV de deux corps de bâtimens, et terminé par les deux pavillons de Flore et Marsan. Louis XIV fit travailler à son embellissement.

*Palais du Louvre*. La partie de ce palais qu'on nomme le Vieux-Louvre, fut commencée sous le règne de François Ier., en 1528. On doit à Perrault la superbe façade du côté de la rivière, et celle du côté de la rue St-Honoré.

*Palais de la Chambre des Pairs, ou le Luxembourg*. Marie de Médicis commença à le faire bâtir en 1616 par Jacques Desbrosses; il a son entrée principale vis-à-vis la rue de Tournon. On admire surtout la façade du côté du jardin.

*Palais de la Chambre des Députés*. Il est situé vis-à-vis le pont Louis XVI et sur la place du Palais-Bourbon. On remarque le péristyle du côté de la Seine.

*Palais Bourbon*, attenant à la Chambre des Députés, et appartenant à S. A. R. le prince de Condé, est remarquable par la distribution des appartemens.

*Palais - Royal*, appartenant à S. A. R. le duc d'Orléans. Le cardinal de Richelieu le fit bâtir en 1629, il fut augmenté et embelli en 1763.

*Palais de l'Elysée-Bourbon*. C'est une magnifique maison de plaisance que Louis XVIII donna, en 1816, à S. A. R. le duc de Berry, lors de son mariage.

*Palais de Justice*. Ce vaste et magnifique édifice fut habité par Saint-Louis, qui y fit construire la Sainte-Chapelle.

*Palais des Beaux-Arts*. Cet édifice est destiné aux séances et à la bibliothèque de l'Institut.

*Palais Archiépiscopal*. On y remarque une chapelle enrichie d'ornemens de stuc, un magnifique escalier qui conduit aux appartemens de réception, et un superbe et précieux Crucifix.

*Hôtel des Invalides*. Cet hôtel fut commencé en 1670, et est empreint de la grandeur du siècle de Louis XIV.

*Ecole Militaire*. Elle fut fondée en 1751, par Louis XV, et destinée à l'éducation gratuite de jeunes gentilshommes sans fortune. Ce bâtiment est aujourd'hui une caserne de la garde royale.

*Hôtel des Monnaies*. Il fut bâti en 1771. C'est un bel édifice dont la porte principale est richement décorée, et dont on admire le vestibule orné de 24 colonnes cannelées, et le magnifique escalier qui conduit au premier étage.

*Ecole de Médecine.* Louis XV fit élever ce monument, en 1769, sur les dessins de Gondouin.

*Palais de la Bourse.* Cet édifice, commencé en 1808, est environné d'un péristyle de 66 colonnes qui forment autour une galerie ornée de bas-reliefs relatifs aux opérations commerciales.

Les autres monumens qu'on ne peut se dispenser de citer, sont : 1°. l'Observatoire, construit par Claude Perrault, destiné aux observations astronomiques, et dans la construction duquel il n'est entré ni fer ni bois; 2°. le Ministère de la Marine, et la Colonnade de la place Louis XV; 3°. les magnifiques hôtels de la Chancellerie et des Finances.

EGLISES. - *Basilique de Notre-Dame,* bâtiment gothique très-vaste, surmonté de deux tours carrées d'une hauteur et d'une masse imposantes; elles ont chacune 204 pieds de haut. On admire l'élévation de ce monument, la belle disposition, l'harmonie des parties, l'élégance des détails, et le caractère majestueux de l'ensemble.

*Eglise de Saint-Sulpice,* une des plus belles de Paris, remarquable par son vaste et magnifique portail, ouvrage du fameux Servandoni, la majestueuse disposition de l'autel principal, ses fonts baptismaux, sa chaire, les peintures, tableaux et statues qui décorent l'intérieur.

*Eglise de Saint-Gervais.* Elle se distingue par l'élévation de ses voûtes, ses beaux vitraux, et surtout son portail justement célèbre, dont l'œil est charmé de l'aspect pyramidal, et des précieux détails enchaînés dans une masse fière et imposante.

*Eglise de Saint-Merry.* Elle est bâtie dans le style gothique, mais d'un genre élégant et riche en ornemens. Elle possede encore des vitraux de Pinaigrier, d'une beauté remarquable, et une chaire dessinée avec goût et exécutée avec soin.

Les autres Eglises paroissiales les plus remarquables sont : 1°. *l'Eglise royale de Saint-Germain-l'Auxerrois,* dont l'antiquité se perd dans la nuit des temps, et dont le chœur est orné de magnifiques grilles; 2°. *l'Eglise de Saint-Roch,* dont l'intérieur est richement décoré; 3°. *l'Eglise de Saint-Eustache,* mélange bizarre d'architecture, mais où l'œil est surpris de la hauteur de ses voûtes et de la hardiesse des piliers.

*Basilique de Sainte-Geneviève.* Le plan majestueux de cet édifice est une croix grecque formant quatre nefs qui se réunissent à un centre commun, d'où s'élève le superbe dôme dominant sur Paris et les environs; il est composé de trois coupoles. L'élévation de cet édifice est de 249 pieds, depuis le sol du perron jusqu'à la cime de la lanterne.

*Places, Rues, Ponts.* - Les principales places sont la place Vendôme, entourée de bâtimens uniformes; la place des Victoires, où fut placée, en 1822, la statue équestre de Louis-le-Grand; la place royale, qui sera bientôt ornée de la statue en marbre de Louis XIII; la vaste place Louis XV, qui sépare les Tuileries des Champs-Elysées. On remarque les belles rues de la Paix, de Castiglione, de Rivoli, Royale, de la Chaussée-d'Antin, de Richelieu, Vivienne, de Tournon, Saint-Louis, au Marais, etc. Les plus beaux ponts sont le pont au Change; celui du Jardin du Roi; le pont Louis XVI, dont on admire la hardiesse des arches; le Pont-Neuf, où est érigée la statue équestre de Henri IV. On n'oubliera pas de citer les quais des Tuileries, du Louvre, Malaquais, et d'Orsay.

*Arcs-de-Triomphe, Fontaines.* - Les portes Saint-Denis et Saint-Martin furent érigées, en 1672 et 1673, par ordre de la ville de Paris, pour perpétuer le souvenir des conquêtes rapides de Louis XIV. La plus belle fontaine est celle du Marché des Innocens, remarquable par ses ornemens. On distingue le Château-d'Eau, les fontaines de Grenelle et de l'Ecole de Médecine.

*Bibliothèques, Musées, etc.* La magnifique Bibliothèque du Roi renferme 800 mille volumes, 72 mille manuscrits, 5 mille volumes de gravures, et la plus riche collection en médailles et antiques. Les autres établissemens de ce genre les plus remarquables sont la Bibliothèque royale de l'Arsenal, 170 mille volumes; celle de Sainte-Geneviève, 110 mille volumes; la Bibliothèque Mazarine, 93 mille volumes; et celle de la Ville de Paris, 42 mille volumes. Le Jardin du Roi où sont presque réunies toutes les plantes connues, avec une Ménagerie et un magnifique Cabinet d'Histoire Naturelle; le Conservatoire des Arts et Métiers; le Musée royal du Louvre, immense dépôt des chefs-d'œuvre de peinture et de sculpture.

*Halles, Marchés, etc.* La Halle au Blé, de forme circulaire, et dont on admire la hauteur et la circonférence; le Grenier de Réserve, l'Entrepôt général des Vins, qui peut contenir 175,000 pièces de vin; la Halle aux Toiles; les Marchés des Innocens, Saint-Germain et Saint-Martin, etc.

*Hôpitaux et Hospices.* Les principaux sont l'Hôtel-Dieu, fondé par Saint-Landry, et disposé pour 1,000 lits; l'hôpital de la Pitié, 600 lits; l'hôpital de la Charité, 525 lits; l'hôpital des Enfans malades, 556 lits; l'hôpital Saint-Louis, 700 lits : les autres moins considérables sont les hôpitaux Necker, Cochin et Beaujon.

*Spectacles.* Ceux qui tiennent le premier rang sont l'Académie royale de Musique; le Théâtre royal Français; l'Opéra-Comique; le Théâtre royal de l'Odéon; le Théâtre royal Italien.

*Promenades.* Les jardins des Tuileries, du Luxembourg, le Jardin du Roi, les boulevards intérieurs et extérieurs, les Champs-Elysées. - Aux environs, le Pré Saint-Gervais, et les bois de Boulogne et de Romainville (*).

# Saint-Denis, sur les petites rivières du Crou et du Rouillon, s.-préf.; distance du centre de Paris, 2 lieues et demie; pop. 5,750 hab.

*Curiosités :* L'Eglise royale, où sont les tombeaux des rois,

---

(*) Pour avoir de plus amples détails, il faut consulter l'excellent *Conducteur de l'Etranger à Paris*, par F.-M. Marchant. Se vend chez Jh. Moronval, imprimeur-Libraire, rue Galande, n°. 65, à Paris.

est presqu'entièrement restaurée; elle est desservie par un chapitre de 10 évêques et 20 chanoines. On admire la disposition du sanctuaire, la richesse du principal autel, le goût qui règne dans les décorations, et les tableaux dont la Sacristie est ornée.

Neuilly, village à 2 lieues de Paris, ch.-l. de cant., pop. 2,900 hab., a un superbe pont sur la Seine, bâti en 1772, par Perronnet, dont les cinq arches de 120 pieds d'ouverture ont une hardiesse et une élégance qui ne nuisent point à la solidité.

Sceaux, s.-préf.; distance du centre de Paris, 2 lieues et demie; pop. 1,500 hab. Forts marchés aux bestiaux les lundis et samedis.

Alfort, village à 2 lieues de Paris et attenant à Charenton, est célèbre par son école vétérinaire, fondée en 1776.

Vincennes, ch.-l. de cant., à 3 lieues et demie de Sceaux et 2 de Paris; pop. 2,800 hab.

*Curiosités :* Le château fort et le parc qui l'environne, de 1,433 arpens (752 hectares); école d'artillerie de la garde royale; et dans la Chapelle, le mausolée du duc d'Enghien, confié à la garde d'un chapelain du Roi.

Productions : Sol très-bien cultivé, culture maraîchère portée à la perfection, excellentes pêches de Montreuil, plâtre d'une excellente qualité, eaux minérales froides à Passy.

---

## SEINE-INFÉRIEURE, formé de partie de la Normandie; pop. 688,295 hab.

(Cour royale de Rouen, 15e. division militaire.)

Ainsi appelé, parce que la Seine y a son embouchure, il est situé dans la partie du Nord, borné par les départemens de l'Eure, de l'Oise et de la Somme, et au nord par la Manche, et divisé en cinq arrondissemens, dont les chefs-lieux sont :

ROUEN, sur la Seine, ch.-l. de préf., ancienne capitale de la Normandie, archevêché, cour royale, trib. de prem. inst. et de comm., académie universitaire, collège royal, hôtel des monnaies (B), manufacture royale de tabac; distance de Paris, 35 lieues (13 myriamètres trois quarts); population, 90,000 hab. Grand commerce d'importation et d'exportation, entrepôt de tous les départemens maritimes de France, filatures de coton, nombreuses fabriques d'indiennes, de mouchoirs et de toutes sortes d'étoffes de coton, teintureries, excellente gelée de pommes, raffineries de sucre, etc.

C'est une ville très-ancienne, une des plus grandes, des plus peuplées et des plus commerçantes de France; elle est en général mal bâtie, mais les environs en sont charmans. Il y a cependant quelques belles rues, entr'autres la rue Grand-Pont et la rue Nationale. Depuis 1817, elle est numérotée dans le même système que Paris. Jeanne-d'Arc y fut brûlée vive par les Anglais en 1431; on lui a érigé une statue sur la place de la Pucelle, appelée autrefois Marché-aux-Veaux.

*Edifices publics et Etablissemens.* Rouen a de belles églises: les plus remarquables sont la cathédrale; l'église de Saint-Ouen, dont la construction fut achevée en 1522, mais dont le portail est resté imparfait; Saint-Maclou, dont on admire l'architecture, la sculpture, et surtout les portes; Sainte-Madeleine, riche en ornemens de sculpture. Les autres édifices qui méritent d'être cités sont le Palais de justice; le bâtiment du tribunal de commerce, qui a de vastes salles et un bel escalier; la grande salle de spectacle; les superbes casernes dites de *Martainville*. Les halles de cette ville sont les plus belles de l'Europe. Il y a deux ponts: le pont de pierre, nouvellement construit, et le pont de bateaux, qui s'élève quand la marée monte, et s'ouvre pour laisser passer les bâtimens marchands. Elle a une belle Bibliothèque, un Musée et un Jardin des Plantes.

*Promenades et Environs.* Le Cours Dauphin, à l'extrémité des quais; le Grand Cours ou Cours de la Reine, à l'entrée du faubourg Saint-Sever, sur la rive gauche de la Seine, une des plus belles de France. Les environs, ornés de jolies maisons de campagne, et couverts d'une belle verdure, offrent des sites pittoresques et des points de vue magnifiques; et les nombreuses manufactures qui enrichissent les campagnes, y joignent partout l'utile à l'agréable.

*Hommes illustres.* Pierre Corneille, excellent poète dramatique; de Fontenelle, secrétaire de l'Académie des Sciences; le Père Daniel, auteur d'une Histoire de France; le Père Brumoy, poète et littérateur; François du Resnel, poète; et Mad. Leprince de Beaumont, auteur du Magasin des Enfans.

ELBEUF, sur la Seine, ch.-l. de cant., à 4 lieues et demie de Rouen, l'une de nos trois plus célèbres manufactures de draps; pop. 10,000 hab.

DIEPPE, port de mer sur la Manche, à l'embouchure de la Béthune, s.-préf., trib. de prem. inst. et de comm.; distance de Rouen, 14 lieues, de Paris, 47 lieues et demie; pop. 17,000 h. Pêche et salaison du hareng, du maquereau et de la morue, ouvrages renommés en ivoire, en os et en corne.

*Curiosités :* L'Eglise paroissiale de Saint-Jacques, très-beau morceau d'architecture gothique, avec une tour très-élevée d'où l'on découvre les côtes d'Angleterre; l'église de Saint-Rémi; la salle de spectacle, petite mais élégante, et les bains de mer, tenus très-proprement. C'est une jolie ville, dont les rues sont tirées au cordeau. Depuis que S. A. R. Madame, duchesse de Berry, y a pris les bains de mer, elle est très-fréquentée par les Français et les étrangers.

Eu, sur la Bresle; ch.-l. de cant., à 7 lieues de Dieppe, trib. de comm.; pop. 3,400 hab. Commerce de chanvre, serrurerie.

Le Havre, port de mer à l'embouchure de la Seine, s.-préf., trib. de prem. inst. et de comm., manufacture royale de tabac; distance de Rouen, 18 lieues, de Paris, 55 lieues; pop. 30,000 hab. Pêche du hareng, etc., etc., commerce d'importation et d'exportation avec toutes les parties du monde, raffineries de sucre. On y remarque le port, les bassins, les phares, les arsenaux et la côte du faubourg d'Ingouville, où il y a un riche muséum, propriété particulière, qui renferme des objets très-curieux. Le Hâvre doit sa fondation à Louis XII; il fut fortifié par François I$^{er}$., et Richelieu y fit bâtir une citadelle à ses frais.

Bolbec, sur la petite rivière de même nom, ch.-l. de cant., à 7 lieues du Hâvre, ville manufacturière; pop. 7,800 hab.

Fécamp, port de mer, ch.-l. de cant., à 9 lieues du Hâvre, trib. de comm.; pop. 8,600 hab. Pêche du hareng, de la morue et du maquereau; fabriques d'huile de Rabette, de siamoises, de toiles de Caux, dites Guibert, tanneries.

Neufchatel, sur la Béthune, s.-préf., trib. de

prem. inst. et de comm., à 10 lieues et demie de Rouen; pop. 3,000 hab. Fromages estimés.

Gournay, sur l'Epte, ch.-l. de cant., à 8 lieues trois quarts de Neufchâtel, trib. de comm.; population, 3,500 hab. Excellent beurre, destiné à l'approvisionnement de Paris.

Yvetot, s.-préf., trib. de prem. inst. et de comm., à 8 lieues de Rouen, pop. 10,000 hab., est une ville mal bâtie avec de vilaines rues. Fabriques de toiles, basin, velours de coton, toiles flammées, commerce considérable de grains.

Caudebec, sur la Seine, ch.-l. de cant., à 2 lieues et demie d'Yvetot; pop. 2,700 hab. Tanneries, filatures de coton, marché considérable hebdomadaire. On remarque l'architecture de l'église paroissiale, achevée en 1484, et la forme élégante de son clocher pyramidal.

Saint-Valery-en-Caux, port de mer, ch.-l. de cant., à 7 lieues et demie d'Yvetot, trib. de comm.; pop. 5,000 hab. Apprêt du hareng-saur. Ce port est avantageusement situé pour le commerce d'importation et d'exportation.

Productions : Récolte abondante en céréales, chanvre, lin, sarrasin, houblon, fruits à couteau, cidre en quantité, beaucoup de pâturages, excellent beurre, vastes forêts, poules de Caux, canards de Rouen, beaucoup de porcs et de vaches, chevaux d'une haute taille, bidets d'Aumale, moutons de Présalé de Dieppe, argile, grès à paver, nombreuses manufactures de toiles et de cotonnades.

---

**SEINE-ET-MARNE**, formé de la Brie et Gâtinais; population, 318,209 habitans.

(Cour royale de Paris, 1re. division militaire.)

Il tire son nom des deux rivières qui l'arrosent; est situé dans la partie du Nord, borné par les départem. de Seine-et-Oise, de l'Oise, de la Marne, de l'Aube, de l'Yonne et du Loiret, et divisé en cinq arrondissemens, dont les chefs-lieux sont:

MELUN, sur la Seine, ch.-l. de préf., trib. de prem. inst.; distance de Paris, 11 lieues (4 myriamètres et demi); pop. 7,000 hab. Patrie de Jacques Amyot, précepteur de Charles IX. Manufactures de toiles peintes et de verres à vitres. Prison des condamnés à temps et à perpétuité.

BRIE-COMTE-ROBERT, ch.-l. de cant., à 4 lieues de Melun, petite ville, ancienne capitale de la Brie-Française; pop. 2,800 hab.

COULOMMIERS, sur le Grand-Morin, s.-préf., trib. de prem. inst., à 11 lieues de Melun; pop. 3,500 hab. Commerce de fromage et de blé, tanneries importantes.

FONTAINEBLEAU, au milieu de la forêt de même nom, s.-préf., trib. de prem. inst.; distance de Melun, 4 lieues, de Paris, 15 lieues; pop. 7,400 h. Commerce considérable d'excellens chasselas. L'extraction des pavés occupe un grand nombre d'ouvriers.

*Curiosités.* Cette ville, dont l'entrée est majestueuse, a des rues larges et de beaux édifices. Le château de Fontainebleau est le plus beau château royal, aux environs de Paris, celui de Versailles excepté. Il est bâti au fond d'un vallon, et les divers bâtimens dont il se compose, construits à différentes époques, n'offrent pas une architecture régulière. Les jardins forment des promenades très-agréables, ornées de superbes statues. On y admire les pièces d'eau, les grottes, les cascades, des allées à perte de vue, et la belle Treille du Roi. Les autres objets dignes d'être cités sont l'hôtel-de-ville, les deux hospices, et l'abreuvoir. La grande route du Midi traverse Fontainebleau; la forêt qui l'entoure contient 33,000 arpens, et est remarquable par la singularité et la variété de ses sites.

MONTEREAU, au confluent de la Seine et de l'Yonne, ch.-l. de cant., à 4 lieues et demie de Fontainebleau, trib. de comm.; pop. 4,000 hab. Fabriques de faïence, commerce en blé, grains et bestiaux.

S.

Nemours, sur le Loing et le canal de même nom, ch.-l. de cant., à 4 lieues de Fontainebleau; population, 4,100 hab. Fabriques de chapeaux, tanneries importantes.

*Curiosités.* L'ancien château ruiné des ducs de Nemours, un pont très-hardi, de belles promenades, la bibliothèque publique contenant 10,000 volumes.

Meaux, sur la Marne, s.-préf., évêché, trib. de prem. inst. et de commerce; distance de Paris, 11 lieues; de Melun, 12 l. et demie; pop. 7,800 h. Commerce de grains, de bestiaux et de fromages dits de Brie. On y remarque dans la cathédrale le tombeau de Bossuet, et une belle halle.

La Ferté-sous-Jouarre, sur la Marne, ch.-l. de cant., à 5 lieues de Meaux et 14 lieues de Paris; pop. 3,800 hab. Aux environs, carrières d'excellentes meules à moulin. Cette petite ville, agréablement située, a de très-belles promenades.

Provins, sur la Vouzie, s.-préf., trib. de prem. inst. et de comm., à 12 lieues de Melun; pop. 5,100 hab. Tanneries, fours à chaux, commerce de blé, de farine, et de roses dites de Provins, cultivées sur son territoire pour l'usage de la médecine.

Productions : Abondance de grains, chanvre, pâturages, vins médiocres, cidre, fromages dits de Brie, forêts, fruits, belles pépinières, moutons, plâtre, chaux, grès à paver, pierres meulières, les meilleures de l'Europe, eaux minérales à Provins.

---

## SEINE-ET-OISE, formé de partie de l'Isle-de-France; pop. 440,871 habitans.

(Cour royale de Paris, 1re. division militaire.)

Situé dans la partie du Nord, borné par les départemens de l'Eure, de l'Oise, de Seine-et-Marne, du Loiret et d'Eure-et-Loir, il doit son nom à ces deux rivières qui y ont leur confluent, et est divisé en six arrondissemens, dont les chefs-lieux sont :

**VERSAILLES**, ch.-l. de préf., ancienne résidence des rois de France depuis Louis XIV jusqu'à Louis XVI, évêché, trib. de prem. inst. et de comm., collége royal; distance de Paris, 5 lieues (2 myriamètres); pop. 29,700 hab.

*Curiosités.* On ne peut rien voir de plus beau ni de plus régulier que le château royal, une des merveilles du siècle de Louis-le-Grand, et dû aux talens de trois hommes les plus célèbres, Mansard, Lebrun et Lenôtre. Trois belles avenues conduisent au château et aboutissent à l'immense place d'armes, où l'on voit deux superbes bâtimens, les grandes et les petites écuries. La chapelle, de Mansard, est d'un goût exquis. La grande galerie, peinte par Lebrun, est une des plus belles de l'Europe. On remarque les appartemens du roi et de la reine. Ce château avait été dégradé pendant la révolution; mais de nombreuses réparations ont fait disparaître les ravages du vandalisme. Il renferme un Musée, un cabinet d'histoire naturelle, et une salle de spectacle. L'Orangerie est un beau morceau d'architecture. Les jardins, plantés par Lenôtre, sont ornés des chefs-d'œuvre de la sculpture, de cascades et de pièces d'eau.

*Trianon.* Ce palais, dans le parc à droite du grand canal, n'a qu'un rez-de-chaussée composé de deux ailes terminées par deux pavillons. Les jardins en sont aussi magnifiques que gracieux.

*Petit-Trianon.* Ce petit palais, à l'extrémité du parc du Grand-Trianon, consiste en un pavillon carré composé d'un rez-de-chaussée et de deux étages; il est meublé avec goût, et les jardins en sont délicieux.

Les édifices les plus remarquables de Versailles sont la cathédrale, sous l'invocation de Saint-Louis; l'église paroissiale de Notre-Dame; l'hôtel de la préfecture; le collége royal. La bibliothèque contient 40,000 volumes.

**ARGENTEUIL**, ch.-l. de cant., à 5 lieues de Versailles et 2 lieues et demie de Paris; pop. 4,600 hab. Beaucoup de vignobles produisant du vin médiocre.

**MEUDON**, à 2 lieues de Versailles et autant de Paris; pop. 1,400 hab. Manufacture de bouteilles. Ce village a un château royal, bâti par Philibert de l'Orme, sur une éminence, avec une vue magnifique; les jardins furent plantés par Lenôtre.

**SAINT-CLOUD**, sur la Seine, à 2 lieues de Versailles et autant de Paris, résidence royale pendant la belle saison; pop. 2,300 hab. Haras royal établi par S. A. R. Monseigneur le Dauphin.

Il y a un magnifique château royal, dans la plus belle exposition et avec un vaste parc planté par Lenôtre. Les appartemens en sont meublés et décorés avec somptuosité. De longues allées, une superbe cascade, la beauté du site et des jardins, rendent infiniment agréable cette maison de plaisance, que la population de la capitale ne manque pas de fréquenter les trois derniers dimanches de septembre.

SAINT-CYR, à une lieue de Versailles et 5 lieues de Paris. Louis XIV y fonda une communauté pour l'éducation de filles nobles. M<sup>me</sup>. de Maintenon s'y retira. Cette maison est aujourd'hui occupée par l'école royale spéciale militaire. (300 élèves).

SAINT-GERMAIN-EN-LAYE, ch.-l. de cant., à 3 lieues de Versailles et à 4 lieues de Paris; population, 11,000 hab. Nombreuses tanneries.

Cette ville est remarquable par sa situation, la beauté et l'étendue de sa forêt, et surtout son château royal, qui fut habité par plusieurs rois, où naquirent Henri II, Charles IX et Louis XIV, et où mourut Jacques II, roi d'Angleterre. On y admire une terrasse de 1,200 toises de longueur, d'où la vue s'étend au loin sur la Seine et les environs. La forêt de Saint-Germain contient 2,600 arpens.

SÈVRES, sur la Seine que l'on y traverse sur un beau pont, ch.-l. de cant., à 2 lieues de Versailles; 4,200 hab. Manufacture célèbre de porcelaine.

CORBEIL, sur la Seine, au confluent de la rivière d'Essonne, s.-préf., trib. de prem. inst.; distance de Paris, 8 lieues, et de Versailles, 9 lieues; pop. 4,000 h. Commerce de grains et de farines, tanneries. On y remarque les 14 moulins du gouvernement.

ETAMPES, sur la Juine, s.-préf., trib. de prem. inst. à 12 lieues et demie de Versailles; pop. 8,000 hab. Commerce considérable en farine, légumes, laines, miel, exploitation de grès à paver.

MANTES, sur la Seine, s.-préf., trib. de prem. inst., à 9 lieues et demie de Versailles; pop. 3,700 hab. Commerce en blé, vins et cuirs. Le pont sur la Seine est un des plus beaux qu'il y ait en France. A une lieue de cette jolie ville est le château de Rosny appartenant à MADAME, Duchesse de *Berry*.

Pontoise, sur l'Oise, s.-préf., trib. de prem. inst., à 7 lieues de Versailles; pop. 5,300 hab. Marché aux veaux pour l'approvisionnement de Paris, tanneries, commerce considérable de farine.

Rambouillet, sur la route de Paris à Chartres, s.-préf., trib. de prem. inst., à 7 lieues et demie de Versailles; pop. 2,500 hab. La forêt qui l'avoisine renferme trente mille arpens. Le château royal où mourut François I$^{er}$., et dont on admire la belle laiterie en marbre blanc, a un parc de 2,600 arpens. Il y a une bergerie royale de moutons de race espagnole.

Dourdan, près des sources de l'Orge, ch.-l. de cant., à 5 lieues de Rambouillet, trib. de comm.; pop. 2,600 hab. Commerce de blé, laines et draps.

Productions: Grains, légumes, vins médiocres, forêts, belles prairies le long de la Seine et de l'Oise, beaucoup de fruits, culture prospère de primeurs et de nouveautés, orangeries des maisons royales, beaucoup de gibier, plusieurs haras et troupeaux de mérinos, carrières abondantes de grès, de plâtre, verreries, établissement d'eaux minérales à Enghien.

---

**DEUX-SÈVRES**, formé de partie du Poitou;
pop. 288,265 habitans.

(Cour royale de Poitiers, 12$^e$. division militaire.)

Situé dans la partie du Milieu, il tire son nom des deux rivières qui y prennent leur source, est borné par les départem. de la Vendée, de Maine-et-Loire, de la Vienne, de la Charente, et de la Charente-Inférieure, et divisé en quatre arrondissemens, dont les chefs-lieux sont:

Niort, sur la Sèvre-Niortaise, ch.-l. de préf., trib. de prem. inst. et de comm.; distance de Paris, 107 lieues (41 myriam. et demi); pop. 15,800 hab. Chamoiserie, ganterie, tanneries, papeteries aux environs, excellente angélique confite. C'est dans une prison de Niort que naquit M<sup>me</sup>. de Maintenon.

Saint-Maixent, sur la Sèvre-Niortaise, ch.-l. de cant., à 5 lieues et demie de Niort; pop. 4,400 hab. Dépôt royal d'étalons, commerce de blé, mules, mulets, chevaux, fabriques de serges. C'est la seconde ville du département pour son commerce.

Bressuire, s.-préf., trib. de prem. inst., à 15 lieues de Niort; pop. 900 hab. Fabriques de toiles et de mouchoirs façon Chollet.

Melle, s.-préf., trib. de prem. inst., à 6 lieues et demie de Niort, pop. 2,200 hab. Fabriques d'étoffes de laine, tanneries.

Parthenay, sur le Thouet, s.-préf., trib. de prem. inst., à 10 lieues de Niort; pop. 4,000 hab. Tanneries, fabriques de pinchinas et de calmoucks.

Productions : Récolte abondante en céréales, forêts, vins médiocres, lin, trèfle, luzerne, fruits à pepins et à noyaux, amandes en quantité, châtaignes, éducation de mules et de mulets, engraissement de moutons et de gros bétail, oies, dindons, canards, pierres meulières, pierres à fusil, plâtre.

---

SOMME, formé de partie de la Picardie; pop. 526,282 habitans.

(Cour royale d'Amiens, 15<sup>e</sup>. division militaire.)

Il est situé dans la partie du Nord, doit son nom à la Somme, qui a son embouchure dans la Manche, est borné par la mer, et par les départemens du Pas-de-Calais, de l'Aisne, de l'Oise et de la Seine-Inférieure, et divisé en cinq arrondissemens, dont les chefs-lieux sont :

AMIENS, sur la Somme, ch.-l. de préf., ancienne capitale de la Picardie, évêché, cour royale, trib. de prem. inst. et de comm., académie universitaire, collége royal; distance de Paris, 32 lieues

(12 myriamètres et demi); pop. 42,000 hab. Fabriques de bonneterie, camelots poils de chèvre, alépines, prunelles, satins turcs, velours de coton, filatures de laine et de coton, etc., etc., excellens pâtés de canard.

*Curiosités.* La cathédrale est un chef-d'œuvre d'architecture gothique; elle a 392 pieds de long sur 76 de large, et 320 de hauteur. On admire la magnificence des colonnes, les stalles du chœur, la chaire à prêcher d'un travail fini, et surtout la nef, dont la hardiesse de l'élévation frappe d'étonnement le spectateur. Il est fâcheux que le marteau du vandalisme en ait endommagé les vitraux et ait ainsi dépouillé cette église d'un de ses plus beaux ornemens. Les autres édifices les plus remarquables sont la halle au blé; la bibliothèque, contenant 40,000 volumes; l'hôtel de la préfecture, et le collège. Les rues d'Amiens, droites et larges, sont bordées de maisons bâties en pierres et en briques; les places sont spacieuses. La promenade de la Hautroye est une des plus belles de France. Cette ville est la patrie du poète Gresset et du grammairien Wailly.

ABBEVILLE, sur la Somme, s.-préf., trib. de prem. inst. et de comm., à 10 lieues d'Amiens; pop. 19,500 hab. Haras royal, commerce de serrureries d'Escarbotin, de grains, laines, lin, cidre, fabriques de tapis, mousselines, basins, piqués, croisés, etc., manufactures de draps de qualité supérieure, tanneries, fontaines d'eaux minérales; patrie de Guillaume Sanson, savant géographe.

SAINT-VALERY, port à l'embouchure de la Somme, ch.-l. de cant., à 4 lieues d'Abbeville, trib. de comm.; pop. 3,200 hab. Pêche, armemens pour les colonies, commerce de commission.

DOULLENS, sur l'Authie, s.-préf., trib. de prem. inst., à 7 lieues d'Amiens; pop. 3,700 hab. Entrepôt de toiles d'emballage.

MONTDIDIER, s.-préf., trib. de prem. instance, à 9 lieues d'Amiens; pop. 3,700 hab. Fabriques de métiers à bas, tanneries, commerce de bestiaux, grains, volaille.

ROYE, sur l'Avre, ch.-l. de cant., à 4 lieues de Montdidier; pop. 3,500 hab. Marchés considérables de grains pour l'approvisionnement de Paris.

PÉRONNE, sur la Somme, sous-préf., trib. de prem. inst., à 12 lieues d'Amiens; pop. 3,800 h. Commerce de bestiaux, fabriques de percales et de calicots. Cette ville, qui n'a jamais été prise, a des fortifications en briques. Charles-le-Simple et Louis XI furent détenus dans la forteresse.

PRODUCTIONS: Beaucoup de grains et de légumes, plantes oléagineuses, houblon, beaucoup de lin, cidre, peu de vin et très-mauvais, forêts, prairies, bétail nombreux, chevaux, abeilles, quantité de gibier, de poisson de mer et d'eau douce.

---

**TARN**, formé de partie du Languedoc; popul. 327,655 habitans.
(Cour royale de Toulouse, 9º. division militaire.)

Ce département doit son nom au Tarn qui le traverse de l'est à l'ouest; il est situé dans la partie du Midi, borné par les départemens de Tarn-et-Garonne, de la Haute-Garonne, de l'Aude, de l'Hérault et de l'Aveyron, et divisé en quatre arrondissemens, dont les chefs-lieux sont:

ALBY, sur le Tarn, ch.-l. de préf., archevêché, trib. de prem. inst. et de comm.; distance de Paris, 169 lieues (65 myriamètres trois quarts); population, 11,000 hab. Fabriques de molletons, de couvertures de laine, de toiles d'emballage, de linge de table, et de bougies. La cathédrale, sous l'invocation de Ste-Cécile, est le seul édifice remarquable.

CASTRES, sur l'Agout, s.-préf., trib. de prem. inst. et de comm., à 9 lieues et demie d'Alby; pop. 15,700 hab. Tanneries, fabriques d'étoffes de laine, papeteries. C'est la ville la plus considérable du département.

MAZAMET, ch.-l. de cant., à 4 lieues de Castres; pop. 6,500 hab. Fabr. de lainages et de cuirs de laine.

GAILLAC, sur le Tarn, s.-pr., tr. de pr. inst.,

à 5 lieues d'Alby; pop. 7,500 hab. Commerce considérable de vins.

Rabasteins, sur le Tarn, ch.-l. de cant., à 4 l. de Gaillac; pop. 7,000 h. Fabriques de couvertures, commerce de vins estimés de son territoire.

Lavaur, sur l'Agout, s.-préf., trib. de prem. inst., à 9 lieues et demie d'Alby; pop. 7,000 hab. Fabriques d'étoffes de soie pour meubles.

Productions : Abondance de céréales, de légumes et de fruits, culture du lin et du chanvre, pastel, anis, coriandre, safran, pâturages abondans, forêts, vins dont les plus recherchés sont ceux de Gaillac, de Rabasteins, etc., abeilles, beaucoup de bétail à laine, fabrication considérable de tissus de coton, de draps croisés et autres.

---

**TARN-ET-GARONNE**, formé de partie de la Guyenne et du Languedoc; pop. 258,000 hab.

(Cour royale de Toulouse, 10ᵉ. division militaire.)

Est ainsi nommé de deux rivières qui l'arrosent, est situé dans la partie du Midi, borné par les départemens du Tarn, de la Haute-Garonne, du Gers, de Lot-et-Garonne et du Lot, et divisé en trois arrondissemens, dont les chefs-lieux sont :

MONTAUBAN, sur le Tarn, ch.-l. de préf., évêché, trib. de prem. inst. et de comm., distance de Paris, 179 lieues (70 myriam.); pop. 25,000 h. Fabriques d'étoffes communes, telles que cadis dits de Montauban, molletons, draps communs. C'est une ville bien bâtie, très-propre, avec quelques beaux édifices, tels que la cathédrale et l'hôtel-de-ville. Les environs en sont très-agréables.

Caussade, ch.-l. de cant., à 5 lieues et demie de Montauban; pop. 5,000 hab. Commerce en truffes, safran et genièvre.

Caylus, ch.-l. de cant., à 10 lieues de Montauban; pop. 5,400 hab. Commerce de grains.

Saint-Antonin, sur l'Aveyron, ch.-l. de cant., à 8 lieues de Montauban; pop. 5,600 hab. Grand commerce de cuirs, de pruneaux et de genièvre.

Castel-Sarrazin, près de la Garonne, s.-préf., tr. de prem. inst., à 4 l. et demie de Montauban; pop. 7,000 hab. Fabriques de serges et de toiles.

Moissac, sur le Tarn, s.-préf., trib. de prem. instance et de commerce, à 6 lieues de Montauban; pop. 10,000 hab. Commerce considérable de farine.

Valence-d'Agen, ch.-l. de cant., à 5 lieues de Moissac; pop. 2,400 hab. Tanneries et surtout apprêt de plumes à écrire.

Productions : Grande fertilité en grains, peu de forêts, vins en abondance, lin, chanvre, navettes, truffes, bons fruits, mulets, oies, canards, dindons, gibier, grande variété de poissons, excellentes pierres de taille, nombreuses tanneries.

---

**VAR**, partie de la Provence; pop. 311,095 hab.
(Cour royale d'Aix, 8ᵉ. division militaire.)

Situé dans la partie du Midi, il doit son nom à une petite rivière qui le sépare du Comté de Nice, est borné à l'est et au nord par les départemens des Bouches-du-Rhône et des Basses-Alpes, au midi par la Méditerranée, et se divise en quatre arrondissemens, dont les chefs-lieux sont :

DRAGUIGNAN, dans une plaine, chef-lieu de préf., trib. de prem. inst. et de comm.; distance de Paris, 228 lieues (89 myriamètres); population, 8,800 hab. Tanneries, fabriques de gros draps, de savon, de sel de saturne, grand commerce d'huile d'olive, excellens vins.

Fréjus, à une demi-lieue de la mer et de l'embouchure de l'Argens, ch.-l. de cant., à 6 lieues et demie de Draguignan, évêché, trib. de comm.; pop. 2,400 h. Ville fondée par les Phocéens, restes d'antiquités; patrie de Cornélius Gallus, poète latin.

Le Luc, ch.-l. de cant., à 6 lieues de Draguignan; pop. 3,700 hab. Belle espèce de marrons dits de Luc, commerce d'huile et de vin.

Saint-Tropez, port sur la Méditerranée, ch.-l. de cant., à 8 lieues et demie de Draguignan, trib. de comm.; pop. 3,600 hab. La mer y abonde en coraux, les plus beaux des côtes de la Méditerranée, commerce de thon mariné, et anchois salés.

Brignolles, sur la petite rivière de Carami, s.-préf., trib. de prem. inst. et de comm., à 9 l. de Draguignan; pop. 6,200 hab. Commerce d'excellentes prunes, d'oranges, d'huile d'olive, de fruits. Cette petite ville est située dans un vallon agréable et fertile, entre des montagnes boisées. L'air en est aussi pur que le climat en est doux. Il y a une très-belle fontaine.

Grasse, à 3 lieues et demie de la mer, s.-préf., trib. de prem. inst. et de comm., à 10 lieues de Draguignan; pop. 12,700 hab. Fabriques de savon, parfumeries, grand commerce d'huile d'olive renommée et d'autres denrées du pays. Dans cet arrondissement est le charmant village de Valbone, dont l'église est ornée d'un bel autel, et construite dans la forme d'une croix latine.

Antibes, port de mer, ch.-l. de cant., à 5 lieues de Grasse, trib. de comm.; pop. 5,000 hab. Commerce de poissons salés et d'excellens fruits.

Toulon, port sur la Méditerranée, sous-préf., trib. de prem. inst. et de comm.; distance de Paris, 215 lieues, et à 16 lieues et demie de Draguignan; pop. 30,000 hab. Ecole royale de navigation, entrepôt de sel, commerce en vins, huile, câpres, figues, raisins secs, amandes, oranges, jujubes, etc.

*Curiosités.* Le port, destiné aux vaisseaux de guerre et défendu par plusieurs forts, est un des plus vastes et des meilleurs de l'Europe. On remarque l'arsenal de la marine, les chantiers, les forges, la corderie, la mâture, la voilerie, le grand magasin d'armes, le bassin de M. Grognard, de 300 pieds de long sur 100 de large; le bagne, l'arsenal des troupes de terre, le lazaret, la superbe et vaste place du Champ de Bataille, l'hôtel-de-ville, le bel édifice du ci-devant séminaire, et la vue du haut des clochers de la ci-devant cathédrale.

Cuers, ch.-l. de cant., à 5 lieues et demie de Toulon; pop. 5,400 hab.

Hyères, ch.-l. de cant., à une lieue de la mer et 4 lieues de Toulon, vis-à-vis les îles d'Hyères; pop. 7,900 hab. Commerce en huile d'olive, vins, oranges, citrons, grenades, excellentes salines. Patrie de Massillon, évêque de Clermont, célèbre prédicateur. Cette petite ville est renommée par la beauté et la douceur de son climat que l'on recommande aux valétudinaires pour leur santé.

Productions : Peu de grains, forêts, chênes à kermès, arbres à liége, grenadiers, citronniers et orangers en pleine terre, mûriers, oliviers, plantes odoriférantes, tous les fruits du Midi et autres, beaucoup de vins, dont les meilleurs sont ceux récoltés aux environs de Toulon, truffes, mulets, chèvres, bêtes à laine, porcs, abeilles soignées, miel exquis, belles pierres de taille, plâtre, albâtre, marbre, porphyre.

---

**VAUCLUSE**, formé du Comtat-Venaissin et Principauté d'Orange; pop. 233,048 hab.

(Cour royale de Nîmes, 8°. division militaire.)

Il doit son nom à la célèbre fontaine qu'a chantée Pétrarque, est situé dans la partie du Midi, borné par les départemens des Basses-Alpes, des Bouches-du-Rhône, du Gard et de la Drôme, et divisé en quatre arrondissemens, dont les chefs-lieux sont :

AVIGNON, sur le Rhône, ch.-l. de préf., archevêché, trib. de prem. inst. et de comm., collége royal, succursale des Invalides; distance de Paris, 181 lieues (70 myriamètres trois quarts); pop. 31,200 hab. Fabriques de soieries, commerce central de toutes les productions du département et des produits des différentes fabriques, fonderie de Vaucluse, canons en cuivre.

*Curiosités.* L'hôpital, décoré d'une façade magnifique; une nouvelle salle de spectacle d'une élégante architecture; l'hôtel des Invalides; le palais où résidèrent plusieurs papes, édifice gothique semblable à une forteresse; la cathédrale : du plateau près de cette église on a une vue magnifique. Cette ville, dont les rues sont tortueuses et les maisons antiques et basses, a de très-belles promenades. Elle a un musée, et une bibliothèque contenant 26,000 volumes. Elle a vu naître le brave Crillon et le chevalier Folard, qui a laissé plusieurs ouvrages sur l'art militaire.

CAVAILLON, sur la Durance, ch.-l. de canton, à 5 lieues d'Avignon; pop. 6,700 hab. Culture des melons d'hiver, des mûriers, commerce en fruits, olives et amandes; territoire agréable et fertile.

L'ISLE, sur la Sorgue, ch.-l. de canton et sur la route de la fontaine de Vaucluse, à 4 lieues d'Avignon; pop. 6,000 hab. Filatures de soie, fabriques de couvertures de laine, excellens poissons d'eau douce.

APT, sur le Calavon, s.-préf., trib. de prem. inst., à 12 lieues et demie d'Avignon; pop. 5,500 h. Manufactures de faïence, filatures de soie, confitures renommées, fabriques de bougies.

PERTUIS, près de la Durance, ch.-l. de canton, à 8 lieues d'Apt, trib. de comm.; pop. 4,700 hab. Distilleries d'eaux-de-vie.

CARPENTRAS, près de l'Ausson, s.-préf., trib. de prem. instance, à 5 lieues et demie d'Avignon; pop. 9,700 hab. Fabriques de savon, d'acide nitrique, d'eau forte, filatures de coton, grand commerce de soie, safran, huile d'olive, amandes, etc., moulins à garance, tanneries.

Cette ville est très-ancienne : on y remarque le portail de l'église ci-devant cathédrale, l'hôpital dont le frontispice et l'escalier sont très-curieux. Elle a une bibliothèque contenant 24,000 volumes. Le marché qu'on y tient tous les vendredis est le plus considérable du département.

Orange, sur la petite rivière de Meyne, s.-préf., trib. de prem. inst., à 5 lieues d'Avignon; popul. 8,800 hab. Commerce de soies, laines, safran, truffes, vins, garance.

Cette ville est célèbre par les monumens antiques dont les plus remarquables sont un arc de triomphe presque entier, situé à 400 pas de la ville et érigé en mémoire de la victoire de Marius sur les Cimbres; une grande muraille bien conservée qui faisait partie d'un théâtre, une mosaïque, et plusieurs vestiges d'antiquités dans les maisons des particuliers.

Productions : Récolte insuffisante en grains, sarrasin, avoine, forêts, truffes, garance, anis, coriandre, tous les fruits du Midi en abondance, vins excellens, mais capiteux, dont les plus recherchés sont ceux de Château-Neuf, de Sorgues, de la Nerte, les muscats de Beaume, beaucoup d'abeilles, miel exquis, éducation en grand des vers à soie, bêtes à laine, excellens poissons, grès à paver, pierres de taille, jaspe, beaucoup de terres à poterie, eaux minérales.

---

**VENDÉE**, formée de partie du Poitou; popul. 322,826 hab.

(Cour royale de Poitiers, 12°. division militaire )

Ce département, situé dans la partie du Milieu, tire son nom de la petite rivière de Vendée; il est borné par les départemens de la Loire-Inférieure, de Maine-et-Loire, des Deux-Sèvres, de la Charente-Inférieure, et à l'ouest par l'Océan. Il est divisé en trois arrondissemens, dont les chefs-lieux sont :

Bourbon-Vendée, ci-devant la Roche-sur-Yon, ch.-l. de préf., trib. de prem. inst.; distance de Paris, 114 lieues (44 myriamètres trois quarts); pop. 3,000 hab.

Fontenay-le-Comte, sur la Vendée, s.-préf.,

trib. de prem. inst., à 13 l. et demie de Bourbon-Vendée; pop. 7,500 hab. Exportation, par le port de Gros-Noyer, de bois de construction et à brûler, merrains, cordes, importation de vins de Bordeaux et de Saintonge.

Luçon, petit port qui communique par un canal à la baie d'Aiguillon, ch.-l. de cant., à 6 lieues de Fontenay, évêché; pop. 3,800 hab. Climat malsain, commerce de bois de construction.

Sables-d'Olonne, port sur l'Océan, s.-préf., trib. de prem. inst., à 9 l. de Bourbon-Vendée; pop. 4,800 hab. Pêche de gros poissons et de sardines, commerce d'importation et d'exportation, construction de navires.

Isle-de-Noirmoutiers (l'), pop. 6,900 h., 11 l. de circonférence, dépend de ce département.

Productions : Beaucoup de grains, de pâturages, de légumes, de chanvre, forêts, vins médiocres, bestiaux, chevaux, mulets, oiseaux aquatiques, marais salans d'un grand produit.

## VIENNE, formé de partie du Poitou; population, 267,670 hab.

(Cour royale de Poitiers, 12<sup>e</sup>. division militaire.)

Il doit son nom à la rivière qui le traverse du sud au nord, est situé dans la partie du Milieu, et borné par les départemens des Deux-Sèvres, de Maine-et-Loire, d'Indre-et-Loire, de l'Indre, de la Haute-Vienne et de la Charente. Il est divisé en cinq arrondissemens, dont les chefs-lieux sont :

POITIERS, sur le Clain, ch.-l. de préf., ancienne capitale du Poitou, évêché, cour royale, trib. de prem. inst. et de comm., académie universitaire, collége royal; distance de Paris, 88 lieues (34 myriamètres un tiers); pop. 21,500 hab. Fabriques de draps, de bonneterie et de pelleterie.

Cette ville est très-ancienne et très-grande, mais elle est mal bâtie et peu peuplée. Elle a de belles églises, de jolies promenades, une bibliothèque contenant 22,000 volumes, et plusieurs vestiges d'antiquités.

CHATELLERAULT, sur la Vienne, s.-préf., trib. de prem. inst. et de comm., à 10 l. de Poitiers; pop. 9,200 hab. Nombreuses fabriques de coutellerie, exploitation de meules de moulins aux environs, manufacture royale d'armes blanches. Très-belles promenades.

CIVRAY, sur la Charente, s.-préf., trib. de prem. inst., à 12 lieues de Poitiers; pop. 2,100 h. Commerce en grains et châtaignes.

LOUDUN, s.-préf., trib. de prem. inst., à 13 l. de Poitiers; pop. 5,100 hab. Fabriques de dentelles communes. Jolies promenades.

MONTMORILLON, sur la Gardempe, trib. de prem. inst., à 11 l. de Poitiers; pop. 3,530 hab. Biscuits et macarons assez estimés, papeteries renommées.

PRODUCTIONS: Grains, forêts, beaucoup de vin, fruits de très-bonne qualité, excellentes truffes et châtaignes de Civray, beau lin de Montmorillon, graines de trèfle et de sainfoin, moutons estimés, bêtes à corne, mules, porcs, chèvres, peu de chevaux, pierres meulières, pierres de taille et à aiguiser, peu de commerce, eaux minérales à la Roche-Posay, à 6 lieues de Châtellerault.

---

## HAUTE-VIENNE, formé de partie du Poitou et du Limousin; pop. 276,351 hab.

(Cour royale de Limoges, 21e division militaire.)

Il est situé dans la partie du Milieu, borné par les départemens de la Charente, de la Vienne, de l'Indre, de la Creuse, de la Corrèze et de la Dordogne, et doit son nom à sa proximité de la source de la rivière qui le traverse. Il est divisé en quatre arrondissemens, dont les chefs-lieux sont:

**LIMOGES**, sur la Vienne, ch.-l. de préf., ancienne capitale du Limousin, évêché, cour royale, trib. de prem. inst. et de comm., académie universitaire, collége royal, hôtel des monnaies (I); distance de Paris, 97 lieues (38 myriamètres); pop. 25,600 hab. Entrepôt du commerce de Toulouse et des départemens méridionaux; fabriques de porcelaine, de flanelles et droguets. Aux environs, nombreuses papeteries, tréfileries, chevaux très-fins et renommés.

On y remarque l'évêché, le plus bel édifice de la ville; l'église de Saint-Martial, à cause de son antiquité; la cathédrale; la place d'Orsay, sur l'emplacement d'un amphithéâtre romain; celle de Montmaillé; et la belle promenade de Fourny.

SAINT-LÉONARD, sur la Vienne, ch.-l. de cant., à 5 lieues de Limoges; pop. 5,900 hab. Papeteries, martinets en cuivre, fabriques de gros draps.

BELLAC, sur le Vincou, s.-préf., trib. de prem. inst., à 9 l. de Limoges; pop. 3,400 h. Tanneries, commerce de bois de chêne et de châtaignes.

ROCHECHOUART, sur la Vienne, s.-préf., trib. de prem. inst., à 8 lieues et demie de Limoges; pop. 1,550 hab.

SAINT-JUNIEN, sur la Vienne, ch.-l. de canton, à 2 lieues et demie de Rochechouart; pop. 5,400 h. Tanneries et pelleteries, fabriques de gants, papeteries.

SAINT-YRIEIX, s.-préf., trib. de prem. inst., à 9 lieues et demie de Limoges; pop. 6,500 hab. Manufactures de porcelaine et de faïence, mines d'antimoine, forges et usines dans l'arrondissement.

PRODUCTIONS: Seigle, sarrasin, peu de froment, excellens foins, peu de vin et bien médiocre, montagnes couvertes de châtaigniers, beaucoup de chevaux, de mulets et de bœufs, mine d'étain à Vaulry, forges, nombreuses papeteries et fabriques de porcelaine, blanchisseries de cire.

**VOSGES**, formé de partie de la Lorraine et des Trois-Évêchés; pop. 379,839 hab.

(Cour royale de Nancy, 3e. division militaire.)

Ce département, situé dans la partie du Milieu, est borné par ceux du Bas-Rhin, du Haut-Rhin, de la Haute-Saône, de la Haute-Marne, de la Meuse et de la Meurthe; il tire son nom des montagnes qui le séparent de l'Alsace, et est divisé en cinq arrondissemens, dont les chefs-lieux sont:

Épinal, sur la Moselle, ch.-l. de préf., trib. de prem. inst.; distance de Paris, 98 lieues (38 myriamètres et quart); pop. 7,000 hab. Commerce en grains et bestiaux, nombreuses papeteries.

Mirecourt, sur le Madon, s.-préf., trib. de prem. inst. et de comm., à 7 lieues d'Épinal; pop. 5,600 hab. Fabriques de dentelles et d'instrumens de musique. On fait dans l'arrondissement beaucoup de boissellerie pour Paris.

Neufchateau, sur le Mouzon, près de son confluent avec la Meuse, s.-préf., trib. de prem. inst., à 15 l. d'Épinal; pop. 3,600 h. Beaucoup de clouteries dans l'arrondissement. A 3 l. de Neufchâteau le village de Gran, où est l'amphithéâtre de Julien, qu'on a commencé à déblayer en 1821.

Remiremont, sur la Moselle, s.-préf., trib. de prem. inst., à 5 lieues et demie d'Épinal; pop. 4,000 hab. On vante le kirschwasser, les pâtés de truite et les fromages de cette ville.

Plombières, sur l'Angronne, ch.-l. de canton, à 2 lieues trois quarts de Remiremont; population, 1,300 hab. Eaux thermales très-renommées.

Saint-Dié, sur la Meurthe, s.-préf., trib. de prem. inst., év., à 16 l. d'Épinal; pop. 7,300 h. Tanneries, commerce en bois, bestiaux et fromages.

Productions: Récolte suffisante en grains, beaucoup de forêts, très-peu de vin; chanvre, *lin*, plantes médicinales, abondance de fruits à noyaux, culture du houblon à Rambervilliers, fromages de Gérardmer, beaucoup de chèvres et de porcs, marbre, grains, porphyre, mines de fer, de cuivre et de plomb, papeteries importantes, beaucoup d'usines pour acier et fer en barre, plusieurs établissemens d'eaux minérales.

---

**YONNE**, formé de partie de la Bourgogne et de la Champagne; pop. 342,116 hab.
(Cour royale de Paris, 18e. division militaire.)

Il doit son nom à la rivière qui le traverse, est situé dans la partie du Milieu, borné par les départemens de Seine-et-Marne, de l'Aube, de la Côte-d'Or, de la Nièvre et du Loiret, et divisé en cinq arrondissemens, dont les chefs-lieux sont:

AUXERRE, sur l'Yonne, ch.-l. de préf., trib. de prem. inst. et de comm.; distance de Paris, 43 lieues (17 myriamètres); pop. 12,300 h. Cette ville, environnée de vignobles qui produisent d'excellens vins, doit la plus grande partie de ses ressources commerciales à sa situation sur une rivière navigable et dans un territoire fertile.

AVALLON, sur le Cousin, s.-préf., trib. de prem. inst. et de comm., à 12 lieues d'Auxerre; popul. 5,300 hab. Commerce en grains, vins, bois, merrain, feuillettes.

On y remarque l'hôpital, le portail de l'église paroissiale, de belles promenades qui offrent les sites les plus pittoresques; en face la promenade du Petit-Cours est le *camp des Alleux*, ancien camp romain.

JOIGNY, sur l'Yonne, s.-préf., trib. de prem. inst. et de comm. à 6 lieues et demie d'Auxerre; pop. 5,200 hab. Commerce en bois, vins et charbon. Les casernes et le quai sont ce qu'il y a de plus remarquable.

SENS, au confluent de l'Yonne et de la Vanne,

s.-préf., archevêché, trib. de prem. inst. et de comm., à 12 l. d'Auxerre; pop. 8,700 h. Commerce de vins, grains, bois flotté, cuirs estimés.

La cathédrale est un magnifique édifice gothique où l'on voit le superbe mausolée du Dauphin fils de Louis XV, exécuté par Guillaume Coustou. Cette ville très-ancienne était la capitale des Gaulois Sénonois.

Tonnerre, sur l'Armançon, s-pr., tr. de prem. inst., à 7 lieues et demie d'Auxerre; pop. 3,600 hab. Commerce des vins très-estimés de son territoire.

Productions : Récolte surabondante en grains, beaucoup de forêts, chanvre, légumes, fruits, vins dont les plus recherchés sont les rouges d'Auxerre, de Joigny, d'Irancy, de Coulange, d'Avallon, de Tonnerre, et les blancs de Chablis, quantité de bestiaux, ocre rouge et jaune, pierres de taille et lithographiques, mines de fer.

N. B. La France possède plusieurs Colonies dont il est fait mention aux autres parties de la Terre.

Population de la France, 31,845,428 habitans.

## ARTICLE II.

# PAYS-BAS. (royaume des)

D. Le royaume des Pays-Bas est-il ancien ?

R. Non : il a été formé, en 1814, de la Hollande ou Provinces-Unies, de la Belgique ou ci-devant Pays-Bas Autrichiens, et du pays de Liége conquis par la France en 1793 et 1795.

D. Pourquoi appelait-on la Hollande Provinces-Unies ?

R. Parce que, des dix-sept provinces des Pays-Bas qui étaient autrefois sous la domination espagnole, huit s'unirent entr'elles en 1579, et formèrent la république de Hollande, ainsi appelée du nom de la plus considérable de ces provinces.

D. Pourquoi les autres provinces des Pays-Bas furent-elles appelées Pays-Bas Autrichiens?

R. Parce qu'elles furent cédées à l'Autriche en 1713.

D. Quelles sont les limites de ce royaume?

R. Il est borné au nord et à l'ouest par la mer du Nord, au sud par la France, à l'est par le grand-duché du Bas-Rhin (au roi de Prusse), et le royaume d'Hanovre.

D. Quelle en est l'étendue et la population?

R. Il s'étend depuis les 0° 10' jusqu'au 4° 58' de long. E. de Paris, et depuis le 49° 26' jusqu'au 53° 26' de lat. N. Cet état a 100 lieues du sud au nord, ou de Luxembourg aux limites de Groningue, et 50 lieues de l'ouest à l'est, ou de Furnes à Ruremonde. La population est d'environ 5,400,000 habitans, dont 2,800,000 pour la Belgique.

D. Quel est le climat du royaume des Pays-Bas?

R. Il varie suivant les provinces : en Hollande, et surtout sur les côtes, l'air est pesant, humide et nébuleux; dans les provinces méridionales, la température est moins variable, plus douce et plus saine, l'été plus beau et l'hiver moins rigoureux.

D. Quelle est la cause des inondations en Hollande?

R. C'est parce que son sol, extrêmement plat, est entrecoupé par les embouchures de plusieurs grandes rivières. Le sol de la Belgique est plus élevé, il est fertile et très-bien cultivé.

D. Quelles sont les productions?

R. En Belgique : Grains de toute espèce en abondance, froment de première qualité, fil, chanvre, garance, pastel, plantes oléagineuses, tabac, légumes, fruits, forêts, belle race de bêtes à laine, bœufs et chevaux estimés, gibier, poisson, riches mines de charbon de terre, ardoises, chaux, gypse, pierres meulières. En Hollande : Excellens pâturages, engraissement de bestiaux, beurre et fromage renommés, eaux minérales à Spa.

D. Quelle est l'industrie des habitans?

R. Elle s'étend sur de nombreuses manufactures, la pêche, l'extraction des mines, et à un commerce maritime très-considérable.

D. Quelle est la religion des Pays-Bas?

R. Tous les cultes y sont permis. Le calvinisme domine en Hollande, et la religion catholique est presque exclusivement professée en Belgique. Le nombre des catholiques forme plus de la moitié de la population.

D. Quelles en sont les principales rivières?

R. Le Rhin, la Meuse, l'Escaut, la Sambre et la Lys.

D. Quel est le cours du Rhin?

R. Le Rhin entre sur le territoire des Pays-Bas près des ruines du fort Schenck, et se partage un peu au-dessous en deux branches; l'une à gauche, appelée le Vahal, se jette dans la Meuse; l'autre à droite conserve le nom de Rhin, et après un cours de quelques lieues, elle laisse échapper à Arnheim un autre bras qui, sous le nom d'Yssel, se perd dans le Zuiderzée. Le Rhin se divise encore en deux parties: le bras sur la gauche, appelé Leck, va se joindre à la Meuse; et le bras qui retient le nom de Rhin, se perd dans les sables au-dessous de Leyde. (*Voyez* Allemagne).

D. Où la Meuse prend-elle sa source?

R. La Meuse prend sa source dans le département de la Haute-Marne, et, après avoir arrosé Commercy, Verdun, Sedan, elle entre dans le royaume des Pays-Bas, passe à Dinant, Namur, Liége, Maëstricht, forme, avec le Vahal, l'île de Bommel, et se jette dans la mer du Nord au-dessous de Rotterdam.

D. Où l'Escaut prend-il sa source?

R. L'Escaut prend sa source dans le département de l'Aisne, est navigable depuis Cambrai jusqu'à son embouchure dans la mer du Nord, traverse le département du Nord, entre dans le royaume des Pays-Bas, passe à Tournay, Gand, Anvers, se divise en deux branches, dont l'une, nommée Escaut-Oriental, passe à Berg-op-Zoom; et l'autre, dite Escaut-Occidental, à Flessingue.

D. Où la Sambre prend-elle sa source?

R. Elle prend sa source dans le département du Nord au-dessus de Landrecies, passe à Maubeuge, Charleroi, et se perd dans la Meuse à Namur.

D. Où la Lys prend-elle sa source?

R. Dans le département du Pas-de-Calais, passe à Menin, Courtrai, et se jette dans l'Escaut à Gand.

D. Quels sont les principaux canaux?

R. Les principaux sont ceux de l'Escaut à la Meuse; de Gand à Bruges; de Harlem; de Louvain à Malines; d'Utrecht à Amsterdam; de Drenthe, etc.

D. Quel est le golfe le plus remarquable?

R. C'est le Zuiderzée, qui pénètre très-avant dans le centre de la Hollande.

D. Quel est le gouvernement des Pays-Bas?

R. C'est une monarchie où le roi a l'exercice entier du gouvernement, nomme à toutes les places et à tous les emplois, et où les lois sont faites par le concours du monarque et des états-généraux, dont l'assemblée se tient alternativement à La Haye et à Bruxelles.

D. Comment est administrée chaque province?

R. Par un gouverneur civil et un gouverneur militaire qui résident dans la capitale; il y a dans le chef-lieu de chaque district un commissaire civil.

D. Par qui est rendue la justice?

R. Il y a dans chaque province une cour d'assises, et dans chaque district un tribunal de première instance. La Haye, Bruxelles et Liége ont une cour de justice supérieure.

D. En combien de provinces est divisé le royaume?

R. En dix-huit provinces, dont le tableau suivant indique les chefs-lieux.

| Provinces. | Chefs-Lieux. |
|---|---|
| 1. Hollande { Septentrionale. | Amsterdam. |
| Méridionale. | La Haye. |
| 2. Zélande. | Middelbourg. |
| 3. Brabant Septentrional. | Bois-le-Duc. |
| 4. Utrecht. | Utrecht. |
| 5. Frise. | Leenwarden. |
| 6. Overyssel. | Zwolle. |
| 7. Groningue. | Groningue. |
| 8. Drenthe. | Assen. |
| 9. Gueldre. | Arnheim. |
| 10. Brabant Méridional. | Bruxelles. |
| 11. Limbourg. | Maëstricht. |
| 12. Liége. | Liége. |
| 13. Flandre Orientale. | Gand. |
| 14. Flandre Occidentale. | Bruges. |
| 15. Hainaut. | Mons. |
| 16. Namur. | Namur. |
| 17. Anvers. | Anvers. |
| 18. Grand-Duché de Luxembourg. | Luxembourg. |

D. Quelles sont les principales villes de la province de Hollande?

R. Amsterdam, Harlem, La Haye, Dordrecht, Leyde, Rotterdam.

AMSTERDAM, au confluent de l'Y et de l'Amstel, chef-lieu de la province de la Hollande (nord), port sûr, vaste et commode, résidence des autorités civiles et militaires; opérations importantes de banque, commerce d'épicerie, d'huile de baleine, d'eaux-de-vie de grains, librairie, fabriques d'étoffes de coton, d'étoffes tissu or et argent, de toiles, construction de vaisseaux; distance de Paris, 122 lieues; pop. 200,000 hab.

*Curiosités.* La vieille église dite *Oudekerk*, qui renferme un très-beau carillon de trente-six cloches; l'église de Sainte-Catherine, où est le magnifique tombeau de l'amiral Ruyter; la bourse, bâtiment vaste et commode, orné de deux belles galeries; l'hôtel-de-ville, qui a 282 pieds de longueur, 235 de largeur, 116 d'élévation; le superbe pont sur l'Amstel, les arsenaux, l'hôtel de l'Amirauté, le chantier, les divers hospices, l'hôpital, les quais sur le bord de l'Y du côté de Kattembourg, la grande salle de spectacle et les promenades.

Harlem, près du lac de même nom et de la rivière de Spaarn, à une lieue de la mer et à trois lieues d'Amsterdam; pop. 22,000 h. Commerce considérable de toiles, de basin et de diverses cotonnades, blanchisseries renommées de toiles, environs très-agréables. Académie des sciences établie en 1752.

La Haye, chef-lieu de la province de Hollande (sud), résidence du roi, centre du gouvernement. Cette ville, qui n'a ni portes ni murs, est remarquable par la magnificence de ses bâtimens, ses promenades et sa propreté; distance de Paris, 108 lieues; pop. 46,000 hab. Divers cabinets et collections d'histoire naturelle, de tableaux, d'estampes. Patrie du célèbre astronome Huyghens.

*Curiosités.* Le palais des états-généraux, l'hôtel du Staats-Bewind, le palais de la Vieille Cour, la bourse aux grains, l'hôtel-de-ville, le Temple Neuf, le Palais-Royal du Bois où est établie une galerie de tableaux. Près de cette ville, sont situés Sorgvliet, dont l'orangerie et les jardins sont magnifiques; et Riswick, où fut conclue, en 1697, la paix de ce nom.

Dordrecht, port avantageusement situé à l'embouchure de la Meuse, dans une île qui se trouve entre cette rivière et le petit golfe de Biesboch. Cette île et ce golfe furent formés, en 1421, par une horrible inondation qui a englouti soixante-douze bourgs ou villages; pop. 18,000 hab.

Leyde, sur le Rhin, grande et belle ville, célèbre université qui a été fondée en 1575, et dont la bibliothèque renferme 40,000 volumes et 10,000 manuscrits; pop. 28,600 h. On y voit dans l'église de St.-Pierre le tombeau du médecin Boerhaave.

Rotterdam, port sur la Meuse et la Rotte; distance de La Haye, 4 lieues; pop. 60,000 hab. Manufacture de tabac, brasseries, raffineries de sucre, fabriques importantes d'eaux-de-vie de grains, commerce considérable de garance, de grains, de beurre, de fromages, chantier de construction marchande. Cette ville est la patrie d'Erasme.

*Curiosités :* La bourse, la maison de banque, l'hôtel-de-ville, les bâtimens de la compagnie des Indes-Orientales, l'église principale où sont les tombeaux des amiraux de Witt et Brakel, la statue en bronze d'Erasme sur le grand pont de la Meuse, l'église anglicane, le théâtre, etc.

D. De quels pays est composée la province de Zélande?

R. Elle est composée de plusieurs îles, dont la plus considérable est Walcheren.

D. Quel est le chef-lieu de cette province?

R. Middelbourg, au centre de l'île de Walcheren; pop. 14,000 hab.

D. Quelles sont les villes remarquables du Brabant septentrional?

R. Bois le-Duc, au confluent de la Dommel et de l'Aa, ch.-l. de la province, pop. 15,000 hab.: ville forte, grande et belle. Son église est magnifique.

Breda, ville forte, entourée de marais; maisons d'une extrême propreté, rues larges et bien percées; pop. 8,000 hab.

Berg-op-Zoom, sur le Zoom, ville très-forte, défendue par des marais qui en rendent l'accès très difficile; pop. 5,000 hab.

D. Quel est le chef-lieu de la province d'Utrecht?

R. Utrecht, sur le Rhin, université, grande et belle ville; distance de Paris, 113 lieues; peuplée de 33,700 hab. Manufactures de draps de velours dits d'Utrecht, filatures de soie. Elle est célèbre par la paix de 1713.

D. Quel est le chef-lieu de la Frise?

R. Leeuwarden, jolie ville, dans une agréable situation, et dont les rues sont coupées par des canaux; population, environ 17,000 hab.

D. Quel est le chef-lieu d'Overyssel?

R. Zwolle, sur l'Aa, ville commerçante; population, 13,000 hab.

D. Quel est le chef-lieu de Groningue?

R. Groningue, université, ville importante; pop. 24,000 hab.

D. Quel est le chef-lieu de la province de Drenthe?

R. Assen, bourg au centre de la province; population, 800 hab.

D. Quelles sont les principales villes de la Gueldre?

Arnheim, sur le Rhin, chef-lieu; distance de Paris, 130 lieues; pop. 10,000 hab.

Nimègue, sur le Vahal, place forte; population, 13,400 hab. Brasseries d'excellente bierre blanche. Célèbre par le traité de paix de 1678.

D. Quelles sont les villes remarquables du Brabant méridional?

R. Bruxelles, sur la Senne et un superbe canal qui communique de cette ville à l'Escaut, chef-lieu du Brabant méridional et capitale de la Belgique, résidence du roi et des états-généraux; distance de Paris, 78 lieues; pop. 100,000 hab. Carrosserie renommée, librairie florissante, fabriques de dentelles, entrepôt des objets de luxe et de goût, grand commerce de chevaux fins et autres.

*Curiosités:* La belle église paroissiale de Saint-Jacques, celle de Sainte-Gudule, remarquable par ses statues, ses vitraux, sa chaire et ses mausolées; l'église de Notre-Dame-de-la-Chapelle, la façade de l'église des Augustins, l'hôtel-de-ville et sa tour gothique, haute de 364 pieds; l'ancien palais du gouverneur-général, où sont maintenant le musée et la bibliothèque (120,000 vol.); l'hôtel d'Aremberg, le palais des états, la place du Sablon, ornée d'une magnifique fontaine, élevée en 1751; les salles de spectacle, le parc, une des promenades les plus agréables: le parc est bordé de très-belles rues où l'on voit de superbes bâtimens.

Environs aussi variés que pittoresques. A une demi-lieue de Bruxelles est le magnifique palais royal de Lacken, et à Shaerbeck, le château de S. A. R. le prince d'Orange.

Louvain, sur la Dyle et le canal qui communique avec Malines, université célèbre; distance de Bruxelles, 6 lieues; pop. 24,500 hab. Bière très-renommée. On y remarque la maison-commune; le séminaire, converti en une caserne, et l'église paroissiale.

Nivelles, sur le bord de la Thienne; distance de Bruxelles, 7 lieues; pop. 7,600 hab. Fabriques de dentelles, commerce de lin et de houblon. Jean-de-Nivelles, si connu du peuple, est un homme de fer qui, placé près de l'horloge, sonne les heures avec un marteau. Près de Nivelles est Senef, célèbre par la bataille qu'y gagna le grand Condé.

Tirlemont, jolie ville sur la Gette; distance de Louvain, 4 lieues; pop. 8,000 h. Fabriques d'étoffes de laine, brasseries. Près de là est Nerwinde, où le maréchal de Luxembourg battit complètement le prince d'Orange en 1693.

D. Quel est le chef-lieu du Limbourg?

R. Maestricht, sur la Meuse, place forte; distance de Paris, 115 l.; pop. 19,600 hab. Fabriques de garance et de chicorée. On y remarque l'église Saint-Gervais, l'hôtel-de-ville, la verrerie de Wyk, le Veythof et le marché, de belles places, les promenades sur les remparts et le long de la Meuse.

D. Quelles sont les principales villes de la province de Liége?

R. Liége, au confluent de l'Ourte et de la Meuse, chef-lieu, évêché, université; distance de Paris, 105 l.; pop. 50,000 h. Exploitation d'alun, fabriques de draps, d'armes à feu, d'armes blanches, de clous, de quincaillerie fine, tanneries, commerce de vins et eaux-de-vie. Près de cette ville est Raucoux, où le maréchal de Saxe battit les alliés en 1746.

*Curiosités :* La maison-commune, l'église de Saint-Paul, le maître-autel de Saint-Martin, la belle fontaine au centre de la grande place, le quai le long de la Meuse.

Huy, sur la Meuse; distance de Liége, 6 lieues et demie; pop. 6,300 hab. Tanneries. Renommée pour les tôles, le fer-blanc, le fer noir laminé.

Verviers, sur la Vesdre; dist. de Liége, 5 l.; pop. 18,000 h. Fabr. de draps estimés et de couvertures.

D. Quel est le chef-lieu de la Flandre orientale?

R. Gand, au confluent de l'Escaut, de la Lys, des petites rivières de la Live et de la Moëre, qui divisent cette ville en 26 îles, la plupart bordées de quais magnifiques; évêché, université, patrie de Charles-Quint; distance de Paris, 85 l.; pop. 65,500 hab. Elle communique par un canal avec Bruges et Ostende. Fabriques de dentelles, d'indiennes, de colle, d'acide sulfurique, filatures de coton, commerce de toiles et de vins. Elle est très-grande, mais peu peuplée en raison de son étendue.

*Curiosités:* Le bel édifice de la cathédrale, dont on admire le maître-autel; le chœur, une chaire de marbre blanc, d'un travail parfait, et de chaque côté de l'autel deux superbes mausolées; l'église de St-Michel, la salle de spectacle, l'hôtel-de-ville, le beffroi, et la belle promenade le long du canal dit *de la Coupure.*

Les autres villes remarquables sont Alost, sur la Dendre, 13,000 hab.; Grammont, sur la même rivière, 6,700 hab.; Locheren, sur la Durne, 14,600 hab.; Oudenarde, sur l'Escaut, 5,000 hab.; St-Nicolas, 14,000 h.; Termonde (Dendermont), au confluent de l'Escaut et de la Dendre, 8,000 h.

D. Quelles sont les villes remarquables de la Flandre occidentale.

R. Bruges, chef-lieu de la province, à trois lieues et demie de la mer, sur le canal qui vient de Gand et communique à la mer par Ostende, port spacieux; distance de Paris, 100 l.; pop. 35,000 hab. Commerce considérable en grains, toiles, dentelles, vins, denrées coloniales.

*Curiosités:* La maison-commune, les halles, la monnaie, les magnifiques tombeaux de Charles-le-Téméraire et de Marie de Bourgogne sa fille, dans l'église de Notre-Dame, et au bout du grand marché un clocher, l'un des plus beaux qui soient en Europe; on y monte par 133 degrés. Les rues de cette ville sont larges et spacieuses, et les maisons grandes, mais anciennes.

Courtrai, sur la Lys, à 8 lieues de Bruges et 5 lieues de Lille; pop. 15,000 hab. Commerce considérable de toiles, fabriques de dentelles, de linge de table et de siamoises.

Ostende, port sur la mer du Nord; distance de Bruges, 4 lieues; pop. 11,000 hab.; ville très-commerçante, place forte, armemens, pêche de la morue et du hareng. Les bains de mer y attirent beaucoup de monde pendant la belle saison.

Ypres, sur l'Yperlée et un canal qui communique à la mer, à 10 l. de Bruges; pop. 15,300 h. Rubannerie, fabriques de dentelles, de calicots, filatures de coton.

D. Quelles sont les principales villes du Hainaut?

R. Mons, sur la Trouille, ch.-l. de la province, place forte; dist. de Paris, 63 l.; pop. 22,000 hab. Centre des mines de charbon de terre, commerce en céréales et graines oléagineuses. Cette ville est remarquable par ses églises et ses remparts.

Ath, sur la Dendre; pop. 8,000 hab. Commerce considérable de toiles, grains et charbon de terre.

Charleroi, sur la Sambre, fabriques considérables de clous, commerce de houille, à 9 lieues de Mons; pop. 5,000 hab.

Tournay, sur l'Escaut, à 11 lieues de Mons, évêché; pop. 24,000 hab. Célèbre manufacture de tapis, chaux renommée, manufacture de porcelaine. On y remarque les quatre moulins à farine sur l'Escaut, construits par Vauban, la cathédrale, le palais épiscopal, les quais, l'hôtel-de-ville et la citadelle. Près de là est Fontenoi, célèbre par la bataille gagnée par Louis XV en personne.

D. Quelles sont les principales villes de la province de Namur?

R. Namur, au confluent de la Meuse et de la Sambre, chef-lieu, évêché, place forte; popul. 18,400 hab. Coutellerie, fonderies de cuivre. On y remarque la cathédrale, d'architecture moderne.

DINANT, sur la Meuse et la route de Paris à Liége; pop. 5,000 hab. Tanneries, verrerie à vitres de première qualité.

D. Quelles sont les villes remarquables de la province d'Anvers?

R. ANVERS, sur l'Escaut, à 17 lieues de la mer, chef-lieu de la province, port vaste et commode; distance de Paris, 91 l.; pop. 60,000 hab. Cette ville, autrefois une des plus riches de l'Europe, a de beaux édifices, des rues larges et régulières; elle a vu naître le géographe Ortelius, les célèbres peintres Rubens et Van-Dyck. Fabriques de dentelles, d'étoffes de soie noire, épicerie en gros, raffineries de sucre.

*Curiosités :* La cathédrale qui est regardée comme un des plus beaux monumens dans le genre gothique, et dont l'intérieur est orné de tableaux des meilleurs maîtres, l'hôtel-de-ville, la bourse, la maison dite des *Oosterlingues,* la citadelle, la place de Meer, la plus grande d'Anvers.

MALINES, sur la Dyle, archevêché, à 3 lieues et demie d'Anvers; pop. 17,600 hab. Fabriques de dentelles renommées, commerce de vins et de liqueurs. On y remarque l'église métropolitaine de la Belgique, et la place d'armes.

LIERRE, au confluent de la grande et de la petite Nèthes, à 3 lieues d'Anvers; pop. 12,000 hab. Fabriques de chapeaux.

D. Que dites-vous du grand-duché de Luxembourg?

R. Il est gouverné par le roi des Pays-Bas, mais non réuni au royaume. Ce souverain, en sa qualité de grand-duc de Luxembourg, est membre de la confédération germanique.

D. Quel en est le chef-lieu?

R. LUXEMBOURG, sur l'Alzette, une des plus fortes places de l'Europe; distance de Paris, 95 l.; pop. 10,000 hab. Fabriques de toiles et de mouchoirs, papeteries, tanneries, manufactures de faïence et de tabac.

*N. B.* Il y a plusieurs îles à l'entrée du Zuiderzée, dont la plus remarquable est l'île de Texel qui a été très-fortifiée, et dont le port est bon et sûr. On y construit des vaisseaux de guerre.

## ARTICLE III.
# ALLEMAGNE. (états d')

D. Qu'est-ce que l'Allemagne ?

R. L'Allemagne, qu'on appelait autrefois Germanie, est un agrégat de plusieurs souverainetés et villes libres qui composent la confédération germanique, dont le but est la sûreté commune et l'inviolabilité des états confédérés.

D. Quels sont ces principaux états ?

R. Ce sont l'Autriche et la Prusse pour leurs possessions en Allemagne; les royaumes de Bavière, de Saxe, de Wurtemberg, d'Hanovre, la Hesse-Électorale, les duchés de Bade, de Hesse-Darmstadt, de Nassau, de Brunswick, de Mecklenbourg, d'Oldembourg, de Luxembourg (*V.* Pays-Bas), de Holstein (*V.* Danemarck); les villes libres de Brême, Francfort-sur-le-Mein, Hambourg, et Lubeck.

D. Où se règlent les affaires de la confédération ?

R. A Francfort, dans une diète qui est présidée par l'Autriche.

D. Comment était divisée autrefois l'Allemagne ?

R. Elle était divisée en neuf cercles qui formaient plusieurs états réunis sous un chef électif, qu'on appelait empereur.

D. Quels étaient ces neuf cercles ?

R. C'étaient les cercles d'Autriche, de Bavière, de Souabe et de Franconie au midi; de Haute-Saxe, de Basse-Saxe, de Westphalie, du Haut-Rhin et du Bas-Rhin au nord.

D. Par qui était élu l'empereur ?

R. Il était élu, depuis 1777, par huit princes : trois ecclésiastiques et cinq séculiers.

D. Quels étaient ces électeurs ?

R. Les électeurs ecclésiastiques étaient les archevêques de Mayence, de Cologne et de Trèves; les séculiers étaient le roi de Bohême, le duc de Bavière qui était aussi comte Palatin, le duc de Saxe, le marquis de Brandebourg et le duc d'Hanovre.

D. Quels changemens a éprouvés l'Allemagne depuis 1794 ?

R. Les pays conquis sur la rive gauche du Rhin furent réunis à la France en 1795; l'Autriche perdit, en 1805, plusieurs parties de son territoire; la Bavière et le Wurtemberg furent alors érigés en royaumes; la confédération du Rhin fut établie en 1806; le corps germanique fut dissous, François II renonça à son titre et à ses privilèges comme empereur d'Allemagne, et fut reconnu empereur d'Autriche sous le nom de François I$^{er}$.; la même année l'électorat de Saxe fut érigé en royaume.

D. Quelles sont les limites et la population de l'Allemagne ?

R. L'Allemagne, en y comprenant la Bohême et la Silésie, est bornée au nord par la mer du Nord, le Danemarck et la mer Baltique; à l'est par la Pologne et la Hongrie; au sud par la Suisse et l'Italie; à l'ouest par la France et les Pays-Bas. Elle a une population de 30,000,000 d'habitans (*).

D. Quels en sont les principaux fleuves ?

R. Le Danube, le Rhin, l'Elbe et l'Oder.

D. Quel est le cours de ces fleuves ?

R. Le Danube, le plus grand fleuve de l'Europe après le Wolga, a sa source dans la Forêt-Noire au

---

(*) On traitera du climat, des productions et de la religion en décrivant chaque état.

grand-duché de Bade, traverse de l'ouest à l'est l'Allemagne, arrose la Hongrie, le nord de la Turquie d'Europe, et se jette dans la Mer-Noire. Il est navigable depuis Ulm, et reçoit beaucoup de rivières considérables, entr'autres le Leck, l'Iser, l'Inn, la Drave, la Theisse et la Save.

Le Rhin, formé de deux ruisseaux, l'un le Haut-Rhin, l'autre le Bas-Rhin, a sa source au Mont Saint-Gothard, dans le pays des Grisons, traverse le lac de Constance, sépare l'Allemagne de la Suisse et de la France (*voy.* royaume des Pays-Bas); il reçoit en Suisse l'Aar, en Allemagne le Necker, le Mein et la Moselle.

L'Elbe a sa source dans les Monts Sudètes ou des Géans en Bohême, traverse ce royaume, la Saxe, les états du roi de Prusse, sépare l'Hanovre des duchés de Holstein et de Mecklenbourg, et se perd dans la mer du Nord. Il reçoit la Muldaw, la Saale, et le Havel dans lequel se jette la Sprée.

L'Oder prend sa source dans la Silésie autrichienne, traverse du sud au nord toute la Silésie, entre dans la Poméranie et se jette dans la Baltique, après s'être divisé en plusieurs branches.

# AUTRICHE. (empire d')

D. De quels pays est composé cet empire?
R. Cet empire, sans y comprendre le royaume Lombard-Vénitien en Italie, est composé de l'Autriche proprement dite, de la Styrie et du Tyrol en Allemagne, de la Bohême, de la Moravie, d'une petite partie de la Silésie, de la Hongrie, de la Transylvanie, de la Gallicie, de la Bukowine, partie de la Moldavie, et du royaume d'Illyrie formé de la Carinthie et de la Carniole en Allemagne, d'une partie du Frioul et de l'Istrie, de la Croatie

autrichienne, de la Dalmatie et de la ci-devant république de Raguse.

D. Quelles sont les limites de cet empire ?

R. Il est borné au nord par la Saxe, la Silésie prussienne et la Pologne; à l'est par la Russie et la Turquie; au sud par la Turquie, le golfe de Venise et l'Italie; à l'ouest par la Suisse et la Bavière.

D. Quelle en est l'étendue et la population ?

R. Il s'étend depuis le 8° de long. E. de Paris jusqu'au 25°, et depuis le 43° de lat. N. jusqu'au 51°. Cet état a une population de 28,500,000 habitans, et une superficie de 33,000 lieues carrées.

D. Quelle est la religion dominante ?

R. C'est la religion catholique.

## ARCHIDUCHÉ D'AUTRICHE.

D. Comment est divisée l'Autriche ?

R. En Haute et Basse par l'Ems, qui se jette dans le Danube.

D. Quelles sont les limites de cette province ?

R. Elle est bornée au nord par la Bohême et la Moravie; à l'est par la Hongrie; à l'ouest par la Bavière; au sud par la Styrie.

D. Quel en est le sol ?

R. Ce pays est en général montagneux et entrecoupé de larges et longues vallées.

D. Quelles en sont les productions ?

R. Les principales sont : Vins estimés, blé, fruits, pâturages, beaucoup de forêts, safran, tabac, lin, légumes en abondance, bestiaux, poisson, gibier, mines de soufre, riches salines de Saltzbourg, eaux thermales à Baden près de Vienne.

D. Quelles sont les villes principales ?

R. Vienne, sur la rive droite du Danube, à l'endroit où il reçoit la petite rivière de Wien, capitale de l'Autriche propre et de tout l'empire, résidence de l'empereur, archevêché, université, institut polytechnique, banque privilégiée; distance de Paris, 280 lieues; pop. 275,000 hab.

*Industrie.* Opérations de banque et de finance, commerce considérable avec l'Italie et la Turquie, superbe manufacture de porcelaine, qui se distingue par la perfection du travail, la correction du dessin et la richesse des ornemens.

*Curiosités.* Plusieurs belles églises, parmi lesquelles on distingue la cathédrale, sous l'invocation de Saint-Étienne, superbe édifice gothique, dont le clocher à jour a 434 pieds de hauteur; le palais impérial, bâti à trois époques différentes, d'une masse informe, et qui n'annonce guère la grandeur des princes qui l'habitent; plusieurs belles promenades, entr'autres le Prater, situé dans une île du Danube; l'Angarten, grand parc, dont la ville est redevable à Joseph II; et le Graben, rendez-vous du beau monde. Les rues sont étroites et obscurcies par des maisons très-élevées; mais les faubourgs sont beaux et bien bâtis. Cette ville a une très-riche bibliothèque contenant 300,000 volumes et 12,000 manuscrits, un cabinet d'antiquités, d'histoire naturelle et de médailles : elle n'est pas moins célèbre par le congrès qui s'y est tenu en 1815. A une demi-lieue de Vienne est Schœnbrunn, superbe château impérial.

Lintz, sur le Danube; pop. 17,000 hab. Manufacture de canons de fusils, beaux édifices publics.

Saltzbourg, sur la Saltza, capitale du pays de même nom, archev.; on y remarque la cathédrale; aux environs, mines de sel gemme.

D. Qu'est-ce que la Styrie?

R. La Styrie, pays montagneux, riche en mines de fer, est assez fertile en certains endroits.

D. Quelle est la capitale de la Styrie?

Gratz, sur le Muëer; distance de Vienne, 36 lieues; pop. 30,000 hab. Fabriques d'aiguilles de toutes espèces, de clous, de peignes de corne.

D. Où est situé le Tyrol?

R. Au sud de la Bavière, à l'ouest du pays de Saltzbourg, au midi de l'Italie, et à l'est de la Suisse.

D. Quels sont les productions du Tyrol?

R. Le Tyrol abonde en pâturages et fournit chevaux, cristaux, albâtre, marbre. Il est bien cultivé, mais couvert de montagnes.

D. Quelle en est la capitale?

R. Inspruck, sur l'Inn, dans un beau vallon ; pop. 12,000 hab. On y remarque le vieux et le nouveau château.

## ROYAUME DE BOHÊME.

D. De quels pays était composé ce royaume ?

R. Il était composé de la Bohême propre, du duché de Silésie, du marquisat de Moravie et de celui de Lusace ; mais en 1648 la Lusace fut cédée à la Saxe, et, en 1742, la plus grande partie du duché de Silésie au roi de Prusse.

D. Depuis quelle époque ce royaume appartient-il à la maison d'Autriche ?

R. Depuis l'an 1526, que l'empereur Ferdinand en fut reconnu roi, ainsi que de la Hongrie.

D. Quelles sont les limites de la Bohême ?

R. Elle est bornée au nord par le royaume de Saxe, à l'est par la Silésie et la Moravie, au sud par l'Autriche, et à l'ouest par la Bavière.

D. Quel en est le climat ?

R. L'air y est malsain, quoiqu'il soit froid et que le pays soit très-élevé, puisque plusieurs grandes rivières y prennent leur source.

D. Quelles en sont les productions ?

R. Les principales sont : Grains et pâturages, peu de vins, fruits, nombreuses forêts, gibier, cristaux, perles, grenats, saphirs, topazes, améthystes, diamans, eaux minérales d'Egra, Tœplitz, Sedlitz, eaux thermales de Carlsbad.

D. Quelle est la capitale de la Bohême ?

R. Prague, sur la Muldaw, qui la divise en deux parties qui communiquent ensemble par un très-beau pont en pierre ; archevêché, université ; dist. de Paris, 246 l. ; de Vienne, 60 l. ; pop. 90,000 h., dont 10,000 juifs qui habitent un quartier particulier. Centre du commerce de la Bohême.

*Curiosités.* Parmi les édifices publics, on remarque l'église métropolitaine, dans le genre gothique, le palais impérial, l'hôtel-de-ville; et la bibliothèque qui renferme plus de 100,000 volumes.

## MORAVIE.

D. Où est située la Moravie?

R. Au sud de la Silésie, à l'ouest de la Gallicie, au nord de l'Autriche, à l'est de la Bohême.

D. Quelles en sont les principales villes?

R. Brunn, centre du commerce et capitale de la Moravie, ville manufacturière; distance de Vienne, 25 lieues; pop. 16,000 hab.

Olmutz, sur la Morava, évêché; population, environ 11,000 hab.

## SILÉSIE AUTRICHIENNE.

D. Qu'est-ce que la Silésie autrichienne?

R. Cette petite partie de la Silésie est unie à la Moravie, dont elle est séparée par le Mont-des-Géans. Elle a pour villes principales:

Jagerndorf, sur l'Oppa, jolie petite ville.

Troppau, aussi sur l'Oppa, la ville la plus marchande de la province.

## ROYAUME DE HONGRIE.

D. Quelles sont les limites de la Hongrie?

R. La Hongrie est bornée au nord et à l'est par les Monts Krapacks ou Alpes Krapatiennes, au sud par la Turquie d'Europe, à l'ouest par l'Allemagne.

D. Les Hongrois sont-ils belliqueux?

R. Oui; ils ont plus d'inclination pour la guerre que pour les arts; leurs hussards passent pour les meilleures troupes de l'empire.

D. Qu'est-ce que la langue hongroise?

R. C'est un dialecte de l'esclavonne. On parle latin dans les cours de justice, et même assez généralement parmi le peuple, qui a beaucoup de facilité pour parler cette langue.

D. Quel est le climat de la Hongrie?

R. L'air y est malsain parce que la plupart des terres y sont incultes; et, quoique dans l'été il y fasse très-chaud, les nuits y sont froides.

D. Quelles sont les principales productions?

R. Les principales sont: Grains en abondance, maïs, millet, riz, tabac très-estimé, beaucoup de vins, dont les plus renommés sont ceux de Szanto et de Liszka, égaux au Tokai, celui d'Erlau peu inférieur au meilleur Bourgogne, enfin le fameux vin de Tokai, très-rare et réputé le plus délicieux de l'Europe; soie en Esclavonie, semblable à celle d'Italie, chevaux agiles, bœufs très-gros, bonne volaille, beaucoup de poisson et de gibier, mines d'or, d'argent, de cuivre et de vitriol, grenats, albâtre, salines, eaux thermales et minérales.

D. Quels sont les points les plus élevés des Monts-Krapacks?

R. Ce sont le Mont-Lomnitz qui a 1440 toises au-dessus du niveau de la mer, et le Mont-Krivan qui en a 1390.

D. Quelles sont les principales rivières?

R. Ce sont la Save, la Drave, la Theisse, qui se jettent toutes dans le Danube.

D. Quels pays comprend le royaume de Hongrie?

R. Il comprend la Hongrie propre, qu'on divise en occidentale et en orientale, le Bannat de Témeswar et l'Esclavonie.

D. Quelles en sont les principales villes?

R. Presbourg, sur le Danube, capitale de la Hongrie occidentale et de tout le royaume; distance de Vienne, 17 lieues; pop. 25,000 h. On y remarque le château royal, l'église paroissiale où se fait le sacre du roi, et la coupole de l'église Ste-Elisabeth.

Bude ou Offen, sur le Danube, capitale de la Hongrie orientale, place forte, la plus belle ville du royaume lorsque les rois y faisaient leur résidence, ruinée et brûlée en 1686 par les Turcs;

pop. 20,000 hab. On trouve près de là les eaux thermales les plus fameuses du royaume.

Pest, sur la rive gauche du Danube, dans une belle plaine, vis-à-vis Bude, avec laquelle elle communique par un pont; dist. de Vienne, 60 l.; pop. 60,000 hab. Centre du commerce de la Hongrie consistant en grains, bétail, peau, laine, cire, miel, potasse, tabac. On y remarque l'hôtel des Invalides.

Debretzin, distance de Vienne, 115 lieues; de Bude, 55 lieues; pop. 30,000 hab. Nombreuses savonneries, manufacture impériale des salpêtres; foire célèbre, commerce considérable avec les provinces polonaises, beaucoup de bestiaux.

Témeswar, sur la rivière de Béga, cap. du Bannat de ce nom, commerçante; pop. 8,000 hab.

Les villes les plus remarquables de l'Esclavonie sont : Agram, sur la Save; Essek, place forte, sur la Drave; Posséga; Peter-Wardein ou Waradin, sur le Danube, célèbre par la sanglante bataille que le prince Eugène y gagna sur les Turcs en 1716.

## TRANSYLVANIE.

D. Où est située la principauté de Transylvanie?

R. Elle est située à l'est et au sud de la Hongrie, dont elle est indépendante, à l'ouest et au nord de la Turquie d'Europe. (Climat et productions, voy. Hongrie).

D. Quand a-t-elle été cédée à l'Autriche?

R. En 1699, par le traité de Carlowitz.

D. Quelle est la capitale de la Transylvanie?

R. Hermanstadt, place forte, résidence du gouverneur, bien bâtie; pop. 15,000 hab.

## GALLICIE.

D. Qu'est-ce que la Gallicie?

R. La Gallicie, qu'on divise en Gallicie occidentale ou Lodomérie, et en Gallicie orientale, est une nouvelle province formée de deux démembremens de la Pologne, l'un en 1772, et l'autre en 1795.

D. Où est située la Gallicie?

R. Au sud du royaume de Pologne, à l'ouest de la Russie, au nord de la Hongrie dont elle est séparée par les Monts-Krapacks, à l'est de la Silésie.

D. Quelles en sont les productions?

R. Grande fertilité en céréales, pâturages, chanvre, lin, miel, cire, forêts, sel, beaucoup de gibier.

D. Quelles sont les villes les plus considérables?

R. LEMBERG ou LÉOPOLD, capitale, archevêché; distance de Vienne, 160 lieues; pop. 50,000 hab., dont 16,000 juifs. Commerce considérable avec la Turquie et la Russie; on y remarque la cathédrale et la bibliothèque publique.

WIELICZKA (Lodomérie), est une petite ville qui donne son nom à ses mines de sel, les plus curieuses et les plus riches de l'Europe; distance de Cracovie, 9 lieues; pop. 5,400 hab.

BOSCHNIA, distance de Cracovie, 7 lieues; pop. 1,200 h. Exploitation considérable de sel gemme.

## BUKOWINE.

D. Où est située cette province?

R. A l'est de la Hongrie. C'est un pays montagneux et couvert de bois; l'air y est froid, mais sain.

CZERNOWITZ, place forte sur le Pruth, et SUCZAVA, sur la rivière de ce nom, sont les seules villes un peu remarquables.

## ROYAUME D'ILLYRIE.

D. Où est situé ce nouveau royaume?

R. Au nord de l'Italie et du golfe de Venise, à l'est de ce golfe, au sud de la Styrie, à l'ouest de la Hongrie.

D. Quelles en sont les productions?

R. Beaucoup de fer et d'acier en Carinthie,

soie, mines de vif-argent à Idria dans le Frioul, vins et autres productions du Midi dans la Dalmatie.

D. Quelles sont les villes les plus remarquables ?

Laybach, sur l'Ubianitza, cap. du royaume de l'Illyrie et de la Carniole, siége du gouvernement, évêché ; dist. de Vienne, 100 lieues ; population, environ 18,000 h. L'hôtel-de-ville est un beau bâtiment, ainsi que la cathédrale de St-Nicolas, dont l'intérieur ressemble un peu à St-Pierre de Rome.

Goritz, sur l'Isonzo, ch.-l. du comté de ce nom, archevêché ; distance de Laybach, 15 lieues ; de Trieste, 10 lieues ; pop. 12,000 hab. Tirage et manufacture de soie, liqueurs.

Trieste (Istrie), port franc à l'extrémité de la mer Adriatique ; dist. de Laybach, 16 lieues ; pop. 50,000 hab. Comm. d'importation et d'exportation. Les environs produisent un vin très-agréable. Les marins de l'Istrie et de la Dalmatie sont renommés.

Clagenfurt, cap. de la Carinthie, a de beaux édifices. La route qui conduit de cette ville à Laybach est un ouvrage digne des Romains.

Zara (Dalmatie), port sur l'Adriatique, archev. place forte ; pop. 6,000 hab. Renommée par sa liqueur connue sous le nom de *Marasquin de Zara.*

Raguse (Dalmatie) port sur la mer Adriatique, jadis cap. de la république de ce nom, archevêché ; pop. 6,000 hab. Patrie du père Boscowich, célèbre géomètre et astronome, mort en 1787.

# PRUSSE. (royaume de)

D. Quel fut le premier électeur de Brandebourg qui prit le titre de roi?

R. Ce fut Frédéric I^er. qui prit ce titre en 1701.

D. Quelles sont les limites des états de Prusse?

R. Ces états, qu'il ne faut pas confondre avec la Prusse proprement dite, sont bornés au nord par la mer Baltique; à l'est par le royaume de Pologne, au sud par la Silésie autrichienne, la Bohême et le royaume de Saxe; à l'ouest par les Pays-Bas, au nord-ouest par l'Hanovre et le grand-duché de Mecklenbourg.

D. Quelle est son étendue et sa population?

R. Il a environ 330 lieues de long sur 30 à 125 dans sa plus grande largeur, et est par conséquent d'une forme longue et très-irrégulière. Sa population est de 11,400,000 habitans.

D. Quelle est la religion de la Prusse?

R. La famille régnante professe la religion luthérienne: l'exercice des autres cultes y est permis.

D. En combien de provinces la divise-t-on?

R. En dix provinces, subdivisées elles-mêmes en un certain nombre de régences, savoir:

| Provinces. | Régences. | Provinces. | Régences. |
|---|---|---|---|
| Prusse Orientale. | Kœnigsberg. Gumbinnen. | Clèves et Berg. | Dusseldorf. Clèves. Cologne. |
| Prusse Occidentale. | Dantzick. Marienwerder. | Silésie | Breslau. Liégnitz. Oppeln. |
| Brandebourg. | Berlin. Potsdam. Francfort-sur-l'Oder. | Posen. | Posen. Bromberg. |
| Poméranie. | Stettin. Coslin. Stralsund. | Saxe. | Mersebourg. Magdebourg. Erfurth. |
| Westphalie. | Munster. Minden. Arensberg. | Bas-Rhin. | Aix-la-Chapelle. Coblentz. Trèves. |

D. Combien a-t-elle de gouvernemens militaires?

R. Cinq : 1°. Magdebourg et duché de Saxe;

2°. Marches et Poméranie ; 3°. Prusse propre ; 4°. duchés de Posen et de Silésie ; 5°. Westphalie et provinces du Bas-Rhin et de Clèves.

## PRUSSE ORIENTALE.

D. Où est située la Prusse orientale ?

R. A l'est de la Prusse occidentale, au nord et à l'ouest du royaume de Pologne, et au sud de la Baltique. On y trouve les lacs Maas et Spirding.

D. Quelles sont ses productions ?

R. Les principales sont : Grains, chanvre, lin, bois, pommes de terre, légumes, beaux chevaux, bestiaux, gibier, kermès ou cochenille, récolte de l'ambre jaune sur les côtes de la Baltique.

D. Par quelles rivières est-elle arrosée ?

R. Par le Niémen et le Prégel, qui se jettent dans la Baltique.

D. Quelles sont ses villes remarquables ?

R. KŒNIGSBERG, sur le Prégel, à quelques lieues de la Baltique, capitale, siége des autorités civiles et militaires de la Prusse, université ; distance de Berlin, 135 lieues ; pop. 60,000 hab. Tanneries, brasseries, bonneterie, fab. de toiles. Les plus gros bâtimens remontent jusqu'à la ville. Elle renferme de beaux édifices, entr'autres, l'hôtel-de-ville, la bourse, les hôpitaux, et le palais royal, dont la vue domine une grande étendue de pays.

MEMEL, port sur la Baltique, ville forte de la régence de Kœnigsberg, ch.-l. de cercle ; popul. 10,900 hab. Commerce très-étendu.

## PRUSSE OCCIDENTALE.

D. Où est située la Prusse occidentale ?

R. Au nord du duché de Posen et de la Pologne, à l'est du Brandebourg et de la Poméranie, au sud de la Baltique, à l'ouest de la Prusse orientale (mêmes productions que dans cette dernière province).

D. Par quelles rivières est-elle arrosée?

R. Par la Vistule, la Warta et la Netze : cette dernière se jette dans la Warta qui se perd dans l'Oder.

D. Quelles en sont les villes remarquables?

R. Dantzick, port sur la mer Baltique, à l'embouchure de la Vistule et de la Moltau, capitale; dist. de Paris, 370 lieues; pop. 60,000 hab. Port très-fréquenté. Importations : denrées coloniales, vins, fruits du Midi, huiles, eaux-de-vie; exportation : beaucoup de grains, potasse, soude, chanvre, ambre, bois de construction; distilleries. Les édifices les plus remarquables sont la cathédrale, l'hôtel-de-ville, l'arsenal, l'ancien collége des Jésuites, et la cour des Nobles.

Elbing, ville de la régence de Dantzick; popul. 14,000 hab.

Marienwerder, près de la Vistule, ch.-l. de la régence de même nom; pop. 5,000 hab.

Thorn, sur la Vistule, ville forte de la régence de Marienwerder, fondée en 1231; pop. 8,000 h. Peu de commerce; patrie de l'astronome Copernic.

## BRANDEBOURG.

D. Quelles sont les limites du Brandebourg?

R. Il est borné au nord par le Mecklenbourg et la Poméranie, à l'est par la régence de Posen, au sud-est par la Silésie, au sud par le royaume de Saxe, au sud-ouest et à l'ouest par la Saxe prussienne.

D. Quelles sont ses productions?

R. Les principales sont : Seigle, orge, avoine, lin, bois de construction, bétail, un peu de fer, pierres à chaux.

D. Quelles sont les rivières qui l'arrosent?

R. Ce sont l'Elbe, le Havel qui reçoit la Sprée au-dessous de Berlin, l'Oder et ses affluens, la Neisse et le Bober. Il y a deux canaux dont l'un communique de la Sprée à l'Oder, et l'autre du Havel au même fleuve.

D. Quelles sont les principales villes du Brandebourg?

R. BERLIN, sur la Sprée, ch.-l. de la régence de même nom, cap. des états prussiens, résidence du roi, université, manufacture royale de porcelaine; dist. de Paris, 245 lieues; pop. 180,000 h. Fabriques d'étoffes de soie, de coton, de draps, de toiles, de tapisseries, de tabac, raffineries de sucre, librairie, tanneries.

*Curiosités.* Parmi les édifices et les établissemens publics de cette ville, une des plus belles de l'Europe, on remarque le magnifique palais du souverain, l'arsenal, les bâtimens de la bibliothèque et de l'académie royale des sciences, le cabinet d'histoire naturelle et l'observatoire; très-belles rues, superbes portes, belles promenades. A deux lieues de Berlin est la petite ville de Charlottenbourg, avec un magnifique château royal.

POTSDAM, sur le Havel, seconde résidence royale et siége des administrations supérieures de la régence; dist. de Berlin, 6 lieues; pop. 26,000 hab. On y remarque le palais du roi, l'hôtel-de-ville, l'église de la Garnison et la maison des Orphelins militaires. Les rues et les places sont très-belles.

FRANCFORT-SUR-L'ODER, ch.-l. de régence; trois foires célèbres par an; pop. 12,000 h. Commerce en vins, grains, indigos et denrées coloniales.

## POMÉRANIE.

D. Quelles sont les limites de la Poméranie?

R. Elle est bornée au nord par la mer Baltique, à l'est par la Prusse occidentale, au sud par le Brandebourg, à l'ouest par le Mecklenbourg. L'Oder est la plus considérable des rivières qui l'arrosent.

D. Quelles sont ses productions?

R. Elles consistent en bestiaux, porcs, oies, principale ressource des habitans. Culture peu avancée, pays seulement fertile sur le bord des rivières; atmosphère souvent chargée de brouillards; climat froid mais sain.

D. Quelles en sont les principales villes?

R. Stettin, sur l'Oder, cap. de la Poméranie et ch.-l. de régence; dist. de Berlin, 30 lieues; pop. 24,000 hab. Importation : vins, denrées coloniales, harengs, productions de Russie; exportation : grains, bois de construction et merrain.

Usedom, île de la Baltique, pop. 10,000 hab., dépend de la régence de Stettin.

Stralsund, port sur le détroit d'Egel, qui sépare l'île de Rugen de la terre ferme, ch.-l. de régence; pop. 14,000 hab. Fabrique considérable de cartes à jouer. Exportation de blé.

L'île de Rugen, dans la Baltique, pop. 28,000 h., capitale, Bergen, fait aujourd'hui partie de la régence de Stralsund.

## WESTPHALIE.

D. Quelles sont les limites de la Westphalie?

R. Elle est bornée au nord par le royaume d'Hanovre; à l'est par la Hesse-Electorale et la Principauté de la Lippe, au sud par la régence de Coblentz et le duché de Nassau, à l'ouest par la province de Clèves.

D. Quelles sont ses productions?

R. Les principales sont : Toutes sortes de céréales, de légumes et de fruits, pommes de terre, lin, chanvre, gros et menu bétail, quantité de porcs, beaucoup de bois. Climat tempéré.

D. Quelles en sont les villes remarquables?

R. Munster, capitale de la Westphalie, chef-lieu de régence, siége des autorités supérieures, évêché, célèbre par la paix de 1648, dite aussi paix de Westphalie; distance de Paris, 156 lieues; pop. 15,000 hab. Fabriques de toiles, commerce de vins du Rhin et de jambons dits de Westphalie.

MINDEN, sur le Weser, chef-lieu de régence; pop. 6,000 hab. Fabriques de bougies et de savon noir, brasseries considérables.

## PROVINCE DE CLÈVES-BERG.

D. Où est située cette province?

R. Elle est située sur les deux rives du Rhin, à l'est du royaume des Pays-Bas et au nord de la province du Bas-Rhin.

D. Quelles sont ses productions?

R. Les principales sont: Bois, lin, fruits, grains, pâturages, beaux bœufs, mines de houille, de fer, de plomb et de cuivre.

D. Quelles sont les villes remarquables?

R. DUSSELDORF, sur le Rhin, capitale du duché de Berg, chef-lieu de régence; distance de Paris, 125 lieues; pop. 20,000 hab. Fabriques d'armes, de tabac, commerce de laines et de vins.

BARMEN, régence et dist. de Dusseldorf, 7 lieues; pop. 23,000 h. Fabriques de dentelles, de draps, de rubans, de siamoises, de toiles de lin.

ELBERFELD, même régence, à 6 lieues de Dusseldorf; pop. 27,000 hab. Librairie, cotonnerie, fabriques de céruse, de rubans, de lacets, soieries, filatures de coton, commerce de vins.

CLÈVES, à 2 lieues du Rhin, capitale du duché de Clèves et chef-lieu de régence; pop. 5,000 hab.

COLOGNE, sur le Rhin, ancienne capitale de l'électorat de même nom, chef-lieu de régence, archevêché; pop. 53,000 hab.; la ville la plus marchande sur le Rhin. Manufacture très-renommée de tabac, distilleries d'eau de Cologne, commerce de vins. Cette ville a été fondée par Marcus-Agrippa, gendre d'Auguste. Très belles églises, dont la plus remarquable est la cathédrale.

## DUCHÉ DE SILÉSIE.

D. Quelles sont les limites de la Silésie?

R. Elle est bornée au nord par la régence de Francfort-sur l'Oder, à l'est par la Pologne, au sud par la Silésie autrichienne et la Moravie, à l'ouest par la Bohême. Elle est traversée dans toute son étendue par l'Oder, qui la divise en orientale et occidentale.

D. Quelles sont ses productions?

R. Les principales sont: Toutes sortes de céréales, maïs, fruits, chanvre, lin, pâturages et bétail nombreux, forêts, cuivre, plomb, mercure, plusieurs mines de fer, arsenic, soufre, vitriol, cristal, agathes, etc.

D. Quelles sont ses villes remarquables?

R. Breslau, au confluent de l'Oder et de l'Ohlau, capitale de la province, place forte, chef-lieu de la régence, siége des autorités supérieures, évêché, université; distance de Berlin, 78 lieues; pop. 60,000 hab. Manufactures de lainages, de toiles fines, de draps dits de Silésie, fabriques de tabac, raffineries de sucre, bonneterie, chapellerie, quincaillerie. On y remarque de belles églises, l'hôtel-de-ville, l'arsenal, les casernes, la bourse et l'hôtel de la régence.

Liégnitz, sur la Katzbach, chef-lieu de régence, pop. 8,600 hab. Comm. en vins et en drogueries, beaux édifices, environs fertiles, jolies promenades.

## GRAND-DUCHÉ DE POSEN.

D. Quelles sont les limites de cette province?

R Elle est bornée au nord par la Prusse occidentale, à l'est par le royaume de Pologne, au sud par la Silésie, à l'ouest par le Brandebourg; elle est arrosée de l'est à l'ouest par la Warta. (A peu près les mêmes productions qu'en Pologne.)

10.

D. Quelles sont ses principales villes?

R. Posen, sur la Warta, capitale de la province, chef-lieu de la régence, siége des autorités supérieures, évêché; pop. 22,000 h. Fabriques de draps, ville bien bâtie avec quelques édifices publics.

Bromberg, chef-lieu de régence, sur le canal de même nom, qui joint la Netze à la Vistule; population, 6,000 hab.

## PROVINCE DE SAXE.

D. Où est située cette province?

R. A l'ouest du royaume d'Hanovre, à l'est du royaume de Saxe, et coupée par plusieurs petites principautés. Les principales rivières sont l'Elbe, et la Saale qui se jette dans ce fleuve.

D. Quelles sont les productions?

R. Elles consistent en grains, lin, chanvre, légumes, pâturages, bétail, gibier et poisson en abondance, salines dont les plus fameuses sont celles de Schœneberg, mines de cuivre à Eisleben.

D. Quelles sont les villes les plus remarquables?

R. Mersebourg, sur la Saale, chef-lieu de régence; pop. 6,000 hab. Brasseries considérables.

Halle, dans une belle plaine sur la Saale, régence de Mersebourg, université fondée en 1694, observatoire, école de médecine; pop. 25,000 hab. Beaux édifices, ville justement célèbre par ses établissemens scientifiques et littéraires.

Naumbourg, sur la Saale, régence de Mersebourg, siége des autorités supérieures des régences de Mersebourg et d'Erfurt, ville commerçante; pop. 8,800 hab.

Magdebourg, sur l'Elbe, chef-lieu de régence, place forte; distance de Berlin, 40 lieues; population, 40,000 hab. Manufactures d'indiennes, de tabac et de savon, au moins 40 fabriques de café-chicorée dans la ville.

ERFURTH, avec une bonne citadelle, chef-lieu de régence; pop. 18,000 hab.

## PROVINCE DU BAS-RHIN.

D. Où est située cette province?

R. Elle est située au nord de la France, à l'est des Pays-Bas, au sud de la province de Clèves, à l'ouest du cercle bavarois du Rhin, des duchés de Hesse-Darmstadt et de Nassau; elle est arrosée par la Sarre, la Moselle et le Rhin.

D. Quelles sont ses productions?

R. Les principales sont : Grains, lin excellent, chanvre, genièvre, graines de trèfle, tabac, très-bons vins blancs et rouges, pâturages, forêts, chevaux, bêtes à corne et à laine, mines de houille, de cuivre, de fer, de plomb, de zinc, carrières de marbre et d'ardoises, pierres meulières, salines de Creutznach, eaux minérales.

D. Quelles en sont les villes remarquables?

R. AIX-LA-CHAPELLE, ch.-l. de régence; dist. de Paris, 117 l.; pop. 30,000 hab. Bains thermaux, fabriques de draps casimirs, filatures de laines à la mécanique, fabriques d'épingles. Ville détruite par les Huns en 451, rebâtie et embellie par Charlemagne qui en fit le siége de son empire.

COBLENTZ, dans une plaine très-fertile, au confluent du Rhin et de la Moselle, chef-lieu de régence; dist. de Paris, 153 l.; pop. 10,000 hab. Aux environs, excellens vins, fab. de fer battu.

TRÈVES, sur la Moselle, chef-lieu de régence, ville très-ancienne; distance de Paris, 105 lieues; pop. 12,000 h. Quantité de forges et usines dans les alentours, commerce de vins dits de la Moselle, fabriques de tabac, beaucoup de restes d'antiquités romaines. On y remarque les églises de Notre-Dame et de Saint-Siméon.

*N. B. Le roi de Prusse possède en Suisse la principauté de Neufchâtel.*

# BAVIÈRE. (royaume de)

D. Quelles sont les limites de la Bavière?

R. La Bavière, érigée en royaume en 1805, est bornée au nord par la Saxe, à l'est par la Bohême et l'Autriche, au sud par le Tyrol, et à l'ouest par le Wurtemberg.

D. Quelle en est l'étendue?

R. Elle a 80 lieues de longueur sur 50 de largeur. On évalue sa superficie à 4,160 lieues carrées, et sa population à 3,600,000 hab.

D. Quelle est la religion de ce royaume?

R. La religion catholique est la dominante.

D. Comment ce royaume est-il divisé?

R. En huit cercles : l'Iser, le Haut et Bas-Danube, la Régen, la Rézat, le Haut et Bas-Mein et le Rhin.

D. Quelles sont ses productions?

R. Les principales sont : Toutes sortes de grains, légumes, fruits, vins, houblon, chanvre, tabac, quantité de gros et menu bétail, chevaux estimés, beaucoup de poisson, mines de fer, de cuivre, de charbon de terre, carrières de marbre et de gypse, terre à porcelaine et à creusets.

D. Quelles sont ses rivières les plus considérables?

R. Ce sont le Mein, le Danube et ses affluens, le Lech, la Nab, l'Iser et l'Inn.

D. Quelles sont les villes les plus remarquables?

R. Munich, sur l'Iser, capitale du royaume, résidence du roi, archevêché; distance de Paris, 190 l.; pop. 70,000 hab. Manuf. de tapisseries de haute-lisse façon des Gobelins, de rubans, cordes de boyaux, pinceaux, cartes à jouer, bonneterie, fabriques de coton bon teint et de maroquins.

*Curiosités.* Le palais du roi, dont l'intérieur est de la plus grande magnificence; l'église de Notre-Dame, avec le monument élevé à l'empereur Louis de Bavière; celle des Théatins, l'église des anciens Jésuites, et leur collége, le plus magnifique que leur ordre possédait en Europe; l'arsenal, l'Opéra, le théâtre de la cour; la bibliothèque royale, la galerie de tableaux : ville très-bien bâtie, plusieurs belles places et belles rues. A une lieue de Munich est le château royal de Nymphenbourg, bâti sur le plan de celui de Versailles.

AUGSBOURG, entre le Lech et le Wertach; distance de Munich, 17 lieues; pop. 29,000 hab. Le cours de son change se cote sous le nom d'Auguste, de son nom latin *Augusta Vindelicorum*. Opérations de banque, passementerie or et argent, fab. d'instrumens d'optique et de mathématiques. L'hôtel-de-ville passe pour le plus beau de l'Allemagne.

NUREMBERG, sur la Peignitz; dist. de Munich, 40 lieues; pop. 28,000 hab. Banque royale. Fabr. de fil de fer, d'acier, d'ouvrages en cuivre, d'instrumens d'optique et de mathématiques, manuf. de draps et de tabac, commerce en drogueries.

RATISBONNE, sur le Danube, ville fort ancienne, autrefois le siége de la diète de l'empire; popul. 9,000 h. Peu de manufactures et de commerce; on y remarque l'hôtel-de-ville, le pont sur le Danube, long de 1,100 pieds, et de beaux édifices.

FURTH, à 2 lieues de Nuremberg; pop. 20,000 h. Ville très-commerçante, fabriques de plumes, de glaces, de lunettes, etc. etc.

WURTZBOURG, sur le Mein; pop. 22,000 hab. Commerce principal en grains, huiles, laines, vins, fab. de tabac. Les environs produisent le vin dit de Leistewein. Université, institut clinique d'une grande réputation, bibliothèque publique. On y remarque le palais-royal et le grand hôpital.

PASSAW, au confluent de l'Inn et du Danube, place forte, frontière de l'Autriche; pop. 10,000 h.

SPIRE, sur le Rhin; distance de Mayence, 18 l.; pop. 7,000 hab. Culture du tabac, garance, navette et grains, commerce de vins.

# SAXE. (royaume de)

D. Quand la Saxe fut-elle été érigée en royaume ?

R. Le 11 décembre 1806, en faveur de l'électeur Frédéric-Auguste III ; il se compose principalement de la Misnie, d'une partie du Voigtland et du cercle d'Erzgebirge.

D. Quelles en sont les limites ?

R. Il est borné au nord et à l'est par le royaume de Prusse, au sud par la Bohême, et à l'ouest par les petites principautés de la maison de Saxe.

D. Quelle en est l'étendue ?

R. Il a environ 50 lieues de long sur 30 dans sa plus grande largeur, et une population de 1,400,000 hab. dont la plupart sont luthériens. Le prince et sa famille professent la religion catholique.

D. Quelles sont les productions de ce royaume ?

R. Ce sont : Grains, lin, tabac, houblon, belles forêts, térébenthine, laine, bestiaux. On y trouve presque tous les métaux, argent, cuivre, fer, étain, zinc, arsenic, cobalt, houille, soufre, vitriol. Nombreuses fabriques de dentelles, de draps fins, de toiles de lin.

D. Quelles sont ses principales villes ?

R. Dresde, sur l'Elbe, belle et grande ville, cap. de la Misnie et de tout le royaume, résidence du roi ; dist. de Paris, 260 lieues ; pop. 50,000 h. Fonderie de canons, manufacture de glaces, dépôt de la manufacture de porcelaine de Meissen, la première qui a été établie en Europe ; papeteries, manufacture de draps fins, de dentelles, de rubans, de chapeaux, de gants, etc.

*Curiosités.* Le palais royal, dont l'élévation de la tour est de 356 pieds ; plusieurs autres beaux palais ; l'église des catholiques, une des plus belles d'Allemagne, et le plus vaste bâtiment de Dresde ; le superbe pont sur l'Elbe, l'arsenal, la bibliothèque royale contenant 250,000 volumes et environ 5,000 manuscrits, la galerie de tableaux, le musée des pierres précieuses, le cabinet d'histoire naturelle, et la galerie des antiques. A deux petites lieues de Dresde est Pilnitz, maison de plaisance du roi, dans une agréable situation sur les bords de l'Elbe.

Leipsick, sur la Pleiss, au confluent de l'Elster, de la Bard et de la Luppe, université fondée en 1408; dist. de Paris, 234 lieues; de Dresde, 26 lieues; pop. 38,000 hab. Patrie de Leibnitz, fameux mathématicien. Manufacture de tabac, librairie importante, fab. de tissus d'or et d'argent; trois foires considérables de 13 jours, au 1er. janvier, le troisième lundi après Pâques, et le dimanche après Saint-Michel. Cette ville a de beaux édifices et de jolies promenades.

Annaberg, pop. 4,200 hab., centre de la fabrication et du commerce des dentelles; aux environs, exploitation des mines d'argent, étain, plomb, cobalt.

Bautzen, sur la Sprée (partie de la Lusace restée à la Saxe); pop. 10,000 hab. Papeteries, chapellerie, fil de fer, fab. de draps, bas de laine, toile de lin.

Freyberg, ville manufacturière; pop. 9,000 h. On exploite par an, dans les mines aux environs, 30,000 marcs d'argent, 2,000 quintaux d'étain et de plomb, et de plus du fer et de l'arsenic.

Plauen, pop. 6,000 hab. Fab. de mousselines et filatures de coton. Patrie de Bottcher, inventeur de la porcelaine de Saxe.

Zittau, belle ville; pop. 7,000 hab. Etoffes de coton, laine, draps, etc.

# WURTEMBERG. (royaume de)

D. A quelle époque le Wurtemberg a-t-il été érigé en duché, et ensuite en royaume?

R. Il a été érigé en duché l'an 1495, et en royaume en 1806.

D. Quelles sont les limites de ce royaume?

R. Il est borné au nord, au sud et à l'ouest par le grand-duché de Bade, à l'est par la Bavière. Superficie, 1,025 lieues carrées.

D. Quelle est la religion de l'état?

R. C'est la religion luthérienne, mais tous les autres cultes y jouissent d'une grande tolérance.

D. Quelles sont ses principales productions?

R. Grains en abondance, légumes de toutes espèces, vins et fruits excellens, pâturages, forêts, bestiaux, beaucoup de gibier et de poisson; population, 1,387,000 hab.

D. Quelles en sont les villes remarquables?

R. STUTTGARD, dans une plaine près du Necker, cap. du royaume, résidence du roi, banque royale; dist. de Paris, 148 lieues; pop. 27,600 hab. Belle ville, mais peu commerçante. On y remarque les deux châteaux, le superbe hôtel de la chancellerie, le bâtiment de la bibliothèque, de belles promenades. Les environs sont agréables et fertiles. A 3 lieues est la jolie petite ville de Ludwigsbourg, où le roi a un magnifique palais renfermant des chefs-d'œuvre de peinture et de sculpture.

ULM, sur le Danube; distance de Stuttgard, 20 lieues; pop. 12,000 hab. Manufacture et commerce de toiles, blanchisseries, fabriques de tabac et d'amadou, entrepôt des marchandises qui descendent le Danube. On y remarque le Munster, vaste église d'un beau gothique.

# HANOVRE. (royaume d')

D. A quelle époque a-t-il été érigé en royaume ?
R. En 1814, en faveur de l'Angleterre.
D. Quelles sont les limites de ce royaume ?
R. Il est borné au nord par la mer du Nord, à l'est et au sud par le royaume de Prusse, à l'ouest par les Pays-Bas. Superficie, 1,933 lieues carrées.
D. Quelle est la religion de ce royaume ?
R. Le luthérianisme.
D. Que produit cette contrée ?
R. Grains, fruits, lin et chanvre; p. 1,300,000 h.
D. Quelles en sont les villes remarquables ?
R. HANOVRE, sur la Leine, cap. du royaume; pop. 24,000 hab. Comm. en soieries, modes et vins.
EMBDEN, port à l'embouchure de l'Ems; pop. 11,300 hab. Construction de vaisseaux, fabriques d'aiguilles, armemens.
LUNEBOURG, sur l'Illmenau, à 6 l. de son confluent avec l'Elbe; pop. 10,000 hab. Entrepôt des marchandises de Bohême, de Silésie et d'Autriche.
OSNABRUCK, sur l'Haas; pop. 9,300 hab. Distance de Paris, 268 l.

# HESSE-ÉLECTORALE.

D. Où est située la Hesse-Electorale ?
R. Elle est presque enclavée dans les états du roi de Prusse, et a une population d'environ 550,000 h. a une superficie de 558 lieues carrées.
CASSEL, capitale, sur la Fulde; pop. 23,000 hab.; distance de Paris, 186 lieues. Fabriques de tabac et d'indiennes, très jolie ville, où l'on remarque le palais qu'habite le prince, l'arsenal, la superbe place Frédéricienne, et plusieurs beaux édifices.

## GRAND-DUCHÉ DE BADE.

D. Quelles sont les limites de ce grand-duché?
R. Il est borné au nord par le duché de Hesse-Darmstadt et la Bavière, à l'ouest par le Wurtemberg, au sud et à l'ouest par le Rhin, qui le sépare de la Suisse, de la France et du cercle Bavarois du Rhin?

D. Quelles sont ses principales productions?
R. Ce sont : Blé, légumes, fruits, houblon, lin, chanvre, le meilleur d'Allemagne, bêtes à laine qui s'améliorent, riches mines de sel; on vante le kirschwasser de la Forêt-Noire. Manufactures et fabriques en tous genres. Pop. 1,000,500 hab.

D. Quelles en sont les villes remarquables?
R. Carlsruhe, cap., jolie ville, résidence du grand-duc, distance de Paris, 135 lieues; pop. 15,500 hab. Commerce en tabletterie, meubles de luxe, tabac, vins, huile, etc. Le palais du prince est très-beau; cette ville a été bâtie en 1715, les rues en sont tirées au cordeau.

Bade ou Baden, séjour charmant, connu de toute l'Europe par son établissement d'eaux thermales; dist. de Strasbourg, 8 l.; pop. 4,000 hab.

Constance, sur le lac de ce nom, évêché; dist. de Carlsruhe, 50 lieues; grande ville déserte; pop. 5,400 hab. Commerce en vins du Lac, fab. de toiles peintes. On y remarque la cathédrale.

Dourlach, sur la Pfinz, à 3 l. de Carlsruhe; pop. 4,000 hab. Fabriques importantes de vinaigre, belle manufacture de boutons.

Fribourg, au pied d'une montagne à l'entrée de la Forêt-Noire, université, très-jolie ville; dist. de Carlsruhe, 30 lieues; pop. 9,000 hab. Comm. des productions du pays.

Heidelberg, sur le Necker, université fondée en 1346; dist. de Carlsruhe, 12 lieues; populat.

13,000 hab. Ville charmante, entrepôt des marchandises qui entrent ou sortent du pays par le Necker.

Manheim, au confluent du Rhin et du Necker, seconde résidence du grand-duc, belle ville bâtie au cordeau, cour suprême de justice; distance de Carlsruhe, 13 lieues; pop. 18,400 hab. Fab. de tabac, grand commerce de livres, tableaux, estampes, manuf. de similor dit or de Manheim.

*Curiosités.* L'observatoire, très-bel édifice; l'arsenal; la fonderie de canons; l'hôtel des monnaies; le palais du grand-duc, renfermant une galerie de peinture, un cabinet d'antiquités et une riche bibliothèque. On aperçoit encore dans ce palais des traces du terrible bombardement de 1795. Maisons uniformes et élégantes, rues larges et bien percées.

Rastadt, dans une plaine immense sur la Murg; dist. de Carlsruhe, 5 l.; pop. 4,200 hab. Comm. assez important, jolie ville tirée au cordeau.

## HESSE-DARMSTADT. (grand-duché de)

D. Où est situé ce grand-duché ?

R. Au midi du duché de Nassau et du comté de Hanau, à l'ouest de la Bavière, au nord du grand-duché de Bade et du cercle de Bavière sur le Rhin, à l'est de la province prussienne du Bas-Rhin.

D. Quelles sont ses productions ?

R. Peu de blé, beaucoup de pommes de terre, tabac, lin, bons vins aux environs de Mayence, pierres d'aimant près de Darmstadt; pop. 600,600 h.

D. Quelles en sont les villes remarquables ?

R. Darmstadt, jolie ville, cap., résidence du grand-duc; dist. de Mayence, 7 lieues; populat. 16,000 hab. Fab. de toiles et d'étoffes de laine, ouvrages de sellerie et de charronnage.

Mayence, sur le Rhin, près du confluent du Mein, archevêché, cap. de la province Hessoise du Rhin, place forte; dist. de Paris, 141 lieues; de Darmstadt, 7 l.; pop. 25,400 hab. Draperie, soierie, toilerie, fab. de tabac et de maroquin; commerce de vins et de jambons renommés. On remarque la cathédrale et ses tours ruinées, l'église de Saint-Pierre, le palais de Stadion, la place Verte, la place Guttemberg.

## DUCHÉ DE NASSAU.

D. Où est situé le duché de Nassau?

R. Il est situé entre la province prussienne du Bas-Rhin, le grand-duché de Hesse, et le territoire de Francfort-sur-le-Mein. Surface, 156 l. carrées et pop. 302,000 hab.

D. Quelles sont ses productions?

R. Grains, fruits, excellens vins du Rhin, amandes, noix de galle, chanvre, tabac, chevaux, chèvres, gros et menu bétail, porcs, fer, cuivre; eaux minérales et thermales renommées, entr'autres celles de Wisbaden, de Selters, etc.

Ce petit état a pour capitale Weilbourg, sur la Lahn; dist. de Mayence, 14 lieues.

## DUCHÉ DE BRUNSWICK.

D. Quelles sont les limites de ce duché?

R. Il est borné au nord et à l'ouest par le royaume d'Hanovre, au sud et à l'est par le royaume de Prusse; il est arrosé, du sud au nord, par l'Ocker. Pop. 210,000 hab.; superficie 118 lieues carrées.

D. Quelles sont ses principales villes?

R. Brunswick, sur l'Ocker, capitale, résidence du duc; dist. de Cassel, 53 lieues; pop. 32,000 h. Belle ville, ouvrages en cartons peints et vernis, fab. de tôle en vernis pour écrans.

Wolfenbuttel, sur l'Ocker, ancienne résidence des ducs de Brunswick; pop. 8,000 hab. On y remarque le palais; elle possède une riche bibliothèque.

## MECKLENBOURG. (grand-duché de)

D. Où est situé le Mecklenbourg?
R. A l'extrémité septentrionale de l'Allemagne, vers les côtes de la mer Baltique.
D. Quelles sont ses productions?
R. Blé, forêts de chênes, hêtres et sapins, bestiaux, chevaux remarquables par leur taille et leur force.
D. Comment divise-t-on le Mecklenbourg?
R. On le divise en deux grands duchés, qui sont : grand-duché de Mecklenbourg-Schwerin, pop. 377,000 hab., et de Mecklenbourg-Strélitz, pop. 63,800 hab.; ils ont chacun pour capitale une ville du même nom. On trouve dans le duché de Mecklenbourg-Schwerin, Wismar, pop. 9,000 hab. et Rostock, sur la Warnow, à 3 l. de la Baltique, pop. 15,000 hab.

## DUCHÉ D'OLDENBOURG.

D. Où est situé le duché d'Oldenbourg?
R. Au sud de la mer du Nord, et entouré de tous les autres côtés par le royaume d'Hanovre.
D. Quelles sont ses productions?
R. Blé, légumes, sarrasin, chanvre, lin, houblon, colza, gros et menu bétail, chevaux; pop. 235,400 h. Capitale, Oldenbourg; pop. 5,000 h.; aux environs se trouve le château ducal.

## VILLES LIBRES.

D. Qu'entend-on par ville libre?
R. On entend une ville qui se gouverne par elle-même, sous la protection d'une seule ou de plusieurs puissances; il y en a quatre, savoir :
Brême, sur le Weser; dist. de Paris, 194 l.;

pop. 40,000 hab. Comm. très-étendu de commission. Parmi plusieurs beaux édifices, on distingue la bourse et la maison de ville.

FRANCFORT-SUR-LE-MEIN, siége des diètes de la confédération germanique; dist. de Paris, 140 l.; pop. 60,000 hab. Comm. d'objets de mode et de bijouterie, de vins du Rhin, opérations de banque, épicerie, droguerie, librairie. On y remarque la cathédrale, l'hôtel-de-ville, et le palais du prince de la Tour et Taxis, où se tient la diète.

HAMBOURG, port sur la rive droite de l'Elbe; dist. de Paris, 221 lieues; pop. 107,000 h. Vaste entrepôt du commerce du nord de l'Europe, importantes opérations de banque, armemens. Parmi plusieurs beaux édifices, on remarque la bourse, les églises de Saint-Pierre et de Saint-Michel.

LUBECK, port entre la Trave et la Wackenitz; près de la Baltique; pop. 24,000 hab. Commerce considérable, ville en général bien bâtie, beaux édifices publics, rues très-propres, environs très-agréables.

## ARTICLE IV.

# SUISSE. (états de la)

D. QUEL nom portait autrefois la Suisse?
R. Elle a porté le nom d'Helvétie jusqu'en 1315 qu'elle a pris celui de Suisse, du nom du canton de Schwitz, qui, uni en 1307 à ceux d'Uri et d'Underwald, commença à se rendre indépendant de la maison d'Autriche.

D. Quelles sont les bornes de cet état?
R. Il est borné au nord et à l'est par l'Allemagne, au sud par l'Italie et à l'ouest par la France; il a environ 80 lieues de long sur 60 de large, une su-

perficie de 11,769 lieues carrées, et une population de 2,000,000 d'habitans.

D. Quelle est la nature du sol?

R. Le sol y est généralement pauvre, mais l'agriculture y est cependant florissante. C'est le pays le plus montagneux et le plus élevé de l'Europe. Les Alpes, qui le bornent à l'est et au sud, occupent la plus grande partie de son étendue; et il est entrecoupé au nord et à l'ouest par les chaînes moins élevées du Jura.

D. Quelles sont les plus hautes chaînes des Alpes?

R. Ce sont le plateau circulaire du Mont Saint-Gothard, le Mont de la Fourche, le Jung-Frau ou Mont de la Vierge, qui a 12,872 pieds au-dessus de la mer, le Simplon qui en a 11,000, le Mont Cervin, 13,845 pieds.

D. Quelles sont ses productions?

R. Les principales sont: Orge, avoine, chanvre, peu de blé, excellens fruits dans le canton de Zug, vins de bonne qualité dans les cantons de Neufchâtel et du Valais, sapins, hêtres, beurre, fromages, dont plusieurs sont estimés, bons pâturages, nombreux bétail, poisson en abondance, eaux minérales et bains à Leuk dans le Valais.

D. Quelles sont les rivières considérables de la Suisse?

R. L'Aar est la seule rivière considérable qui appartienne proprement à la Suisse: le Rhin, le Rhône, l'Inn, le Tésin et l'Adda y ont leur source et une partie de leur cours.

D. Quels sont les principaux lacs?

R. Ce sont ceux de Genève, de Constance, de Zurich, de Lucerne traversé par la Reuss, de Neufchâtel, de Thunn, de Bienne et de Morat.

D. Quelle religion professe-t-on en Suisse?

R. Neuf cantons professent la religion catholique, dix le culte réformé, et les trois dernières l'une et l'autre.

D. Quel est le caractère des habitans?

R. Ils sont renommés par leur bravoure, leur bonne foi, leur hospitalité et leur amour pour la patrie; ils sont robustes, sobres et industrieux.

D. Quel est le gouvernement de la Suisse?

R. C'est une république fédérative. Chaque canton est souverain chez lui pour son administration; mais tout ce qui intéresse la confédération dépend de la diète qui se tient tous les ans dans le chef-lieu d'un des six cantons directoriaux, savoir: Fribourg, Berne, Soleure, Bâle, Zurich et Lucerne. Le landamann, chef de l'état, est pris chaque année dans un canton directorial.

D. Comment est-elle divisée?

R. En vingt-deux cantons, savoir:

| Cantons (*). | Chefs-lieux | Cantons. | Chefs-lieux |
|---|---|---|---|
| 1. Appenzel | Appenzel. | 11. Schwitz * | Schwitz. |
| 2. Argovie | Arau. | 12. Soleure * | Soleure. |
| 3. Bâle | Bâle. | 13. Tésin * | Bellinzona. |
| 4. Berne | Berne. | 14. Turgovie | Frawenfeld. |
| 5. Fribourg * | Fribourg. | 15. Underwald *. | Stantz. |
| 6. Glaris | Glaris. | 16. Uri * | Altorff. |
| 7. Grisons | Coire. | 17. Vaud | Lausanne. |
| 8. Lucerne * | Lucerne. | 18. Zug * | Zug. |
| 9. Saint-Gall | Saint-Gall. | 19. Zurich | Zurich. |
| 10. Schaffhouse | Schaffhouse. | | |

*Cantons ajoutés par l'acte du congrès de Vienne.*

| Cantons. | Chefs-lieux | Cantons. | Chefs-lieux |
|---|---|---|---|
| 20. Vallais * | Sion. | 22. Neufchâtel | Neufchâtel. |
| 21. Genève | Genève. | | |

D. Quelles sont ses villes ses plus remarquables?

R. BALE, sur le Rhin, qui la partage en deux parties inégales appelées le grand et le petit Bâle, université fondée en 1459, ville commerçante, entrepôt des marchandises du Midi pour

(*) L'astérisque indique les cantons catholiques.

le Nord; dist. de Paris, 120 l.; pop. 16,200 h.
Fabr. importantes de rubans en soie et filoselle,
nombreuses papeteries, comm. de vins et d'épiceries en gros. L'église principale est remarquable.

Berne, sur l'Aar, la plus belle ville de Suisse;
dist. de Paris, 143 l.; pop. 18,000 hab. Fab. de
soieries et de toiles; académie, jardin botanique et
bibliothèque contenant 30,000 vol.

Fribourg, sur la Sane; dist. de Paris, 140 l.;
pop. 7,000 hab. Comm. de bétail et de fromages;
plusieurs beaux édifices parmi lesquels on distingue
la cathédrale. A 6 lieues de Fribourg, et dans
le même canton, est la petite ville de Gruyère.
C'est dans les montagnes des environs que sont fa-
briqués les excellens fromages dits de Gruyère.

Genève, sur le Rhône, à sa sortie du lac; dist.
de Paris, 132 lieues; pop. 25,000 hab. Importantes manufactures d'horlogerie, bijouterie, orfévrerie, fabriques d'instrumens de physique, de
fleurs artificielles et de papiers peints, tanneries
et chamoiseries, commerce en épicerie, droguerie,
vins, fers, toiles peintes, rouennerie et mousselines. Patrie de Bonnet et de J.-J. Rousseau.

*Curiosités.* L'hôtel-de-ville, l'arsenal, la bibliothèque publique d'où l'on a une vue pittoresque, l'hôpital et le théâtre,
jolies promenades, une académie et un jardin botanique.

Lausanne, sur une hauteur, à une demi-lieue
du lac de Genève; dist. de Paris, 134 lieues; pop.
10,000 hab. Filatures de coton, teintureries de
coton, fab. de toiles et de draps, comm. d'épicerie
et de vins du pays, dits *de la Côte et de la Vaud;*
tanneries, imprimerie, librairie. Patrie de Tissot,
fameux médecin. Cette ville, un des plus agréables
séjours de la Suisse, est remarquable par les sites
pittoresques qu'offrent le lac de Genève et les montagnes des environs.

Lucerne, sur la Reuss, à l'endroit où cette rivière sort du lac de Lucerne ou Waldstadten; dist. de Paris, 140 lieues; pop. 5,000 hab. Résidence, depuis plusieurs siècles, du nonce apostolique, passage très-fréquenté de France, d'Allemagne et d'Italie par le mont Saint-Gothard; entrepôt de marchandises, commerce de peaux, bétail, fromages, et kirschwasser de la première qualité. Cette ville a plusieurs beaux édifices, parmi lesquels on remarque la maison de ville et l'arsenal.

Neufchatel, sur le lac de même nom; dist. de Paris, 130 lieues; pop. 5,000 hab. Commerce considérable de draperies, fab. d'horlogerie, commerce de transit pour la Suisse et la France, fonderie de cuivre à Serrières, à une demi-lieue; points de vue admirables au Chanet, à une demi-lieue.

Ce canton, qui a le titre de principauté, a un gouvernement particulier et appartient au roi de Prusse.

Schaffhouse, sur le Rhin, à une demi-lieue au-dessous de la cataracte de ce fleuve; dist. de Paris, 150 l.; pop. 7,000 hab. Fab. d'indiennes et d'acier fondu, comm. de vins du pays.

Saint-Gall, dist. de Paris, 170 lieues; pop. 9,000 hab. Grande fabrication de mousselines et de toiles de coton, fab. de boutons, etc.

On y remarque surtout l'ancienne abbaye des Bénédictins, où furent trouvés, en 1415, les originaux des ouvrages de Quintilien, de Silius Italicus, de Valerius Flaccus; les traités de Cicéron *de Finibus* et *de Oratore*.

Soleure, sur l'Aar, au pied du Mont-Jura, sur lequel on découvre la plus grande partie de la Suisse; dist. de Paris, 135 lieues; pop. 4,000 hab. Grand commerce de bestiaux, blé, fromages et fers. L'église des Jésuites, celle de Sainte-Ursule, et l'hôtel-de-ville, sont les plus beaux édifices.

Zurich, sur le lac de même nom, à l'endroit où le Limat sort du lac; dist. de Paris par Bâle, 155 lieues; pop. 12,000 hab. Bonneterie, fabriques d'étoffes de soie, de mousselines, de toiles de coton. Patrie du naturaliste Conrad Gesner, du poète Salomon Gesner, et de Lavater.

## ARTICLE V.

# ITALIE. (états d')

D. Qu'est-ce que l'Italie?

R. C'est une grande presqu'île, au midi de l'Europe, située entre les 37 et 46 degrés de lat. N., et les 5 et 17 de long. E. Elle est bornée au nord par l'Allemagne et la Suisse, à l'est par la mer Adriatique, au sud par la Mer-Ionienne, et à l'ouest par la mer de Toscane et la France.

D. Quelle en est l'étendue?

R. Elle a environ 290 lieues depuis l'extrémité de la Calabre jusqu'à la Savoie, mais elle varie dans sa largeur de 30 à 135 lieues; elle a une population de 19,000,000 d'habitans.

D. Quelles sont les montagnes de l'Italie?

R. Ce sont les Alpes qui la séparent de la France, de la Suisse et de l'Allemagne; et l'Apennin qui la traverse dans sa longueur du nord-ouest au sud-est.

D. Quels sont les points les plus élevés des Alpes?

R. Ce sont le Mont-Cénis (9,000 pieds d'élévation): le Mont-Vélan, le sommet le plus élevé du Grand-Saint-Bernard (10,527); le Mont-Rose (14,582); le Mont-Blanc, la plus haute montagne de l'Europe, 14,676 suivant M. de Saussure, et 15,000 suivant d'autres (*).

---

(*) L'hospice du Grand-Saint-Bernard, fondé par Bernard de Menton, en 968, est desservi par douze ecclésiastiques de l'ordre de Saint-Augustin. Cette maison, à la hauteur de 8,070 pieds au-dessus de la mer, est une des plus élevées de toutes les habitations. Il y a aussi au Mont-Cénis et au Petit-Saint-Bernard un hospice à l'instar de celui du Grand-Saint-Bernard.

D. Quelles sont ses rivières?

R. Les principales sont le Pô qui a sa source au Mont-Viso, dans les Alpes-Cottiennes, et se jette dans la mer Adriatique par plusieurs bouches; le Tésin et l'Adda qui se perdent dans le Pô; l'Adige qui a sa source dans le canton des Grisons et son embouchure dans l'Adriatique; l'Arno et le Tibre qui prennent leur source dans l'Apennin et se jettent dans la Méditerranée.

D. Quelle religion professe-t-on en Italie?

R. On y professe partout la religion catholique.

D. De quels états est-elle actuellement composée?

R. Elle est composée au nord des états du roi de Sardaigne, du royaume Lombardo-Vénitien, des duchés de Parme et de Modène; au centre, des duchés de Lucques et de Massa-di-Carrara, du grand-duché de Toscane, de l'état de l'Église et de la petite république de Saint-Marin; au midi, des royaumes de Naples ou des Deux-Siciles.

D. Quelles sont ses principales îles?

R. La Sardaigne, la Corse (voy. France, p. 78), l'île d'Elbe, la Sicile et l'île de Malte.

## SARDAIGNE (royaume de)

D. De quels pays se compose-t-il?

R. Du duché de Savoie, des principautés de Piémont et de Montferrat, du duché de Gênes, du comté de Nice sur le continent, et de l'île de Sardaigne dans la Méditerranée.

R. Où sont situés ses états du continent?

R. A l'est de la France, au sud de la Suisse, à l'ouest du royaume Lombardo-Vénitien, et au nord du golfe de Gênes. Les états Sardes, y compris l'île de Sardaigne, ont une surface de 3,500 lieues carrées et une population de 4,000,000 d'habitans.

D. Quelles en sont les productions?

R. Les principales sont : En Savoie, orge, seigle, vin en petite quantité, chanvre; dans le Piémont et le Montferrat, blé, maïs, riz, lin, chanvre, vins, figues, oranges, amandes, châtaignes, beaucoup de soie et de bestiaux, les principales richesses du pays; eaux thermales très-renommées à Acqui. Dans les pays de Gênes et de Nice, peu de céréales, maïs, beaucoup de soie, de vins, d'olives, d'oranges, de citrons, de fruits de toutes espèces, carrières de marbre et d'albâtre dans le territoire de Gênes; en Sardaigne, sel, pêche du corail sur les côtes, blé, fèves et autres légumes, fromages, vins, oranges, figues, moutons, chèvres.

## DUCHÉ DE SAVOIE.

D. Qu'est-ce que la Savoie?

R. C'est un pays pauvre, peu fertile et hérissé de hautes montagnes dont le sommet est presque toute l'année couvert de neige ou de glace; il est borné au nord par le lac de Genève, à l'est et au sud par le Mont-Blanc et le Mont-Cénis qui le séparent du Piémont, au sud et à l'ouest par les départemens des Hautes-Alpes et de l'Isère, et par le Rhône qui le sépare du département de l'Ain.

D. Quelle en est la capitale?

R. Chambéry, sur la Leisse et le ruisseau de l'Albane, évêché; distance de Paris, 145 lieues; pop. 12,000 hab. Fabriques de bas de soie, patrie de l'historien St.-Réal. On y parle français, ainsi que dans toute la Savoie. Les autres villes remarquables sont Annecy, évêché, sur le lac du même nom, pop. 5,000 h.; et St.-Jean-de-Maurienne, sur l'Aar.

## PRINCIPAUTÉ DE PIÉMONT.

D. Quelles sont les bornes du Piémont?

R. Le Piémont, ainsi nommé de sa situation au

p ed des Alpes, est borné au nord par le Valais, à l'est par le Milanais et le Montferrat, au sud par le duché de Gênes et le comté de Nice, à l'ouest par la France et la Savoie. On comprend dans le Piémont la partie du Milanais qui a été cédée au roi de Sardaigne par l'Autriche.

D. Quelles sont ses principales villes ?

R. Turin, sur le Pô, près de son confluent avec la Doria-Riparia ou Petite-Doire, capitale du Piémont et des états Sardes, résidence du roi, université, archevêché, académie royale des sciences; distance de Paris, 196 lieues; pop. 100,000 hab. Manufacture royale de tabac, chocolat très-renommé, fabriques de draps et d'étoffes de soie.

*Curiosités.* Le palais royal dont les meubles sont magnifiques, le palais de Carignan, les bâtimens de l'université et de l'académie, l'arsenal, les casernes, le théâtre royal, un des plus grands d'Italie; plusieurs beaux hôpitaux, de très-belles églises parmi lesquelles on distingue la cathédrale, vieil édifice gothique dont la coupole est en marbre; l'église de *Corpus-Domini*, richement ornée; Saint-Philippe-de-Néri, l'une des plus belles églises de Turin; Saint-Laurent, dont on admire la hardiesse de la coupole. Turin l'emporte presque sur toutes les villes d'Italie par la beauté de ses places et de ses édifices, par la régularité et l'alignement de ses rues; elle possede une riche bibliothèque publique, un musée d'antiquités et d'histoire naturelle, un observatoire, etc.

Alexandrie, sur le Tanaro (Milanais Sarde), dist. de Paris, 221 lieues; pop. 30,000 hab. Commerce en soie, coton et épicerie.

Asti, près du Tanaro, à 8 lieues et demie d'Alexandrie et à 9 lieues de Turin; pop. 21,000 hab. Filatures de coton.

Coni, au confluent de la Stura et du Gesso, évêché; pop. 16,500 hab. Comm. de draps et toiles.

Mondovi, sur l'Ellero, évêché, à 5 lieues un quart de Coni et à 18 lieues de Turin; pop. 21,000 h. Filatures et moulinages de soie, commerce de cuirs.

Verceil, sur la Sésia et le canal qui va à Ivrée, évêché; pop. 16,000 hab. Beaux édifices publics, commerce en soie, riz, blé, chanvre, lin, vin.

Les autres villes remarquables sont : Aoste, au pied des Alpes; Bielle, sur une hauteur, population, 6,800 hab.; Ivrée, sur la Grande-Doire, pop. 7,000 hab.; Novarre, évêché, pop. 12,000 h.; Pignerol, à l'entrée de la Vallée-de-Perouse, évêché; Saluces, près la source du Pô, évêché, population, 15,000 hab.; Suze, au pied du Mont-Cénis; Tortone, sur la Scrivia, évêché, pop. 8,000 hab.; Voghera, sur la Staffora, évêché, pop. 10,000 hab.

## PRINCIPAUTÉ DE MONTFERRAT.

D. Où est situé le Montferrat?

R. Il est situé à l'ouest du duché de Milan et au nord du territoire de Gênes.

D. Quelles en sont les principales villes?

R. CASAL, sur le Pô, capitale, évêché; distance d'Alexandrie, 7 lieues; population, 16,000 hab. Commerce de soieries, environs très-fertiles.

ACQUI, à trois quarts de lieue de la Bormida, évêché; pop. 6,000 h. Commerce de vins, manufactures de rubans, eaux thermales renommées.

## DUCHÉ DE GÊNES.

D. Quel état formait autrefois le pays de Gênes?

R. Il formait avant la révolution une république célèbre; il fut tour à tour occupé par les Autrichiens et les Français, réuni à la France en 1805, et incorporé en 1814, par le congrès de Vienne, aux états du roi de Sardaigne.

D. Où est situé ce duché?

R. Il est situé le long du golfe de même nom, entre la Toscane et le comté de Nice. Quoique traversé par les Apennins, il jouit de la température la plus douce.

D. Quelles sont ses principales villes?

R. GÊNES, port au fond du golfe de même nom, cap., archev., univ.; dist. de Paris, 223 l.; pop.

76,000 h. Opérations de banque, armemens. Cette ville fabrique velours de soie, basins, satins, florence, petits bonnets pour les Grecs, bas de soie et de coton, gants de peau, tabatières, tasses en figuier vernissé, coraux, fleurs artificielles.

*Curiosités.* Quelques-unes de ses églises sont des chefs-d'œuvre d'architecture, entr'autres la cathédrale d'ordre gothique, incrustée de marbre noir et blanc; celles de l'Annonciade et de Carignano. Une foule de superbes édifices publics parmi lesquels on distingue le palazzo della Signora, l'ancien palais du doge, plusieurs hôpitaux magnifiques; très-belles promenades. Le port a la forme d'un demi-cercle, et la ville est fortifiée par l'art et la nature. Patrie de Christophe Colomb.

SAVONNE, port sur le golfe de Gênes; pop. 11,000 h. Edifices d'une belle architecture, verreries, fabr. d'ancres, de potasse et de vitriol de Chypre.

CHIAVARI, sur la rivière du Levant (côte orientale du golfe de Gênes); pop. 8,000 hab. Commerce de dentelles, fabriques de lampes, de linge de table et de toiles.

Les autres villes sont : Port-Maurice, sur la Méditerranée, pop. 3,000 hab.; Sarzane, ville épiscopale, sur la Magra; Spezzia, port au fond du golfe de même nom, pop. 4,000 hab.

## COMTÉ DE NICE.

D. Où est situé le comté de Nice?

R. Entre la France, le Piémont, le duché de Gênes et la Méditerranée. Il a pour capitale :

NICE, dans une plaine à une lieue de l'embouchure du Var, dans la Méditerranée; distance de Paris, 246 l.; pop. 25,000 h. La beauté de son climat y attire tous les hivers une foule d'étrangers.

D. Qu'est-ce que la principauté de Monaco?

R. C'est un petit état, enclavé dans le comté de Nice et indépendant, sous la protection du roi de Sardaigne. Il a pour capitale :

MONACO, sur un rocher au bord de la mer, à

3 lieues de Nice, port sûr, commode et fréquenté ; pop. 1,200 hab.

Menton, près de la mer, avec un fort pour la sûreté des bâtimens ; dist. de Monaco, 2 l.; pop. 5,000 hab. Commerce en oranges, citrons, huile; fab. de vermicelle.

## ILE DE SARDAIGNE.

D. Où est située la Sardaigne ?

R. Elle est située à l'ouest de l'Italie et au sud de la Corse, dont elle n'est séparée que par le détroit de Bonifacio, qui a environ 3 lieues de largeur; l'air y est très-malsain. Elle a le titre de royaume, et pour villes principales :

Cagliari, port sur le golfe de même nom, capitale, résidence du vice-roi, archevêché, université; pop. 20,000 hab.

Sassari, arch., située près de la côte nord-ouest.

## LOMBARDO-VÉNITIEN. (royaume)

D. Qu'est-ce que le royaume Lombardo-Vénitien?

R. C'est un nouveau royaume formé, en 1815, des duchés de Milan, de Mantoue et des Etats-Vénitiens, sous la souveraineté de l'empereur d'Autriche.

D. Quelles sont les bornes de ce royaume?

R. Il est borné au nord par la Suisse et le Tyrol, à l'est par le royaume d'Illyrie et la mer Adriatique, au sud par l'état de l'Église, les duchés de Modène et de Parme, à l'ouest par les états Sardes. Il a une population de 4,000,000 d'habitans.

D. Quelles en sont les productions?

R. Les principales sont: Céréales, légumes, excellens fruits, vins, chanvre, lin, maïs, soie, fromages, pâturages, gros et menu bétail, oliviers, carrières de marbre, riz, particulièrement dans le Milanais.

11.

D. Comment divise-t-on ce royaume?

R. En deux gouvernemens, de Milan et Venise, qui se subdivisent chacun en plusieurs provinces.

## GOUVERNEMENT DE MILAN.

D. Quels pays comprend ce gouvernement?

R. Il comprend toute la partie occidentale du royaume, et se divise en neuf provinces, savoir : Milan, Pavie, Lodi, Côme, Crémone, Sondrio, Bergame, Brescia et Mantoue.

D. Quelles sont ses villes les plus considérables?

R. MILAN, dans une plaine, sur l'Olona, entre le Tésin et l'Adda, qui communiquent ensemble par deux canaux, capitale du royaume, du gouvernement et de la province, résidence du vice-roi, archevêché, université; distance de Paris, 214 l.; pop. 125,000 hab. Importations : bijouterie de France, quincaillerie, vins de France, d'Espagne et de Portugal, draperies, toiles fines, pelleterie, cotonnades de Rouen; exportation : lin, chanvre, blé, riz, étoffes de satin et lampasses, soie, fromages.

*Curiosités.* Plusieurs églises magnifiques parmi lesquelles on distingue la cathédrale, superbe édifice gothique enrichi de statues, bas-reliefs et d'autres ornemens d'un grand prix; elle a 449 pieds de long sur 275 de large et 238 de haut sous la coupole, l'intérieur est divisé en cinq nefs soutenues par de grandes colonnes de marbre blanc. On remarque aussi le palais royal, la bibliothèque Ambroisienne qui contient 60,000 volumes et 15,000 manuscrits précieux, le théâtre della Scala, le grand hôpital dont on admire la magnificence et la solidité, le Forum, la plus belle place de la ville; la promenade du cours, rendez-vous de la haute société. Patrie de l'historien latin Valère-Maxime et du jurisconsulte Beccaria.

PAVIE, sur le Tésin, près du Pô, université fondée par Charlemagne; dist. de Milan, 11 l.; pop. 22,300 hab. Comm. de soie, fromages et riz, fab. de cristaux et de verres; musée d'histoire naturelle.

CÔME, sur le lac de même nom, évêché, ville très-ancienne; dist. de Milan, 8 l.; pop. 7,000 h.

Patrie de Pline le jeune ; maisons régulières, beaux édifices publics, entr'autres la cathédrale.

Crémone, près du Pô, avec un canal de communication, évêché ; distance de Milan, 23 lieues ; pop. 23,000 hab. Comm. en grains, soie, lin, etc. On y remarque la cathédrale, bel et vaste édifice.

Bergame, entre le Brembo et le Serio, à 14 lieues de Milan ; pop. 20,000 hab. Mines de fer, filatures de soie, fabriques de draps, de papiers.

Brescia, sur la Garza, place forte, distance de Milan, 27 lieues ; pop. 34,000 hab. Manufactures considérables d'armes, acier, fer, quincaillerie, exportation de fer, blé, soie, fromages.

Mantoue, sur un lac formé par le Mincio, place forte, évêché, université ; distance de Milan, 35 l.; pop. 23,000 hab. Rues larges et bien alignées, places vastes et régulières, édifices publics d'un beau dessin, parmi lesquels on distingue la cathédrale, l'église de Saint-André et l'ancien palais des ducs. Près de Mantoue, est l'ancien village d'Andes, où naquit Virgile.

## GOUVERNEMENT DE VENISE.

D. Où est situé ce gouvernement ?

R. Il est situé au sud du royaume de l'Illyrie, à l'ouest de la mer Adriatique, au nord de l'état de l'Église et à l'est du gouvernement de Milan ; il est divisé en huit provinces : Venise, Vérone, Padoue, Vicence, Polésine, Trévise, Bellune et Frioul.

D. Quel état formait autrefois le pays de Venise ?

R. C'était une république riche et puissante par son commerce, la plus ancienne de l'Europe, dont le chef, comme à Gênes, s'appelait *doge*; elle a subsisté jusqu'en 1797, que les Français s'en rendirent maîtres.

D. Quelles en sont les principales villes ?

R. Venise, port à l'extrémité nord-ouest de

l'Adriatique, cap. du gouvernement et de la province, arch.; dist. de Paris, 290 l.; de Milan, 84 l.; pop. 100,000 h. Opérations de banque, armemens, commerce d'importation et d'exportation, fabriques de soieries et verroteries. C'est une des plus belles villes du monde et unique par sa situation; elle est bâtie sur pilotis dans un grand nombre de petites îles qui forment 400 canaux qu'on traverse sur un plus grand nombre de ponts, et sur lesquels naviguent une foule de gondoles, espèce de bateaux, qui remplacent les voitures à Venise.

*Curiosités.* L'église de Saint-Marc, de structure grecque, dont l'intérieur est richement orné de tableaux et de mosaïque; on a rétabli sur sa principale façade les quatre chevaux de bronze doré, ouvrage de Lysippe, qui furent transportés de Constantinople à Venise dans le 13$^{me}$. siècle, et de là à Paris après la prise de cette dernière ville par les Français : la tour de Saint-Marc a 300 pieds d'élévation, elle est célèbre par les observations astronomiques de Galilée. On remarque aussi la cathédrale, les églises de Sainte-Marie-du-Salut, du Rédempteur, de Saint-Georges, de Saint-Jean, de Saint-Paul, le palais des anciens doges, ceux de Triopolo, Grimani, Balbi, Cornaro, le bâtiment de la bibliothèque qui renferme beaucoup de manuscrits grecs et latins très-précieux, l'arsenal qu'on regarde comme un des plus beaux de l'Europe, et la vaste place de Saint-Marc bordée de superbes édifices.

VÉRONE, sur l'Adige qui la divise en deux parties, évêché; distance de Milan, 47 lieues; population, 24,000 hab. Commerce des productions du pays. L'édifice le plus remarquable est l'amphithéâtre, construit en marbre et parfaitement conservé. Patrie de Vitruve et de Pline le naturaliste.

PADOUE, près de la Brenta à laquelle elle communique par un canal, évêché, université fondée en 1179; distance de Milan, 73 lieues; population, 31,000 hab. Plusieurs beaux édifices publics. Patrie de Tite-Live, historien latin.

VICENCE, au confluent du Retone et du Bachiglione, évêché; distance de Milan, 65 lieues; pop. 24,000 habitans. Fabriques de taffetas dits

Vicentins, commerce en soie grège, trames et organsins. Patrie de l'architecte Palladio.

Les autres villes sont : Bassano, sur la Brenta; Bellune, évêché; Rovigo, sur l'Adigetta; Trente, sur l'Adige (Tyrol italien); Trévise, évêché; pop. 9,000 hab.; Udine, archevêché.

## DUCHÉ DE PARME.

C'est un état qui a été cédé en 1814 à l'archiduchesse Marie-Louise, et qui, en 1817, par décision des puissances alliées, a été restreint à une possession viagère, pour passer après sa mort à la reine d'Etrurie ou à ses successeurs.

D. Quelles sont les bornes de ce duché?

R. Il est borné au nord par le royaume Lombardo-Vénitien, à l'est par le duché de Modène, au sud et à l'ouest par les états Sardes; superficie, 294 lieues carrées; pop. 376,600 hab.

D. Quelles en sont les productions?

R. Blé, maïs, vins, légumes, fruits, soie, chanvre, safran, miel, pâturages, bestiaux, fromages dits Parmesans.

D. Quelles sont ses villes les plus considérables?

R. Parme, sur la Parma, capitale, résidence de l'archiduchesse, évêché, université; distance de Paris, 260 lieues; pop. 28,000 hab. Manufacture de tabac, bonneterie en soie, fabriques de tissus de coton, toiles, chapeaux, commerce en soie, bestiaux, plumes, blé, cire; célèbre imprimerie de Bodoni, cabinet de physique et d'anatomie.

Plaisance, sur le Pô, évêché; distance de Parme, 13 lieues; pop. 27,000 hab. Commerce en soie, fabriques d'étoffes de fil et de coton, école de dessin et d'architecture, bibliothèque; cette ville mérite avec raison le nom qu'elle porte, par la beauté de ses rues, de ses places et de ses édifices.

## DUCHÉ DE MODÈNE.

D. Où est situé ce duché?

R. A l'est du duché de Parme, et à l'ouest de l'état de l'Église; superficie, 266 l. carrées; pop. 370,000 hab.

D. Quelles en sont les productions?

R. Vins, fruits, blé, soie, lin, chanvre, riz, troupeaux de bêtes à cornes, abeilles, huile de pétrole.

D. Quelles sont ses principales villes?

R. Modène, sur le canal qui joint le Passaro et la Secchia, capitale, évêché; distance de Milan, 61 lieues; pop. 27,000 hab. Exportation : excellens vins, blé, huile de pétrole; importation : toiles, draps, quincaillerie, bijouterie, denrées coloniales. Maisons bien bâties, rues propres et régulières. Le palais ducal est l'édifice le plus remarquable.

Reggio-de-Modène; pop. 14,000 hab. Comm. en blé, vins, grains, lin, fromages. Patrie de l'Arioste.

## DUCHÉ DE LUCQUES.

D. Où est situé ce duché?

R. Sur la Méditerranée, au nord de la Toscane; a une superficie d'environ 34 lieues carrées et une population de 157,800 hab. Ce pays produit toutes sortes de céréales, vins, olives, figues, marrons, citrons, oranges, bestiaux, etc.

Lucques, cap., sur le Serchio, résidence de la duchesse, archevêché; pop. 21,000 hab. Manuf. très-renommées d'étoffes de soie et de bonnets en laine, ébinisterie, fabriques de draps et d'indiennes.

## DUCHÉ DE MASSA-DI-CARRARA.

D. Qu'est-ce que le duché de Massa?

R. Ce petit état, qui faisait partie du duché de

Lucques, a été rendu, en 1814, à l'archiduchesse Marie-Béatrix, pour passer après elle à son fils le duc de Modène. On y récolte olives, vins, fruits, soie; il renferme des carrières de beau marbre.

Massa, à une lieue de la mer, capitale, évêché; pop. environ 10,000 hab. Cette ville est bien bâtie, et a quelques beaux édifices.

## GRAND-DUCHÉ DE TOSCANE.

D. Qu'est-ce que la Toscane?

R. C'est un des plus beaux pays de l'Italie, qui, après avoir été occupé quelques années par les Français, a été rendu, en 1815, à l'archiduc Ferdinand d'Autriche; il est situé entre l'Etat de l'Église et la mer de Toscane; le climat y est sain et tempéré. On y parle la langue italienne dans toute sa pureté.

D. De quels pays est formé cet état?

R. De la Toscane propre, qui se divise en trois provinces, savoir: Florence, Pise et Sienne, de la principauté de Piombino et de l'île d'Elbe; pop. 1,178,500 hab.; superficie, 1,095 lieues carrées.

D. Quelles sont ses principales productions?

R. Blé, riz, lin, safran, vins, olives, citrons, cédrats, oranges, figues, amandes, châtaignes, bois, pâturages, chevaux, bestiaux, vers à soie, carrières de marbre et d'albâtre, salines, fabriques de chapeaux de paille. Dans l'île d'Elbe, mine inépuisable de fer, cristal de roche.

D. Quelles sont ses villes les plus considérables?

R. Florence, sur l'Arno, capitale, résidence du grand-duc, archevêché, université; distance de Paris, 312 lieues; pop. 85,000 hab. Fabriques de stuc, marbre, albâtre, mosaïque en pierres dures, galons fins et faux, manufactures importantes de soie, de taffetas dits de Florence, satins, damas, bas de soie, très-belles tapisseries, commerce en vins, huiles, etc.

*Curiosités.* La cathédrale, dont on admire le dôme et la tour; l'église des Dominicains, de Sainte-Marie-Nouvelle, l'une des plus belles d'Italie; Saint-Laurent, magnifique monument où se trouve placé, derrière la chapelle des princes, ornée de superbes tombeaux, le palais Pitti, le plus beau de Florence; la bibliothèque Magliabechiana, qui renferme beaucoup de manuscrits et même de livres imprimés très-rares. Cette ville ne le cède qu'à Rome par la beauté de ses monumens, de ses rues, de ses places, et par ses chefs-d'œuvre de peinture et de sculpture. Patrie du physicien Galilée, du musicien Lulli, et d'Améric Vespuce.

Sienne, archevêché, université fondée en 1387, à 12 lieues de Florence; pop. 32,000 hab. Commerce de marbre dit brocatelle de Sienne, fabriques de draps, de velours et étoffes de soie.

Pise, sur l'Arno, archevêché, université, à 4 lieues de Livourne; pop. 18,000 hab. Bains minéraux, haras de chameaux dans les environs, cabinet d'histoire naturelle, musée, peu de commerce, beaux édifices publics, parmi lesquels on distingue la cathédrale, dont la tour qui tient lieu de clocher est en marbre; elle a 13 pieds de pente, 190 de haut, plusieurs rangs de colonnes, et un escalier si peu rapide qu'on pourrait le monter à cheval.

Livourne, port franc sur la Méditerranée; dist. de Paris, 316 lieues; popul. 65,000 h. En temps de paix, entrepôt des deux hémisphères, manuf. de coraux, fabr. de savon et d'ouvrages d'albâtre. On y remarque les trois lazarets, la synagogue des juifs, une des plus belles de l'Europe, le cimetière des Anglais, et le monument des Quatre Maures, par Jean de Bologne.

Les autres villes sont : Arezzo, pop. 8,000 h.; Montepulciano, évêché; Pistoie, au pied de l'Apennin; Prato, près de Florence, pop. 10,000 h.; Volterra, pop. 5,000 hab.

# ÉTAT DE L'ÉGLISE.

D. Quelles sont les bornes de cet état?
R. Il est borné au nord par le royaume Lombardo-Vénitien, à l'est par la mer Adriatique, au sud par le royaume de Naples et la Méditerranée, à l'ouest et au nord-ouest par la Méditerranée, la Toscane et le duché de Modène. Superficie, 1,986 lieues carrées; pop. 2,424,000 hab.

D. Comment est-il divisé actuellement?
R. En vingt délégations, savoir:

| | | |
|---|---|---|
| 1. Rome. | 8. Camerino. | 15. Forli. |
| 2. Frosinone. | 9. Macerata. | 16. Ravenne. |
| 3. Rieti. | 10. Fermo. | 17. Bologne. |
| 4. Viterbe. | 11. Ascoli. | 18. Ferrare. |
| 5. Civita-Vecchia. | 12. Ancône. | 19. Bénévent. |
| 6. Perugia. | 13. Urbino. | 20. Pontecorvo. |
| 7. Spoleto. | 14. Pesaro. | |

D. Pourquoi l'appelle-t-on l'état de l'Eglise?
R. Parce que le pape, qui en est le souverain, est le chef de l'Eglise. Cet état, dont le Saint-Père avait été dépouillé en 1798, lui a été rendu en 1814.

D. Quelles en sont les productions?
R. Elles consistent en blé, lin, chanvre, soie, riz, oranges, citrons, figues, olives, etc.; vins, dont les plus estimés sont ceux de Montefiascone; pâturages et nombreux troupeaux dans le nord; carrières d'alun, de soufre, de vitriol: pays pauvre et mal cultivé, air insalubre.

D. Quelles sont ses principales villes?
R. Rome, sur le Tibre, à 6 lieues de la mer, cap. de l'état de l'Eglise, résidence du pape, université, académies, la première ville du monde par la réunion des chefs-d'œuvre tant anciens que modernes de peinture, de sculpture et d'architecture; dist. de Paris, 382 lieues; pop. 136,000 hab.

*Industrie et Commerce.* Orfévrerie, perles fausses, faïencerie, commerce d'antiques, de médailles, de tableaux, manufacture de tabac, fabriques d'alun dit de Rome, que l'on extrait des carrières de la Tolfa ; fabriques de fleurs artificielles, d'objets de parfumerie, de gaze, de gants, de cordes à boyaux, de chapeaux, de quelques étoffes de soie.

*Monumens anciens.* Le Panthéon, aujourd'hui Sainte-Marie-de-la-Rotonde, qui se distingue par l'élégance et la solidité de l'architecture ; le Colysée, commencé par Vespasien et achevé par Titus, le plus vaste amphithéâtre qui ait jamais existé ; le mausolée d'Adrien, aujourd'hui le château Saint-Ange ; le pont Eliano, les arcs de Titus, de Septime-Sévère, de Constantin, de Janus, la colonne Trajane, haute de 125 pieds ; la colonne d'Antonin, le magnifique tombeau de Caïus Sextius bien conservé, et plusieurs ruines d'antiquités

*Eglises.* Saint-Pierre, non-seulement la plus belle église de Rome, mais le plus magnifique édifice du monde, dont la construction a duré plus d'un siècle et coûté 45 millions d'écus romains (environ 240 millions, argent de France) : c'est au génie de Michel-Ange qu'est due l'immense coupole dont la hauteur, jusqu'au sommet de la croix, est de 68 toises. Après Saint-Pierre, les plus belles églises sont celles de Sainte-Marie-Majeure, de Saint-Jean-de-Latran, autrefois mère-église, où l'on admire surtout la chapelle Corsini, la plus belle peut-être de l'Europe, tant par ses proportions que par la disposition de ses marbres ; ensuite la basilique de Saint-Paul dont on travaille avec ardeur à rétablir la partie qui a été consumée depuis peu par un incendie.

*Palais.* Le Vatican, édifice immense, orné d'un grand nombre de peintures, et destiné à conserver les monumens les plus précieux de l'antiquité et les ouvrages des hommes les plus célèbres des temps modernes ; le Monte-Cavallo ou palais Quirinal, résidence du pape ; la Curia-Innocenzia, les palais de la chancellerie apostolique, de Saint-Marc, des Conservateurs, et une foule de palais particuliers enrichis d'une collection de tableaux précieux et de rares morceaux de sculpture. Le Capitole, qui excite surtout l'admiration, renferme tant de beautés qu'il est impossible d'en donner ici quelques détails.

*Fontaines, rues.* On admire principalement la fontaine Navone, surmontée d'un obélisque et ornée de 4 statues colossales. Parmi les rues on distingue la strada Felice, la strada Pia, le Corso. Le plus beau pont est celui de Saint-Angelo. On compte vingt portes dont la plus belle est la porte del Popolo.

**BOLOGNE**, près du Reno, grande, riche et bien peuplée, la deuxième ville de l'état de l'Eglise, archevêché, célèbre académie des sciences sous le nom d'institut, université la plus ancienne d'Italie, à 115 lieues de Rome ; pop. 65,000 hab. Fab. de soieries, de fleurs artificielles, chapeaux de paille; la mortadella de Bologne, espèce de saucisson, est très-renommée. Beaux édifices publics. On remarque les deux tours d'Asinelli et de Gurisendi; cette dernière, très-élevée, incline de 8 à 9 pieds.

Ferrare, ville importante près des embouchures du Pô et des marais Commachio; pop. 24,500 hab.

Ancône, bon port sur l'Adriatique, évêché; pop. 17,000 hab. Manuf. de faïence, de toiles à voiles pour le Levant.

Sinaglia, port sur l'Adriatique, à 10 l. d'Ancône, évêché; pop. 14,000 hab. Comm. en fer, fil de chanvre, drogues, huile d'olives; il s'y tient tous les ans, le 14 juillet, une foire de 15 jours, l'une des plus considérables de l'Europe.

Les autres villes sont Césène, patrie de Pie VI; Civita-Vecchia, port franc sur la Méditerranée, pop. 12,000 hab.; Faenza, berceau de la faïencerie; Foligno, évêché; Forli, év.; pop. 10,000 h.; Orvietto, évêché; pop. 7,000 h.; Pesaro, évêché; pop. 10,000 hab.; Ravenne, archevêché; popul. 14,000 hab.; Spoleto, évêché; Urbin, archevêché; patrie du fameux peintre Raphaël; Viterbe, év.

## SAINT-MARIN. (république de)

D. Qu'est-ce que la république de Saint-Marin?
R. C'est un très-petit état enclavé dans le duché d'Urbin, sous la protection du pape; il crée ses magistrats, et a pour capitale une ville de même nom, petite mais forte.

# NAPLES. (royaume de)

D. Où est situé ce royaume?

R. Entre la Méditerranée et l'Adriatique, et borné au nord-ouest par l'état de l'Eglise; il est traversé par les Apennins, offre les plus beaux sites, et le sol en est extrêmement fertile en blé, légumes, lin, chanvre, riz, coton, tous les fruits du Midi, huiles de la Calabre et de la Pouille, vins précieux, manne, soufre, jus de réglisse, laine, soie, bêtes à cornes, chèvres, moutons, vers à soie.

Il est divisé en treize provinces, savoir:

| *Provinces.* | *Capitales.* |
|---|---|
| Abruzze citérieure | Chieti, archevêché. |
| Abruzze ultérieure | Aquila, évêché. |
| Basilicate | Acerenza. |
| Bari | Bari, archevêché. |
| Calabre citérieure | Cozenza, archevêché. |
| Calabre ultérieure | Reggio, archevêché. |
| Capitanate | Lucera, évêché. |
| Labour (terre de) | Capoue, archevêché. |
| Molise | Molise. |
| Naples | Naples, archevêché. |
| Otrante | Lecce, archevêché. |
| Principauté citérieure | Salerne, archevêché. |
| Principauté ultérieure | Avellino. |

D. Quelle est en la capitale?

R. NAPLES, port sur la Méditerranée, cap. de tout le royaume, résidence du roi, archevêché, université, le séjour le plus agréable de l'Italie; dist. de Paris, 474 lieues; pop. 338,000 hab. Près de cette ville est le Mont-Vésuve : c'est au pied de ce Mont qu'ont été découvertes les antiques villes d'Herculanum, de Pompéia et de Stabia, englouties par ses laves et ses cendres, l'an 79 de J.-C.

*Curiosités.* La cathédrale dédiée à Saint-Janvier, le palais royal, d'une architecture noble et majestueuse; celui du duc de Gravina, estimé par le bon goût de son architecture; le théâtre de Saint-Charles, sans contredit aujourd'hui un des plus beaux de l'Europe; le quartier Sainte-Lucie, le plus agréable de la ville; la superbe rue de Tolède. Parmi les promenades on distingue surtout le Platamone sur le bord de la mer, et d'où l'on jouit d'une très-belle vue; celle de la Chiaja, de près de 7,000 toises de longueur. et plantée de trois rangées d'arbres; le Corso, au jardin de la Villa-Reale. Aux environs de Naples sont situées les maisons royales de plaisance de Portici et de Caserte.

Les autres villes sont, après les capitales de chaque province, Brindes, archev., où mourut Virgile; Foggia; Gaëte, port, év.; Gallipoli, port, év.; Gravina, év.; Manfredonia, port, archev.; Tarente, archev., au fond du golfe de même nom.

## SICILE.

D. Où est située la Sicile?

R. La Sicile, la plus grande île de la Méditerranée, est située au sud-ouest du royaume de Naples, dont elle est séparée par le détroit de Messine. Elle a la forme d'un triangle dont chaque angle est un cap; pop. 1,700,000 hab.

D. Quelles en sont les principales productions?

R. Blé très-estimé et en abondance, légumes, chanvre, coton, soie, huiles, vins délicieux, dont les plus recherchés sont ceux de Lipari, de Marsala, de Syracuse, de Marsali; pistaches, amandes très-grosses et très-renommées, noisettes et autres fruits du Midi, bois et jus de réglisse, manne, soufre, sumac, cantharides, soude, gibier, pêche du thon, etc. L'extrême fertilité de son sol l'a fait nommer le grenier de l'Europe.

D. Quelles sont ses villes les plus remarquables?

R. PALERME, port sur la côte septentrionale, capitale, archevêché; dist. de Naples, 70 lieues; de Paris, 480 lieues; pop. 140,000 hab. Commerce en productions de la Sicile.

*Curiosités.* Le palais du vice-roi dont les jardins sont superbes, la cathédrale, le collége desservi autrefois par les Jésuites, et dont l'église est remarquable par son architecture et la richesse de ses ornemens; belles rues bien alignées, en-tr'autres celles de Cassaro et de Strada-Nuova, toutes ornées de statues et de fontaines; la grande place où l'on admire une magnifique fontaine.

Messine, très-beau port de mer, sur le détroit de même nom, archevêché; distance de Naples, 77 lieues; de Paris, 500 lieues; pop. 75,000 hab. Même commerce qu'à Palerme.

Catane, au pied du Mont-Etna, évêché; dist. de Naples, 90 l.; de Paris, 520 l.; pop. 74,000 h. Comm. en blé, soude, soufre, vins et soie. Belle ville, environs remarquables par leur fertilité.

Syracuse, ville très-ancienne et très-célèbre, sur la mer, port magnifique, év.; dist. de Naples, 100 lieues; de Paris, 530 l.; pop. 20,000 hab. Comm. en thon et vins très-estimés.

Girgenti (autrefois Agrigente), port de mer à 35 l. de Palerme et 500 l. de Paris; pop. 25,000 hab. Comm. en blé le plus estimé de la Sicile.

Trapani, port de mer; dist. de Palerme, 20 l.; de Naples, 90 lieues; pop. 30,000 hab. Comm. en soufre, sel de soude, blé, thon mariné; grande fabrique de coraux.

Près de la Sicile est le groupe des îles Lipari, au nombre de douze, dont quatre sont habitées, et dont la plus considérable est l'île de même nom.

## MALTE ET DE GOZE. (îles de)

D. Où sont situées ces îles?

R. Ces îles, qui appartiennent aujourd'hui à l'Angleterre, sont situées entre la Sicile et l'Afrique; Malte a 7 l. de long, 4 de large, 20 de circuit; Goze, à 2 lieues de Malte, en a 10 de tour: leur population réunie s'élève à environ 100,000 âmes. On y récolte du coton, de très-belles oranges, du miel excellent. La capitale est:

MALTE ou CITÉ-VALETTE, bâtie en 1566 sur une langue de terre, entre deux ports magnifiques, une des plus fortes places de l'Europe; population, 30,000 hab.

## ARTICLE VI.

# ESPAGNE. (royaume d')

D. Qu'est-ce que l'Espagne?

R. L'Espagne est une grande péninsule, bornée au nord par les Pyrénées qui la séparent de la France, et par le golfe de Gascogne; à l'est et au sud-est par la Méditerranée, au sud par le détroit de Gibraltar qui la sépare de l'Afrique, au sud-ouest par l'Océan-Atlantique, et à l'ouest par le Portugal. Elle a une superficie de 24,661 l. carrées et une population de 11,000,000 d'habitans.

D. Quelle religion y professe-t-on?

R. On y professe la religion catholique; les autres cultes n'y sont pas permis. Le roi a le titre de Majesté Catholique, son fils aîné porte celui de prince des Asturies; les fils et les filles du roi, ainsi que les enfans de ce prince, celui d'infant et d'infante.

D. Quelles en sont les productions?

R. Elles consistent en blé, excellens vins, dont les plus recherchés sont ceux de Xérès, Alicante, Malaga, Rota, etc.; kermès, safran, cannes à sucre, palmiers, sumac, figues, amandes, olives, oranges, citrons, pistaches, damasquinas (oranges particulières au pays), dattes; bestiaux, mulets, chevaux, parmi lesquels on distingue ceux de l'Andalousie, les plus beaux de l'Europe; brebis fournissant des laines précieuses, beaucoup de gibier, excellens anchois et autres poissons, soie très-estimée de Valence et de Murcie, vif-argent, cristaux, jaspe, pierres précieuses, excellent fer de Biscaye, eaux minérales. Climat pur et salubre.

D. Quels en sont les principaux fleuves?

R. Ce sont l'Ebre, qui se jette dans la Méditerranée; le Guadalquivir, la Guadiana, le Tage, le Douro, le Minho, qui se perdent dans l'Océan.

D. Quelles sont ses plus hautes montagnes?

R. Les plus hautes sont, dans les Pyrénées, le Mont-Perdu, haut de 10,578 pieds au-dessus du niveau de la mer; le Pic-du-Midi, de 9,342; le Canigou, de 8,562; et dans l'intérieur, la Sierra-Morena, la Sierra-Nevada, la Sierra-Balbanera. (Sierra signifie chaîne de montagnes.)

D. Comment est divisé le royaume d'Espagne?

R. Il est divisé en 14 provinces, dont quelques-unes ont le titre de royaume, et dont le tableau suivant indique les subdivisions avec les capitales:

### AU NORD.

Royaume de Navarre. . . . Pampelune, évêché F.
Biscaye.
- Biscaye propre. Bilbao, évêché, port.
- Guipuscoa. . . . Saint-Sébastien, port F.
- Alava. . . . . Vittoria.

Les Asturies. . . . . . . . Oviédo, évêché, université.

### A L'OUEST.

Estramadure Espagnole. . . Badajoz, évêché F.
Galice. . . . . . . . . . . S. Jac. de Compostelle, arc. univ.

### AU SUD.

Royaume de Grenade. . . . Grenade, archevêché, université.
Royaume de Murcie. . . . . Murcie.
Andalousie.
- Séville. . . . Séville, archevêché, université.
- Jaen. . . . . Jaen, évêché.
- Cordoue . . . Cordoue, évêché.

### A L'EST.

Royaume d'Aragon. . . . . Saragosse, archevêché, univers.
Catalogne. . . . . . . . . Barcelonne, évêché, port, univ.
Royaume de Valence. . . . Valence, archevêché, université.

## AU CENTRE.

| Royaume de Léon. | Léon..... | Léon, évêché. |
| | Salamanque... | Salamanque, évêché, université. |
| | Zamora.... | Zamora, évêché. |
| | Toro..... | |

| Nouvelle Castille. | Cuença.... | Cuença, évêché. |
| | Manche.... | Ciutad-Réal. |
| | Tolède.... | Tolède, archevêché. |
| | Guadalaxara.. | Guadalaxara. |
| | Madrid.... | Madrid. |

| Vieille Castille. | Soria..... | Soria. |
| | Burgos.... | Burgos, archevêché. |
| | Avila..... | Avila, évêché. |
| | Valladolid... | Valladolid, évêché. |
| | Palencia... | Palencia, évêché. |
| | Ségovie.... | Ségovie, évêché. |

*L'Espagne possède, dans la Méditerranée, à l'est du royaume de Valence, les îles de*

Majorque, capitale..... Palma, port, évêché.
Minorque, capitale..... Citadella, port.
Iviça, capitale........ Iviça, port.

D. Quelles en sont les villes principales ?

R. MADRID, sur la petite rivière du Mançanarez qu'on passe sur un pont magnifique, capitale de la Nouvelle-Castille et de tout le royaume, résidence du roi; distance de Paris, 320 lieues; pop. 160,000 h.

*Curiosités.* Le palais neuf, où réside le roi, superbe édifice dont l'intérieur est richement orné; plusieurs belles églises dont la plus remarquable est celle de las Salesas, le couvent de Saint-Philippe, dit el Réal, l'un des plus beaux morceaux d'architecture de Madrid; le palais des conseils, l'hôtel-de-ville, l'hôtel des postes, la place Mayor, au centre de la ville; la puerta-del-Sol, le quartier le plus fréquenté, où aboutissent cinq grandes rues. Parmi les promenades on distingue le Prado et le superbe jardin de Retiro, le rendez-vous de la classe distinguée. On trouve aux environs plusieurs maisons royales: près de la capitale, Buen-Retiro et la Casa del Campo; à 2 lieues, el Prado; à 7 lieues, l'Escurial, l'un des plus beaux et des plus grands palais de l'Europe, bâti par Philippe II en 1563, habité par des moines de l'ordre de Saint-Jérôme, renfermant une riche bibliothèque, et où les rois et la famille royale sont inhumés dans une chapelle sous le maître-autel; à 8 lieues, Aranjuez, sur le Tage, palais remarquable par l'élégance de son architecture, et dont les jardins sont ornés de tout ce que le règne végétal offre de plus beau.

ALICANTE (royaume de Valence), port sur la Méditerranée; distance de Madrid, 63 lieues et demie; pop. 15,000 hab. Exportation: soude, vins très-recherchés du pays, eaux-de-vie, anis, cumin, safran, sparterie, amandes, figues et raisins secs.

BARCELONNE, port sur la Méditerranée, capitale de la Catalogne, évêché, université; distance de Madrid, 112 lieues; pop. 100,000 hab. Commerce considérable d'importation et d'exportation, plusieurs beaux édifices, de très-belles promenades.

BILBAO, à 2 lieues de la mer, sur la rivière d'Yhayehalvas, capitale de la Biscaye; distance de Madrid, 70 lieues; pop. 12,000 hab. Exportation du fer provenant des mines du pays, deux fabriques d'armes à feu en Biscaye.

CADIX (Andalousie), port dans une île entre le détroit de Gibraltar et l'embouchure du Guadalquivir, évêché; distance de Madrid, 112 lieues; pop. 50,000 hab. Place forte, port regardé comme un des meilleurs et des plus grands de l'Europe, grand commerce d'importation et d'exportation. On y remarque la cathédrale, les remparts, la douane neuve et l'hôpital royal.

CORDOUE, sur le Guadalquivir, évêché; distance de Madrid, 70 lieues. Commerce en fil très-fin et en cuirs recherchés dits de Cordouan. Les édifices remarquables sont la cathédrale, ancienne mosquée des Maures, bâtie en 786. Patrie des deux Sénèques, du poète Lucain et de Gonzalve de Cordoue.

GIBRALTAR (Andalousie), sur le détroit de même nom, place très-forte, possédée par les Anglais; distance de Cadix, 24 lieues.

COROGNE (la), Galice, port beau et spacieux, situé entre le cap Finistère et le cap Ortegal; distance de Madrid, 101 l.; pop. 24,000 hab. Comm. d'importation et d'exportation avec l'Amérique.

GRENADE, dans une vallée extrêmement fertile,

entre le Daro et le Xénil, archevêché, université; distance de Madrid, 72 lieues; pop. 51,000 hab. Les sucreries de cette ville sont très-renommées.

*Curiosités.* L'Alhambra, le bâtiment le mieux conservé et le plus magnifique de ceux que les Maures ont laissés en Espagne; au bout des jardins un autre palais maure nommé Généralife, d'où l'on jouit d'une des plus belles vues de l'Europe; la cathédrale, qui a 420 pieds de long sur 249 de large, et dont la coupole en a 160 d'élévation; très-belles promenades.

Malaga, port très-commerçant sur la Méditerranée, évêché; distance de Madrid, 78 lieues; pop. 70,000 hab. Commerce en vins de Malaga, figues, amandes, citrons, oranges, sumac, coton, savon, raffineries de sucre, culture de cannes à sucre. On y remarque la cathédrale.

Saragosse, sur l'Ebre, capitale du royaume d'Aragon, archevêché, université; distance de Madrid, 55 lieues; pop. 40,000 hab. Fabriques de soieries et de draps fins, rues étroites et sinueuses. Edifices remarquables: la cathédrale, Notre-Dame-del-Pilar, l'hôpital général, l'hôtel-de-ville.

Ségovie, sur l'Eresma, évêché; distance de Madrid, 16 lieues. Manufactures de draps fins, fabriques d'armes à feu et fonderies, école d'artillerie. On y remarque la cathédrale, l'Alcasar, palais jadis habité par les rois Goths; à deux lieues de Ségovie, est situé le château royal de Saint-Ildéphonse, dont on admire les jardins et les jets d'eau.

Séville, port sur le Guadalquivir, capitale de l'Andalousie, archevêché, université; distance de Madrid, 89 lieues; pop. 80,000 hab. Commerce d'exportation, olives, fruits secs, réglisse, huile, maroquins, cuirs en poil, et particulièrement laines, immense manufacture de tabac, fabriques d'armes à feu et fonderies.

*Curiosités.* La bourse, l'hôtel des monnaies, le séminaire de Saint-Elme, le palais ou Alcasar, ancienne résidence des rois Maures; l'hôpital orné d'une belle façade, et surtout la cathédrale dont la giralda ou le clocher a 250 pieds de haut: c'est un chef-d'œuvre d'architecture mauresque; la rampe est construite de manière que deux personnes à cheval peuvent facilement monter jusqu'à son sommet. Cette superbe église, dont on admire les vitraux et la richesse des ornemens, a 420 pieds de longueur sur 263 de largeur. On remarque aussi la belle promenade de l'Alameda, et à une lieue de la ville les restes d'un amphithéâtre romain. On peut juger de Séville par le proverbe espagnol: Qui n'a pas vu Séville, n'a pas vu de merveille.

Tolède, sur le Tage, archevêché; distance de Madrid, 12 lieues; pop. 25,000 hab. Fabriques d'armes blanches, ville bien déchue de son ancienne splendeur, rues étroites et tortueuses, belles promenades. On y remarque la cathédrale, et l'Alcasar, ancienne habitation des rois Goths.

Valence, port à l'embouchure du Guadalaviar, à une lieue de la mer, capitale du royaume de Valence, archevêché, université; distance de Madrid, 54 lieues; pop. 100,000 hab. Commerce en blé, chanvre, riz, soie, vins, eaux-de-vie, amandes, figues et raisins secs, laine, huile, soude, dattes, etc. Édifices remarquables: la cathédrale qui était autrefois une mosquée Maure, l'ancien palais, la maison-de-ville, la douane, belles promenades.

N. B. Les distances de Madrid aux villes d'Espagne sont en lieues de Castille (17 1/2 au degré.) V. page 55.

## ARTICLE VII.

# PORTUGAL. (royaume de)

D. Ou est situé le royaume de Portugal?

R. Ce royaume, le plus occidental de l'Europe, est situé à l'ouest et au sud de l'Espagne, à l'est et au nord de l'Océan Atlantique; il a 125 lieues de longueur sur 60 de largeur; pop. 3,252,000 hab.

D. Quelle religion y professe-t-on?

R. On y professe partout la religion catholique, les autres cultes n'y sont pas permis. La couronne est héréditaire aux filles, au défaut d'enfans mâles.

D. Quelles en sont les productions?

R. Les principales sont : Vins en abondance, parmi lesquels on distingue ceux de Porto; fruits excellens, tels qu'oranges, citrons, figues, amandes, olives; fruits secs, aloës en plein champ, tabac, liége, huile, très-beau lin, beaucoup de sel, cire, miel, soie, laine, bestiaux de qualité inférieure, minéraux, eaux thermales et minérales, sol montagneux, air pur et tempéré, climat très-sain. Les premiers orangers ont été apportés de Chine en Portugal en 1548.

D. Quels sont ses principaux fleuves?

R. Le Tage, le Douro, le Minho, qui ont leur source en Espagne et leur embouchure en Portugal.

D. Comment divise-t-on ce royaume?

R. On le divise en six provinces désignées ci-après avec le nom de leurs capitales, savoir :

| | |
|---|---|
| Entre Douro-et-Minho . . | Bragne, archevêché. |
| | Porto, évêché, port. |
| Tra-Los-Montès. . . . . | Miranda-de-Douro, évêché. |
| | Bragance. |
| Beira. . . . . . . . . . . | Coïmbre, évêché, université. |
| Estramadure Portugaise. . | Lisbonne, archevêché. |
| Alentéjo. . . . . . . . . | Evora, archevêché, université. |
| Algarve . . . . . . . . . | Tavira. |

D. Quelles en sont les villes principales?

R. LISBONNE, sur le Tage, près de son embouchure dans l'Océan, capitale du royaume, archevêché, avec un port des plus vastes et des plus sûrs de l'Europe; distance de Paris, 456 lieues; population, 260,000 hab. Entrepôt de toutes les marchandises que les Portugais tirent de l'Inde et de l'Amérique, commerce très-actif.

*Curiosités.* L'église patriarchale, dont on admire les bijoux, les neuf grands candélabres et la croix d'argent doré; le grand arsenal, le monastère royal de Belem, la bibliothèque royale qui renferme 70,000 volumes, le fameux aqueduc d'Alcantara, qui passe d'une colline à l'autre; il est composé de 35 arches dont la plus grande a 107 pieds de large sur 230 de haut : ce superbe aqueduc, construit de marbre blanc, en 1738, par l'architecte Manuel de Maya, a résisté au terrible tremblement de terre de 1755. Les plus belles places sont le Roscio et la place du Commerce, cette dernière est ornée de la statue équestre en bronze de Joseph I$^{er}$. Très-beaux quais : et dans la nouvelle ville, rues larges et garnies de trottoirs. Les environs de Lisbonne offrent de tous côtés des forêts de citronniers et d'orangers, entrecoupées de vignes, d'oliviers et de belles maisons de campagne.

Coimbre, sur le Mondégo, évêché, université célèbre, ancienne résidence des rois de Portugal; distance de Lisbonne, 34 lieues; pop. 12,000 hab. Fabriques de toiles, de draps et de cure-dents de bois. Cette ville a une belle bibliothèque et un musée, riche dépôt des productions de la nature et de l'art.

Bragance, sur la Fervença, duché, qui a donné son nom à la maison régnante.

Porto, port sur l'Océan à l'embouchure du Douro, évêché; dist. de Lisbonne, 62 l.; de Paris, 352 l.; pop. 60,000 h. Comm. de vins précieux, huiles, sucre, oranges, bois de Campêche et du Brésil, cuirs, liége. On y remarque l'hôpital général, le comptoir anglais, les prisons et les casernes.

## ARTICLE VIII.

# ANGLETERRE,
### ou Isles Britanniques.

D. De quels pays est composée l'Angleterre?

R. Des trois royaumes d'Angleterre, d'Ecosse et d'Irlande, avec les îles qui dépendent de ce dernier royaume.

D. Quel titre prend le roi d'Angleterre?

R. Il prend le titre de roi de la Grande-Bretagne, et son fils aîné celui de prince de Galles. La couronne est héréditaire, même en faveur des filles.

D. Où sont situés ces trois royaumes, et quelle en est la population?

R. Ils sont situés au nord de la France, et leur population est de 21,194,500 hab.; mais si l'on y joint celle de ses possessions dans les autres parties du monde, elle s'élèvera à 64,000,000 d'habitans.

D. Quelle est la religion de l'état?

R. C'est la religion réformée, à quelques exceptions près, telles que la hiérarchie ecclésiastique que l'on a conservée, ainsi que les ornemens sacerdotaux; on la nomme la religion anglicane. Les princes appelés à la couronne sont obligés de la professer, et il ne leur est pas permis d'épouser une princesse catholique. Les Irlandais sont en majeure partie catholiques.

## ANGLETERRE proprement dite.

D. Qu'est-ce que l'Angleterre?

R. C'est un pays borné au nord par l'Ecosse, à l'est par la mer du Nord, au sud par la Manche et le Pas-de-Calais qui la séparent de la France, à l'ouest par le canal St-Georges et la mer d'Irlande.

D. Quelles en sont les principales rivières?

R. Ce sont: la Tamise qui se jette dans la mer du Nord, la Saverne qui a son embouchure dans le canal Saint-Georges, l'Humbert formé par la réunion de l'Ouse, de l'Aire et de la Trent.

D. Quelles en sont les productions?

R. Les principales sont: Grains, légumes, houblon, cidre, bière, peu de bois et de fruits, pâturages abondans, commerce considérable de bœufs, chevaux, laines, fromages de Chester, etc., riches mines de charbon de terre et d'étain de Cornouailles, eaux minérales et thermales à Bath, Bristol, Matlock, Tunbridge-Wels. Atmosphère chargée de brouillards, climat plus désagréable qu'insalubre, hivers longs sans être rigoureux, sol ingrat auquel supplée l'industrie des habitans.

D. Comment divise-t-on l'Angleterre?

R. On la divise en Angleterre proprement dite, et en principauté de Galles, la première divisée en quarante shires ou comtés, la seconde en douze: la plupart portent le même nom que leur capitale.

D. Quelles sont ses villes les plus remarquables?

R. LONDRES, sur la Tamise, à 15 lieues de la mer, capitale du royaume de la Grande-Bretagne, la plus grande ville et le port le plus fréquenté de l'Europe; dist. de Paris, 105 l.; pop. 1,200,000 h. y compris Westminster et les faubourgs.

*Industrie.* Les plus importantes manufactures sont celles de draps, de flanelles et autres lainages, de quincaillerie; commerce exclusif des Grandes-Indes, exportation aux colonies anglaises et chez plusieurs nations des produits des manufactures, importation du thé, des épiceries d'Orient, des étoffes de l'Inde, des bois de construction du Nord, des vins de Portugal, d'Espagne et autres. Les vaisseaux anglais parcourent toutes les mers.

*Curiosités.* La cathédrale de Saint-Paul, qui a 338 pieds de haut, et ne le cède, sous le rapport de l'architecture, qu'à Saint-Pierre de Rome; l'abbaye de Westminster, édifice gothique; la superbe colonne, haute de 193 pieds, érigée pour perpétuer le souvenir du terrible incendie de 1666; la bourse, un des plus beaux bâtimens de l'univers en ce genre; la Tour, qui est une forteresse où l'on met les prisonniers d'état, et qui renferme les archives du royaume, les joyaux de la couronne, l'Arsenal et la Monnaie; le palais de Saint-James, vieil édifice gothique sans apparence; l'Amirauté, la caserne des Gardes, l'Opéra, les théâtres de Covent-Garden et de Drury-Lane, plusieurs superbes places, rues avec des trottoirs, promenades très-vastes, entr'autres le parc Saint-James et Hyde-Park. Ponts magnifiques et remarquables par leur architecture.

BIRMINGHAM (comté de Warwick); distance de Londres, 45 lieues; pop. 106,700 hab. Ville extrêmement importante par ses manufactures, quincaillerie, ouvrages en acier, coutellerie, etc.

BRISTOL (comté de Sommerset), grande et belle ville, excellent port au confluent de l'Avon et du Frome; distance de Londres, 50 lieues; population, 53,000 hab. Commerce considérable avec l'Espagne, le nord de l'Europe et l'Amérique.

Cambridge, sur la Cam, capitale du comté, ville célèbre par son université; dist. de Londres, 21 l.

Cantorbery, sur la Stour, -capitale du comté de Kent, archevêché. On y remarque la cathédrale, bel et vaste édifice. L'archevêque est primat de toute l'Angleterre et premier pair du royaume.

Leeds, sur l'Aire (comté d'York); distance de Londres, 86 lieues; pop. 83,800 hab. Nombreuses filatures de laine, fabriques de draps, casimirs, molletons, flanelles et autres étoffes de laine.

Liverpool (comté de Lancaster), excellent port à l'embouchure de la Mersey; distance de Londres, 92 lieues; pop. 119,000 hab. Ville grande, bien bâtie, manufacturière et très-commerçante.

Manchester (même comté), au confluent de l'Irwell et de l'Irk; distance de Londres, 83 lieues; pop. 133,800 hab. Centre de l'immense fabrication de cotons, fils dans les plus hauts numéros, et étoffes qui, sous des formes et des noms divers, sont versées dans le commerce.

Newcastle (comté de Northumberland), excellent port sur la Tyne; distance de Londres, 126 lieues; pop. 54,500 hab. Commerce en plomb, charbon de terre, meules, acier, couleurs, sel, etc.

Norwich, sur l'Yare, capitale du comté de Norfolk; distance de Londres, 49 lieues; pop. 50,300 h. Mine de sel gemme contenant de la magnésie. Même industrie qu'à Leeds.

Oxford, au confluent du Cherwell et de la Tamise, capitale du comté, célèbre université. Beaux édifices publics; dist. de Londres, 21 l.

Sheffield (comté d'York), au confluent du Sheaf et du Don; distance de Londres, 61 lieues; pop. 42,500 hab. Même industrie qu'à Birmingham, et surtout coutellerie et placage.

12.

York, sur l'Ouse, capitale du comté, archevêché; plusieurs édifices remarquables, entr'autres la cathédrale de structure gothique et le château bâti par Guillaume-le-Conquérant, et qui sert aujourd'hui de prison; pop. 18,000 hab.

## PRINCIPAUTÉ DE GALLES.

D. Où est située cette principauté?

R. Elle est située au sud et à l'est de la mer d'Irlande, et au nord du canal de Saint Georges.

D. Quelles sont ses principales villes?

R. Caernarvan, port sur la mer d'Irlande; population, 4,500 hab.

Cardigan, sur le Tivi; pop. 3,000 hab.

## ISLES dépendant de l'Angleterre.

D. Quelles sont les principales îles qui dépendent de l'Angleterre?

R. Ce sont, dans la mer d'Irlande, l'île de Man, capitale Castletown; celle d'Anglesey; à la pointe du comté de Cornouailles, les Sorlingues; dans la Manche, l'île de Wight; et celles de Guernesey et de Jersey sur les côtes de France.

## ÉCOSSE.

D. Qu'est-ce que l'Ecosse?

R. C'est un pays très-froid et très-montagneux, situé au nord de l'Angleterre dont il est séparé par la Tweed et le golfe de Solway.

D. Quelles sont ses rivières les plus considérables?

R. Le Forth qui se jette dans le golfe de son nom; la Clyde jointe au Forth par un canal navigable; le Tay qui a sa source dans un petit lac du Perthshire, et se jette dans la mer du Nord.

D. Quelles sont ses productions?

R. Les principales sont : Grains, lin, chanvre, beaux pâturages, nombreux troupeaux de bêtes à cornes, mines de fer, mines de plomb et de cuivre.

D. Comment divise-t-on l'Ecosse?

R. On la divise en méridionale et en septentrionale; elle renferme 33 comtés.

D. Quelles sont ses principales villes?

R. Edimbourg, sur le Forth, près de son embouchure, capitale du royaume, université célèbre, école des arts; distance de Paris, 240 lieues; pop. 140,000 hab., y compris Leith qui en est le port, situé à une lieue. Opérations de banque, bonneterie, fabriques de toiles de batiste.

Aberdeen, à l'embouchure de la Dee, capitale du comté de ce nom, université; distance d'Edimbourg, 39 lieues; pop. 44,800 hab. Pêche du hareng. Cette ville est divisée, savoir: Old-Aberdeen et New-Aberdeen.

Dundée, sur le Tay, près de son embouchure, excellent port; distance d'Edimbourg, 16 lieues; pop. 30,500 hab.

Glascow, sur la Clyde, capitale du comté de Lanerk, univ.; dist. d'Edimbourg, 14 l.; population, 147,000 hab. Commerce avec les Antilles, exportation de schals, mousselines. Rues droites et larges, beaux édifices publics, position favorable aux opérations commerciales.

Paisley (comté de Renfrew); distance de Glascow, 3 lieues; pop. 26,400 hab. Manufactures de gazes de soie et de fil, mousselines, linons; étoffes de coton, toiles peintes et schals.

D. Quelles sont les îles qui dépendent de l'Ecosse?

R. Les Hébrides ou Westernes sur la côte occidentale, les Orcades et les îles de Shetland au nord.

# IRLANDE.

D. Qu'est-ce que l'Irlande?

R. L'Irlande, autrefois Hibernie, est une grande

île située à l'ouest de l'Angleterre. Elle a environ 100 l. de long sur 75 dans sa plus grande largeur.

D. Quelles en sont les principales rivières?

R. Ce sont la Boyne, qui se perd dans la mer d'Irlande à Drogheda; le Blackwater, qui se perd à la baie d'Yougall au comté de Waterford; la Liffey, qui se jette dans la baie de Dublin; le Shannon, qui traverse toute l'Irlande du nord au sud, et se jette dans l'Océan.

D. Quels sont ses principaux lacs?

R. Ce sont ceux d'Erne, de Neagh, de Foyle, de Kay et de Lee. Ils sont très-poissonneux.

D. Quelles sont ses productions?

R. Les principales sont: Grains, lin, chanvre, pâturages excellens, bestiaux, chevaux estimés, laine, tourbe, quelques mines, côtes très-poissonneuses. Air tempéré, mais humide.

D. Comment divise-t-on l'Irlande?

R. En quatre grandes provinces: l'Ulster au nord, le Connaught à l'ouest, le Leinster à l'est, le Munster au sud; elles se subdivisent en 32 comtés.

D. Quelles sont ses villes les plus remarquables?

R. Dublin, sur la Liffey, à environ 3 lieues de son embouchure dans la mer, capit. du royaume et du comté de même nom; dist. de Paris, 225 l.; pop. 263,000 hab.; la seconde ville du royaume britannique. Université. On y remarque de beaux édifices publics, des rues régulières avec des trottoirs, et la vaste place de Saint-Pierre.

Cork, port vaste et fréquenté à l'embouchure de la Lee, dans le canal de Saint-Georges; dist. de Dublin, 56 l.; pop. 100,500 h. Comm. consid. de toiles à voiles, de bœufs, peaux, suif, cochons.

Belfast, port de mer à l'embouchure du Lagan; pop. 37,000 hab. Commerce avec l'Ecosse, exportation aux Indes occidentales.

Galway, cap. du comté de Galway, sur la baie

de ce nom; dist. de Dublin, 41 lieues; popul. 28,000 hab. Comm. en grains et soude, pêche du saumon et du hareng, fab. de toiles et de flanelles.

LIMERICK, dans une île formée par le Shannon, cap. du comté de ce nom; dist. de Dublin, 41 l.; pop. 60,000 hab. Exporte laine, bœufs.

WATERFORD, excellent port sur le Suir, cap. du comté de ce nom; dist. de Dublin, 38 lieues; pop. 29,000 hab. Exporte viandes salées, toiles, peaux, suif, beurre et porcs; armemens pour la pêche de la morue. On y remarque le quai et les édifices.

## ARTICLE IX.

# DANEMARCK. (royaume de)

D. De quels pays se compose ce royaume?

R. Il se compose du Danemarck propre, qui comprend le Jutland et les îles de la Baltique; du duché de Holstein en Allemagne, de l'Islande et des îles Feroeer ou Feroe. Toute la population n'excède pas 1,800,000 hab.

D. Quelle en est la religion?

R. La religion de l'état est le luthéranisme.

D. Quelles en sont les productions?

R. Les principales sont : Dans le Danemarck propre et le Holstein, froment et autres grains, pommes, légumes, lin, chanvre, houblon, cumin, miel, beaux pâturages, chevaux estimés, bœufs en quantité et de belle espèce, porcs, moutons, volaille, poisson, gibier, tourbe et charbon de terre. En Islande: bestiaux, très-peu de grains, point de bois, lichen, fourrures, édredon, baleines, harengs, chiens de mer, cabillauds, etc. Aux îles Feroeer: pâturages, orge, avoine, gibier, édredon, bœufs et moutons.

## JUTLAND.

D. Qu'est-ce que le Jutland?

R. Le Jutland, anciennement Chersonèse Cimbrique, est une presqu'île qui se divise en Nord-Jutland et en Sud-Jutland, qu'on appelle à présent duché de Sleswick.

D. Comment divise-t-on le Nord-Jutland?

R. On le divise en quatre *stifts* ou diocèses, qui sont Aalbourg, Wibourg, Aarhuus, Rypen, avec des capitales de même nom.

D. Quelles sont les principales villes du duché de Sleswick?

R. Sleswick, capitale, bon port sur une baie formée par la mer Baltique; pop. 6,000 hab.

Tœnningen, bon port près de l'embouchure de l'Eyder, dans la mer du Nord; pop. 14,000 hab.

## ILES DE LA BALTIQUE.

D. Quelles sont les principales îles?

R. Les principales sont l'île de Séeland et la Fionie; les autres, moins considérables, sont Falster, Alsen, Laaland ou Laland.

D. Quelles sont les villes remarquables?

R. Copenhague, dans l'île de Séeland, port vaste et commode près le détroit du Sund, cap. de tout le royaume, résidence du roi, université; dist. de Paris, 272 lieues; pop. 100,000 hab. Fabriques de draps et de porcelaine, banque fondée en 1736.

*Curiosités.* Le palais du roi et l'école de la marine dans le quartier d'Amalienbourg, l'ancien palais de Charlottenbourg, consacré aujourd'hui à l'académie des beaux-arts; la bourse, grand bâtiment gothique; la flèche de l'église de la Trinité, regardée comme un chef-d'œuvre; la bibliothèque royale qui renferme 250,000 volumes. Cette ville, qui est très-bien bâtie, a un musée d'histoire naturelle et un bel observatoire.

Elseneur, sur le Sund; dist. de Copenhague, 8 lieues; pop. 6,000 hab. Il y passe chaque année

10,000 navires. Douane de transit, manuf. d'armes près d'Elseneur.

D. Quelle est la capitale de l'île de Fionie?

R. Odensée, à un quart de lieue de la mer où est le port; dist. de Copenhague, 35 lieues; pop. 7,000 h. Un petit canal conduit du port à la ville.

## DUCHÉ DE HOLSTEIN.

D. Où est situé le Holstein?

R. Dans la partie nord-ouest de l'Allemagne, entre la Baltique et la mer du Nord; il est borné au sud par l'Elbe et au nord par le duché de Sleswick. Le roi de Danemarck est membre de la Confédération germanique comme duc de Holstein.

D. Quelles sont ses principales villes?

R. Kiel, port formé par une baie de la Baltique; dist. de Copenhague, 50 l.; pop. 7,000 h. Comm. de transit, université fréquentée, bains de mer.

Altona, sur l'Elbe, près de Hambourg; pop. 23,000 habitans; la ville la plus considérable du royaume après Copenhague, dont elle est éloignée de 67 l. Grand comm. de transit, pêche de la morue et du hareng. Plusieurs beaux édifices publics.

## ISLANDE.

D. Qu'est-ce que l'Islande?

R. L'Islande, dont le nom signifie île de glace, est au nord de l'Ecosse et traversée par le cercle polaire; elle a environ 120 lieues de longueur sur 55 de largeur. Population distinguée par son industrie, la pureté de ses mœurs, et son goût pour les sciences et les arts. Climat très-froid. Cette île a pour capitale

Reikiavick, village situé sur la côte sud-ouest.

## ILES FAROEER.

D. Où sont situées ces îles?

R. Elles sont situées entre l'Islande et à l'ouest

des îles Shetland; elles sont au nombre de 25 dont 17 sont inhabitées, et ont pour capitale le bourg de Thorshawen.

## ARTICLE X.

# SUÈDE. (royaume de)

D. De quels pays se composent aujourd'hui les états du roi de Suède?

R. Ils se composent du royaume de Suède et de celui de Norwége qui lui a été cédé par le Danemarck en 1814; ils sont bornés à l'ouest par l'Océan Atlantique, au nord par la Mer-Glaciale, à l'est par la Laponie russe et le golfe de Bothnie, au sud par la mer Baltique. Ils ont une population de 3,440,000 h., et sont traversés dans toute leur longueur par les Dophrines ou Alpes Scandinaves.

D. Quelle religion professe-t-on en Suède?

R. On y professe comme en Danemarck la religion luthérienne, et sous ce rapport la Suède est divisée en un archevêché et 11 évêchés. Le roi doit professer la religion de l'état.

## DE LA SUÈDE proprement dite.

D. Où est située la Suède?

R. Elle est située à l'est de la Norwége dont elle est séparée par les Dophrines; elle a une population de 2,500,000 habitans. L'hiver y dure neuf mois, et la chaleur y est quelquefois insupportable en été; le sol y est ingrat et le climat peu propre aux productions végétales.

D. Quelles sont les rivières les plus considérables?

R. La Gotha-Elbe, qui traverse le lac Wener, forme au sortir de ce lac les fameuses cataractes de Trollhatta, et se jette dans le Cattegat (golfe) par deux embouchures, la Luléa et la Tornéa, qui se perdent dans le golfe de Bothnie. Nombreux lacs, dont les plus étendus sont les lacs Meler, Wener, Wetter.

D. Quelles sont ses principales productions?

R. Elles sont : Grains, pâturages, forêts, goudron, résine, cristaux, marbre, pierres précieuses, poissons de mer et d'eau douce en abondance, mines de fer dont l'exploitation occupe au moins 25,000 individus, mines de cuivre très-riches, argent, plomb, porphyre, eaux minérales à une demi-lieue de Halmstad.

D. Comment est divisée aujourd'hui la Suède?

R. Elle forme 3 grandes divisions qui se subdivisent en 24 provinces, savoir :

### LE NORRLAND.

| | | |
|---|---|---|
| 1. Norbotten. | 3. Wester-Norrland. | 4. Jemtland. |
| 2. Westerbotten. | | |

### LE SVEALAND.

| | | |
|---|---|---|
| 5. Stockholm. | 8. Stora-Kopparberg. | 10. Nikœping. |
| 6. Carlstadt. | | 11. Gefleberg. |
| 7. Upsala. | 9. Westeros. | 12. Orebro. |

### LE GOTHLAND.

| | | |
|---|---|---|
| 13. Linkœping. | 17. Calmar. | 21. Elfsborg. |
| 14. Blekingen. | 18. Christianstadt. | 22. Kroneberg. |
| 15. Halmstad. | 19. Inkœping. | 23. Gothembourg. |
| 16. Skoraborg. | 20. Malmœhus. | 24. Gothland. |

La Suède possède encore quelques îles dans la Baltique, dont les principales sont Bornholm, Gothland et Aaland.

D. Quelles sont ses villes les plus considérables?

R. STOCKHOLM, beau port, mais d'un accès difficile, sur un goulet qui joint le lac Meler à la Baltique, cap. de tout le royaume, résidence du roi, ville bâtie sur deux péninsules et sept petites îles; distance de Paris, 401 lieues, et de Hambourg, 250; pop. 80,000 hab. Centre du commerce de la Suède. Parmi les édifices publics, on distingue le palais royal, édifice spacieux; ceux de la noblesse et du premier chancelier, le monument consacré à la mémoire du fameux botaniste Linnée, et dans l'église d'Adolphe celui érigé à Descartes.

Gothembourg, beau port sur le Cattegat, la seconde ville du royaume; distance de Stockhom, 118 lieues; pop. 16,000 hab. Commerce en fer en barres, clous, acier, planches, goudron, poix.

Carlscrona, très-bon port sur la Baltique, distance de Stockholm, 121 lieues; pop. 10,500 hab.

Helsingborg, port sur le Sund, vis-à-vis d'Elseneur et le château de Gronenbourg; distance de Stockholm, 135 lieues; population, 3,000 hab.

Malmoë, sur le Sund, ville forte; distance de Stockholm, 157 lieues; pop. 6,000 hab.

Norrkoeping, à l'embouchure de la Motala, ville la plus manufacturière après Stockholm, dont elle est éloignée de 44 lieues; pop. 10,000 hab.

Upsal, archevêché, université fondée au quinzième siècle; pop. 5,000 h. Le couronnement des rois de Suède se fait encore dans cette ville dont l'archevêque prend le titre de primat du royaume.

Au nord de la Suède est située la Laponie, divisée en deux parties par la rivière de Tornéa, dont l'une à l'ouest et la plus considérable appartient à la Suède, et l'autre à l'est dépend de la Russie. Les Lapons sont remarquables par la petitesse de leur taille, et la plupart nomades. De tous les animaux, la renne est celui qui leur est le plus utile; ils s'en servent pour atteler leurs traîneaux, et en mangent la chair et le lait. Climat très-rigoureux, ni printemps ni automne, été d'environ six semaines.

## NORWÉGE.

D. Qu'est-ce que la Norwége?

R. C'est un pays hérissé de montagnes, situé le long de la mer du Nord, et au nord de la Suède et du Cattegat; population, 940,000 hab.

D. Quelles en sont les productions?

R. Les principales sont : Orge, avoine, très-peu d'autres grains, pâturages, fromages, gibier, harengs et autres poissons, salaisons, riches mines de cuivre très-estimé, mines de fer près de Christiania, arsenic, cobalt, beaucoup de beaux marbres, houblon, lin, chanvre, fruits dans la province de Berghen. Même climat qu'en Suède.

D. Comment divise-t-on ce royaume?

R. En quatre gouvernemens, qui sont ceux d'Aggerhus ou de Christiania, de Christiansand, de Berghen et de Drontheim.

D. Quelles en sont les villes remarquables?

R. Christiania, au fond du golfe de même nom, cap. de tout le royaume; pop. 20,500 hab. Plusieurs grandes distilleries d'eau-de-vie.

Berghen ou Bergen, cap. de la province, port; pop. 17,000 hab.; seconde ville du royaume.

Christiansand, cap. de la province, ville forte, un des meilleurs ports sur la mer du Nord; pop. 7,000 h.

Drontheim, anc. cap. de la Norwége, à l'embouchure du Nid et sur le golfe de même nom; pop. 12,000 hab. Exporte cuivre, bois, goudron, huile de poisson, une raffinerie de sucre.

Fredfrikshald, sur la riv. de Fistedal; dist. de Christiania, 28 lieues; pop. 4,000 hab. Raffinerie de sucre, manuf. de coton et de tabac.

A peu de distance des côtes de la Norwége, entre le promontoire de Lofoden et l'île de Wæren, est le gouffre de Maelstrom.

## ARTICLE XI.
# RUSSIE. (empire de)

D. Qu'est-ce que la Russie?

R. C'est un vaste empire qui s'étend en Europe et en Asie, et dont le souverain prend le titre d'empereur de toutes les Russies et de roi de Pologne. La couronne est héréditaire même en faveur des filles; la population de toute la monarchie, y compris la Pologne, est d'environ 59,374,000 hab.

D. Quelle est la religion de la Russie?

R. C'est la religion chrétienne grecque; l'empereur est chef de l'église; tout ce qui a rapport au culte est confié au synode qui siége à Pétersbourg, et à un synode subordonné établi à Moscou: il n'y a dans tout l'empire que six archevêchés.

D. Quelle est l'étendue de la Russie d'Europe?

R. Elle occupe presque toute la largeur de cette partie du monde depuis la Mer-Glaciale jusqu'à la Mer-Noire; elle a une superficie de 196,000 lieues carrées et une population de 47,660,000 hab.; ce qui ne fait que 240 habitans par lieue carrée.

D. Quelles en sont les bornes?

R. Elle est bornée au nord par la Mer-Glaciale; à l'ouest par la Suède, la mer Baltique, la Prusse, le nouveau royaume de Pologne, les états Autrichiens; à l'est par la Russie Asiatique; au sud par la Turquie d'Europe et la Mer-Noire.

D. Quels sont les principaux fleuves et lacs?

R. Ce sont le Volga, le plus grand fleuve de l'Europe, qui prend sa source dans le gouvernement de Twer et se jette par plusieurs bouches dans la Mer-Caspienne; le Don (Tanaïs), qui a sa source dans le gouvernement de Toula et se perd dans la mer d'Azow; le Dnieper (Borysthène), qui prend sa source dans le gouvernement de Smolensk et se rend dans la Mer-Noire; le Dniester qui sort d'un lac des Monts-Krapacks, et a son embouchure dans la Mer-Noire; la Dwina qui se perd dans la Mer-Blanche; la Duna dans le golfe de Riga. Les lacs sont Peipus, Pskow et Biélozero (*Voy.* page 69).

D. Quelles en sont les productions?

R. Les principales sont : Seigle, orge, avoine, blé, forêts, pâturages, chevaux, chevaux sauvages, moutons, bœufs, dromadaires, poisson, graines de kermès, miel, cire, fruits, melons d'eau, salines, cuirs estimés, eaux minérales.

D. En combien de gouvernemens est-elle divisée?

R. En quarante-neuf gouvernemens, la plupart avec une capitale de même nom, savoir :

### NORD.

| Gouvernemens. | Capitales. | Gouvernemens. | Capitales. |
|---|---|---|---|
| Finlande | Abo. | Vologda | Vologda. |
| Wibourg | Wibourg. | Livonie | Riga. |
| Olonec | Olonec. | Pskow | Pskow. |
| Archangel | Archangel. | Twer | Twer. |
| Estonie | Revel. | Jaroslaw | Jaroslaw. |
| S. Pétersbourg | S. Pétersbourg | Kostroma | Kostroma. |
| Novogorod | Novogorod. | | |

### CENTRE.

| Gouvernemens. | Capitales. | Gouvernemens. | Capitales. |
|---|---|---|---|
| Smolensk | Smolensk. | Riazan | Riazan. |
| Moscou | Moscou. | Tambow | Tambow. |
| Wladimir | Wladimir. | Orel | Orel. |
| Nisney-Novo-gorod | Nisney-Novo-gorod. | Koursk | Koursk. |
| Kaluga | Kaluga. | Woronez | Woronez. |
| Tula | Tula. | Czernigow | Czernigow. |
| | | Ukraine | Charkow. |

### SUD.

| Gouvernemens. | Capitales. | Gouvernemens. | Capitales. |
|---|---|---|---|
| Kiew ou Kiow | Kiow. | Tauride | Caffa. |
| Catherinoslaw | Catherinoslaw. | Bessarabie | Akerman. |

### EST.

| Gouvernemens. | Capitales. | Gouvernemens. | Capitales. |
|---|---|---|---|
| Perm | Perm. | Simbirsk | Simbirsk. |
| Viatka | Wiatka. | Penza | Penza. |
| Orenbourg | Orenbourg. | Saratow | Saratow. |
| Kasan | Kasan. | | |

## SUD-EST.

| Gouvernemens. | Capitales. | Gouvernemens. | Capitales. |
|---|---|---|---|
| Cosaques du Don. | Tcherkask. | Caucase. | Georgieusk. |
| | | Astracan. | Astracan. |

## OUEST.

| Gouvernemens. | Capitales. | Gouvernemens. | Capitales. |
|---|---|---|---|
| Witepsk. | Witepsk. | Minsk. | Minsk. |
| Mohilow. | Mohilow. | Volnsk. | Zytomiers. |
| Courlande. | Mittau. | Podolie. | Kaminieck. |
| Wilnensk. | Wilna. | Kersou. | Kerson. |
| Grodnensk. | Grodno. | | |

D. Quelles en sont les villes principales?

SAINT-PÉTERSBOURG, sur la Newa, près du golfe de Finlande, capitale de l'empire, résidence du souverain, université fondée en 1819; distance de Paris, 580 lieues; pop. 400,000 hab. Cette ville, bâtie par Pierre-le-Grand, en 1703, est aujourd'hui l'une des plus belles de l'Europe.

*Commerce et Industrie.* Fonderie de canons, manufactures d'armes, de glaces, fabriques d'eaux-de-vie, tanneries, papeteries, tapisseries, entrepôt de toutes les marchandises coloniales et de toutes les productions du midi de l'Europe; commerce de cuirs, peaux corroyées, fourrures, colle de poisson, cire, suif, etc.

*Curiosités.* Sur une belle place, s'élève la statue équestre de Pierre-le-Grand, chef-d'œuvre de Falconet. On remarque le palais de l'Hermitage, le palais de marbre, joli édifice, bâti partie en marbre et partie en pierre; surtout le palais d'hiver qui est magnifique; le collège des cadets, les bâtimens de la poste, de l'académie impériale et de celle des beaux-arts, l'école-de-médecine, l'hôtel-de-ville, les écuries impériales. Rues larges et régulières, maisons bien bâties.

ARCHANGEL, sur la Dwina, à environ 24 lieues de son embouchure dans la Mer-Blanche, archevêché; dist. de Pétersbourg, 155 l.; pop. 10,000 h.; exporte goudron, cire, suif, pelleteries.

ASTRACAN, près de l'embouchure du Volga, dans la Mer-Caspienne, archevêché; distance de St-Pétersbourg, 450 l.; pop. 30,000 hab., et jusqu'à 70,000 dans la saison des foires et de la pêche. Comm. avec la Perse et les contrées orientales.

AKERMAN (Bessarabie), ville forte, port à l'embouchure du Dniester; pop. 20,000 hab. C'est dans cette ville qu'a été conclu le dernier traité entre la Russie et la Turquie.

Kasan, près du Volga, évêché, université; pop. 17,000 hab. Commerce de blé, de miel, de cire, de peaux. On y remarque la cathédrale.

Kerson, sur le Dniéper et à quelques lieues de son embouchure dans la Mer-Noire; distance de St-Pétersbourg, 375 lieues; pop. 10,000 hab. Cette ville n'est plus qu'un petit port servant au cabotage. On y embarque le blé pour Odessa.

Kronstadt, port et forteresse dans une île du golfe de Finlande; dist. de Saint-Pétersbourg, 6 l.; pop. 20,000 hab. Port spacieux, fonderie de canons, fab. de câbles, magasin de provisions navales.

Kiew, sur le Dniéper, archevêché, pop. environ 30,000 hab. Fab. de faïence, distilleries.

Grodno (Lithuanie), sur le Niémen, académie, pop. 5,000 h., ville bien déchue de ce qu'elle était.

Mittau, cap. de la Courlande; pop. 10,000 h. L'ancien château des ducs est converti en caserne.

Moscou, sur la Moskowa, ancienne cap. de la Russie, aujourd'hui la seconde de cet empire et une des plus belles de l'Europe, archevêché, université fondée en 1754; dist. de Paris, 660 l.; pop. 1,00,000 hab. Entrepôt du commerce des pelleteries. Cette ville, nouvellement reconstruite, a perdu son aspect asiatique.

Odessa (gouvernement de Kerson), port sur la Mer-Noire entre le Boug et le Dniester; dist. de St-Pétersbourg, 480 l.; pop. 20,000 hab. Comm. considérable d'exportation. Cette ville, qui n'était en 1792 qu'un village Tartare, doit ses embellissemens et ses progrès au duc de Richelieu, qui en a été gouverneur jusqu'en 1814.

Revel (Estonie), port sur le golfe de Finlande; populat. 13,000 hab.

Riga, sur la Duna, à 4 l. de son embouchure

dans le golfe de même nom; distance de St-Pétersbourg, 150 l.; pop. 42,400 hab. Port très-commerçant, raffineries de sucre, manuf. de tabac, corderies, grand commerce maritime.

WILNA, au confluent des rivières de Wilia et de Welika, anc. cap. de la Lithuanie, évêché, université, est une grande ville bien peuplée. Commerce assez étendu avec Kœnigsberg.

## POLOGNE. (royaume de)

D. Qu'était-ce autrefois que la Pologne?

R. C'était un royaume considérable dont la couronne était élective. Après avoir été démembré en 1773 et 1793 par l'Autriche, la Prusse et la Russie, il fut entièrement anéanti en 1795 par ces mêmes puissances.

D. A quelle époque a-t-il été rétabli?

R. Il a été rétabli en 1815 par le congrès de Vienne, sous la souveraineté de l'empereur de Russie; mais une grande partie en a été donnée à la Prusse, pour former le grand-duché de Posen.

D. Où est-il situé?

R. Il est situé à l'est et au sud des états du roi de Prusse, à l'ouest de la Russie et au nord de la Gallicie; il a une population de 3,704,300 hab., une longueur de 120 lieues du nord au sud, et une largeur de 90 lieues de l'est à l'ouest.

D. Quelle en est la religion?

R. La religion catholique est la religion de l'état; néanmoins les autres cultes y sont tolérés, et il y a beaucoup de luthériens, de juifs et de grecs.

D. Quelles sont ses rivières les plus considérables?

R. Ce sont la Warta, la Vistule qui se perd dans la Baltique et ses affluens, la Pilica et la Wieprz.

D. Quelles sont les productions?

R. Les principales sont: Grains, fruits, légumes, chanvre, tabac, houblon, miel, cochenille, forêts, menu bétail, chevaux, porcs, mines d'argent, cuivre, fer, plomb, zinc, charbon de terre, marbres très-variés.

D. Comment divise-t-on le royaume de Pologne?

R. On le divise en huit palatinats ou provinces, savoir:

| 1. Varsovie. | 3. Kalisch. | 5. Plock. | 7. Podlachie. |
| 2. Sandomir. | 4. Lublin. | 6. Masovie. | 8. Augustow. |

D. Quelle en est la capitale?

R. VARSOVIE, sur la Vistule, université fondée en 1816, résidence du vice-roi; dist. de Paris, 378 lieues; pop. 117,300 hab. Manuf. de draps, de toiles, tapis, savon, bonneterie, chapellerie. Cette ville a un observatoire, un jardin botanique, un cabinet de physique, d'histoire naturelle, de minéralogie, une bibliothèque contenant 150,000 volumes et 100,000 gravures.

*Curiosités.* Le château royal, le palais de Saxe où réside le vice-roi, le grand hôpital militaire, la magnifique église des Luthériens, le palais Constantin, l'arsenal, la monnaie, le monument récemment élevé à Kosciusko, et devant la porte de Cracovie, la statue colossale en bronze de Sigismond III.

D. Quelle est la ville libre de Pologne?

R. CRACOVIE, sur la Vistule, université très-ancienne, évêché; pop. 24,800 hab. Elle est sous la protection de l'Autriche, de la Prusse et de la Russie; elle en fut la capitale jusqu'à Sigismond III.

## ARTICLE XII.

# TURQUIE. (empire de)

D. Qu'est-ce que la Turquie?
R. C'est un grand empire fondé en 1300, par Othman ou Ottoman, qui, après avoir conquis une partie de l'Asie Mineure, établit sa résidence à Brouse. Mahomet II, la terreur de l'Europe, prit, en 1453, la ville de Constantinople, dont il fit la capitale de ses vastes états. L'empire de Turquie s'étend en Europe, en Asie et en Afrique.

## TURQUIE D'EUROPE.

D. Quelles sont les bornes de la Turquie d'Europe?
R. Elle est bornée au nord par les empires de Russie et d'Autriche, à l'est par la Mer-Noire, au sud par la mer de Marmara et l'Archipel, à l'ouest par la mer Adriatique et la Dalmatie; elle a une superficie de 33,850 lieues carrées, et une population d'environ 11,000,000 d'habitans.

D. Quelle est la religion des Turcs?
R. C'est la religion mahométane, du nom de leur prétendu prophète Mahomet; elle se divise en deux sectes, celle d'Omar et celle d'Ali. Les Turcs suivent la première. Le chef de la religion se nomme mufti, et le livre qui en contient les préceptes s'appelle Alcoran. La religion grecque est dominante en Grèce, Bosnie, Servie, Moldavie et Valachie.

D. Quel est leur gouvernement?
R. Il est despotique. On appelle le monarque sultan ou grand-seigneur, et on lui donne le titre de hautesse; sa cour se nomme la Porte. On

appelle visir le premier ministre, divan le conseil-d'état, pachas les gouverneurs de provinces.

D. Quelles sont ses rivières considérables?

R. Ce sont le Danube et le Marizza qui passe à Andrinople et se jette dans l'Archipel.

D. Quelles sont ses productions?

R. Les principales sont : Blé, maïs, riz, tabac, particulièrement en Macédoine; vins dont les plus renommés sont ceux de Grèce et de Chypre; beau bétail, chevaux de Thessalie, gibier, excellens fruits, miel, cire, laines, dont les plus estimées sont celles de Bosnie; coton, cuirs de buffle et de bœuf, poil de chameau, carrières de beau marbre en Grèce, mines en Moldavie, sol très-fertile, quoique mal cultivé, air généralement pur.

D. Comment divise-t-on la Turquie?

R. En septentrionale et en méridionale.

## TURQUIE septentrionale.

D. Combien renferme-t-elle de provinces?

R. Elle en renferme huit, savoir :

| Provinces. | Capitales. | Provinces. | Capitales. |
|---|---|---|---|
| Moldavie. | Jassy (*). | Bosnie. | Banialuca. |
| Valachie. | Bucharest. | Servie. | Belgrade. |
| Croatie turque. | Bichacz. | Bulgarie. | Sophie. |
| Dalmatie turq. | Mostar. | Romanie. | Constantinople. |

Les Turcs divisent leurs états d'Europe en deux beglerbegs, qui sont la Romanie et la Bosnie; ces beglerbegs sont divisés en pachaliks et en sangiacats, et sont gouvernés chacun par des pachas et des sangiacs.

D. Quelles sont les villes les plus remarquables?

---

(*) La Moldavie, la Valachie et la Servie sont plutôt tributaires que sujettes de la Porte.

R. Constantinople, appelée Stamboul par les Turcs, port regardé comme le plus beau du monde, sur le détroit de même nom, aux confins de l'Europe et de l'Asie, capitale de tout l'empire Ottoman, résidence du sultan; distance de Paris, 650 lieues; pop. 590,000 hab. L'industrie et le commerce de la Turquie d'Europe sont entre les mains des Arméniens, des juifs et des étrangers. Cette ville est le siége du patriarche grec.

*Curiosités.* Parmi les mosquées, qui sont les plus beaux et les plus grands édifices, on distingue celle de Sainte-Sophie (ancienne église chrétienne), supérieure à toutes les autres en magnificence et en richesse, haute de 185 pieds jusqu'à la corniche où commence le dôme qui en a au moins 50 d'élévation; le sérail ou palais du grand-seigneur, bâti sur les ruines de l'ancienne Bysance, composé de plusieurs cours, et dont la circonférence a environ 3 lieues de 2,000 toises. Les ministres des puissances étrangères résident dans le faubourg de Péra, où l'on remarque la belle église de Sainte-Marie, et surtout celle de Sainte-Thérèse, la plus magnifique de toutes les églises catholiques. Maisons mal bâties, plusieurs belles places, rues étroites et mal pavées, superbes points de vue.

Andrinople (Romanie), sur le Marizza: distance de Constantinople, 52 lieues; pop. 80,000 hab. Archevêché grec. Le sultan y fait quelquefois sa résidence dans l'été.

Belgrade, au confluent de la Save et du Danube, place très-forte; dist. de Constantinople, 186 lieues; pop. 25,000 hab.

Bucharest, sur le Dombrowitz, résidence du hospodar de Valachie; distance de Constantinople, 110 lieues; pop. 46,000 hab.

Jassy ou Yassy, près du Pruth, résidence du hospodar de Moldavie; dist. de Constantinople, 280 lieues; pop. 50,000 hab.

Sophie, sur l'Ischa ou Isker; distance de Constantinople, 115 lieues; pop. 50,000 hab.

## GRÈCE, ou Turquie méridionale.

D. Qu'est-ce que la Grèce?

R. C'est une grande presqu'île entre la Méditerranée et l'Archipel, divisée en terre-ferme et en îles.

D. Comment divise-t-on la terre-ferme?

R. En quatre provinces, savoir :

La Macédoine au nord, dans laquelle on comprend la Thessalie et l'Epire; l'Albanie à l'ouest; la Livadie et la Morée au sud.

D. Quelles sont ses principales villes?

R. Salonique, au fond du golfe de ce nom, capitale de la Macédoine, archevêché grec; distance de Constantinople, 130 lieues; pop. 60,000 hab. Commerce considérable de soie, coton, tabac, blé, cuir, cire, éponges fines, etc. Ville remarquable par sa propreté et le nombre de ses antiquités.

Janina (Thessalie), ville florissante, résidence d'un pacha; pop. 30,000 hab.

Scutari, sur le lac de ce nom, capitale de l'Albanie, chef-lieu du pachalik; pop. 12,000 hab.

Durazzo (Albanie), port sur la mer Adriatique; pop. 5,000 hab.

Sétine (Athènes), sur l'Ilissus et le Céphyse, capitale de la Livadie (jadis de l'Attique), archevêché grec; pop. 10,000 hab. Plusieurs restes de son ancienne splendeur, entr'autres les ruines du Parthenon, de l'Acropolis, du temple de Thésée, etc.

Lépante (Livadie), port sur le golfe de même nom, place forte.

Tripolizza, capitale de la Morée, près des ruines de Mantinée, résidence du pacha avant l'insurrection de la Grèce; pop. 12,000 hab.

Corinthe, près de l'isthme de même nom, jadis capitale d'une fameuse république, compte à peine 4,000 hab.

Misitra, près des ruines de Sparte, vers le Mont-Taygète.

D. Où sont situées les îles de la Turquie d'Europe?
R. Dans l'archipel qui sépare l'Asie de l'Europe.
D. Quelles sont les plus considérables?
R. Ce sont, à l'est, Négrepont (Eubée), avec une capitale de même nom; Taso (Thasos); Stalimène (Lemnos); au sud, Candie (Crète), dont les deux villes principales sont Candie, capitale, et la Canée, port très-fréquenté; parmi les Cyclades, Naxos ou Naxie la plus grande de toutes; Paros, si fameuse par ses marbres; Santorin; Milo (Mélos); et Andros.

## ARTICLE XIII.

# ILES IONIENNES.

D. Qu'est-ce que les îles Ioniennes?
R. C'est une petite république nouvellement formée sous la protection de l'Angleterre, et composée de sept îles principales, savoir: Corfou (Corcyre), Céphalonie, Zante, Sainte-Maure (Leucade), Thiaki (Ithaque), Cérigo (Cythère), et Paxo.
D. Où sont-elles situées?
R. Elles sont situées le long de la côte occidentale de la Grèce, ont une population de 200,600 hab., et produisent du vin délicieux et d'excellens fruits.
D. Quelles en sont les villes principales?
R. Corfou, capitale de l'île, port franc sur l'Adriatique; pop. 12,000 hab.

Zante, capitale de l'île, près de la côte occidentale de la Morée; pop. 20,000 hab. Commerce en huile et raisin dit de Corinthe.

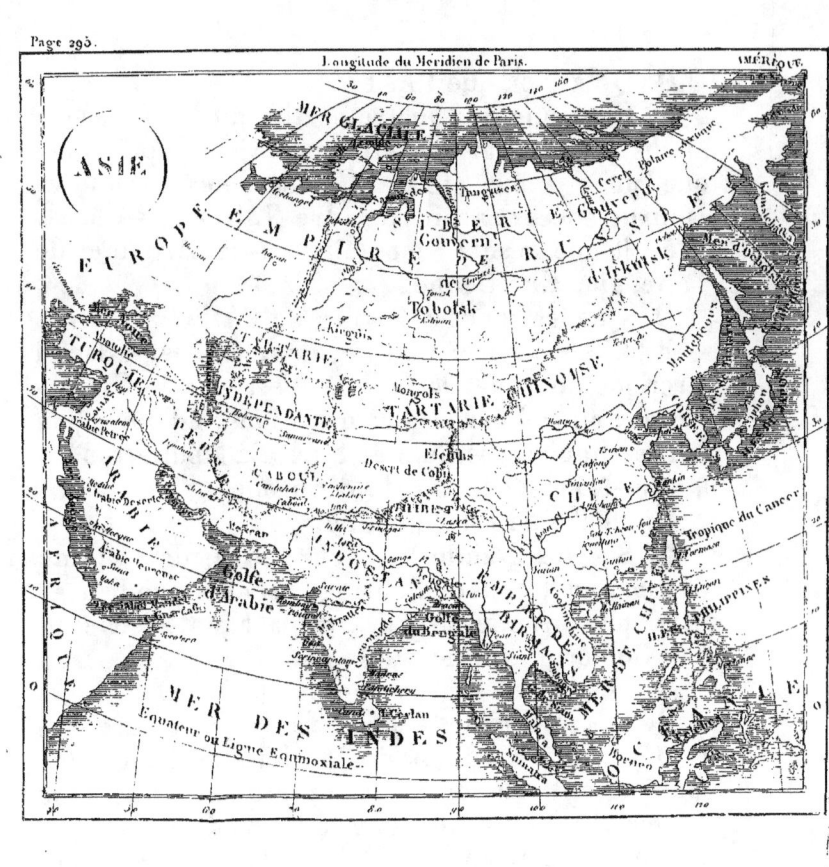

# CHAPITRE II.

# ASIE.

D. Qu'est-ce que l'Asie?

R. C'est une des quatre parties du Monde, non moins célèbre par son étendue et sa population, que pour avoir été le berceau des premières connaissances et avoir vu naître N. S. Jésus-Christ. C'est là que se sont accomplis tous les Mystères de la Religion Chrétienne.

D. Quelles sont les bornes de l'Asie?

R. Elle est bornée au nord par l'Océan-Glacial Arctique ou Mer-Glaciale; à l'est par le Grand-Océan; au sud par la mer des Indes; à l'ouest par la Mer-Rouge, l'isthme de Suez, la Méditerranée, la Mer-Noire et la Russie d'Europe.

D. Quelle en est l'étendue?

R. Sa plus grande longueur, prise de l'isthme de Suez au détroit de Béhring, est de 2,700 lieues; et sa plus grande largeur, de la Mer-Glaciale au cap Comorin, est de 1,500 lieues.

D. Quelles en sont les montagnes?

R. Les principales sont le Taurus, en Turquie; le Caucase, à l'ouest de la Mer-Caspienne; les Gates, qui s'étendent dans la presqu'île en deçà du Gange; les Monts-Altaï, au sud de la Russie d'Asie; l'immense plateau du Thibet, traversé par des monts d'une hauteur prodigieuse, tels que les Monts-Himalaya, qui ont 24,000 pieds d'élévation.

D. Quels sont ses principaux fleuves?

R. L'Euphrate et le Tigre qui, après s'être réunis près de Bassora, portent leurs eaux dans le golfe Persique; l'Indus, qui se jette au sud-ouest dans le golfe d'Oman; le Gange, qui se perd au sud dans le golfe du Bengale; le Hoan-Ho ou fleuve Jaune, et l'Yantesé-Kian ou fleuve Bleu, qui traversent la Chine de l'ouest à l'est, et se jettent, l'un dans la mer Jaune et l'autre dans la mer Bleue; l'Obi, l'Ienissei et la Lena, qui ont leur embouchure dans la Mer-Glaciale; l'Amour ou Saghalien, qui se perd dans la mer d'Ochotsk.

D. Quels sont ses caps?

R Les principaux sont: le cap Rasalgate, le plus oriental de l'Arabie; le cap Comorin, à l'extrémité méridionale de l'Inde; le cap Lopatka, qui forme la pointe méridionale du Kamtschatka. (*Voyez*, pour les golfes, pages 42 et 43.)

D. Quels sont ses détroits?

R. Les principaux sont: le détroit de Bab-el-Mandeb, entre l'Afrique et l'Arabie; le détroit d'Ormus, à l'entrée du Golfe-Persique; le détroit de Malaca, entre la presqu'île de ce nom et l'île de Sumatra; le détroit de Corée, à l'entrée de la mer du Japon, le détroit de la Pérouse, entre la Manche de Tartarie et la mer d'Iesso.

D. Quels sont les lacs les plus considérables?

R. La Mer-Caspienne, située entre la Perse, la Russie et la Tartarie, et qui a environ 300 lieues de longueur, du nord au sud, sur une largeur moyenne de 50 lieues; la mer d'Aral, dans la Tartarie indépendante; la Mer-Morte, en Palestine; le lac Baïkal, en Sibérie ou Russie asiatique.

D. Comment divise-t-on l'Asie?

R. En huit parties, savoir: la Turquie, l'Arabie, la Perse, le Caboul, l'Inde, la Chine, la Tartarie, et les îles qui en dépendent.

## ARTICLE PREMIER.

# TURQUIE D'ASIE.

D. Quelles sont les bornes de la Turquie d'Asie?

R. Elle est bornée au nord par les mers Noire et de Marmara, à l'est par la Perse, au sud par l'Arabie, et à l'ouest par la Méditerranée et l'Archipel. Population, environ 11,000,000 d'habitans.

D. Quelles en sont les productions?

R. Elles consistent en grains, vins, olives, fruits délicieux, tels que figues, oranges, pistaches, dattes, etc.; soie, coton, opium, tabac, noix de galles, éponges fines, corail, pelleteries, poils de chèvre, maroquins.

D. Comment divise-t-on la Turquie d'Asie?

R. En quatre parties principales, savoir : l'Anatolie ou Anadoli, la Syrie, l'Arménie, le Diarbékir, subdivisées en plusieurs pachaliks et auxquelles il faut joindre les îles situées dans la Méditerranée.

## ANATOLIE.

D. Qu'est-ce que l'Anatolie?

R. L'Anatolie, autrefois Asie Mineure, est une grande presqu'île entre la Mer-Noire, l'Archipel et la Méditerranée; elle se divise en sept gouvernemens, savoir: Anatolie propre, Sivas, Trébisonde, Konieh, Marasch, Adana, et l'île de Chypre.

D. Quelles sont ses principales villes?

R. Kutaieh ou Kiutaieh, capitale de l'Anatolie, résidence d'un pacha, ville considérable, ornée de superbes mosquées.

Sivas, sur le Kizil-Irmak, capitale du Sivas, résidence du pacha.

Trébisonde, capitale, port sur la Mer-Noire;

distance de Constantinople, 230 lieues; population, 80,000 hab. Commerce considérable.

Amasia ou Amasieh, au nord de Sivas, patrie du géographe Strabon.

Konieh (l'ancien Iconium), capitale du pachalik, ville aujourd'hui peu considérable.

Burse ou Brouse, capitale de l'empire de Turquie avant la prise de Constantinople, résidence d'un pacha; distance de Constantinople, 30 lieues. On y remarque la superbe mosquée du sultan Orkan.

Sinope, port sur la Mer-Noire; pop. 60,000 h.; exporte cire, bois de construction, soie, fil de lin, fruits, goudron.

Smyrne (Ismir), bon port sur l'Archipel; distance de Constantinople, 80 lieues; pop. 120,000 h. Presque toutes les nations de l'Europe y ont des comptoirs. Comm. considérable avec les Français.

Angora (l'ancien Ancyre), célèbre par ses chèvres, dont le poil est fin et soyeux.

## SYRIE.

D. Qu'est-ce que la Syrie?

R. C'est un très-beau pays renfermé entre l'Euphrate et la Méditerranée, traversé par les chaînes du Liban et de l'Anti-Liban, arrosé par l'Oronte et le Jourdain, et divisé en quatre pachaliks, avec des capitales de même nom.

Alep, capitale du pachalik, distance de Constantinople, 220 lieues; pop. 150,000 h. Commerce très-étendu d'importation et d'exportation; dans son territoire, sont Antakieh (Antioche), et Alexandrette, port fréquenté, mais dont le séjour est malsain.

Damas (Palestine), dans une plaine au pied du Mont-Liban; pop. 80,000 hab.; distance de Constantinople, 280 lieues. Fabriques de lames de sabre d'excellente trempe, et autres ouvrages d'acier renommé, d'eau de rose et de très-belles soieries; commerce d'excellens fruits.

JÉRUSALEM, ancienne capitale de la Judée, ville célèbre par les Mystères du Christianisme qui s'y sont opérés; distance de Damas, 45 lieues.

SAINT-JEAN-D'ACRE (Ptolémaïde), port, ville forte, commerce en productions du pays. De ce pachalik dépendent Tsour (Tyr), Seyde (Sidon), Jaffa (Joppé), Balbeck (Héliopolis), fameuse par ses ruines.

TRIPOLI, port de mer, ainsi que Latakieh (Laodicée), plus au nord, ville jadis très-florissante.

## ARMÉNIE.

D. Qu'est-ce que l'Arménie?

R. C'est une vaste contrée où se trouvent les sources du Tigre et de l'Euphrate; la partie occidentale appartient aux Turcs, et la partie orientale aux Russes. C'est là que se trouve le Mont-Ararat, où, dit-on, s'est arrêtée l'Arche de Noé.

D. Quelle en est la ville la plus considérable?

R. ERZEROUM, près la source de l'Euphrate, chef-lieu du pachalik de même nom; pop. 70,000 h. Commerce avec la Perse et l'Indostan, belle ville ornée de beaucoup de mosquées et de bains publics.

## DIARBÉKIR.

D. Comment divise-t-on le Diarbékir?

R. On le divise en deux parties, savoir: le Diarbékir propre, qui occupe la partie septentrionale de l'ancienne Mésopotamie, et l'Yrak-Araby qui répond à la Babylonie et à la partie méridionale de la Mésopotamie.

D. Quelles sont les principales villes du Diarbékir?

R. DIARBÉKIR (Amida), sur le Tigre, chef-lieu de pachalik.

MOSUL ou MOUSSOUL, sur le Tigre, près des ruines de l'ancienne Ninive, chef-lieu de pachalik.

D. Quelles sont les principales villes de l'Yrak-Araby?

BASSORA, au-dessous du confluent du Tigre et de l'Euphrate, qui, en se réunissant, prennent le nom de Shat-el-Arab. Cette ville est une des plus commerçantes de la Turquie; pop. 60,000 hab.

BAGDAD, sur le Tigre, chef-lieu de pachalik, ville considérable; distance de Constantinople, 450 lieues; pop. 100,000 hab. Coutellerie fabriquée avec l'acier des Indes, et supérieure à celle de Damas; nombreuses caravanes qui s'y rendent de Smyrne, d'Alep et autres villes de Turquie.

### ÎLES DE LA TURQUIE D'ASIE.

D. Quelles sont les îles de la Turquie d'Asie?

R. Les plus considérables sont Métélin (Lesbos); Stanco (Cos), abondante en oranges et en citrons; Rhodes, avec une capitale de même nom; Chypre, fertile en vignobles renommés, dont les principales villes sont Nicosie, capitale, et Famagouste, port et ville forte.

## ARTICLE II.

# ARABIE.

D. QU'EST-CE que l'Arabie?

R. C'est une grande péninsule ou presqu'île en grande partie déserte et sablonneuse, bornée au nord par la Syrie, au nord-est par l'Euphrate qui la sépare du Diarbékir, à l'est par le Golfe-Persique, au sud par la mer des Indes, à l'ouest par la Mer-Rouge qui la sépare de l'Afrique.

D. Quelles en sont les productions?

R. Les principales sont, vers les côtes et dans la

partie méridionale, dattes, encens, myrrhe, gomme, aloës, baume de la Mecque, excellent café dit de Moka; chameaux, dromadaires, chevaux réputés les meilleurs du monde. Chaleur excessive, eau extrêmement rare, vastes déserts et immenses plaines de sable dans l'intérieur.

D. Comment les anciens divisaient-ils l'Arabie?

R. Les anciens la divisaient en trois parties, savoir : Arabie-Déserte, Arabie-Pétrée et Arabie-Heureuse; on la divise aujourd'hui en 6 provinces: l'Hedjas, l'Yémen, l'Hadramaut, l'Oman, le Lasha ou Hejer, et le Tehama. C'est dans l'Arabie-Pétrée qu'est le Mont-Sinaï.

D. Quelles en sont les villes remarquables?

R. MÉDINE, dans l'Arabie-Déserte (Hedjas), ville célèbre où l'on voit le tombeau de Mahomet. Elle a pour port Yamboz, sur la Mer-Rouge.

LA MECQUE, capitale de l'Hedjas, belle ville, le lieu d'un pélerinage extrêmement fréquenté par les Musulmans, patrie de Mahomet; pop. 18,000 h.

MOKA, ville considérable de l'Yémen (Arabie-Heureuse); exportation, excellent café, gomme arabique, encens, myrrhe, etc.

MASCATE, port sur le golfe d'Oman.

## ARTICLE III.

# PERSE.

D. Qu'est-ce que la Perse?

R. C'est un vaste état borné au nord par la Russie, la Mer-Caspienne et la Tartarie; à l'est par le Caboul; au sud par le détroit d'Ormus et le Golfe-Persique; à l'ouest par la Turquie, dont elle est séparée par les Monts-Elwend.

D. Quelle religion professent les Persans?

R. La religion mahométane, de la secte d'Ali?

D. Quelles sont les productions de la Perse?

R. Les principales sont : Dattes, figues, prunes, oranges, laines, tabac, coton, excellent vin, plantes médicinales, soie, beaucoup de chameaux, chevaux estimés, moutons qui fournissent de très-belle laine, chèvres du Kerman, dont le poil rivalise avec celui des chèvres du Thibet; mines de différens métaux, pierres précieuses, la plus grande partie du pays stérile; sol léger et imprégné de sel; pop. 6,000,000 d'habitans.

D. Comment se divise la Perse?

R. Elle se divise en treize provinces, dont les principales villes sont :

Téhéran, capitale, au pied de la chaîne du Mont-Elbours, à 25 lieues de la Mer-Caspienne, et 100 l. des frontières russes; pop. 160,000 hab. Beaucoup de mosquées et de bains publics.

Ispahan, sur le Zenderoud, autrefois capitale de la Perse, ville bien déchue de son ancienne splendeur; pop. 200,000 hab. On y remarque le superbe palais bâti par Schab-Abas, les marchés et la place publique appelée Meydan, la belle avenue de Chaur-Baug; rues étroites et tortueuses, maisons bâties en briques.

Hamadan (Ecbatane), grand commerce de cuirs.

Erivan, sur la rivière de Sanga, ville forte, remarquable par ses vignobles et ses jardins.

Tauris, ville forte, résidence d'Abbas-Mirza, héritier présomptif du trône; pop. 50,000 hab.

Schiras ou Chiras, sur la rivière de Koremdêche, capitale du Farsistan, le pays le plus beau et le plus fertile de la Perse. On y remarque de très-belles mosquées et un superbe bazar; on récolte aux environs d'excellens vins. Près de là sont les ruines de l'antique Persépolis.

## ARTICLE IV.

# CABOUL. (royaume de)

D. De quels pays est formé ce royaume?

R. Il est formé des provinces conquises sur la Perse et sur l'Indostan; il est borné au nord par la Grande-Bucharie et le Petit-Thibet, à l'est par l'Indostan, au sud par le Beloutchistan, à l'ouest par la Perse; il est arrosé du nord au sud par l'Indus dans lequel se jette l'Hydaspe.

D. Quelles sont ses productions?

R. Les principales sont : Toutes sortes de grains, riz, beaux fruits, safran, coton, nombreux troupeaux de bêtes à cornes, chèvres dont le poil sert à fabriquer les schals renommés, dits de Cachemire.

D. Quelles sont ses villes les plus remarquables?

R. Caboul, cap., dans une plaine vaste et fertile.

Candahar, ville forte; distance de Caboul, 60 l.

Cachemire ou Sirinagor, sur le Behut, ville considérable, quoique bien déchue depuis qu'elle est au pouvoir des Afghans.

Lahore, sur la rivière de Ravei.

Au sud du pays des Afghans, est le Belóutchistan, entre la Perse et l'Indostan; population, environ 3,000,000 d'habitans. Kélat en est la capitale, et la résidence du souverain.

## ARTICLE V.

# INDE.

D. Qu'est-ce que l'Inde?

R. C'est un pays très-étendu, qui tire son nom du fleuve Indus, et qui est divisé en deux parties considérables, l'une l'Indostan ou la presqu'île en deçà du Gange, et l'autre la presqu'île au-delà du Gange.

## INDOSTAN.

D. Où est situé l'Indostan?

R. Il est situé entre le Gange et l'Indus, traversé par les montagnes appelées Gates, arrosé par ces deux grands fleuves, et en outre par la Jumna, le Broumapouter ou Brahmapoutra, le Godaveri et le Kitsna.

D. Quelles en sont les productions?

R. Elles consistent en riz, sucre, épices, coton, soie, aromates, fruits délicieux, mines de diamans, très-belles perles, chameaux, éléphans; fab. nombreuses de riches étoffes et tissus précieux de soie et de coton. Climat très-chaud au sud.

D. A qui appartient aujourd'hui l'Indostan?

R. Une partie appartient aux Afghans dont il vient d'être fait mention, et aux Mahrattes; mais la presque totalité est soumise ou tributaire de la compagnie anglaise des Indes. Les Français, les Hollandais, les Danois et les Portugais y ont quelques possessions.

## MAHRATTES.

D. Comment divise-t-on les Mahrattes?

R. On les divise en occidentaux et en orientaux.

D. Quelles sont les principales villes des Mahrattes occidentaux?

R. POUNAH, cap.; Amadabad, sur le Subermati.

D. Quelles sont les principales villes des Mahrattes orientaux?

R. NEGPOUR, capitale; Visapour, autrefois chef-lieu d'un royaume de ce nom; Katek, port sur le golfe de Bengale, et près de la fameuse pagode ou temple de Jagrenat, la plus célèbre de toutes.

## POSSESSIONS ANGLAISES, FRANÇAISES, DANOISES ET PORTUGAISES.

D. Quels pays possèdent les Anglais?

R. Ils possèdent l'Allahabad, le Bengale, le Bahar, le Bénarez, les Circars, provinces situées entre la côte d'Orixa et celle de Coromandel, le Carnate, le Tanjore, le Maduré, l'île de Bombay; les provinces suivantes formées des états de Tippou-Saïb, savoir : le Travancore, le Calicut, le Dindigul, le Coïmbetour, le Canara; les villes de Delhi et d'Agra, anciennes capitales du royaume de Mogol. Quant au royaume de Mysore, il est gouverné par un rajah, tributaire des Anglais; le soubah du Deccan est aussi leur tributaire.

D. Quelles en sont les principales villes?

R. Calcutta, sur le bras du Gange nommé Hougly, à plus de 30 lieues de la mer, résidence du gouverneur général du Bengale; distance de Paris, 1,915 lieues; pop. 197,000 hab. Commerce immense et très-actif. La rivière est navigable jusqu'à Calcutta pour les plus gros vaisseaux.

Madras, sur la côte de Coromandel, capitale des possessions de la compagnie dans le Carnate; distance de Paris, 1,800 lieues; pop. 400,000 hab. Commerce considérable avec la Perse et la Chine.

Bombay, capitale de l'île, excellent port sur la côte de Surate; dist. de Paris, 1,600 lieues; pop. 160,000 hab. Commerce immense avec la Chine.

Surate, port à l'embouchure du Tapti; population, 60,000 hab. Les autres villes sont : Patna, sur le Gange; Masulipatam, ville maritime des Circars; Calicut, port sur la côte de Malabar; Seringapatam, autrefois capitale des états de Tippou-Saïb, vaincu et tué en 1799; Mangalore, dans le Canara; Trinevelly, près du cap Comorin.

L'île de Ceylan, au sud du cap Comorin, appartient aux Anglais.

D. Quelles sont les possessions françaises?

R. Pondichéry, grande, belle et forte ville, sur la côte de Coromandel dans le Carnate, avec une rade commode. Son territoire a 3 lieues de long sur une de large. On exporte riz, drogueries, opium, sucre et indigo.

Karikal, sur la même côte; distance de Pondichéry, 30 lieues, territoire de 2 lieues de long sur une de large. Commerce de toiles.

Mahé, sur la côte de Malabar. Son territoire n'a qu'un rayon de 2 lieues. Commerce considérable de poivre, cannelle, sandal.

Chandernagor, dans le Bengale, sur le bras du Gange appelé Hougly. Commerce en velours, brocart, camelot, salpêtre, musc, opium et rhubarbe de Tartarie.

Les Danois possèdent: Tranquebar, port dans le Carnate sur la côte de Coromandel; population, 20,000 hab.

Les Portugais ont: Goa, port, archevêché, grande et forte ville, autrefois très-florissante.

## EMPIRE DES BIRMANS,
### ou presqu'île au-delà du Gange.

D. Où est située cette presqu'île?

R. Elle est située entre le golfe de Bengale et celui de Tonkin, c'est un pays abondant en plantes aromatiques et médicinales; il produit le cannelier, l'arbre à suif d'où l'on extrait une huile propre à faire de la chandelle, la canne à sucre, le bois de teck extrêmement dur. On y trouve des mines d'or, d'argent, et des pierres précieuses.

D. Quels sont les divers états que comprend cette presqu'île?

R. Ce sont l'empire des Birmans, le royaume de

Siam, l'empire d'Anam, les royaumes de Tonkin et de Cochinchine, et la presqu'île de Malaca ou Malaya.

### EMPIRE DES BIRMANS.

D. Qu'est-ce que l'empire des Birmans?

R. C'est un état considérable formé des royaumes d'Ava, d'Aracan, de Pégu, et d'une partie de celui de Siam; il est arrosé du nord au sud par la rivière d'Ava ou Araouaddy.

D. Quelles sont les principales villes?

R. Ummerapoura, sur l'Araouaddy, cap. de l'empire depuis 1785; aux environs, carrières de beau marbre.

Rangoun, sur l'Araouaddy, le port le plus important de l'empire, et le seul ouvert aux Européens.

Syriam, où les Anglais ont un comptoir.

### ROYAUME DE SIAM.

D. Qu'est-ce que le royaume de Siam?

R. C'est un état situé au nord du golfe de même nom, et qui consiste en une grande vallée arrosée par le Ménan. La religion de ce pays, ainsi que de toute la presqu'île, est celle de Boudha, dont les prêtres sont appelés talapoins.

D. Quelle en est la capitale?

R. Siam ou plutôt Juthia, dans une île formée par le Ménan.

### EMPIRE D'ANAM.

D. De quels pays est formé cet état?

R. Il est formé du Tsiompa, des pays de Cambodje et de Laos, et situé entre la Cochinchine et le royaume de Siam; il a pour villes principales Cambodje et Laong.

### TONKIN ET COCHINCHINE.

D. Où est situé le Tonkin?

R. Il est situé sur le golfe de même nom, au nord de la Cochinchine, auquel il a été réuni par la conquête qu'en a faite ce royaume. Il a pour ville principale

Kesho ou Kescho, sur la rivière de Sankoi?

D. Où est située la Cochinchine?

R. Elle est située le long du golfe du Tonkin et de la mer de Chine, à l'est de l'empire d'Anam. La Cochinchine a pour capitale Hué ou Kehoa.

### PRESQU'ÎLE DE MALACA.

D. Où est située la presqu'île de Malaca?

R. Entre le golfe de Siam et le détroit de Malaca, qui la sépare de l'île de Sumatra. Les habitans sont appelés Malais. La principale ville est

Malaca, sur le détroit de même nom; elle appartient aux Anglais.

## ARTICLE VI.
# CHINE.

D. Qu'est-ce que la Chine?

R. C'est un empire aussi étendu et aussi peuplé que toute l'Europe, et le plus ancien du monde; la population s'élève à 206,780,000 hab. En raison de son étendue, le pays est aussi varié dans ses productions que dans son climat; et l'on y trouve tantôt des montagnes élevées, tantôt de vastes plaines fertilisées par une infinité de rivières.

D. Quelles sont les bornes de la Chine proprement dite?

R. Elle est bornée au nord par la Tartarie dont elle est séparée par une muraille qui a environ cinq cents lieues de long, à l'est par la Mer-Jaune et la Mer-Bleue, au sud par la mer de la Chine, le Tonkin et l'empire Birman, à l'ouest par des montagnes et des déserts qui la séparent du Thibet et de la Tartarie.

D. Quelles sont ses productions?

R. Les principales sont, au nord : Froment, orge, millet, bestiaux, mulets, musc, rhubarbe, charbon de pierre, vin de riz, pierres d'azur, jaspe, plomb; au centre et au midi : riz, sucre, indigo, cire, soie, chanvre, toutes sortes de thé, cannelle, anis étoilé, or, argent, cuivre, fer, mercure, étain, vitriol, alun, cristal, pierres d'aimant, agates, encre, vernis, porcelaine, bois de rose, d'aigle, de fer; camphriers, arbres à suif.

D. Quelles sont les villes les plus remarquables?

R. Pékin, dans une plaine fertile, à 30 lieues de la mer, cap. de tout l'empire, résidence de l'empereur; dist. de Paris, environ 2,350 lieues; pop. 1,200,000 habitans. On y remarque les arcs de triomphe, le palais impérial et ses dépendances.

Nankin, sur l'Yantesé-Kian, près de son embouchure; dist. de Pékin, 230 lieues; pop. environ 250,000 hab. Fab. de satin regardées comme les meilleures de la Chine, imprimerie et librairie.

*Curiosités.* Deux belles portes, rues d'une extrême propreté une tour de forme octogone, à neuf étages, d'une élévation prodigieuse comparée à sa base, et revêtue de tuiles blanches auxquelles la vanité nationale ou l'exagération des étrangers a donné le nom de porcelaine.

Canton, port de mer, le seul qui soit ouvert aux étrangers; dist. de Pékin, 510 lieues; pop. 1,100,000 hab. La plus commerçante de la Chine.

Macao, port, ville forte, dans une île de la baie de Canton, et très-fréquentée des Européens. Le Camoëns y composa la Lusiade. Les Portugais y ont un comptoir.

Sou-Tcheou-Fou, sur le grand canal qui traverse l'empire du sud au nord; une des villes les plus considérables et les plus peuplées de l'empire.

D. Quelles sont les îles voisines et dépendantes de la Chine?

R. Ce sont, au sud, l'île de Hainan, cap. Kioun-Tcheou-Fou; à l'est, l'île de Formose, ainsi nommée à cause de la beauté de son climat, et l'archipel de Lieukieu.

Au nord-est de la Chine est la Corée, grande presqu'île baignée d'un côté par la Mer-Jaune et de l'autre par celle du Japon, et gouvernée par un roi tributaire de l'empereur de la Chine; elle a pour capitale :

KING-KI-TAO, située dans l'intérieur.

## ARTICLE VII.
# TARTARIE.

D. Qu'EST-CE que la Tartarie?

R. C'est une vaste contrée située au centre et au nord de l'Asie, et bornée au sud par la Perse, l'Indostan et la Chine.

D. Comment divise-t-on cette région?

R. En trois parties, qui sont, au midi, la Tartarie chinoise, la Tartarie indépendante, et au nord la Tartarie russe ou la Russie asiatique.

### TARTARIE CHINOISE.

D. Quelles sont les bornes de la Tartarie chinoise?

R. Elle est bornée à l'est par la Tartarie indépendante, au nord par la Russie asiatique, à l'ouest par la Chine et la Mer-Jaune, au sud par l'Indostan.

D. Comment divise-t-on la Tartarie chinoise?

R. On la divise en orientale et en occidentale. La première partie est appelée la Mantchourie, et comprend le Léaoton; la seconde se nomme Mongolie. Cette contrée, qui n'a aucune ville remarquable, renferme aussi le pays des Eleuths et le

Thibet. On distingue deux sortes de Mongols, les Mongols noirs et les Mongols jaunes.

D. Quelles sont les principales villes de la Mantchourie?

R. KIRIN ou KARIN-ULA, sur le Songari, capit. d'un gouvernement de ce nom.

OUANLIN, sur le Songari.

TITCICAR, sur le Nonnin, cap. d'un gouvernement de même nom.

MOUKDEN, cap. du Léaoton.

### PAYS TRIBUTAIRES DE LA CHINE.

D. Quels sont les pays tributaires de la Chine?

R. Ce sont les états des Eleuths, la petite Bucharie et le Thibet, qui dépendaient autrefois de la Tartarie indépendante.

D. Où est situé le pays des Eleuths ou Calmoucks?

R. Il est situé à l'extrémité occidentale de l'empire chinois, et renfermé entre le grand et le petit Mont-Altaï; il n'y a aucune ville remarquable?

D. Où est située la petite Bucharie?

R. Elle est située entre le Thibet et le pays des Eleuths; elle a pour villes principales:

YARKAND, sur la rivière de même nom, ville peuplée et commerçante.

CASHGAR, près du Mont-Belour.

A l'est de la petite Bucharie est l'immense désert de Cobi, qui, de l'est à l'ouest, traverse la Tartarie dans presque toute son étendue.

D. Où est situé le Thibet?

R. Le Thibet est une vaste contrée située au nord de l'Indostan et à l'ouest de la Chine. C'est un pays hérissé de montagnes; peu propre à la végétation, mais où le règne minéral déploie toutes ses richesses. Parmi les animaux, on remarque le taureau grognant ou le yak de Tartarie, le daim musqué, la chèvre à schals.

D. Quelle en est la capitale?

R. Lassa, résidence du grand-lama, qui est le chef de la religion appelée chamanisme; l'administration temporelle est entre les mains d'un vice-roi soumis aux Chinois.

Au sud du Thibet est le Boutan, cap. Tussisudon; ce pays est tributaire du Thibet.

### TARTARIE INDÉPENDANTE.

D. Où est située la Tartarie indépendante?

R. Elle est située à l'est de la Mer-Caspienne, entre la Perse, la Tartarie chinoise et la Russie asiatique. Elle est peuplée de plusieurs nations nomades, dont les principales sont les Kirguises au nord, et les Usbecks ou Turcomans à l'ouest; elle est traversée du sud-est au nord-ouest par le Gihon, qui se jette dans la mer d'Aral. La partie méridionale (ancienne Bactriane) comprend la grande Bucharie et le Turkestan occidental.

D. Quelles en sont les principales villes?

R. Bokara ou Bucara, sur le Sogd, cap. de la grande Bucharie.

Samarcand, sur le Sogd, dans la grande Bucharie, jadis cap. de l'empire de Tamerlan; ville peuplée et commerçante.

Chiva, sur le Gihon; elle appartient à un khan indépendant.

Otrar, sur le Cirr. Tamerlan y mourut en 1405.

### TARTARIE RUSSE, OU RUSSIE D'ASIE.

D. Quelles sont les bornes de la Russie asiatique?

R. La Russie asiatique, qu'on appelle aussi Sibérie, s'étend de l'ouest à l'est depuis l'Europe jusqu'au détroit de Béhring; elle est bornée au nord par l'Océan glacial, et au midi par une chaîne de montagnes qui la séparent des steppes des Kirguises et de la Tartarie chinoise. Froid très-rigoureux. Parmi les animaux, on distingue la martre-zibeline, les renards noirs et l'hermine. Surface, 755,000 lieues carrées; pop. 4,000,000 d'habitans.

D. Qu'est-ce que le Kamtschatka?

R. C'est une grande presqu'île au nord-est, où se trouve l'excellent port de Saint-Pierre-Saint-Paul.

D. En combien de gouvernemens divise-t-on la Sibérie?

R. On la divise en trois grands gouvernemens, qui sont ceux de Tobolsk, de Tomsk et d'Irkutsk. De ce dernier dépend le Kamtschatka, les îles Aléutiennes et Kurilles.

D. Quelles en sont les principales villes?

R. Tobolsk, archevêché, cap. du gouvernement de son nom et de la Sibérie. Cette ville est au confluent du Tobol et de l'Irtych. Entrepôt de tout le commerce entre la Russie et la Chine. Dist. de Moscou, 750 lieues; pop. environ 20,000 hab.

Tomsk, sur le Tomsk, près de son confluent avec l'Obi; dist. de Tobolsk, 200 l.; pop. 12,000 h.

Irkutsk, sur l'Angara, archevêché, entrepôt du commerce qui se fait par caravanes entre la Russie et la Chine; dist. de Tobolsk, 550 l.; pop. 11,000 h.

Nertschinsk (gouvernement d'Irkutsk), sur les frontières de la Chine; aux environs, riches mines de plomb et d'argent.

Kiachta, sur l'extrême frontière de la Chine (gouv. d'Irkutsk), entrepôt de tout le commerce entre la Russie et la Chine; elle est divisée en deux villes, l'une russe et l'autre chinoise.

Il faut ajouter à la Russie asiatique, la Géorgie, cap. Tiflis, sur le Kour; le Daghestan et l'Immirette.

## ARTICLE VIII.
# ILES D'ASIE.

D. Quelles sont les principales îles de l'Asie?

R. Ce sont les îles de Ceylan, de Hainan, de Formose (dont il a été déjà fait mention), d'Iesso, du Japon et de Saghalien ou de Tchoka.

D. Où est située l'île d'Iesso?

R. Au nord du Japon, dont elle est séparée par le détroit de Matsumaï, cap. Matsumaï. Au nord est celle des États.

D. Où est situé le Japon?

R. C'est un vaste état situé à l'est de la Chine, de la Corée et de la Mantchourie. Le pouvoir souverain est entre les mains de deux empereurs, l'un pour le spirituel, appelé daïri; l'autre pour le temporel, nommé koubo; pop. 30,000,000 d'hab. Productions à-peu-près comme à la Chine.

D. Quelles sont les principales îles du Japon?

R. Niphon, Kiusiu et Sikokf.

D. Quelles sont ses principales villes?

R. Jédo, cap. de l'empire, résidence du koubo, ville considérable et commerçante.

Méaco (île de Niphon), résidence du daïri, le centre des sciences et de la littérature de l'empire.

Nangasaki (île de Kiusiu), port très-fréquenté, le seul où soient admis les étrangers.

D. Où est située l'île Sagalien?

R. Au nord de l'île d'Iesso.

Les autres îles moins considérables de l'Asie sont, dans le golfe de Bengale, les îles Andaman et Nicobar; à l'est de l'Indostan, les Laquedives et les Maldives; au nord, la Nouvelle-Zemble, et les îles Liaikhof, dans l'Océan glacial arctique.

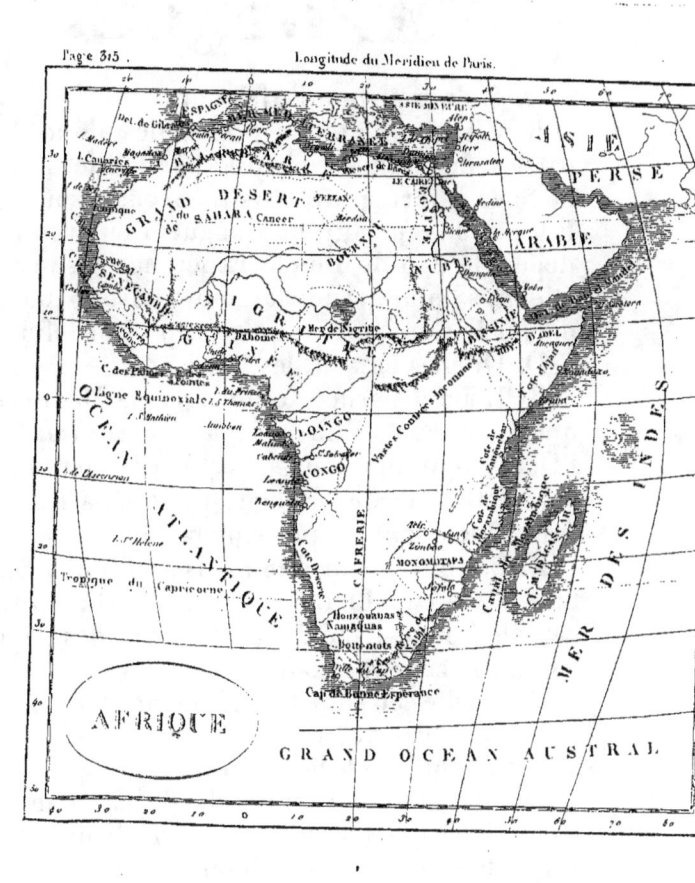

## CHAPITRE III.

# AFRIQUE.

D. Qu'est-ce que l'Afrique ?
R. C'est une grande presqu'île, l'une des cinq parties du Monde, séparée par l'Asie de l'isthme de Suez, et presque toute située sous la zone torride. Elle a dans sa plus grande longueur environ 1,800 l., depuis le cap de Bonne-Espérance jusqu'à Bonn; et dans sa plus grande largeur environ 1,650 lieues, depuis le Cap-Vert jusqu'au cap Guardafui.

D. Quelles en sont les bornes ?
R. Elle est bornée au nord par la Méditerranée, qui la sépare de l'Europe; à l'ouest et au sud par l'Océan atlantique; au sud-est par la mer des Indes; et à l'est par la Mer-Rouge, qui la sépare de l'Asie.

D. Quels sont les principaux caps ?
R. Ce sont le cap Bonn, vis-à-vis de la Sicile; à l'ouest, le cap Blanc et le cap Vert; au sud, le cap de Bonne-Espérance et le cap des Aiguilles; à l'est, le cap Guardafui.

D. Quelles en sont les montagnes ?
R. Les principales sont : le Mont-Atlas, qui s'étend depuis l'Océan atlantique, auquel il donne son nom, jusqu'au désert de Barca; dans l'intérieur, les monts de la Lune et de Kong; au sud, les monts Lupata et de Cuivre.

D. Quels sont ses principaux fleuves ?
R. Les plus considérables sont : le Nil, qui traverse l'Abyssinie, la Nubie et l'Egypte, et se jette dans la Méditerranée; le Niger, qui coule dans l'intérieur de l'ouest à l'est; le Sénégal, la Gam-

bie et le Zaïre, qui se perdent dans l'Océan Atlantique ; le Cuama ou Zambèze, qui se jette à l'est dans le canal de Mozambique.

D. Comment divise-t-on l'Afrique ?

R. En trois parties principales, savoir : la partie septentrionale, qui comprend l'Égypte à l'est, la Barbarie à l'ouest, le Sahara ou Grand-Désert au midi de la Barbarie.

La partie centrale, qui comprend, de l'ouest à l'est, la Guinée, la Nigritie ou Soudan, la Nubie et l'Abyssinie.

La partie méridionale, qui renferme le Congo et la Cafrerie. Il faut ajouter à ces neuf parties les îles qui dépendent de l'Afrique.

## ARTICLE PREMIER.

# ÉGYPTE.

D. Qu'est-ce que l'Egypte ?

R. C'est une vaste contrée fertilisée par les inondations périodiques du Nil, et bornée au sud par la Nubie, à l'ouest par les déserts de Barca, de Lybie et Fezzan, au nord par la Méditerranée, à l'est par la Mer-Rouge et l'isthme de Suez. Elle est sous la dépendance de la Porte-Ottomane, et gouvernée par un vice-roi. Superficie, environ 10,400 l. carrées ; pop. 2,500,000 hab.

D. Quelles en sont les productions ?

R. Grains en abondance, riz, fruits, légumes, coton, chevaux, gros bétail, chameaux, etc.

D. Comment divise-t-on l'Egypte ?

R. En trois parties : la Haute-Egypte ou Saïd au sud, celle du milieu, et la Basse ou Delta au nord.

D. Quelles sont ses principales villes ?

R. Le Caire, sur le Nil, capitale de toute l'Egypte, résidence du vice-roi; distance de Constantinople, 340 lieues; population, environ 300,000 h. Fabriques de calicots, percales, peignes d'ivoire, sel ammoniac, poudre à canon, toiles de lin, raffineries de sucre et de salpêtre.

Alexandrie, port sur la Méditerranée, capitale de la Basse-Égypte; distance de Constantinople, 300 lieues; pop. 20,000 hab. Comm. très-étendu.

Damiette, sur le bras oriental du Nil; population, 35,000 hab. Commerce considérable en riz, en soie du Liban et marchandises européennes.

Les autres villes moins importantes sont : Rosette, à l'embouchure du Nil; Suez, à l'extrémité septentrionale de la Mer-Rouge; Girgé, capitale de la Haute-Égypte.

## ARTICLE II.

# BARBARIE.

D. Comment divise-t-on la Barbarie?

R. En quatre parties, savoir : Les régences de Tripoli, de Tunis, d'Alger, et l'empire de Maroc.

D. Comment appelle-t-on les chefs de régences?

R. On les appelle deys.

D. Quelles sont ses principales villes?

R. Tripoli, capitale de la régence de Tripoli, port sur la Méditerranée. Les plus belles boutiques ressemblent à des échoppes, mais elles renferment des marchandises d'un grand prix.

Tunis, capitale de la régence du même nom, près des ruines de Carthage, à 390 lieues de Paris.

Alger, port, capitale de la régence de ce nom. Les Algériens s'adonnent à la piraterie.

D. De quels pays se compose l'empire de Maroc?

R. Des royaumes de Maroc, Fez, Sus, Tafilet, Darah, et de quelques autres territoires.

D. Quelles en sont les villes remarquables?

R. Maroc, capitale de l'empire et du royaume de même nom, Fez, Sus ou Tarudan, Tafilet, Salé, port sur l'Océan; Tanger et Ceuta sur le détroit de Gibraltar. Cette dernière ville est aux Espagnols. Au sud de cet empire et de l'état d'Alger, s'étend le Bilédulgérid ou pays des Dattes.

## ARTICLE III.

# SAHARA,
### ou Grand-Désert.

D. Où est situé le Sahara?

R. Entre la Barbarie et le Niger; c'est un immense désert, couvert de sables mouvans, entièrement stérile, et peuplé de bêtes féroces. La partie occidentale, voisine de l'Océan, est habitée par des peuplades pauvres et barbares, qui recueillent la gomme dans les forêts de gommiers, et la portent au Sénégal ou à Maroc.

## ARTICLE IV.

# GUINÉE.

D. Où est située la Guinée?

R. Le long de la côte occidentale de l'Afrique, et se divise en Guinée septentrionale ou Sénégambie, et en Guinée méridionale.

D. Quels pays comprend la Sénégambie?

R. La Sénégambie, située entre le Sénégal et la Gambie, comprend les royaumes des Felupes, des Yolofs, de Jagra, des Foulahs de Brac et plusieurs autres habités de même par des nègres; ils n'ont aucune ville remarquable.

D. Quels sont les établissemens des Européens?

R. Les Français possèdent le fort Saint-Louis à l'embouchure du Sénégal, et au sud du Cap-Vert l'île de Gorée, pop. 6,000 hab. Le fort St.-James, sur la Gambie, appartient aux Anglais. Les établissemens des Portugais sur la côte du Sénégal, Acucheo et Bessao.

D. Comment divise-t-on la Guinée méridionale?

R. On la divise en Malaguette, Guinée propre et royaume de Benin.

D. Où est située la Malaguette?

R. Le long de la mer, et comprend plusieurs petits royaumes. A l'extrémité septentrionale est le pays de la Sierra-Leone, hérissé de montagnes couvertes de forêts et peuplées de lions, d'où vient sans doute son nom. Capitale, Freetown.

D. Comment divise-t-on la Guinée occidentale?

R. En plusieurs côtes, celles des Graines, des Dents, d'Or, noms qui proviennent de l'espèce de commerce qu'on y fait, soit en poivre, soit en ivoire, soit en poudre d'or. La côte des Graines et celle des Dents n'ont pas de villes remarquables.

D. Quelles sont les principales villes de la Côte d'Or?

R. CAPE-COAST-CASTLE, capitale des possessions Anglaises; Christiansbourg, port aux Danois. On trouve dans la Côte d'Or le royaume des Ashantis, qui passent pour le peuple le plus industrieux et le plus intelligent de l'Afrique.

D. Quelles sont les principales villes du royaume de Benin?

R. BENIN, capitale, sur la rivière de ce nom; Oware, capitale du royaume de ce nom, tributaire de celui de Benin. Les deux petits royaumes du

Juda et d'Ardra, situés à l'ouest, avec une capitale de même nom, font aujourd'hui partie de l'empire Dahoman ou Dahomé.

## ARTICLE V.
# NIGRITIE,
#### ou Soudan.

La Nigritie, dont le nom désigne proprement le bassin du Niger, est située à l'est et au nord de la Guinée, et occupée par plusieurs états Arabes dont les principaux sont ceux de Bornou, de Houssa, de Tombouctou, de Darfour, de Kardofan.

D. Quelles en sont les principales villes?

R. Bambouc, capitale du royaume de ce nom; Tombouctou et Bournou, capitales chacune d'un royaume de même nom.

## ARTICLE VI.
# NUBIE.

D. Qu'est-ce que la Nubie?

R. C'est une vaste contrée bornée au nord par l'Egypte, à l'est par la Mer-Rouge, au midi par l'Abyssinie, à l'ouest par la Nigritie; elle consiste en un grand nombre de royaumes indépendans qui sont traversés par le Nil. Elle abonde en or, ivoire, bois de santal et d'ébène, riz, dattes, tabac, cannes à sucre, chameaux, chevaux, etc.

D. Quelles sont ses principales villes?

R. Sennaar, sur le Nil, ville peuplée et commerçante, cap. du royaume de même nom.

Dongola, sur le Nil, cap. du royaume de ce nom.

## ARTICLE VII.

# ABYSSINIE.

D. Quelles sont les bornes de l'Abyssinie?

R. L'Abyssinie (ancienne Ethiopie), est bornée au nord par la Nubie, à l'est par la Mer-Rouge, au midi par de hautes montagnes qui la séparent des pays de Gingiro et d'Alaba, et à l'ouest par la Nigritie; elle se divise en plusieurs royaumes ou provinces, et a pour capitale Gondar, à 50 lieues des sources du Nil. La religion est un mélange de Christianisme et de Judaïsme. Elle produit : Millet, riz, lin, coton, froment, citrons, oranges, dattes, figues, miel, mines d'or et d'argent, éléphants, rhinocéros, bêtes féroces.

D. Où est située la côte d'Abex ou d'Abesh?

R. Le long de la Mer-Rouge. Ce pays, autrefois habité par les Troglodites, est maintenant soumis aux Turcs, et a pour capitale Suaquem, port sur la Mer-Rouge.

## ARTICLE VIII.

# CONGO.

D. Comment se divise le Congo?

R. Il se divise en plusieurs royaumes, dont les plus connus sont, du nord au sud, ceux du Congo, d'Angola, de Benguela et de Loango. Il produit : Maïs, cassave, patates, poivre, cannes à sucre, pins, palmiers, dattes, mines d'argent, de cuivre, etc.

D. Quelles en sont les villes remarquables?

R. Saint-Salvador, capitale du royaume de Congo et résidence du roi.

Saint-Paul-de-Loanda (royaume d'Angola), évêché, chef-lieu des établissemens des Portugais.

Benguela ou Saint-Philippe, capitale du roy. de Benguela.

Loango, capitale du royaume de ce nom.

Les Portugais font presque tout le commerce dans cette partie de l'Afrique, où ils possèdent le royaume d'Angola, la capitainerie de Benguca et les présides d'Encoga, peudras de Pungoandongo, Ambaça, Muxima, Novo-Redendo, Masangano et Cambambe ; ils possèdent, dans le golfe de Guinée, les îles de Saint-Thomas et du Prince.

## ARTICLE IX.

# CAFRERIE.

D. Quelle est la région qu'on appelle Cafrerie?

R. On appelle ainsi en général l'intérieur de l'Afrique situé au sud de l'équateur entre l'Océan Atlantique et la mer des Indes. Les Cafres, ainsi nommés d'un mot arabe qui veut dire *infidèle*, sont des nègres qui forment une multitude de peuplades, et diffèrent cependant les uns des autres par des traits particuliers.

D. Comment divise t-on la Cafrerie?

R. On peut la diviser en trois parties, savoir : la septentrionale, qui comprend tous les pays au centre de l'Afrique; la méridionale, où est le cap de Bonne-Espérance; l'orientale, qui renferme le Monomotapa et les pays situés vers la mer des Indes.

D. Quels états comprend la partie méridionale?

R. Elle comprend plusieurs royaumes dont on ne connaît guère que le nom ; tels sont ceux de Gingiro, près de l'Abyssinie; de Mujac, à l'est du royaume de Benin ; d'Anzico ou Micoco, au nord-est du Congo ; de Monoémugi ou Niméamay, etc.

D. Comment nomme-t-on le pays de la partie méridionale?

R. On le nomme le pays des Hottentots, nation nègre de couleur brun-rouge; ils forment un grand nombre de peuplades, dont les principales sont les Boschimans et les Namaquois ou Namaquas.

D. Où est situé le cap de Bonne-Espérance?

R. Cette colonie, formée par les Hollandais, et maintenant au pouvoir des Anglais, occupe l'extrémité méridionale de l'Afrique, et sépare l'Océan Atlantique de la mer des Indes; elle a pour capitale le Cap, port où abordent les vaisseaux qui vont aux Indes orientales; pop. 18,500 hab. On y cultive aujourd'hui la vigne en grand. Pop. de toute la colonie, 120,000 hab.

D. Quels états comprend le Monomotapa?

R. Il comprend, du nord au sud, cinq royaumes, savoir: celui du Monomotapa propre, capitale Zimbaoe; de Sabia, capitale Mambona; d'Inhambane, capitale Tonge; de Manica, capitale de même nom; de Sofala, capitale Embaoe. Le commerce de ce pays, qui est très-peu connu, est entre les mains des Portugais, qui y possèdent la ville de Sofala et quelques autres établissemens.

D. Quels sont les pays situés vers la mer des Indes?

R. Ce sont le royaume de Mozambique, les côtes de Zanguebar et d'Ajan.

D. Qu'est-ce que le royaume de Mozambique?

R. Ce royaume, situé au nord du Monomotapa et au sud du Zanguebar, est tributaire des Portugais, à qui appartient la ville de Mozambique, port dans une petite île de ce nom, et chef-lieu de leurs possessions dans cette partie du monde. Le roi, qui est mahométan, réside dans l'intérieur.

D. Quels sont les pays que comprend le Zanguebar?

R. Ce sont les royaumes de Mongale, de Quiloa, de Monbaza et de Mélinde, chacun avec une capitale de même nom. Au nord de Quiloa est l'île de Zanzibar, extrêmement fertile. On trouve, au nord de Mélinde, les îles de Lamo et de Pata, soumises à des princes tributaires des Portugais.

D. Qu'est-ce que la côte d'Ajan?

R. C'est une contrée en grande partie sablonneuse, plate et stérile, qui s'étend depuis le cap Guardafui jusqu'aux limites du Zanguebar.

D. Quels états comprend cette côte?

R. Elle comprend la république de Brava et le royaume de Magadoxo, avec une cap. de même nom.

Au-delà du cap Guardafui, est le royaume d'Adel, qui a pour villes principales Zeila, capitale; Ancagurel, Babora, port sur le détroit de Bab-el-Mandeb. Les Portugais ont sur le continent les Rio de Senna, Sofala, Intrabane et Quelemane.

## ARTICLE X.

# ILES D'AFRIQUE.

D. QUELLES sont les principales îles de l'Afrique?

R. Ce sont, dans la mer des Indes:

MADAGASCAR, séparée du continent par le canal de Mozambique, longue de 356 lieues sur 120 de largeur, et traversée du nord au sud par une chaîne de montagnes. Prod. sucre, miel, gomme, cire, tabac, indigo, poivre blanc, riz.

COMORES (les), au nombre de quatre, et situées au nord-ouest de Madagascar.

AMIRANTES (les), groupe de petites îles au sud-ouest des Séchelles.

SÉCHELLES (les), au nord-est de Madagascar, et dont la principale est Mahé, appartenant aux Anglais.

Socotora, au nord du cap Guardafui; les Anglais en ont pris possession en 1816.

L'île de France ou Maurice, cédée par la France à l'Angleterre, peuplée d'environ 89,000 habitans, et fertile en indigo et café.

L'île Bourbon, à 30 lieues de l'île de France, circonférence 35 lieues; pop. en 1824, 180,500 h. Productions: Café, le meilleur après le Moka, riz, blé, sucre, muscade, vanille. Elle appartient à la France.

Dans l'Océan Atlantique:

Madère, aux Portugais, sur la côte occidentale de l'Afrique; au nord, célèbre par la fertilité et l'excellence de ses vignobles; pop. 100,000 hab. Cette île peut être appelée le paradis du monde.

Funchal, capitale, évêché; pop. 18,000 hab.

Canaries (les); anciennement Iles Fortunées, aux Espagnols, groupe de plusieurs îles, dont les plus considérables sont Lancerote, Fortaventure, Canarie (la Grande), l'île de Fer Ténériffe. Villes principales: Palmas (Ciudas-de-las), cap. de la Grande-Canarie, évêché; Caguna, cap. de l'île de Ténériffe; pop. de toutes les Canaries, 181,000 hab. Superficie, 419 lieues carrées.

Les îles du Cap-Vert; à l'ouest du cap de même nom, groupe d'îles, dont les principales sont Saint-Yago, Fuégo, May.

Ribeira-Grande ou Saint-Yago, évêché, en est la capitale: elles appartiennent aux Portugais.

Sainte-Hélène, île isolée au milieu de l'Océan Atlantique, à 400 lieues de l'Afrique et à 600 lieues de l'Amérique, 8 lieues de circonférence; population, 3,000 hab. Station des vaisseaux anglais qui viennent des Indes. Sépulture de Napoléon, capitale:

Jamestown, résidence du gouverneur pour le roi d'Angleterre.

# CHAPITRE IV.

# AMÉRIQUE.

D. Qu'est-ce que l'Amérique?
R. C'est la plus grande des cinq parties du Monde, puisqu'elle a du nord au sud environ 3,000 lieues.

D. Par qui a-t-elle été découverte?
R. Elle a été découverte, en 1492, par Christophe Colomb, Génois, qui aborda à Saint-Salvador ou Guanahani, l'une des îles Bahamas, et ensuite aux îles de Cuba et de Saint-Domingue; mais elle tire son nom d'Améric-Vespuce, Florentin, qui prétendit le premier avoir découvert la Terre-Ferme. On l'appelle aussi Nouveau-Monde ou Indes-Occidentales.

D. Où est située l'Amérique?
R. Entre l'Océan Atlantique et le Grand-Océan; le premier la sépare de l'Europe et de l'Afrique, et l'autre de l'Asie.

D. Comment est divisée l'Amérique?
R. En deux grandes péninsules jointes par l'isthme de Panama; l'une s'appelle l'Amérique septentrionale, et l'autre l'Amérique méridionale.

D. Quelles en sont les principales montagnes?
R. Ce sont, dans l'Amérique septentrionale, les Apalaches, qui traversent les États-Unis; les montagnes Rocheuses ou de l'Ouest le long du Grand-Océan, dans l'Amérique méridionale; le Matto-Grosso, dans le Brésil; le long du Grand-Océan, les Cordilières ou Andes, dans le Chili et le Pérou.

D. Quels sont ses caps les plus remarquables?
R. Ce sont le cap Farewel dans le Groënland,

le cap Breton, à l'entrée du golfe Saint-Laurent; Catoche, dans la presqu'île d'Yucatan; de la Floride, dans le golfe du Mexique; le Cap-Nord, en Guyane; Saint-Roch, sur les côtes du Brésil; Saint-Lucas, en Californie; Horn, à l'extrémité méridionale de la Terre-de-Feu (*).

D. Quels sont ses principaux détroits?

R. Ce sont ceux de Béhring, entre la côte N. O. de l'Amérique septentrionale et la côte orientale de l'Asie; d'Hudson, au nord du Labrador; de Davis, mer étroite entre le Groënland et l'Amérique septentrionale; de Belle-Ile, entre le Labrador et l'île de Terre-Neuve; de Magellan, qui sépare la Terre-de-Feu de la Patagonie; de le Maire, entre l'île des Etats et la Terre-de-Feu.

D. Quels sont ses fleuves les plus considérables?

R. Dans l'Amérique septentrionale : Le fleuve St.-Laurent, qui traverse le Canada et se jette dans le golfe de même nom; le Mississipi, qui reçoit le Missouri, l'Ohio, la rivière Rouge, et se perd dans le golfe du Mexique, après avoir traversé la Louisiane; le Rio-del-Norte, qui se jette dans le même golfe, la rivière d'Hudson et la Delaware, aux États-Unis.

Dans l'Amérique méridionale : La rivière des Amazones, qui a plus de 1,200 lieues de cours; l'Orénoque, qui communique avec elle par le Cassiquiari; la rivière de la Plata, dans le Paraguay. Ces fleuves immenses ont leur embouchure dans l'Océan Atlantique.

D. Quels en sont les principaux lacs?

R. Ce sont, dans l'Amérique septentrionale : les lacs Supérieur, Huron, Michigan, Ontario et Érié, qui s'écoulent les uns dans les autres, et forment le fleuve Saint-Laurent; les lacs Winnipeg et de l'Esclave, au nord.

---

(*) Voyez, pour les principaux golfes, pag. 60, 61, 68.

## AMÉRIQUE septentrionale.

D. Comment divise-t-on actuellement l'Amérique septentrionale?

R. On peut la diviser en quatre parties, savoir : 1°. le Canada; 2°. les Etats-Unis à qui appartiennent maintenant la Louisiane et la Floride; 3°. le Mexique, 4°. l'Amérique-Russe et les nouvelles découvertes à l'ouest et au nord du Canada. Il faut ajouter les îles à ces quatre parties.

## ARTICLE PREMIER.

# CANADA.

D. Où est situé le Canada?

R. Il est situé au nord des Etats-Unis. Cette vaste contrée appartenait à la France, qui l'a cédée à l'Angleterre en 1763. Elle est divisée en Haut et Bas-Canada. Productions : Grains, légumes, forêts immenses, castors, loutres, élans, ours, renards, etc.; air extrêmement froid, pays entrecoupé de bois, de rivières et de grands lacs. Entre les lacs Érié et Ontario, est la fameuse cataracte du Niagara, qui a 150 pieds de haut, et dont la chute s'entend à une distance de 3 lieues.

D. Quelles sont ses villes les plus considérables?

Québec, sur le fleuve Saint-Laurent, capitale, résidence du gouverneur; pop. 15,000 hab.

Montréal, dans une île du même fleuve; population, 4,000 hab.

## ARTICLE II.

# ÉTATS-UNIS.

D. Qu'est-ce que les Etats-Unis ?

R. C'est une république fédérative composée de plusieurs états qui ont chacun leur gouvernement, et qui envoient leurs députés au congrès, divisé en deux chambres, ayant à leur tête un président. Les Etats-Unis, originairement colonies Anglaises, sont indépendans depuis 1782.

D. Où sont situés les Etats-Unis ?

R. Le long de l'Océan Atlantique, au sud du Canada et au nord du golfe du Mexique.

D. Quelles en sont les productions ?

R. Les principales sont : Coton, riz, tabac, maïs, froment, orge, avoine, lin, chanvre, indigo, houblon, fruits excellens, chevaux, gros et menu bétail; pop. 10,500,000 habitans.

### NOMS DES ÉTATS DE CE GOUVERNEMENT.

| Etats. | Chefs-Lieux. | Etats. | Chefs-Lieux. |
|---|---|---|---|
| Alabama | Saint-Stephen. | Missouri | Saint-Louis. |
| Caroline septentrionale | Raleigh. | New-Hampshire | Portsmouth. |
| Caroline méridionale | Columbia. | New-Jersey | Trenton. |
| | | New-York | Albany. |
| Conecticut | Hartfort. | Ohio | Columbus. |
| Delaware | Douvres. | Pensylvanie | Harrisburg |
| Géorgie | Milledgeville. | Rhode-Island | Newport. |
| Illinois | Kaskaskia. | Tennessée | Murfreesbourough. |
| Indiana | Vincennes. | | |
| Kentucki | Franckfort. | Vermont | Montpellier. |
| Louisiane | Nouvelle-Orléans. | Virginie | Richmond. |
| | | Territoire de Michigan | Détroit. |
| Maine | Portland. | | |
| Maryland | Annapolis. | Etat des Florides | Pensacola. S. Augustin. |
| Massachusetts | Boston. | | |
| Mississipi | Monticello. | Columbia | Washington. |

D. Quelles sont ses villes les plus considérables?

R. Washington, ou Ville Fédérale, capitale des Etats-Unis, siége du congrès, port sur le Potowmack; distance de Paris, 1,300 lieues; population, 12,000 hab.; bâtie en 1792, construction régulière, beaux édifices publics.

Baltimore (état de Maryland), excellent port sur la rivière de Patapsco, qui tombe dans la baie de Chesapeack; distance de Washington, environ 10 lieues; pop. 62,000 hab.

Boston, port au fond de la baie de Massachusetts; distance de Washington, environ 200 lieues; pop. 50,000 hab. Commerce très-étendu.

New-York (état de ce nom), au confluent des rivières d'East et d'Hudson; distance de Washington, environ 75 lieues; pop. 140,000 hab. Le premier et le plus sûr port de l'Amérique septentrionale.

Philadelphie (Pensylvanie), sur les rivières Delaware et Sckuytkil; distance de Washington, 50 lieues, de la mer 45 lieues; pop. 113,000 hab. Commerce considérable, rues larges et bordées de trottoirs, beaux édifices publics.

Nouvelle-Orléans, capitale de la Louisiane, sur le Mississipi; pop. 40,000 hab.

D. Quand a été cédée la Louisiane aux Etats-Unis?

R. En 1803 par la France. C'est un pays fertile, mais peu peuplé.

D. Qu'est-ce que la Floride?

R. Cette contrée est située en partie le long du golfe du Mexique; elle se divise en Floride occidentale, capitale Pensacola, port; et en Floride orientale, capitale Saint-Augustin. L'Espagne en a fait la cession aux Etats-Unis en 1819.

## ARTICLE III.

# MEXIQUE.

D. Quels pays comprend l'état du Mexique ?
R. Il comprend le Mexique ou Nouvelle-Espagne, le Nouveau-Mexique, la Vieille-Californie, péninsule séparée du continent par la Mer-Vermeille ou golfe de Californie; la Nouvelle-Californie, sur la côte du Grand-Océan au nord. L'Espagne a conservé la possession de ces pays jusqu'en 1821, qu'elle fut obligée de reconnaître l'indépendance du Mexique.

D. Comment est divisé cet état ?
R. En treize intendances et trois provinces, savoir:

| *Intendances.* | |
|---|---|
| Durango ou Nouvelle-Biscaye. | San-Luis-Potosi. |
| Guadalaxara. | Sonora. |
| Guanaxuato. | Valladolid. |
| Mechoacan. | Vera-Cruz. |
| Merida. | Zacatecas. |
| Mexico. | *Provinces.* |
| Oaxaca. | Nouvelle-Californie. |
| Puebla. | Vieille-Californie. |
|  | Nouveau-Mexique. |

D. Quelles sont ses productions?
R. Les principales sont : Plantes alimentaires, bananiers, maïs, froment, sucre, indigo, tabac, cacao, bois de teinture, cochenille, riches mines d'or et d'argent; pop. environ 7,000,000 d'hab.

D. Quelles sont ses villes les plus considérables?
R. Mexico, archevêché, université, capitale, l'une des villes importantes de l'Amérique; population, environ 136,000 hab. Rues larges, régulières et ornées de beaux édifices.

Campêche, sur le golfe du Mexique. Exportation de bois de teinture dits de Campêche; p. 6,000 h.

Guadalaxara, évêché; pop. env. 19,000 hab.

Guatimala, évêché; pop. environ 18,000 hab.
Mérida, évêché, capitale de l'Yucatan, presqu'île qui s'avance dans le golfe du Mexique.
Vera-Cruz, port sur le golfe du Mexique, jolie ville, régulièrement bâtie; séjour malsain, regardé comme le foyer de la fièvre jaune; pop. 16,000 hab.
Santa-Fé, au nord, près le Rio-del-Norte, capitale du Nouveau-Mexique.

## ARTICLE IV.

### NOUVELLES DÉCOUVERTES AU NORD ET A L'OUEST DU CANADA, ET DE L'AMÉRIQUE RUSSE.

D. Quelles sont les nouvelles découvertes au nord et à l'ouest du Canada?

R. Ce sont les côtes au nord de la Nouvelle-Californie, la Nouvelle-Albion, les contrées au nord du Nouveau-Mexique, la Nouvelle-Géorgie, la Nouvelle-Hanovre, le Nouveau-Cornouailles ou Cornwall, et les îles voisines.

On trouve, au nord du Canada, le Labrador ou Nouvelle-Bretagne, et à l'est, le Nouveau-Brunswick, pays peu important; et l'Acadie ou Nouvelle-Ecosse, presqu'île jointe au continent par un isthme très-étroit, avec deux excellens ports: Annapolis et Halifax.

D. En quoi consiste l'Amérique Russe?

R. Elle consiste dans les contrées qui s'étendent le long du Grand-Océan depuis le 60$^e$ de latitude jusqu'au détroit de Béhring; elles sont gouvernées par une compagnie de négocians Russes.

Au N. E. de la baie de Baffin, et entre l'Europe et l'Amérique, s'étend le Groënland, occupé par des colonies Danoises et des Esquimaux qui ne vivent que de la pêche.

## ARTICLE V.

# AMÉRIQUE septentrionale. (Îles de l')

D. Quelles en sont les principales îles ?
R. Ce sont les îles du golfe Saint-Laurent, les Açores, les Bermudes, les Lucayes et les Antilles.

D. Quelles sont les îles du golfe Saint-Laurent ?
R. L'île de Terre-Neuve, très-connue par la pêche de la morue, capitale Plaisance ; l'île du cap Breton, capitale Louisbourg ; et l'île Saint-Jean, très-fertile.

D. Qu'est-ce que les Açores ?
R. C'est un groupe d'îles de l'Océan Atlantique, qui appartiennent au Portugal ; pop. 198,000 hab. Les principales sont Tercères, capitale Angra ; et St.-Michel, où est la ville de Ponte-del-Gada, év.

D. Qu'est-ce que les Bermudes ?
R. Les Bermudes sont un groupe d'îles au milieu de l'Océan Atlantique, peuplées de 10,000 habitans, moitié nègres.

D. Qu'est-ce que les Lucayes ou Bahamas ?
R. Les Lucayes sont une chaîne d'îles à l'est de la Floride et au nord de Cuba ; elles appartiennent aux Anglais. Les principales sont Bahama, Guanahani ou San-Salvador, et la Providence.

D. Où sont situées les Antilles ?
R. Elles sont situées, en forme de croissant, depuis la côte de la Floride jusqu'à celle du Brésil ; elles se divisent en grandes et petites Antilles.

D. Quelles sont les grandes Antilles ?
R. Les grandes Antilles sont : Cuba, aux Espagnols, 250 lieues de longueur sur 50 lieues de largeur ; pop. 573,000 hab. Villes principales : Havane (la), capitale, port vaste et très-sûr ; popu-

lation, 100,000 hab. Santiago-de-Cuba, bon port; pop. 35,000 hab. La Jamaïque, aux Anglais, île très-florissante, capitale Spanish-Town.

Saint-Domingue (république d'Haïti, reconnue par la France le 20 avril 1825), la plus riche des Antilles, et la plus grande après Cuba; population, près d'un million d'habitans. Villes principales : Cap-Haïtien (ci-devant Cap-Français); population, 45,000 hab. Commerce considérable avec toutes les nations. Port-au-Prince, pop. 20,000 h., siége des tribunaux. San-Domingo, capitale de la ci-devant partie espagnole de cette île; p. 12,000 h.

Porto-Rico, aux Espagnols; pop. 300,000 hab., 45 lieues de long sur 18 de large; capitale, San-Juan-de-Puerto-Rico, port.

D. Comment divise-t-on les petites Antilles?

R. On les divise en Antilles du Vent et Antilles sous le Vent. Les premières sont :

Aux Anglais : Saint-Christophe, Antigoa, la Barboude, les îles Vierges, l'Anguille, la Dominique, Saint-Vincent, la Grenade, Tabago, Sainte-Lucie, la Trinité, la Barbade, etc.

Aux Français : 1°. la Martinique, 56 lieues de tour; pop. 98,000 h. Villes principales : Fort-Royal (le), excellent port, résidence du gouverneur. Saint-Pierre, rade superbe, centre du commerce des Antilles; pop. 30,000 hab. 2°. la Guadeloupe, partagée en deux par un canal, 80 lieues de tour, à 1,600 lieues de Paris; pop. 110,000 hab.; capitale Basse-Terre, siége du gouvernement, population, 7,000 hab. Les Saintes, la Désirade et Marie-Galante dépendent de la Guadeloupe.

Aux Danois : Saint-Thomas, l'une des îles Vierges, entrepôt des Antilles, commerce considérable.

D. Quelles sont les principales productions des Antilles?

CARTE
de
L'AMERIQUE SEPTENT.<sup>LE</sup>
et de
L'AMERIQUE MERID.<sup>LE</sup>

Longitude du Méridien de Paris.

R. Ce sont : Sucre, café, indigo, coton, tabac, vanille, cochenille, etc.

Les Iles sous le Vent sont ainsi nommées parce que le vent ne les frappe qu'après celles qui sont plus à l'orient ; les principales sont : Curaçao et Bonnaire appartenant au royaume des Pays-Bas, et la Marguerite aux Espagnols.

## ARTICLE VI.

# AMÉRIQUE méridionale.

D. Comment divise-t-on l'Amérique méridionale ?

R. En huit parties : la Terre-Ferme, au nord ; le Pérou et le Chili, à l'ouest ; le pays des Amazones, au centre ; le Brésil et la Guyane, à l'est ; le Paraguay, la Patagonie ou Terre-Magellanique, au sud.

D. Qu'est-ce que la Terre-Ferme ?

R. C'est une ancienne grande division de l'Amérique méridionale qui appartenait à l'Espagne, et qui forme aujourd'hui la république de Colombie.

D. Quelles sont les limites de cet état ?

R. Il s'étend, d'un côté, depuis la mer des Antilles jusqu'aux frontières du Pérou, au fleuve des Amazones et au Rio-Negro ; et de l'autre, depuis l'Océan Atlantique jusqu'au Grand-Océan.

D. Quelles sont les principales productions ?

R. Excellent cacao, sucre, drogues, bois odoriférans, tamarin, fruits, tabac, bois d'acajou, riz, quinquina, pays très-fertile ; pop. 2,857,000 hab.

D. Quelles en sont les villes remarquables ?

R. Santa-Fé-de-Bogota, sur la petite rivière de Bogota, siége du gouvernement, située à une hauteur de 8,000 pieds au-dessus de la mer ; population, environ 30,000 hab.

Carthagène, une des plus belles rades de l'Amérique; pop. 25,000 hab.

Les autres villes sont: Caracas, Cumana, Maracaybo, sur un grand lac de même nom; Porto-Bello, port sur le golfe du Mexique; Panama, port sur l'isthme de Panama.

D. Où est situé le Pérou?

R. Le long du Grand-Océan et des deux côtés de la chaîne des Andes; il est divisé en Haut et Bas-Pérou. Cette riche et vaste contrée a été possédée par l'Espagne depuis le milieu du XVI<sup>e</sup> siècle jusqu'en 1821, qu'elle a formé un état indépendant. Le Pérou comprend maintenant sept intendances, à savoir: Aréquipa, Cusco, Guamanga, Guancavelcia, Lima, Tarma et Truxillo.

D. En quoi consistent les productions?

R. Elles consistent en riches mines d'or et d'argent, bois précieux, résineux et odorans, coton, poivre, jalap, tabac, cannes à sucre, vanille, cochenille, quinquina, vigognes, forêts immenses, etc.; pop. 1,510,000 hab.

D. Quelles en sont les principales villes?

R. Lima, capitale, archevêché, l'une des plus belles villes de l'Amérique, rues larges et régulières, beaux édifices publics; pop. 50,000 hab.

Calao, port sur le Grand-Océan, est à 2 lieues de cette ville.

Cusco, capitale de l'ancien empire des Incas, ville bien déchue de sa splendeur; pop. 19,000 hab.

Aréquipa, évêché, ville très-belle et très-commerçante.

Truxillo, à une demi-lieue de la mer, évêché; pop. 5,800 hab.

Potosi, sur la rivière de ce nom; pop. environ 25,000 hab. Aux environs, mines d'argent inépuisables.

D. Où est situé le Chili?

R. Au sud du Pérou, et forme une lisière étroite entre le Grand-Océan et la chaîne des Cordilières. L'île de Chiloë en dépend. Pays très-fertile, climat doux et sain, mines d'or très-riches. Cette contrée, naguère sous la domination espagnole, s'est érigée en un état indépendant.

D. Quelles en sont les principales villes?

R. San-Iago, évêché, capitale; pop. 30,000 hab. On y remarque plusieurs beaux édifices.

Valdivia, le meilleur port du Grand-Océan.

Valparaiso, excellent port au fond d'une baie.

D. Qu'est-ce que le pays des Amazones?

R. C'est une vaste contrée, située à l'est du Pérou, et traversée par le fleuve des Amazones, dont elle tire son nom. Elle est peu connue, et peuplée d'habitans qui fuient à l'approche des Européens.

D. Qu'est-ce que le Brésil?

R. Ce vaste pays qui était, depuis 1550, une colonie du Portugal, en a été séparé depuis quelques années, et a été érigé en empire en 1825, par Don Pedro, fils aîné du roi Jean VI.

D. Où est situé le Brésil?

R. Au-delà du fleuve des Amazones, le long de l'Océan Atlantique, et borné au sud par l'état de Buénos-Ayres, 900 lieues de longueur sur 200 à 700 lieues de largeur; pop. 4,000,000 d'habitans, y compris les esclaves et les Indiens soumis.

D. Quelles en sont les productions?

R. Les principales sont: Maïs, tapioca ou farine de manioc, cacao, coton, vanille, sucre, café, ipécacuanha, bois de teinture et d'ébénisterie, culture du thé de Chine introduite avec succès, grande quantité de bœufs et de chevaux, riches mines de diamans, de topazes et d'améthystes, mines d'or et d'argent.

D. Comment est divisé maintenant le Brésil?

R. En dix-neuf gouvernemens, savoir:

| | | |
|---|---|---|
| Rio-Negro. | Ciara. | Goyaz. |
| Para. | Paraïba. | Os-Ilhéos. |
| Maragnon. | Pernambuco ou Fer- | Minas-Geraës. |
| Matto-Grosso. | nambouc. | Spiritu-Sancto. |
| Piauhy. | Alagoas. | Rio-de-Janeiro. |
| Rio-grande-do-Nor- | Seregippe-del-Rey. | Saint-Paul. |
| te. | Bahia. | Rio-grande-do-Sul. |

D. Quelles en sont les principales villes?

R. Rio-de-Janeiro ou Saint-Sébastien, entre les rivières Dolce et Saint-Esprit, capitale, résidence de l'empereur, port, académie impériale de marine et de commerce, importation et exportation considérables; pop. 130,000 hab.

Para ou Belem, sur le Rio-Para, l'une des branches du fleuve des Amazones, à l'embouchure de la rivière de Guama; pop. 12,000 hab.

Fernambouc, port sûr; pop. 60,000 hab. Commerce considérable, climat très-sain.

Maragnon, dans la partie nord de l'île de ce nom, port entre les deux baies de San-Marcos et de San-José, ville très-commerçante et qui n'est sujette à aucune maladie endémique; p. 25,000 h.

San-Salvador ou Bahia, port dans la baie de tous les Saints, archev.; dist. de Paris, 1,544 l.; pop. 100,000 h. Commerce de denrées coloniales.

D. Qu'est-ce que la Guyane?

R. Un vaste pays très-marécageux, entre l'Orénoque et le fleuve des Amazones, et divisé en quatre parties: Guyane espagnole, séparée de la Terre-Ferme par l'Orénoque; Guyane hollandaise, vers l'Océan Atlantique; Guyane française, au sud de la précédente, pop. 17,300 h.; et Guyane portugaise, en deçà du fleuve des Amazones. Productions: Coton, café, sucre, indigo, roucou, cacao, girofle, bois de teinture et d'ébénisterie.

D. Quelles en sont les principales villes?

R. Saint-Thomas, aux Espagnols; Cayenne,

dans l'île de ce nom, aux Français; Paramaribo, dans la colonie de Surinam, aux Hollandais.

D. Où est situé le Paraguay?

R. A l'est du Chili, le long de l'Océan Atlantique et du Rio-de-la-Plata. Autrefois colonie espagnole, il forme deux états, celui de Buenos-Ayres et celui des autres provinces, gouverné par un dictateur.

D. En quoi consistent ses productions?

R. En bois précieux, gomme, résines, riz, fruits, tabac, coton, herbes médicinales, indigo, vanille; pop. 1,100,000 habitans.

D. Quelles sont ses principales villes?

R. BUENOS-AYRES, capitale de l'état de ce nom, sur le Rio-de-la-Plata, à 60 l. de son embouchure, évêché; pop. 80,000 h. Beaux édifices, rues larges.

ASSOMPTION, sur le Paraguay, capitale du Paraguay, évêché, grande et belle ville.

D. Qu'est-ce que la Patagonie ou Terre-Magellanique?

R. C'est une contrée peu connue, à l'extrémité de l'Amérique méridionale; elle est sans ville, et habitée par des sauvages dont la taille ordinaire est de 5 pieds 6 à 8 pouces; on l'appelle Terre-Magellanique, du nom de Magellan, qui en fit la découverte en 1520.

D. Qu'est-ce que la Terre-de-Feu?

R. C'est une grande île volcanique et inculte, séparée de la Patagonie par le détroit de Magellan, et de l'île des Etats par le détroit de le Maire. Un peu au N.-E. sont les îles Falkland ou Malouines, inhabitées, de même que l'île de Géorgie, à l'est de la Terre-de-Feu.

## CHAPITRE V ET DERNIER.

# OCÉANIE.

D. Qu'entend-on par l'Océanie?
R. On entend la totalité des îles situées au sud de l'Asie avec la Nouvelle-Hollande, et toutes les îles dispersées dans le Grand-Océan.

D. Pourquoi a-t-on formé de toutes ces îles une cinquième partie du Monde?
R. Parce qu'elles ont des caractères particuliers qui les distinguent des quatre autres, tant par rapport aux habitans qu'aux productions.

D. Comment est divisée l'Océanique?
R. En trois parties : la Notasie ou Asie méridionale, l'Australie et la Polynésie.

## NOTASIE.

D. De quels pays se compose la Notasie?
R. De l'archipel situé entre l'Asie et la Nouvelle-Hollande, et divisé en trois groupes : les îles de la Sonde, les Moluques et les Philippines.

D. Quelles sont les îles de la Sonde?
R. Elles sont au nombre de trois, savoir :

Bornéo, la plus grande de toutes les îles, après la Nouvelle-Hollande, divisée en deux parties par l'équateur, et habitée par différentes tribus de sauvages très-féroces. Ville principale, Bornéo. Climat très-malsain. Productions : Poivre, riz, cannelle, le meilleur camphre, coton, diamans. Les Anglais y ont quelques établissemens.

Sumatra, au sud de la presqu'île de Malaca,

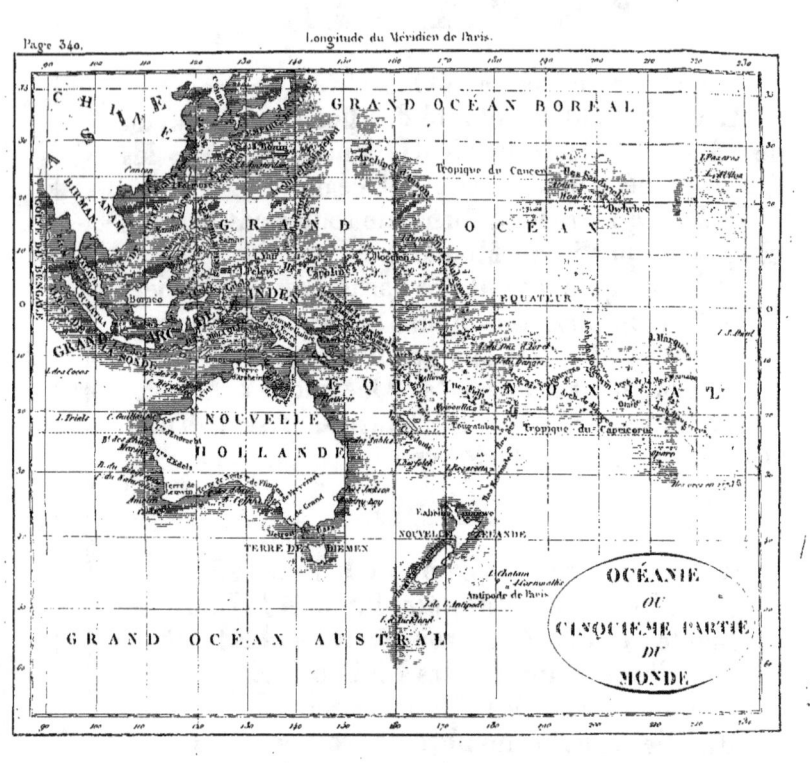

coupée obliquement par l'équateur, et traversée par une chaîne de montagnes, dont le pic le plus élevé est le Mont-Ophir, haut de 12,400 pieds. Hors le diamant, mêmes productions qu'à Bornéo. Villes : Achen, avec un bon port; Bencoulin, aux Anglais; Padang, aux Hollandais.

Java, séparée de Sumatra par le détroit de la Sonde, très-fertile, mais malsaine. Productions : Riz, sucre, poivre, indigo, coton. Ville principale : Batavia, port très-fréquenté, chef-lieu du commerce des Hollandais.

D. Quelles sont les plus considérables des Moluques ou îles aux Épices?

R. Célèbes, la plus grande, et fertile en épices, riz, coton, camphre; Macassar, sur la côte sud-est, aux Hollandais, ainsi que les îles aux Épices, dont les plus considérables sont Amboine, Banda, Céram, Gilolo. Productions : Girofle, cannelle, muscade, poivre, gingembre. L'île de Timor est partagée entre les Hollandais et les Portugais.

D. Qu'est-ce que les Philippines?

R. C'est un groupe d'îles au nord des Moluques, possédées par l'Espagne, et dont les plus grandes sont Manille ou Luçon, et Mindanao; superficie, 14,640 lieues carrées; pop. 2,386,000 hab. Manille, cap., port, archevêché, résidence du gouverneur.

## AUSTRALIE.

D. Quels pays comprend l'Australie?

R. Elle comprend la Nouvelle-Hollande et plusieurs îles circonvoisines.

D. Qu'est-ce que la Nouvelle-Hollande?

R. C'est la plus grande île du Monde; elle égale l'Europe en grandeur, mais on n'en connaît que les côtes. Elle est séparée de la terre de Van-Diémen par le détroit de Bass, et habitée par des tribus de sauvages noirs, avec des cheveux non laineux. Les Anglais ont formé, sur la côte orientale, l'établissement de Botany-Bay et de Port-Jackson, où ils déportent les criminels.

D. Quelles sont les autres îles?

R. On trouve au nord la Nouvelle-Guinée ou Terre-des-Papous, presque aussi grande que Bornéo, l'archipel de la Louisiade, la Nouvelle-Irlande, la Nouvelle-Bretagne; à l'est, l'archipel de Salomon, les Nouvelles-Hébrides, la Nouvelle-Calédonie, et la Nouvelle Zélande, composée de deux grandes îles séparées par le détroit de Cook.

## POLYNÉSIE.

D. Quels pays renferme la Polynésie?

R. La Polynésie, d'un mot qui signifie multitude d'îles, renferme tous les groupes d'îles dispersées dans le Grand-Océan, entre les deux tropiques, et dont les productions consistent en ignames, noix de coco, patates, arbres à pain, ébéniers, bananiers, riz, indigo, poules, pigeons et cochons.

D. Quels sont les principaux archipels?

R. Ce sont, au nord de l'équateur, les îles Palaos ou Pelew, les Nouvelles-Philippines ou archipel des Carolines, l'archipel des Mulgraves; celui des Mariannes ou Larrons, aux Espagnols; popul. 4,600 h.; les îles de Sandwich, dont la principale est Owyhée, où fut tué le capitaine Cook en 1779; au sud, les îles Marquises, l'archipel Dangereux, les îles de la Société, dont la plus remarquable est Otahiti; l'archipel des Navigateurs; les îles des Amis, situées sous le tropique; les îles Fidji, l'île de Pâques, tout-à-fait isolée.

FIN.

# TABLE
## DES CHAPITRES ET ARTICLES.

| | |
|---|---|
| Dictionnaire de toutes les villes de France....... 5 | Des planètes secondaires.. 32 |
| Population des cinq parties du Monde............ 18 | De la terre.............. 33 |
| Principales villes du Monde. 19 | Inégalité des jours et des nuits................ 38 |
| Astronomie et Sphère..... 21 | De la lune.............. 42 |
| Des différens cercles...... 22 | Des éclipses de soleil et de lune................ 45 |
| De l'horizon............. 23 | Des climats............. 46 |
| Du méridien............. 24 | Climats de demi-heure.... 47 |
| Du Zodiaque............. 25 | Climats de mois......... 49 |
| De l'équateur............ 26 | De la longitude et latitude. 50 |
| Des deux colures......... 26 | Echelle des degrés de longitude................ 50 |
| Des deux tropiques....... 27 | Tableau des mesures itinéraires.............. 53 |
| Des cercles polaires....... 27 | Explicat. sur les échelles.. 54 |
| Des étoiles fixes.......... 27 | Définitions de la géographie. 55 |
| Signes du Zodiaque....... 28 | Tableau des découvertes... 65 |
| Des comètes............. 29 | Division de la terre....... 66 |
| Du soleil................ 30 | |
| Des planètes............. 31 | |

## CHAPITRE I<sup>er</sup>. — EUROPE, p. 67.

| | |
|---|---|
| Art. I. France........... 69 | Royaume d'Illyrie........ 217 |
| Cours royales........... 73 | Prusse (royaume de)...... 219 |
| Hôtels des Monnaies..... 73 | Prusse orientale......... 220 |
| Division de la France.... 74 | Prusse occidentale....... 220 |
| Tableau des départemens, subdivisés en préfectures et sous-préfectures.. 76 | Brandebourg............ 221 |
| | Poméranie.............. 222 |
| | Westphalie............. 223 |
| Archevêchés et évêchés... 83 | Province de Clèves-Berg. 224 |
| Divisions militaires...... 83 | Duché de Silésie........ 225 |
| Départemens............ 84 | Grand-duché de Posen... 225 |
| Art. II. Pays-Bas........ 196 | Province de Saxe....... 226 |
| Art. III. Allemagne..... 208 | Province du Bas-Rhin.... 227 |
| Autriche (empire d')..... 210 | Bavière (royaume de).... 228 |
| Archiduché d'Autriche.. 211 | Saxe (royaume de)....... 230 |
| Royaume de Bohême.... 213 | Wurtemberg (roy. de)... 232 |
| Moravie............... 214 | Hanovre (royaume d')... 233 |
| Silésie Autrichienne..... 214 | Hesse-Electorale........ 233 |
| Royaume de Hongrie.... 214 | Grand-duché de Bade... 234 |
| Transylvanie........... 216 | Hesse-Darmstadt, gr. duch. 235 |
| Gallicie................ 216 | Duché de Nassau........ 236 |
| Bukowine.............. 217 | Duché de Brunswick..... 236 |

| | | | |
|---|---|---|---|
| Mecklenbourg (g.duch.de) | 237 | Art. VI. Espagne | |
| Duché d'Oldenbourg.... | 237 | Art. VII. Portug[al] | |
| Villes libres............ | 237 | Art. VIII. Angl[eterre] | |
| Art. IV. Suisse (ét. de la). | 238 | Angleterre propre | |
| Art. V. Italie (états d'). | 243 | Princi[p]auté de Ga[lles] | |
| Sardaigne (royaume de).. | 244 | Isles dépendantes d[e l'An-] | |
| Duché de Savoie........ | 245 | gleterre........ | |
| Principauté de Piémont.. | 245 | Ecosse........... | |
| Principauté de Montferrat. | 247 | Irlande........... | |
| Duché de Gênes......... | 247 | Art. IX. Danemar[k] | |
| Comté de Nice.......... | 248 | Jutland........... | |
| Isle de Sardaigne....... | 249 | Isles de la Baltique | |
| Lombardo-Vénitien (roy.) | 249 | Duché de Holstein. | |
| Gouvernement de Milan. | 250 | Islande........... | |
| Gouvernement de Venise. | 251 | Isles Farœer...... | |
| Duché de Parme........ | 253 | Art. X. Suède..... | |
| Duché de Modène....... | 254 | Suède proprement d[ite] | |
| Duché de Lucques...... | 254 | Norwége.......... | |
| Duché de Massa-di-Carrara. | 254 | Art. XI. Russie... | |
| Grand-duché de Toscane. | 255 | Pologne (royaume d[e]) | |
| Etat de l'Eglise......... | 257 | Art. XII. Turquie [d'Eu-] | |
| Saint-Marin (républ. de). | 259 | rope............ | |
| Naples (royaume de)..... | 260 | Turquie septentriona[le] | |
| Sicile.................. | 261 | Grèce............ | |
| Isle de Malte........... | 262 | Art. XIII. Isles Ioni[ennes] | |

## CHAPITRE II. — ASIE, p. 295.

| | | | |
|---|---|---|---|
| Art. I. Turquie d'Asie... | 297 | tugaises......... | |
| Anatolie................ | 297 | Empire des Birmans. | |
| Syrie................... | 298 | Royaume de Siam... | |
| Arménie................ | 299 | Empire d'Anam.... | |
| Diarbékir............... | 299 | Tonkin et Cochinchin[e] | |
| Art. II. Arabie......... | 300 | Presqu'île de Malaca. | |
| Art. III. Perse.......... | 301 | Art. VI. Chine..... | |
| Art. IV. Caboul (roy. de) | 303 | Art. VII. Tartarie.. | |
| Art. V. Inde............ | 303 | Tartarie Chinoise... | |
| Indostan................ | 304 | Pays tribut. de la Chin[e] | |
| Mahrattes............... | 304 | Tartarie indépendante | |
| Possessions anglaises, françaises, danoises et por- | | Tartarie Russe...... | |
| | | Art. VIII. Isles d'Asi[e] | |

## CHAPITRE III. — AFRIQUE, p. 31[5].

| | | | |
|---|---|---|---|
| Art. I. Egypte.......... | 316 | Art. VI. Nubie...... | |
| Art. II. Barbarie........ | 317 | Art. VII. Abyssinie... | |
| Art. III. Sahara......... | 318 | Art. VIII. Congo.... | |
| Art. IV. Guinée......... | 318 | Art. IX. Cafrerie.... | |
| Art. V. Nigritie......... | 320 | Art. X. Isles d'Afrique. | |

## CHAPITRE IV. — AMÉRIQUE, p. 326.

| | | | |
|---|---|---|---|
| Amérique septentrionale. | 328 | rique Russe............ | 332 |
| Art. I. Canada......... | 328 | Art. V. Isles de l'Améri- | |
| Art. II. Etats-Unis...... | 329 | que septentrionale..... | 333 |
| Art. III. Mexique...... | 331 | Art. VI. Amérique méri- | |
| Art. IV. Canada et Amé- | | dionale.............. | 335 |

## CHAPITRE V. — OCÉANIE, p. 340.

| | | | |
|---|---|---|---|
| Notasie................ | 340 | Polynésie............. | 342 |
| Australie.............. | 341 | | |

## TABLE
### DES DÉPARTEMENS DE LA FRANCE.

| | | | | | |
|---|---|---|---|---|---|
| Ain.......... | 84 | Garonne (H.).. | 114 | Oise.......... | 148 |
| Aisne......... | 86 | Gers.......... | 115 | Orne.......... | 149 |
| Allier........ | 87 | Gironde...... | 116 | Pas-de-Calais. | 151 |
| Alpes (Basses). | 88 | Hérault....... | 117 | Puy-de-Dôme. | 153 |
| Alpes (Hautes). | 89 | Ille-et-Vilaine. | 119 | Pyrénées (B.).. | 155 |
| Ardèche...... | 89 | Indre......... | 120 | Pyrénées (H.).. | 157 |
| Ardennes..... | 90 | Indre-et-Loire. | 121 | Pyrénées-Or... | 158 |
| Ariége........ | 91 | Isère.......... | 122 | Rhin (Bas-).... | 159 |
| Aube......... | 92 | Jura.......... | 123 | Rhin (Haut-).. | 161 |
| Aude......... | 93 | Landes........ | 124 | Rhône........ | 163 |
| Aveyron...... | 94 | Loir-et-Cher., | 125 | Saône (Haute-). | 165 |
| Bouches-du-Rh. | 95 | Loire......... | 126 | Saône-et-Loire. | 166 |
| Calvados...... | 97 | Loire (Haute-). | 127 | Sarthe........ | 168 |
| Cantal........ | 98 | Loire-Infér.... | 128 | Seine......... | 169 |
| Charente...... | 99 | Loiret......... | 129 | Seine-Infér.... | 173 |
| Charente-Infér. | 100 | Lot........... | 130 | Seine-et-Marne. | 176 |
| Cher......... | 101 | Lot-et-Gar.... | 131 | Seine-et-Oise.. | 178 |
| Corrèze....... | 102 | Lozère........ | 132 | Sèvres (Deux-). | 181 |
| Corse......... | 102 | Maine-et-Loire. | 133 | Somme........ | 182 |
| Côte-d'Or..... | 103 | Manche....... | 134 | Tarn.......... | 184 |
| Côtes-du-Nord. | 105 | Marne........ | 135 | Tarn-et-Gar... | 185 |
| Creuse........ | 105 | Marne (Haute-). | 137 | Var........... | 186 |
| Dordogne..... | 106 | Mayenne...... | 138 | Vaucluse...... | 188 |
| Doubs........ | 107 | Meurthe...... | 138 | Vendée....... | 190 |
| Drôme........ | 108 | Meuse........ | 140 | Vienne....... | 191 |
| Eure.......... | 109 | Morbihan..... | 141 | Vienne (Haute-). | 192 |
| Eure-et-Loire. | 110 | Moselle....... | 143 | Vosges........ | 194 |
| Finistère...... | 111 | Nièvre........ | 144 | Yonne........ | 195 |
| Gard......... | 112 | Nord......... | 145 | | |

FIN DE LA TABLE DES CHAPITRES.

# TABLE
### DES VILLES CITÉES DANS CET OUVR[AGE]

| | | | | | |
|---|---|---|---|---|---|
| Abbeville | 183 | Annapolis | 332 | Bigorre | |
| Aberdeen | 275 | Annecy | 245 | Bagnères-Luchon | |
| Achen | 341 | Annonay | 90 | | |
| Acqui | 247 | Antakieh | 298 | Bagnols | |
| Agde | 118 | Antibes | 187 | Bailleul | |
| Agen | 131 | Anvers | 207 | Bâle | |
| Agram | 216 | Aoste | 247 | Baltimore | |
| Aigueperse | 154 | Arbois | 124 | Bambouc | |
| Aire (Landes) | 125 | Archangel | 286 | Barbezieu | |
| Aire | 152 | Arcis-s.-Aube | 92 | Barcelone | |
| Aix | 96 | Aréquipa | 336 | Barcelonn[ette] | |
| Aix-la-Chap. | 227 | Argelès | 157 | Bar-le-D[uc] | |
| Ajaccio | 103 | Argentan | 150 | Barr | |
| Akerman | 286 | Argenteuil | 179 | Bar-sur-A[ube] | |
| Alais | 113 | Argentières | 90 | Bar-s.-Sei[ne] | |
| Alby | 184 | Arles | 96 | Bassano | |
| Alençon | 150 | Armentières | 145 | Basse-Terr[e] | |
| Alep | 298 | Arnheim | 203 | Bassora | |
| Alexandrie | 317 | Arras | 151 | Bastia | |
| Alexandrie en Italie | 246 | Assen | 203 | Batavia | |
| | | Assomption | 339 | Baugé | |
| Alexandrette | 298 | Asti | 246 | Baume-les-mes | |
| Alfort | 173 | Astracan | 286 | | |
| Alger | 317 | Aubagne | 95 | Bautzen | |
| Alicante | 266 | Aubenas | 90 | Bayeux | |
| Alost | 205 | Aubusson | 106 | Bayonne | |
| Altkirch | 161 | Auch | 115 | Beaucaire | |
| Altona | 279 | Augsbourg | 229 | Beaufort | |
| Amasia | 298 | Aurai | 142 | Beaugency | |
| Ambert | 154 | Aurillac | 98 | Beaune | |
| Amboise | 121 | Autun | 167 | Beaupréau | |
| Amiens | 182 | Auxerre | 195 | Beauvais | |
| Amsterdam | 200 | Auxonne | 104 | Belfast | |
| Ancenis | 128 | Avallon | 195 | Belfort | |
| Ancône | 259 | Avesnes | 146 | Belgrade | |
| Andelys (les) | 109 | Avignon | 188 | Bellac | |
| Andrinople | 292 | Avranches | 134 | Belley | |
| Angers | 133 | **B** | | Bellune | |
| Angora | 298 | | | Bencoulin | |
| Angoulême | 99 | Bade (Baden) | 234 | Benguela | |
| Angra | 333 | Bagdad | 300 | Bergame | |
| Annaberg | 231 | Bagnères-de- | | Bergen | |

TABLE DES VILLES, etc.

| | | | | | |
|---|---|---|---|---|---|
| Bergerac | 107 | Briançon | 89 | Cardigan | 274 |
| Berghen | 283 | Brie-Comte- | | Carlscrona | 282 |
| Berg op Zoom | 202 | Robert | 177 | Carlsruhe | 234 |
| Bergues | 147 | Briey | 143 | Carpentras | 189 |
| Berlin | 222 | Brignolles | 187 | Carthagène | 336 |
| Bernay | 110 | Brindes | 261 | Casal | 247 |
| Berne | 241 | Brioude | 128 | Calisgar | 311 |
| Besançon | 107 | Bristol | 272 | Cassel (Nord) | 147 |
| Béthune | 151 | Brives | 102 | Cassel (Hes- | |
| Béziers | 118 | Bromberg | 226 | se) | 233 |
| Bielle | 247 | Bruges | 205 | Castellane | 88 |
| Bilbao | 266 | Brunn | 214 | Castelnaudary | 93 |
| Billom | 154 | Brunswick | 236 | Castel-Sarra- | |
| Birmingham | 272 | Bruxelles | 203 | zin | 186 |
| Blanc (le) | 120 | Bucharest | 292 | Castletown | 274 |
| Blaye | 116 | Bude (Offen) | 215 | Castres | 184 |
| Blois | 125 | Buénos-Ayres | 339 | Catane | 262 |
| Bois-le-Duc | 202 | Burse | 298 | Cateau-Cam- | |
| Bolbec | 175 | **C** | | brésis | 146 |
| Bologne | 258 | | | Caudebec | 176 |
| Bombai | 305 | Caboul | 303 | Caussade | 185 |
| Bonifacio | 103 | Cachemire | 303 | Cavaillon | 189 |
| Bonnétable | 168 | Cadix | 266 | Cayenne | 338 |
| Bordeaux | 116 | Caen | 97 | Caylus | 186 |
| Bornéo | 340 | Caernarvan | 274 | Ceret | 158 |
| Boschnia | 217 | Cagliari | 249 | Cernay | 162 |
| Boston | 330 | Caguna | 325 | Césène | 259 |
| Botany-Bay | 342 | Cahors | 130 | Cette | 118 |
| Boulogne | 151 | Caire (le) | 316 | Ceuta | 318 |
| Bourbonne les | | Calais | 152 | Chabreuil | 108 |
| Bains | 137 | Calao | 336 | Châlons-sur- | |
| Bourbon | 167 | Calcutta | 305 | Marne | 136 |
| Bourbon-Ven- | | Calicut | 305 | Châlons-sur- | |
| dée | 190 | Calvi | 103 | Saône | 167 |
| Bourganeuf | 106 | Cambodje | 307 | Chambéry | 245 |
| Bourges | 101 | Cambrai | 146 | Champlitte | 166 |
| Bourg | 85 | Cambridge | 273 | Chandernagor | 306 |
| Bourg-Saint- | | Campêche | 331 | Charité (la) | 144 |
| Andéol | 90 | Cancale | 120 | Charleroi | 206 |
| Bourgoin | 123 | Candahar | 303 | Charolles | 167 |
| Bournou | 320 | Candie | 294 | Chartres | 110 |
| Boussac | 106 | Canée | 294 | Châteaubriant | 128 |
| Bragance | 270 | Canton | 309 | Château-Chi- | |
| Brava | 324 | Cantorbéry | 273 | non | 144 |
| Bréda | 202 | Cape-Coast- | | Châteaudun | 111 |
| Brême | 237 | Castle | 319 | Château-Gon- | |
| Brescia | 251 | Cap Haïtien | 334 | tier | 138 |
| Breslau | 225 | Cap (le) | 323 | Châteaulin | 112 |
| Bressuire | 182 | Caracas | 336 | Châteauroux | 120 |
| Brest | 111 | Carcassonne | 93 | Château-Sa- | |

TABLE DES VILLES

| | | |
|---|---|---|
| lins....... 139 | Corinthe..... 293 | **E** |
| ChâteauThier- | Cork....... 276 | |
| ry........ 86 | Corogne (la) . 266 | Eauze....... 115 |
| Châtellerault. 192 | Corté........ 103 | Edimbourg.. 275 |
| Châtillon-sur- | Cosne....... 144 | Elberfeld..... 224 |
| Seine...... 104 | CôteS. André. 125 | Elbeuf....... 174 |
| Châtre (la)... 121 | Coulommiers. 177 | Elbing....... 221 |
| Chaumont... 137 | Courtrai..... 206 | Elseneur... 278 |
| Chauny...... 86 | Coutances.... 135 | Embaoe.... 323 |
| Cherbourg... 135 | Coutras...... 117 | Embden... 233 |
| Chiavari..... 248 | Cracovie..... 289 | Embrun... 89 |
| Chinon...... 122 | Crémone..... 251 | Epernay... 136 |
| Chiva....... 312 | Crest....... 108 | Epinal..... 194 |
| Cholet....... 134 | Cuers...... 188 | Erfurth..... 227 |
| Christiania.. 283 | Cumana..... 336 | Erivan.... 302 |
| Christiansand 283 | Cusco....... 336 | Erzeroum... 299 |
| Ciotat (la).... 96 | Czernowitz.. 217 | Espalion... 94 |
| Civita - Vec- | | Essek...... 216 |
| chia....... 259 | **D** | Etampes... 180 |
| Civray...... 192 | Damas....... 298 | Eu....... 175 |
| Clagenfurt... 218 | Damiette..... 317 | Evreux.... 109 |
| Clamecy..... 144 | Darmstadt... 235 | |
| Clermont Fer- | Dantzick.... 221 | **F** |
| rand....... 153 | Dax......... 125 | Faenza.... 259 |
| Clermont l'Hé- | Debrétzin.... 216 | Falaise.... 97 |
| rault....... 118 | Diarbékir.... 299 | Famagouste. 300 |
| Clermont,Oise. 149 | Die......... 108 | Fécamp..... 175 |
| Clèves....... 214 | Dieppe....... 174 | Felletin..... 106 |
| Coblentz..... 227 | Digne....... 88 | Fère (la)... 86 |
| Cognac...... 99 | Dijon........ 103 | Fernambourg. 338 |
| Coimbre..... 270 | Dinan....... 105 | Ferrare.... 259 |
| Collioure..... 158 | Dinant - sur- | Ferté-Bernard. 168 |
| Colmar...... 161 | Meuse..... 207 | Ferté - sous - |
| Cologne..... 224 | Dôle........ 124 | Jouarre... 178 |
| Côme....... 250 | Domfront.... 150 | Fez....... 318 |
| Commercy... 140 | Dongola..... 320 | Figeac.... 131 |
| Compiègne... 149 | Dordrecht.... 201 | Flèche (la). 168 |
| Condé....... 148 | Douai....... 146 | Florac.... 133 |
| Condé s. Noi- | Doullens..... 183 | Florence... 255 |
| reau........ 98 | Dourdan..... 181 | Foggia.... 261 |
| Condom..... 115 | Dourlach..... 234 | Foix...... 91 |
| Condrieux... 164 | Draguignan. 186 | Foligno.... 259 |
| Confolens.... 99 | Dresde....... 230 | Fontainebleau. 177 |
| Coni........ 246 | Dreux....... 111 | Fontenay - le- |
| Constance.... 234 | Drontheim... 283 | Comte... 190 |
| Constantinople 292 | Dublin....... 276 | Forcalquier.. 88 |
| Copenhague. 278 | Dundée...... 275 | Forli..... 259 |
| Corbeil...... 180 | Dunkerque... 147 | Fort-Royal. 334 |
| Cordoue..... 266 | Durazzo..... 293 | Fougères... 119 |
| Corfou...... 294 | Dusseldorf... 224 | Fougerolles. 166 |

CITÉES DANS CET OUVRAGE. 349

| | | |
|---|---|---|
| Francfort sur le Mein . . . 238 | Guérande . . . 129 | **K** |
| Francfort sur l'Oder . . . 222 | Guéret . . . . 106 | Karikal . . . . 306 |
| Freetown . . . 319 | Guincamp . . . 105 | Kasan . . . . 287 |
| Fréjus . . . . 186 | Guise . . . . . 87 | Katek . . . . 304 |
| Freyberg . . . 231 | **H** | Kelat . . . . 303 |
| Fribourg (Bade) . . . . 234 | Haguenau . . . 160 | Kerson . . . . 287 |
| Fribourg (Suisse) . . . . 241 | Halifax . . . . 332 | Kesho ou Kescho . . . 308 |
| Funchal . . . 325 | Halle . . . . . 226 | Kiachta . . . 313 |
| Furth . . . . 229 | Hamadan . . . 302 | Kiel . . . . 279 |
| **G** | Hambourg . . . 238 | Kiew . . . . 287 |
| Gaëte . . . . 261 | Hanovre . . . . 233 | King-kitao . . 310 |
| Gaillac . . . . 184 | Harlem . . . . 201 | Kirin . . . . 311 |
| Gallipoli . . . 261 | Havane (la) . . 333 | Kioun-tcheou-fou . . . . 310 |
| Galway . . . . 276 | Havre (le) . . . 175 | Kœnigsberg . . 220 |
| Gand . . . . 205 | Haye (la) . . . 201 | Konieh . . . . 298 |
| Gannat . . . . 87 | Hazebrouck . . 147 | Kronstadt . . . 287 |
| Gap . . . . . 89 | Heidelberg . . . 234 | Kutaieh ou Kiutaieh . . . . 297 |
| Gênes . . . . 247 | Helsingborg . . 282 | **L** |
| Genève . . . . 241 | Hennebon . . . 142 | Lahore . . . . 303 |
| Gex . . . . . 85 | Hermanstadt . 216 | Laigle . . . . 150 |
| Gibraltar . . . 266 | Honfleur . . . 97 | Lamballe . . . 105 |
| Gien . . . . . 130 | Hue ou Kehoa . 308 | Landernau . . 112 |
| Girgé . . . . 317 | Huningue . . . 162 | Landrecies . . 146 |
| Girgenti . . . 262 | Huy . . . . . 204 | Langon . . . . 116 |
| Gisors . . . . 109 | Hyères . . . . 188 | Langres . . . . 137 |
| Givors . . . . 164 | **I** | Lannion . . . 105 |
| Glascow . . . 275 | Isle-Jourdain (l') . . . . 115 | Laong . . . . 307 |
| Goa . . . . . 306 | Isle-sur-la-Sorgue (l') . . 189 | Laon . . . . . 86 |
| Gondar . . . . 321 | Inspruck . . . 213 | Lassa . . . . 312 |
| Goritz . . . . 218 | Irkutsk . . . . 313 | Lausanne . . . 241 |
| Gothembourg . 282 | Ispahan . . . . 302 | Laval . . . . . 138 |
| Gourdon . . . 131 | Issoire . . . . 154 | Lavaur . . . . 185 |
| Gournay . . . 176 | Issoudun . . . 121 | Laybach . . . 218 |
| Grammont . . 205 | Ivrée . . . . . 247 | Lectoure . . . 115 |
| Granville . . . 135 | **J** | Leeds . . . . 273 |
| Grasse . . . . 187 | Jaffa . . . . . 299 | Leeuwarden . . 202 |
| Gratz . . . . 212 | Jagerndorf . . . 214 | Leipsick . . . 231 |
| Gravelines . . 147 | Jamestown . . 325 | Lemberg . . . 217 |
| Gravina . . . . 261 | Janina . . . . 293 | Lépante . . . . 293 |
| Gray . . . . . 165 | Jarnac . . . . 99 | Lesparre . . . 117 |
| Grenade . . . 266 | Jassy . . . . . 292 | Leyde . . . . 201 |
| Grenoble . . . 122 | Jédo . . . . . 314 | Libourne . . . 117 |
| Groningue . . 203 | Jérusalem . . . 299 | Liège . . . . 204 |
| Guadalaxara . 331 | Joigny . . . . 195 | Liegnitz . . . 225 |
| Gualimala . . 332 | Jonzac . . . . 100 | Lierre . . . . 207 |

## TABLE DES VILLES

| | | |
|---|---|---|
| Ligny . . . . 140 | Malaga . . . 267 | Meudon . . . 179 |
| Lille . . . . 145 | Malines . . . 207 | Meung . . . 130 |
| Lima . . . . 336 | Malmoe . . . 282 | Mexico . . . 331 |
| Limerick . . 277 | Malte . . . . 263 | Mézières . . . 91 |
| Limoges . . . 193 | Mambona . . . 323 | Middelbourg . 202 |
| Limoux . . . 93 | Mamers . . . 168 | Milan . . . 250 |
| Lintz . . . . 212 | Manchester . 273 | Milhau . . . 94 |
| Lisbonne . . 269 | Manfredonia . 261 | Minden . . . 224 |
| Lisieux . . . 97 | Mangalore . . 305 | Mirande . . . 115 |
| Liverpool . . 273 | Manheim . . . 235 | Mirecourt . . . 194 |
| Livourne . . . 256 | Manica . . . 323 | Misitra . . . 294 |
| Loango . . . 322 | Manille . . . 341 | Mittau . . . 287 |
| Loche . . . . 122 | Manosque . . 88 | Modène . . . 254 |
| Locheren . . 205 | Mans (le) . . 168 | Moissac . . . 186 |
| Lodève . . . 118 | Mantes . . . 180 | Moka . . . . 301 |
| Lombez . . . 115 | Mantoue . . 251 | Monaco . . . 248 |
| Londres . . . 272 | Maracaybo . . 336 | Monbaza . . 324 |
| Lons-le-Saul- | Maragnon . . 338 | Mondovi . . . 246 |
| nier . . . . 123 | Marennes . . . 100 | Mongale . . 324 |
| Lorient . . . 142 | Marienwerder. 221 | Mons . . . . 206 |
| Loudéac . . . 105 | Marmande . . 132 | Montargis . . 130 |
| Loudun . . . 192 | Maroc . . . . 318 | Montauban . . 185 |
| Louhans . . . 167 | Marseille . . 95 | Montbard . . . 104 |
| Louisbourg . . 333 | Martigues . . . 96 | Montbéliard . . 108 |
| Lourdes . . . 157 | Marvejols . . 133 | Montbrison . . 126 |
| Louvain . . . 203 | Mascate . . . 301 | Mont-de-Mar- |
| Louviers . . . 110 | Massa . . . 255 | san . . . . 124 |
| Lubeck . . . 238 | Masulipatam . 305 | Montdidier . . 183 |
| Luc (le) . . . 187 | Matsumaï . . . 314 | Montélimart . 108 |
| Lucerne . . . 241 | Maubeuge . . . 146 | Montepulciano. 256 |
| Luçon . . . . 191 | Mauléon . . . 156 | Montereau . . 177 |
| Lucques . . . 254 | Mauriac . . . 98 | Montfort-sur- |
| Lunebourg . . 233 | Mayence . . . 235 | Meu . . . . 119 |
| Lunel . . . . 118 | Mayenne . . . 138 | Montluçon . . 87 |
| Lunéville . . . 139 | Mazamet . . . 184 | Montluel . . . 85 |
| Lure . . . . 166 | Méaco . . . . 314 | Montmédy . . 141 |
| Luxembourg . 207 | Meaux . . . . 178 | Montmorillon. 192 |
| Luxeuil . . . 166 | Mecklenbourg. 237 | Montréal . . . 328 |
| Lyon . . . . 163 | Mecque (la) . 301 | Montreuil . . . 152 |
| **M** | Médine . . . 301 | Morlaix . . . 112 |
| | Melinde . . . 324 | Mortagne . . . 150 |
| Macao . . . 309 | Melle . . . . 182 | Mortain . . . 135 |
| Mâcon . . . 166 | Melun . . . 177 | Moscou . . . 287 |
| Madras . . . 305 | Memel . . . 220 | Mosul . . . 299 |
| Madrid . . . 265 | Mende . . . 132 | Moulins . . . 87 |
| Maëstricht . 204 | Menton . . . 249 | Mounden . . . 311 |
| Magadoxo . 324 | Merida . . . 332 | Mozambique . 323 |
| Magdebourg . 226 | Mersebourg . . 226 | Mulhausen . . 162 |
| Mahé . . . . 306 | Messine . . . 262 | Munich . . . 228 |
| Malaca . . . 308 | Metz . . . . 143 | Munster . . . 223 |

## CITÉES DANS CET OUVRAGE. 351

Murat . . . . 98
Muret . . . 114

### N

Namur . . . 206
Nancy . . . 138
Nangasaki . . 314
Nankin . . . 309
Nantes . . . 128
Nantua . . . 85
Naples . . . 260
Narbonne . . 93
Naumbourg . 226
Negpour . . . 304
Nemours . . 178
Nérac . . . 132
Nertschinsk . . 313
Neufbrisach . . 161
Neufchâteau . . 194
Neufchâtel (Seine-Infér.) . . 175
Neufchâtel (S.) 242
Neuilly . . . 173
Nevers . . . 144
Newcastle . . 273
New-York . . 330
Nice . . . . 248
Nicosie . . . 300
Nimègue . . . 203
Nimes . . . 112
Niort . . . . 181
Nivelles . . . 204
Nogent-le-Rotrou . . . 111
Nogent-s.-Seine. 93
Nontron . . . 107
Norrkœping . 282
Norwich . . . 273
Novarre . . . 247
Nouvelle-Orléans . . . 330
Nouvion . . . 87
Noyon . . . 149
Nuremberg . 229

### O

Odensée . . . 279
Odessa . . . 287
Oldenbourg . . 237
Oléron . . . 156
Olmutz . . . 214
Orange . . . 190
Orléans . . . 129
Orthez . . . 156
Orvietto . . . 259
Osnabruck . . 233
Ostende . . . 206
Otrar . . . . 312
Ouanlin . . . 311
Oudenarde-sur-l'Escaut . . 205
Oxford . . . 273
Oware . . . 319

### P

Padang . . . 341
Padoue . . . 252
Paimbœuf . . 129
Paisley . . . 275
Palais . . . 142
Palerme . . . 261
Palisse (la) . . 87
Palmas . . . 325
Pamiers . . . 92
Panama . . . 336
Paramaribo . 339
Para ou Belem. 338
Paris . . . . 169
Parme . . . . 253
Parthenay . . 182
Passaw . . . 229
Patna . . . . 305
Pau . . . . 155
Pavie . . . . 250
Pékin . . . . 309
Périgueux . . 106
Péronne . . . 184
Perpignan . . 158
Pertuis . . . 189
Pesaro . . . 259
Pest . . . . 216
Peter-Wardein. 216
Pézénas . . . 118
Phalsbourg . . 139
Philadelphie . 330
Pignerol . . . 247
Pise . . . . 256
Pistoie . . . 256
Pithiviers . . 130
Plaisance (Italie) . . . . 253
Plaisance (Terre-Neuve) . . 333
Plauen . . . 231
Ploermel . . . 142
Plombières . . 194
Poitiers . . . 191
Poligny . . . 124
Pondichéry . . 306
Pont-à-Mousson . . . . 139
Pontarlier . . 108
Pont Audemer. 110
Pont-de-Vaux. 85
Ponte-del-gada.333
Pontivi . . . 142
Pont-l'Évêque. 97
Pontoise . . . 181
Pont-S.-Esprit.113
Port-au-Prince.334
Port-Jackson . 342
Port-Maurice. 248
Porto . . . . 270
Porto-Bello . 336
Port-Vendre . 158
Posen . . . . 226
Posséga . . . 216
Potosi . . . 336
Potsdam . . . 222
Pouilly . . . 144
Pounah . . . 304
Prades . . . 158
Prague . . . 213
Prast-de-Mollo.158
Prato . . . . 256
Presbourg . . 215
Privas . . . 90
Provins . . . 178
Puy (le) . . . 127

### Q

Québec . . . 328
Quiloa . . . 324
Quimper . . . 111
Quimperlé . . 112
Quintin . . . 105

### R

Rabasteins . . 185
Raguse . . . 218

## 352 TABLE DES VILLES

| | | |
|---|---|---|
| Rambouillet . . 181 | Saint-Antonin . 186 | S.-Servan . . . 126 |
| Rangoun . . . 307 | Saint-Brieux . 105 | S.-Sever . . . . 126 |
| Rastadt . . . . 235 | St.-Chamond . 127 | S.-Thomas . . . 338 |
| Ratisbonne . . 229 | Saint-Calais . 169 | S.-Tropez . . . 188 |
| Ravenne . . . 259 | Saint-Claude . 124 | S.-Valery-en- |
| Redon . . . . 119 | Saint-Cloud . . 179 | Caux . . . . 170 |
| Reggio-de-Mo- | S.-Cyr . . . . 180 | S.-Valery (S.) . 183 |
| dène . . . 254 | S.-Claude . . . 124 | S.-Yrieix . . . 192 |
| Reikiavick . . 279 | S.-Denis . . . 172 | Sainte-Marie- |
| Reims . . . . 136 | S.-Dié . . . . 194 | aux-Mines . . 161 |
| Remiremont . . 194 | S.-Dizier . . . 137 | Ste Menehould . 136 |
| Rennes . . . 119 | S.-Etienne . . 127 | Saintes . . . 101 |
| Réole (la) . . . 117 | S.-Flour . . . . 98 | Salé . . . . . 318 |
| Revel . . . . 287 | S.-Gall . . . . 242 | Saliès . . . . 156 |
| Rhétel . . . . 91 | S.-Gaudens . . 114 | Salins . . . . 124 |
| Rhodès . . . 94 | Saint-Geniez- | Salon . . . . 96 |
| Ribeira Grande . 325 | d'Olt . . . 94 | Salonique . . . 293 |
| Riberac . . . 107 | S.-Germain- | Saltzbourg . . . 212 |
| Riceys (les) . . 92 | en-Laye . . 180 | Saluces . . . . 247 |
| Riez . . . . . 88 | S.-Gilles . . . 113 | Samarcand . . 312 |
| Riga . . . . . 287 | S.-Girons . . . 92 | Sancerre . . . 101 |
| Rio-de-Janeiro . 338 | S.-Gobain . . . 86 | San-Domingo . 334 |
| Riom . . . . 154 | S.-J.-d'Acre . . 299 | San-Yago . . . 337 |
| Rive-de-Gier . 127 | S.-J.-d'Angély . 101 | San-Juan-de- |
| Rivesaltes . . 158 | S.-J.-de-Luz . . 156 | Puerto-Rico . 334 |
| Roanne . . . . 126 | Saint-Jean-de- | San-Salvador . 338 |
| Rochechouart . . 193 | Maurienne . . 245 | Santa-Fé . . . 332 |
| Rochefort . . . 100 | S.-Jean-Pied- | Santa-Fé-de- |
| Rochelle (la) . . 100 | de-Port . . . 156 | Bogota . . . 335 |
| Rocroi . . . . 91 | S.-Junien . . . 193 | Santiago-de- |
| Romans . . . . 108 | S.-Léonard . . 193 | Cuba . . . 334 |
| Rome . . . . 257 | S.-Lô . . . . 134 | Saragosse . . . 267 |
| Romorantin . . 126 | S.-Maixent . . 182 | Sarguemines . . 143 |
| Rosette . . . . 317 | S.-Malo . . . . 120 | Sarlat . . . . 107 |
| Rostock . . . 237 | S.-Marcellin . . 122 | Sarrebourg . . 139 |
| Rotterdam . . . 201 | S.-Martin . . . 100 | Sartène . . . . 103 |
| Roubaix . . . 145 | S.-Mihiel . . . 140 | Sarzane . . . . 248 |
| Rouen . . . . 173 | S.-Nicolas . . . 205 | Sassari . . . . 249 |
| Rovigo . . . . 253 | S.-Omer . . . 152 | Saulieu . . . . 104 |
| Roye . . . . 183 | Saint-Paul-de- | Saumur . . . . 134 |
| Ruffec . . . 99 | Loanda . . . 322 | Savenay . . . . 129 |
| **S** | S.-Pétersbourg . 286 | Saverne . . . . 160 |
| | S.-Pierre-d'O- | Savonne . . . . 248 |
| Sables-d'Olon- | léron . . . . 100 | Sceaux . . . . 173 |
| ne . . . . 191 | S.-Pol . . . . 153 | Schaffhouse . . 242 |
| Saint-Afrique . 94 | S.-Pons-de- | Schelestadt . . 160 |
| Saint-Amand | Tomiers . . 119 | Schiras . . . . 302 |
| (Cher) . . . . 101 | S.-Quentin . . 86 | Scutari . . . . 293 |
| Saint-Amand | S.-Rambert . . 85 | Sédan . . . . 91 |
| (Nord) . . 148 | S.-Salvador . . 321 | Séez . . . . . 150 |

CITÉES DANS CET OUVRAGE. 353

| | | | | | |
|---|---|---|---|---|---|
| Ségovie | 267 | Tartas | 125 | Turin | 246 |
| Segré | 134 | Tauris | 302 | Tussisudon | 312 |
| Semur | 104 | Téhéren | 302 | **U** | |
| Senlis | 149 | Temeswar | 216 | | |
| Sennaar | 320 | Termonde | 205 | Udine | 253 |
| Sens | 195 | Thann | 162 | Ulm | 232 |
| Seringapatam | 305 | Thiers | 154 | Ummerapoura | 307 |
| Sétine | 293 | Thionville | 143 | Upsal | 282 |
| Séville | 267 | Thorn | 221 | Urbin | 259 |
| Sèvres | 180 | Thorshawen | 280 | Usedom | 223 |
| Seyde | 299 | Tirlemont | 204 | Ussel | 102 |
| Sheffield | 273 | Titcicar | 311 | Utrecht | 202 |
| Siam | 307 | Tobolsk | 313 | Uzès | 113 |
| Sienne | 256 | Tœnningen | 278 | **V** | |
| Sinaglia | 259 | Tolède | 268 | | |
| Sinope | 298 | Tombouctou | 320 | Valdivia | 337 |
| Sisteron | 88 | Tomks | 313 | Valence d'A- | |
| Sivas | 297 | Tonge | 323 | gen | 186 |
| Sleswick | 278 | Tonneins | 132 | Valence (Es- | |
| Smyrne | 298 | Tonnerre | 196 | pagne) | 268 |
| Soissons | 86 | Tortone | 247 | Valence (Drô- | |
| Soleure | 242 | Toul | 139 | me) | 108 |
| Sophie | 292 | Toulon | 187 | Valenciennes | 147 |
| Souillac | 131 | Toulouse | 114 | Valognes | 135 |
| Sou-tcheou-fou | 309 | Tour-du-Pin | | Valparaiso | 337 |
| Spanish-town | 334 | (la) | 123 | Vannes | 141 |
| Spezzia | 248 | Tournay | 206 | Varsovie | 289 |
| Spire | 229 | Tournon | 90 | Vassy | 137 |
| Spoleto | 259 | Tournus | 167 | Vaucouleurs | 140 |
| Stettin | 223 | Tours | 121 | Vendôme | 126 |
| Stockholm | 281 | Tranquebar | 306 | Venise | 251 |
| Stralsund | 223 | Trapani | 262 | Vera-Cruz | 332 |
| Strasbourg | 159 | Trébisonde | 297 | Verceil | 246 |
| Stuttgard | 232 | Trente | 253 | Verdun | 141 |
| Suaquem | 321 | Trèves | 227 | Verneuil | 109 |
| Suczava | 217 | Trévise | 253 | Vernon | 109 |
| Suez | 317 | Trévoux | 85 | Vérone | 252 |
| Surate | 305 | Trieste | 218 | Versailles | 179 |
| Sus | 318 | Trinevelly | 305 | Verviers | 205 |
| Suze | 247 | Tripoli (Afri- | | Vervins | 87 |
| Syracuse | 262 | que.) | 317 | Vesoul | 165 |
| Syriam | 307 | Tripoli (Asie.) | 299 | Vicence | 252 |
| **T** | | Tripolizza | 293 | Vienne (Au- | |
| | | Troppau | 214 | triche) | 211 |
| Tanger | 318 | Troyes | 92 | Vienne (Isère) | 123 |
| Tafilet | 318 | Truxillo | 336 | Vigan (le) | 113 |
| Tarare | 165 | Tsour | 299 | Villefranche | |
| Tarascon | 96 | Tulle | 102 | (Rhône) | 165 |
| Tarbes | 157 | Tunis | 317 | Villefranche | |
| Tarente | 261 | Turcoing | 145 | (H. Garonne) | 115 |

TABLE DES VILLES, etc.

| | | |
|---|---|---|
| Villefranche (Aveyron).. 94 | Volterra.... 256 | Zurich..... 241 |
| Villeneuve-d'Agen.... 132 | Volvic...... 154 | Zwolle..... 201 |
| Vincennes... 173 | Vouziers.... 91 | |

### Y

| | | |
|---|---|---|
| Vire...... 97 | Farkand.... 311 | **W** |
| Visapour... 304 | York...... 274 | Washington.. 338 |
| Vissembourg. 160 | Ypres..... 206 | Waterford... 275 |
| Viterbe.... 259 | Yssengeaux.. 128 | Weilbourg.. 238 |
| Vitré..... 120 | Yvetot..... 176 | Wieliczka... 211 |
| Vitry-le-François... 136 | | Wilna..... 283 |
| | **Z** | Wismar.... 238 |
| Viviers.... 90 | Zante..... 294 | Wissembourg. 160 |
| Voghera.... 247 | Zara...... 218 | Wolfenbuttel. 238 |
| Voiron..... 122 | Zeila...... 324 | Wurtzbourg. 228 |

FIN DE LA TABLE DES VILLES.

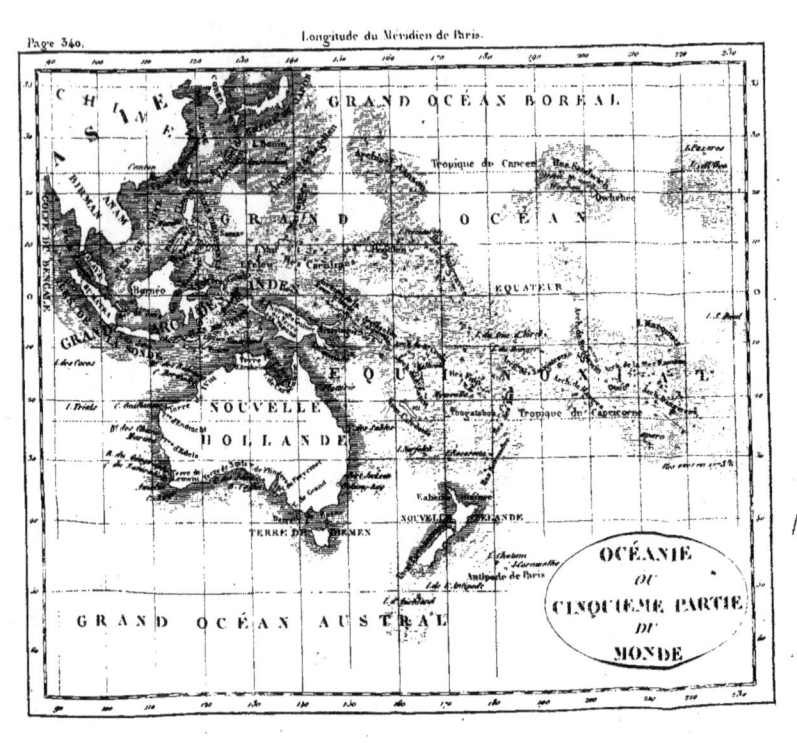

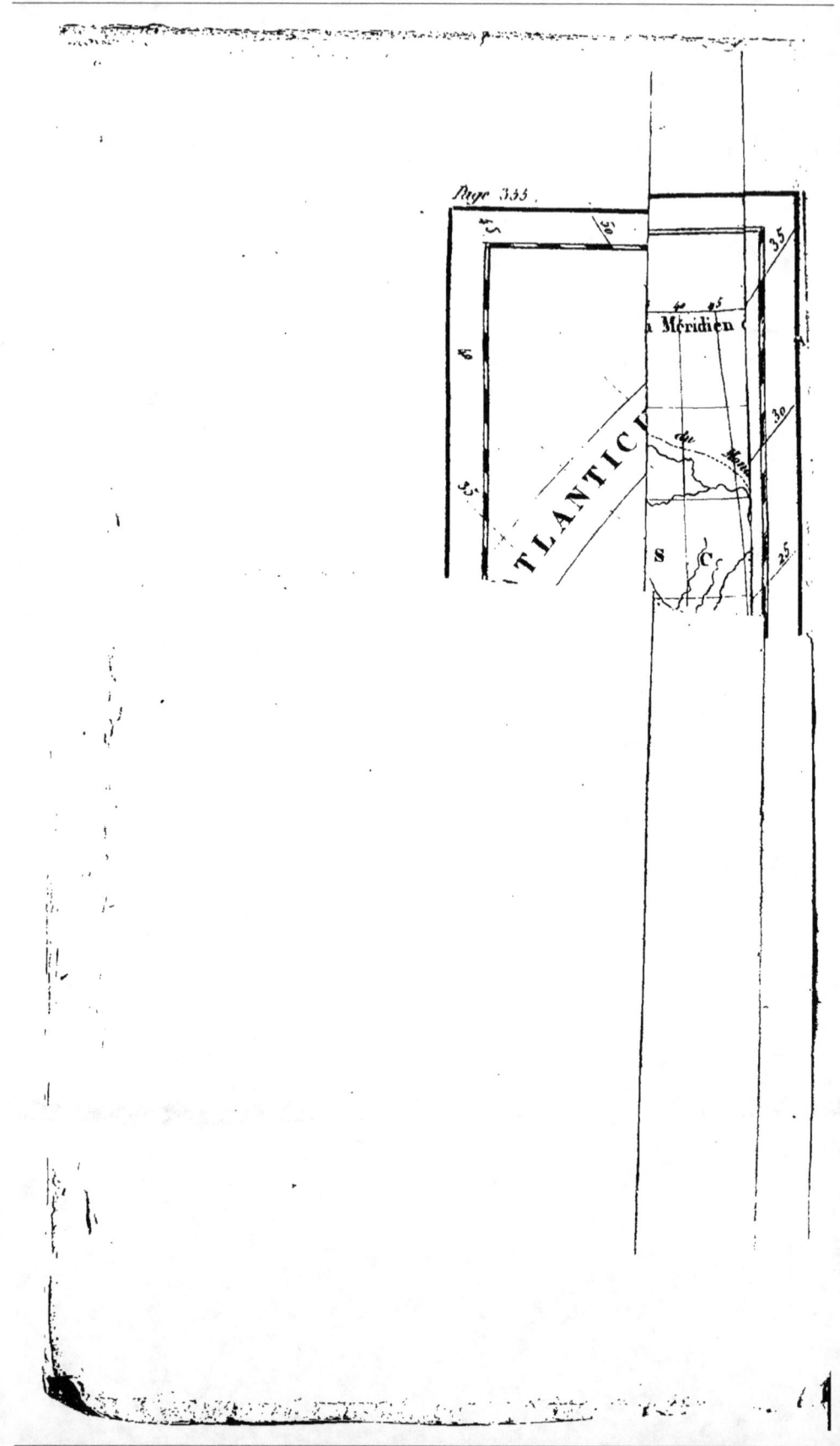

# MANUEL
## DE GÉOGRAPHIE ANCIENNE,
### PAR DEMANDES ET RÉPONSES.

D. Qu'est-ce que la géographie ancienne?
R. La description de la terre, telle qu'elle était connue des anciens; elle ne comprend que les trois parties du globe terrestre, l'Asie, l'Afrique et l'Europe. Cette division a été généralement suivie jusqu'à la découverte de l'Amérique. (*voy.* p. 326, chap. IV).

D. Connaissaient-ils bien ces trois parties?
R. Ils ne connaissaient parfaitement que les pays soumis à l'empire romain, de sorte que l'étendue de cet empire est l'objet principal de la géographie ancienne.

D. Quelle était l'étendue du monde connu des anciens?
R. Elle était plus considérable de l'ouest à l'est que du sud au nord : de là les expressions de *longitude* et de *latitude* que nous avons conservées sans y attacher le même sens, puisque la longitude a 360 degrés comme la latitude.

D. A quoi sert l'étude de la géographie ancienne?
R. A donner une connaissance plus exacte de l'histoire ancienne et à mettre les jeunes gens en état de lire avec plus de fruit les auteurs.

D. Combien distinguait-on de mers?
R. Deux : la mer extérieure, *mare externum*, et la mer intérieure ou Méditerranée, *mare internum* ou *mare nostrum*.

D. Quelles mers comprenaient les anciens sous le nom d'Océan?
R. Toute l'étendue des mers qui entourent la terre, et dont les principales étaient :

*Mare Atlanticum* (Océan Atlantique), baignant les côtes occidentales de l'Europe et de l'Afrique.

*Mare Erythræum* (mer des Indes), entre l'Inde à l'est, et l'Arabie et l'Afrique à l'ouest.

*Mare pigrum* ou *concretum* (Océan Glacial), mer sans mouvement ou glacée.

D. Les anciens connaissaient-ils mieux la Méditerranée?

R. Ils connaissaient parfaitement les pays autour du bassin de la Méditerranée, dont les différentes parties prenaient les noms suivans de mers :

Tyrrhénienne, le long des côtes de la Toscane et de l'état de l'Eglise; d'Afrique, le long des côtes de la Barbarie; Ionienne, baignant les côtes de la Grèce depuis l'Archipel jusqu'à l'entrée de l'Adriatique méridionale de l'Italie; Adriatique, entre l'Italie et l'Illyrie; Egée (archipel), entre la Grèce et l'Asie Mineure; de Syrie et d'Egypte, sur les côtes de ces deux contrées.

D. Comment nommaient-ils les mers qui communiquaient avec la Méditerranée?

R. Propontide (*Propontis*), la mer de Marmara; Pont-Euxin (*Pontus-Euxinus*), la Mer-Noire; Palus-Méotide (*Palus-Mœotis*), la mer d'Azoff.

D. Comment appelaient-ils les principaux détroits?

R. Détroit de Gadès ou d'Hercule (*fretum Gadinatum* ou *Herculeum*), le détroit de Gibraltar; Euripe (*Euripus*), le détroit de Négrepont; Hellespont (*Hellespontus*), le détroit ou canal des Dardanelles; Bosphore de Thrace (*Bosphorus Thracius*), le détroit de Constantinople; Bosphore Cimmérien (*Bosphorus Cimmerius*), le détroit de Caffa.

# CHAPITRE PREMIER.

## ASIA, Asie.

D. Pourquoi commencez-vous par l'Asie?

R. Parce qu'elle a été le berceau du genre humain et le siége des premières monarchies.

D. Comment divisez-vous l'Asie?

R. En quatre parties, savoir : l'Asie Mineure, les pays entre le Pont-Euxin et la Mer-Caspienne, ceux à l'ouest du Tigre et ceux à l'est de ce fleuve.

### ARTICLE PREMIER.

*Asia Minor*, Asie Mineure.

D. Qu'est-ce que l'Asie-Mineure?

R. L'Asie Mineure ou Inférieure (Anatolie) est une grande presqu'île, entre le Pont-Euxin au nord, la Propontide au nord-ouest, et la Méditerranée à l'ouest et au sud.

D. Quels pays comprenait-elle au nord?

R. La Bithynie (*Bithynia*), au sud du Pont-Euxin, renfermant le Mont-Olympe, les fleuves Rhyndacus et Sangarius, et dont les principales villes étaient : *Prusa*, (Burse ou Brousse), séjour des rois de Bithynie; *Chalcedon* (Chalcédoine), vis-à-vis de Byzance; *Nicæa* (Nicée), aujourd'hui Isnik, célèbre par deux conciles généraux, l'un en 325, l'autre en 787; *Nicomedia* (Nicomédie); Lybissa où mourut Annibal.

La Paphlagonie (*Paphlagonia*), à l'est de la Bithynie, entre les fleuves Parthenius et Halys, avait pour ville principale, *Sinope*, patrie de Diogène-le-Cynique.

Le Pont arrosé par l'Halys (Kisil-Irmak), le plus grand fleuve de l'Asie Mineure; l'Iris (Iskil-Irmak) et le Thermodon, qui se jettent dans le Pont-Euxin. Villes : *Amasea* ( Amasieh ), sur l'Iris; *Trapesus* (Trébisonde); *Cerasus*, d'où le Cerisier fut transporté en Europe par Lucullus.

D. Quels sont les pays situés à l'ouest ?

La Troade ( *Troas* ), ainsi nommée de la ville de Troie (*Troja*), capitale, détruite par les Grecs, l'an 1209 avant Jésus-Christ, s'étendait depuis la pointe nord-ouest de l'Asie Mineure jusqu'au cap Sigée à l'entrée de l'Hellespont. On y remarquait les monts Ida et Gargara, les fleuves Simoïs et Scamandre (*Scamander*), qui ne sont plus que des courans d'eau peu considérables.

La Mysie ( *Mysia* ), entre la Propontide et la mer Egée. Rivière : le Granique, dont le passage fut le premier exploit d'Alexandre contre les Perses. Villes : Abydos, sur l'Hellespont, vis-à-vis de Sestos ; *Cysicus* (Cyzique), port sur la Propontide; *Lampsacus* ( Lampsaque ), sur l'Hellespont ; *Pergamum* (Pergame), cap. du roy. d'Attale. C'est là que fut inventé le parchemin ( *membranæ pergamenæ* ).

Sur les côtes sont les îles de *Lesbos* (Métélin). Villes : Mitylène, *Methymna* ( Méthymne), et *Eressus* ( Eresse); de *Lemnos* ( Stalymène ); de Ténédos, près du promontoire de Sigée; les petites îles *Arginusæ* (Arginuses), célèbres par la victoire des Athéniens sur les Lacédémoniens en 406 avant Jésus-Christ; au sud de la Mysie et le long de la côte, étaient situées les colonies grecques Eoliennes, Ioniennes et Doriennes. Villes principales :

En Eolie, *Cuma* (Cume), l'une des villes qui se disputaient la gloire d'avoir vu naître Homère.

En Ionie, *Phocæ* (Phocée), dont une colonie fonda Marseille 600 ans avant Jésus-Christ; *Smyrna* ( Smyrne ), au fond d'un golfe, Clazomènes, patrie du philosophe Anaxagore; Erythrées, fameuse par sa Sybille; Colophon, patrie de Xénophane; *Lebedus* (Lébédos), détruite par Lysimaque, roi de Macédoine; Prienne, patrie de Bias, l'un des sept sages de la Grèce; Téos, où naquit Anacréon; *Ephesus* (Éphèse), ville ruinée, fameuse par son temple de Diane, l'une des sept merveilles du monde, et brûlé par Erostrate le même jour de la naissance d'Alexandre, l'an 356 avant Jésus-Christ.

En Doride, *Miletum* (Milet), patrie de Thalès; *Cnidus* (Cnide), où l'on admirait la statue de Vénus, ouvrage de Praxitèle.

D. Quels sont les pays du milieu ?

R. La Lydie (*Lydia*), entre la Carie au sud et la Mysie au nord. Rivières : le Pactole qui roulait des paillettes d'or, l'Hermus, le Caïstre et le Méandre qui fait beaucoup de détours. Villes principales : Sardes, cap. et résidence de Crésus, dernier roi de Lydie; *Magnesia* (Magnésie), où Antiochus, roi de Syrie, fut vaincu par Scipion l'Asiatique; Philadelphia, ruinée par un tremblement de terre en 17 après Jésus-Christ; les îles suivantes dépendaient de la Lydie : Icaros; *Chios* (Scio), renommée pour ses vins; *Samos*, patrie de Pythagore.

La Phrygie (*Phrygia*), divisée en Salutaire Épictète ou ajoutée. Villes : *Apamea* (Apamée), au confluent du Marsyas et du Méandre; Ipsus, célèbre par la bataille entre les généraux d'Alexandre, l'an 301 avant Jésus-Christ; *Tymbrium* (Thymbrée), où Cyrus vainquit Crésus l'an 546 avant Jésus-Christ; Gordium, où Alexandre coupa le nœud gordien. Au sud-est était la Lycaonie. Villes : *Iconium* (Konich), capitale, et Laodicée-Combusta.

La Galatie (*Galatia*), ainsi appelée du nom des Gaulois qui s'y établirent en 277 avant Jésus-

Christ, avait pour villes principales : *Anc*(Angora), et Pessinus ou Pessinonte, d'où statue de Cybèle fut apportée à Rome.

La Cappadoce (*Cappadocia*), entre la latie, la Cilicie et l'Arménie Majeure, et arro par l'Halys et le Melas, renfermait à l'est l'Arm nie Mineure. Villes : *Mazaca*, au pied du M Argée; *Thyana* (Thyane); *Comana* (Coman Sebaste.

D. Quels étaient les pays au sud?

R. La Carie (*Caria*), arrosée par le Méanc et comprenant au sud-ouest la Doride (voy. p 335). On y trouvait, outre les villes déjà cité *Halycarnassus* (Halycarnasse), patrie des hi riens Hérodote et Denys, et fameuse par le m gnifique tombeau de Mausole (d'où est venu nom de Mausolée), érigé à son époux par A mise, reine de Carie; Caunus, patrie du pein Protogène.

Les îles à l'ouest et vis-à-vis de la Carie so *Cos*, patrie du médecin Hyppocrate et du pein Apelle; *Pathmos*, où Saint-Jean écrivit l'*Apo lypse* dans son exil; *Rhodus* (Rhodes); vill Rhodes, port à l'entrée duquel était la sta colossale d'Apollon, ouvrage de Charès de Lind fameux sculpteur; *Lindus*, patrie de Cléobu l'un des sept sages de la Grèce.

La Lycie (*Lycia*), au sud-est de la Car avait pour villes principales: Telmissus; Xanth *Phacelis* (Fionda); *Patera* (Patéra), célèbre les oracles d'Apollon.

La Pamphylie (*Pamphylia*), à l'est de la L cie, comprenant deux pays peu considérables *Pisidie* au nord, et l'*Isaurie* à l'est. Villes : erg Aspendus, sur l'Eurymédon; Termessus et Isau

La Cilicie (*Cilicia*), bornée au nord par Mont-Taurus, et divisée en *Cilicie trachée* montagneuse, et en *Cilicie de plaine* (Campestris). Fleuves : le Pyramus, le Sarus, le Cydnus. Villes : Soli ou Pompéiopolis; Selinonte; *Tarsus* (Tarse), sur le Cydnus; patrie de l'apôtre saint Paul; Issus, où Alexandre vainquit Darius, l'an 333 avant J.-C.

Au sud des côtes de la Cilicie, est l'île de Chypre (*Cyprus*). Villes : Salamine; Paphos, célèbre par le culte de Vénus; Amathonte, consacrée à la même déesse.

## ARTICLE II.

Pays entre le Pont-Euxin et la Mer-Caspienne.

D. Quels sont ces pays?

La grande Arménie (*Armenia Major*), pays montagneux situé entre la Colchide, la Mésopotamie et l'Assyrie, et arrosé par le Tigre et l'Euphrate qui y ont leur source, et l'Araxe, qui se jette dans la Mer-Caspienne. Villes : Artaxata, sur l'Araxe; Tigranocerta, bâtie par Tigrane, roi d'Arménie; Artemita.

La *Colchide* (Colchis), sur la côte orientale du Pont-Euxin, et arrosée par le Phasis. Villes : Æa, Cyta, Dandari et Dioscurias.

L'Ibérie, à l'est, arrosée par le *Cyrus* (Kur).

L'Albanie, sur le bord de la Mer-Caspienne. Villes : Albana et Getara.

D. Où étaient situés ces trois derniers pays?

R. Dans l'isthme qui sépare le Pont-Euxin de la Mer-Caspienne, et que traverse la chaîne du Caucase. C'est ce qu'on appelle aujourd'hui le Daghstan, le Shirvan, la Géorgie, la Mingrélie, l'Immirette, le Guriel, etc.

## ARTICLE III.

Pays à l'Ouest du Tigre.

D. Quels sont ces pays?

R. La Syrie, la Phénicie, la Palestine, la Mésopotamie, la Babylonie et l'Arabie.

D. Où était située la Syrie?

R. Au sud du Mont-Taurus, à l'est de la Méditerranée, au nord de la Palestine et de la Phénicie, et à l'ouest de l'Euphrate. Montagnes : le Liban, l'Anti-Liban. Villes : *Antiochia* (Antioche ou Antakieh), sur l'Oronte; *Alexandria* (Alexandrette), au fond du golfe Issicus; *Seleucia* (Séleucie), à l'embouchure de l'Oronte; *Laodicea* (Laodicée), port de mer, vis-à-vis l'île de Chypre; *Apamea* (Apamée); *Héliopolis* (Balbeck), entre le Liban et l'Anti Liban, fameuse par son culte du soleil; *Damascus* (Damas), dans la partie appelée *Cœle-Syrie* (Syrie creuse); *Samosata* (Samosate), sur l'Euphrate, patrie de Lucien; *Palmyra* (Palmyre ou Tadmor), dans le désert, ville dont les ruines, qui excitent encore l'admiration des voyageurs, attestent l'ancienne splendeur, et dont la reine Zénobie fut vaincue par l'empereur Aurélien l'an 274 avant Jésus-Christ.

D. Qu'est-ce que la Phénicie?

R. Un petit pays au sud de la Syrie et le long de la Méditerranée. Villes : *Tripolis* (Tripoli), formée de trois villes réunies en une seule; *Byblus* ou *Byblos*, près du petit fleuve Adonis, et un peu plus loin du *Lycus*; *Sidon* (Seyde); *Tyrus* (Tyr), dont il y a eu deux villes, l'une appelée *Palæo-Tyrus* (ancienne Tyr), sur le continent, prise par Nabuchodonosor l'an 579 avant J.-C.; l'autre *Neo-Tyrus* (nouvelle Tyr, aujourd'hui Tsour), dans une île près du continent, prise et ruinée par Alexandre-le-Grand en 332. *Ptolemaïs* ou *Aco* (Saint-Jean-d'Acre), près du Mont-Carmel; *Cæsarea* (Césarée); Ascalon, dont le territoire produisait les petits oignons dits échalotes.

D. Où était située la Palestine?

R. La Palestine (*Palæstina*), qu'on appelle aussi Judée ou Terre-Sainte, était située au sud de la Syrie, à l'est de la Méditerranée, au nord de l'Arabie, et arrosée par le Jourdain qui se jette dans le lac *Asphaltite* (Mer-Morte).

D. Comment s'appelait la Palestine avant l'entrée des Hébreux?

R. La terre de Chanaan, habitée par divers peuples, dont les principaux étaient les Chananéens, les Philistins, les Jébuséens, et les Amorrhéens.

D. Comment fut-elle divisée par Josué?

R. En douze tribus : Ruben, Siméon, Juda, Issachar, Zabulon, Dan, Nephtali, Gad, Aser, Benjamin, Manassé, Ephraïm. La tribu de Lévi ne participa point à la distribution des terres, et resta seule chargée des cérémonies religieuses. Elle fut ensuite divisée par les Romains en quatre provinces : la Galilée au nord, la Samarie au milieu, la Judée propre au sud, la Pérée à l'est. Villes principales :

En Galilée, Nazareth, entre les monts Carmel et Thabor; Tibérias, qui a donné son nom à la mer Tibériade, appelée aussi lac de Genesareth ou mer de Galilée Capharnaüm, au nord de ce lac.

En Samarie (*Samaria*), Samarie (*Sébaste*), fondée l'an 930 avant Jésus-Christ, capitale du royaume d'Israël Sichem (*Naplouse*).

En Judée propre (*Judæa*), Jérusalem (*Hierosolima*), capitale du royaume de Juda, appelée aussi Sion d'une de ses montagnes, et détruite par Titus, fils de Vespasien, l'an 70 de l'ère vulgaire; Bethléem, où naquit Jésus-Christ; Hébron et Emmaüs. Sur les bords de la Mer-Morte, étaient jadis situées Sodome, Gomorrhe, Adama, Séboïm et Ségor, consumées par le feu du Ciel.

En Pérée, Ramoth, capitale des Ammonites;

Pella, Dium, Gamala et Gadara. Montagnes : Abarim, Galaad et Nébo.

D. Où était située la Mésopotamie?

R. La Mésopotamie (*Mesopotamia*), mot qui signifie au milieu des fleuves (*voy.* p. 275), était entre l'Euphrate et le Tigre, à l'occident de l'Assyrie et au sud de l'Arménie. Villes : *Edessa* (Edesse); *Charris* (Haran), où Crassus fut défait par les Parthes, l'an 53 avant J.-C.; *Nisibis* (Nisibe) ou Antioche de Mygdonie; Cunaxa, où périt le jeune Cyrus en combattant contre Artaxercès-Mnémon son frère, en 401 avant Jésus-Christ.

D. Où était la Babylonie?

R. La Babylonie ou Chaldée (*Yrak-Araby*), au sud de l'Assyrie et de la Mésopotamie, s'étendait le long de l'Euphrate et du Tigre jusqu'à leur embouchure dans le golfe Persique (*sinus Persicus*). Villes : *Babylon* (Babylone), sur l'Euphrate fondée par Bélus ou Nemrod, et embellie par Sémiramis; Ctésiphon, sur le Tigre et en face de Séleucie, résidence du roi des Parthes. Une île, formée par le Tigre et l'Euphrate, à leur embouchure, portait le nom de Mésène.

D. Qu'est-ce que l'Arabie?

R. L'Arabie (*Arabia*), qui a conservé son nom et son étendue dans la géographie moderne, est une grande presqu'île au sud-ouest de l'Asie, entre le golfe Persique et le *Sinus Arabicus* (Mer-Rouge). Les anciens n'en connaissaient guères que les côtes, et la divisaient, comme on la divise à présent, en Arabie Pétrée, Déserte et Heureuse. Montagnes : les Monts-Horeb et Sina. Villes : Pétra, Madian, patrie de Jéthro, beau-père de Moïse; Ælana et Asiongaber, où s'embarquaient les flottes de Salomon pour aller au pays d'Ophir *Iatrippa* (Médine); *Macoraba* (La Mecque); Saba, Ophir, Moscha.

## ARTICLE IV.
### Pays à l'est du Tigre.

D. Quelles sont les principales contrées à l'est de ce fleuve?

R. L'Assyrie, la Médie, la Perse, l'Arie, la Sarmatie, la Scythie, la Sérique et l'Inde, auxquelles se rattachent plusieurs autres pays.

D. Qu'était-ce que l'Assyrie?

R. Un grand royaume le long de la rive orientale du Tigre, borné au nord par l'Arménie, à l'est par la Médie, au sud par la Babylonie ou Chaldée, et à l'ouest par la Mésopotamie. Ce pays, qui s'appelle le Kurdistan, est arrosé par le *Zabus* ou *Zerbis* (Zab), qui se divise en grand et petit. Villes : Ninive, capitale, sur le Tigre, en face de Mosul; *Arbela* (Erbil), et près de la Gaugamele, où Darius fut battu par Alexandre, l'an 331 avant J.-C.

D. Où était située la Médie?

R. La Médie (*Media*), pays froid et montagneux, était au sud de la Mer-Caspienne (*mare Caspium vel Hircanum*). Villes : *Ecbatana* (Hamadan), bâtie par Déjocès, premier roi des Mèdes; Ragès, dont il est parlé dans l'histoire de Tobie; Gaza ou Gazaca.

D. Quels pays se rattachaient à la Perse?

R. La Susiane, la Carmanie et la Gédrosie.

D. Où était la Perse proprement dite?

R. La Perse (*Persis*), qui répond aujourd'hui au Farsistan, était entre la Susiane et la Carmanie, et renfermait plusieurs déserts. Fleuves : l'Arosis et le Mascœus. Villes : Persepolis, cap., près de l'Araxe, brûlée par Alexandre, et dont on voit les ruines près de Schiras; *Pasagarda* (Pasagarde), bâtie par Cyrus et où était son tombeau; *Aspadana* (Ispahan), sur le Zenderoud.

D. Où était située la Susiane?

R. La Susiane (*Susiana*), qui forme aujourd'hui le Chusistan, était arrosée par le fleuve Eulœus, et située entre l'Assyrie, la Médie, la Perse propre et le golfe Persique. Ville : *Susa* (Suse), sur le Pasitigris, cap., séjour des anciens rois de Perse pendant l'hiver.

D. Qu'était-ce que la Carmanie?

R. La Carmanie (*Carmania*), était un vaste pays, situé entre la Perse et la Gédrosie, le long du golfe Persique. Fleuves : le Salsum et l'Anamis. Villes : Harmosia (*Ormus*) ; *Carmana* (Carmane).

D. Où était située la Gédrosie ?

R. Cette contrée, peu connue, s'étendait le long de la mer des Indes et à l'est de la Carmanie, et était habitée par des peuples ichtyophages, c'est-à-dire qui se nourrissent de poissons. Villes : *Tiza* (Tiez), capitale, et *Pura* (Purg).

D. Quels pays joignez-vous à l'Arie?

R. La Drangiane, l'Arachosie, l'Hyrcanie, la Parthie, la Bactriane et la Sogdiane.

D. Qu'était-ce que l'Arie propre?

R. L'Arie (*Aria*), qui fait partie du Khorasan, confinait à la Bactriane, et était arrosée par l'*Arius*. On y trouvait l'*Aria Palus* (lac de Zéré). Villes : *Aria*, cap., sur l'Arius; *Zaris* (Zéré), sur le lac.

D. Qu'est-ce que la Drangiane?

R. La Drangiane (*Sigistan*), était arrosée par l'Etymander, qui se perd dans le lac Zaris, et avait pour capitale Prophthas'a.

D. Où était située l'Arachrosie ?

R. L'Arachrosie (pays de Candahar), était bornée au nord par une haute montagne, appelée Paropamisus. Villes : *Alexandria* (Candahar), cap.; Arachotus, Ariaspes et Abeste.

D. Où était située l'Hyrcanie?

R. L'Hyrcanie (*Hyrcania*), est au nord-est de la Médie, le long de la mer, et arrosée par le Sidéris, la Socanda et l'Ochus qui se jettent dans cette mer, renfermait la Parthie et la Margiane, ainsi nommée du fleuve *Margus.* Montagnes : Montes Sariphi, qui s'étendent de l'est à l'ouest. Villes : Asaac, ancienne capitale du royaume des Parthes, et *Nisæa* sur l'Ochus. Entre l'Hyrcanie et la Médie, sont les Portes Caspiennes (*Caspiæ Pilæ*).

D. Où s'étendait la Bactriane ?

R. La Bactriane, qui semble tirer son nom du fleuve *Bactrus,* s'étendait le long du fleuve *Oxus* (le Gihon), qui la séparait de la Sogdiane. Villes : *Bactra* (Balk), Drapsa.

D. Qu'était ce que la Sogdiane.

R. La Sogdiane était située au nord de la Bactriane, et arrosée par l'Oxus et le Polytimetus. Villes : *Maracanda* (Samarcand); Oxiana et Naucata.

Au nord-ouest de la Sogdiane et vers l'embouchure de l'Oxus, était le pays des Chorasmiens. Après la mort d'Alexandre-le-Grand, les Macédoniens formèrent un royaume de l'Arie, en y joignant une partie des provinces circonvoisines.

D. Où était située la Sarmatie Asiatique ?

R. La Sarmatie était située au nord du Caucase, entre le Pont-Euxin et la Mer-Caspienne, arrosée par le *Rha* (Volga), l'Hypanis ou Vardanius, le *Daix* (Jaik), et habitée par différentes peuplades, entr'autres les Alains et les Huns. C'est ce qu'on appelle aujourd'hui les provinces de Kasan, d'Astracan et la Circassie.

D. Qu'était-ce que la Scythie Asiatique ?

R. La Scythie (*Scythia*), très-peu connue des anciens, occupait toute la partie septentrionale de l'Asie, et était divisée en orientale et occidentale, par le Mont-Emaüs. Fleuves : l'Iaxartes et l'Iastus. Les Massagètes habitaient à l'est de la Mer-Caspienne. Villes : Gorgo, au sud du lac d'Aral;

Cireschata, sur l'Iaxartes (*le Sirr*). Tous ces pays au-delà de l'Oxus, étaient appelés Transoxiens : c'est ce qu'on nomme aujourd'hui le pays des Eleuths, des Usbecks et des Calmoucks.

D. Où s'étendait la Sérique?

R. La Sérique (*Serica*), ou pays des Sères, s'étendait entre la Scythie au-delà de l'Emaüs, et l'Inde. Quelques géographes la reculent plus à l'est. Elle a donné son nom à la soie, que les anciens appelaient *Sericum*, parce qu'elle venait originairement de cette contrée.

D. Comment était divisée l'Inde (*India*)?

R. En deux parties : l'une en-deçà du Gange (*intrà Gangem*), et l'autre au-delà (*extrà Gangem*). Fleuves : l'Indus, dont les affluens sont l'Hydaspes, l'Acésines, l'Hyphasis; le Gange, qui reçoit le Jomanes, l'Agoramis et le Condochates. Principales villes :

Dans la presqu'île en-deçà du Gange, *Agara* (Agra), sur le Jomanes; Sangala ou Serinda; Palibothra, au confluent du Jomanes et du Gange; *Lahora* (Lahor), sur l'Acésines, cap. du royaume de Porus, qui fut vaincu par Alexandre; Taxilla, sur l'Indus; Rhamæ; Minnagara, près de l'embouchure de l'Indus; Barigaza; *Madura* (Maduré), vers le *Comaria promontorium* (cap Comorin). Au sud de cette presqu'île, les anciens connaissaient *Taprobana Insula* (l'île de Ceylan), à laquelle ils donnaient beaucoup plus d'étendue.

Dans la presqu'île au-delà du Gange, comprenant la Chersonnèse d'Or (*Aurea Chersonnesus*), qui répond à la partie occidentale du pays des Birmans, on trouvait Baracura, Zabæ, Sada, Temala, ports sur le *Gangelicus Sinus* (golfe du Bengale).

Les anciens n'avaient aucune lumière sur la Chine qu'ils nommaient *Sinarum Regio* (le pays des Sindes).

## CHAPITRE II.
## AFRICA, Afrique.

D. Qu'était-ce que l'Afrique ?

R. L'Afrique, dont on ne connaissait bien que les côtes de la Mer Rouge et de la Méditerranée, ne s'étendait pas au-delà du 26e. degré de latitude septentrionale, sur l'Océan Atlantique, et le *Promontorium Aromatum* (Cap-Guardafui), sur la Mer-Rouge. Les anciens ne donnaient pas le nom d'Afrique à tout ce qui leur était connu de cette partie du monde, qu'ils appelaient indifféremment Lybie; ils désignaient proprement par le mot Afrique le pays de Carthage. Quelques auteurs anciens séparaient l'Egypte de l'Afrique, pour la placer en Asie.

D. Comment divise-t-on néanmoins l'Afrique ?

R. En six parties : l'Egypte, l'Ethiopie, la Lybie, l'Afrique propre, la Numidie et la Mauritanie.

### ARTICLE PREMIER.
### De l'Égypte, *Ægyptus*.

D. Qu'était ce que l'Egypte ?

R. L'Egypte (*Ægyptus*), formant un bassin incliné du sud au nord, était bornée à l'est par la Mer-Rouge; au sud, par l'Ethiopie; à l'ouest, par la Lybie; au nord, par la Méditerranée; elle est traversée dans toute sa longueur par le Nil, divisé alors en plusieurs branches, dont les principales, Pélusiaque et Canopique, renferment un espace triangulaire, appelé Delta, du nom de la quatrième lettre de l'alphabet grec Δ. On y trouvait plusieurs lacs, entr'autres celui qui communiquait du Nil au lac Mæris, et celui qui joignait ce fleuve à la partie septentrionale de la Mer-Rouge.

D. Comment était divisée l'Egypte?

R. En trois parties : Haute-Egypte ou Thébaïde, Egypte Moyenne ou Heptanomide, Basse-Egypte ou Delta; elles étaient subdivisées en provinces appelées *Nomes*, dont le nombre a varié suivant les temps. Villes principales :

Dans la Haute-Egypte, Tentyra, où se voient les ruines d'un temple magnifique, avec un plafond orné de deux Zodiaques, dont l'un a été transporté depuis peu à Paris; Coptos, d'où partait une route qui aboutissait au port de Bérénice, sur la Mer-Rouge; Thèbes aux cent Portes, ou Diospolis, ancienne capitale; Syene (*Assuan*), presque sous le Tropique, et où il y avait un puits qui servait à indiquer le moment précis du solstice d'été; Philé et Eléphantine, situées chacune dans une île du Nil;

En Egypte Moyenne ou Heptanomide: Memphis, ancienne capitale, sur le Nil, dont on voit les ruines près du Caire; non loin de là se trouvent les trois pyramides, dont la plus élevée a 448 pieds; Lycopolis, Hermopolis, Crocodipolis ou Arsinoë, près du labyrinthe construit par Psamméticus, roi d'Egypte.

En Basse-Egypte ou Delta, *Alexandria* (Alexandrie), fondée par Alexandre, et jointe par une chaussée appelée Heptastade, à l'île de Pharos, sur la pointe de laquelle il y avait une tour qui servait de fanal; Héliopolis, célèbre par le culte du soleil; *Pelusium* (Péluse), la clef d'Egypte du côté de l'Arabie; *Canopus* (Canope), aujourd'hui Rosette; Saïs, dans l'intérieur du Delta.

## ARTICLE II.

### *Æthiopia*, Éthiopie.

D. Où était l'Ethiopie?

R. Au sud de l'Egypte : elle renfermait le pays

qui répond à la Nubie et à une partie de l'Abyssinie. Ville : Napata, sur le Nil. On y trouvait l'île de Méroé, formée par les deux principaux affluens du Nil, l'Astaboras et l'Astapus. La partie méridionale de l'Abyssinie était appelée *Cinnamomifera Regis* (pays qui produit le cinnamome). Ville : *Axum Regia*, et la côte de la Mer-Rouge, Troglodytique, occupée par les Troglodites (*Troglodytæ*), qui habitaient dans des cavernes ; le pays au sud du détroit de Bal-el-Mandeb jusqu'au Cap des Aromates (*Guardafui*), se nommait *Myrrhifera Regio* (qui produit la myrrhe). L'île de Dioscoride (*Socotora*), était située au nord-est de ce cap, et au-delà la côte d'*Azania* (d'Ajan), terminée par le cap Prasum, où se bornaient les connaissances des anciens. Villes : Tonice et Rapta, ports sur la mer des Indes.

## ARTICLE III.

### *Lybia*, Lybie.

D. Où était la Lybie ?

R. La Lybie, proprement dite, était à l'ouest de l'Egypte, en s'étendant jusqu'à un golfe de la Méditerranée appelé la Grande Syrte (*Syrtis Major*); elle était divisée en deux parties.

La Marmarique (*Marmarica*), commençant un peu au-delà d'Alexandrie, et dont les lieux les plus remarquables étaient Prætonium et Catabathmus Magnus, sur la Méditerranée ; c'est ce qu'on appelle maintenant le désert de Barca.

Au sud, étaient les Oasis, terrains fertiles au milieu du désert, dans l'une desquelles était situé le fameux temple de Jupiter-Ammon, visité par Alexandre.

La Cyrénaïque, appelée aussi Pentapole, c'est-à-dire, cinq villes du nombre de ses principales, savoir : Cyrène, fondée par les habitans de l'île de Thera, en Grèce, devenue dans la suite une république rivale de Carthage, ayant pour limites des deux états les autels de Philènes (*Philenôn Aræ*), et dont les ruines sont connues sous le nom de Kurin; Barcé (*Barca*); *Darnis* (Derne); Ptolémaïs (*Tolometa*), et Bérénice. Les Nazamons (*Nasamones*), qui vivaient de sauterelles, habitaient au sud de la Cyrénaïque.

## ARTICLE IV.
### *Africa*, Afrique propre.

D. Où s'étendait l'Afrique propre?

R. Le long de la Méditerranée, depuis la Lybie, à l'est, jusqu'à la Numidie à l'ouest; elle était partagée en trois provinces: la Syrtique ou Tripolitaine; la Byzacène et la Zeugitane; ces deux dernières, plus connues sous le nom de pays de Carthage, répondent au pays de Tunis.

La *Syrtique* (pays de Tripoli), qui longeait la Méditerranée, avait deux golfes profonds et pleins d'écueils, l'un la grande Syrte (golfe de la Sydre), l'autre la petite Syrte (golfe de Gabès). Villes: *OEa* (Tripoli), et *Subrata* (Subart). Sur les bords de la grande Syrte, habitaient les Psylles (*Psylli*), qui guérissaient, dit-on, la morsure des serpens, en suçant les plaies; et les Lotophages, qui se nourrissaient du fruit du *lotus*, arbrisseau d'Afrique. Sur le bord de la petite Syrte, est l'île de *Meninx* ou des *Lotophages* (Zerbi ou Gerbe).

La Bysacène, arrosée par le Bagradas, avait pour villes principales: Byzacium, au fond de la petite Syrte; Tapsus, où Jules-César remporta une insigne victoire sur les partisans de Pompée, l'an 46 avant Jésus-Christ; *Hadrumetum* (Hadrumète), ruinée, près de la plaine de Zama, où Scipion vainquit Annibal, l'an 202 avant J.-C.

La Zeugitane avait pour villes *Tunes* (Tunis); Hyppo-Zaritos ou Diarrhytos (Biserte); *Utico* (Utique), fondée par les Phéniciens long-temps avant Carthage, et où Caton se donna la mort; *Carthago* (Carthage), fondée par les Phéniciens, l'an 888, et détruite par Scipion le second Africain, 146 ans avant Jésus-Christ. Sa citadelle se nommait Byrsa, et son port Cothon.

## ARTICLE VI.

### *Numidia*, Numidie.

D. Où était située la Numidie?

R. La Numidie, qui forme aujourd'hui la partie orientale de l'état d'Alger, s'étendait à l'ouest de l'Afrique propre jusqu'à la Mauritanie, et était divisée en deux peuples : les Massyliens à l'est, et les Massésyliens à l'ouest. Villes : *Cirta*, ensuite nommée *Constantina* (Constantine); séjour des rois de Numidie, et qui conserve plusieurs restes d'antiquité; *Hippo-Regius* ou *Hippone* (Bonne), dont saint Augustin a été évêque.

## ARTICLE VI.

### *Mauretania*, Mauritanie.

D. Qu'était-ce que la Mauritanie?

R. C'était un vaste pays qui s'étendait depuis la Numidie jusqu'à l'Océan, était borné au nord par la Méditerranée, et au sud par le Mont-Atlas, et divisé en deux provinces : la Césarienne et la Tingitane.

La Mauritanie-Césarienne, qui forme la partie occidentale de l'état d'Alger, avait pour villes principales : *Cartenna*, l'ancienne Césarée de Mauritanie; Siga où résidait Syphax; la Mauritanie-Tingitane (Fez, Maroc, Sus, Tufilet), à l'ouest, avait pour principales villes : *Tingis* (Tanger), *Abyla* ou *Septa* (Ceuta), vis-à-vis le détroit de Gibraltar. On y trouve le Mont-Abyla, l'une des colonnes d'Hercule.

D. Quelles étaient les connaissances des anciens au-delà de l'Atlas.

R. Elles étaient vagues et imparfaites; ils donnaient aux habitans le nom de Gétules, de *Mélanogétules* (Gétules noirs), et de Garamantes. Les derniers habitaient au sud-est de la *Phazania* (Fezzan), et avaient pour ville Garama. Le Niger leur était peu connu, et il paraît qu'ils ne connaissaient rien au-delà du Cap-Bojador, sur la côte occidentale.

## CHAPITRE III.

# EUROPA, Europe.

D. Comment peut-on diviser l'Europe?

R. On peut, suivant la géographie ancienne, la diviser en six parties : la Grèce, l'Italie, la Gaule, l'Espagne, la Germanie et pays adjacens, les îles Britanniques. On commencera la description de l'Europe par les pays situés à l'orient, parce qu'ils sont les plus fameux et les plus connus.

### ARTICLE PREMIER.

### *Græcia*, la Grèce.

D. Qu'est-ce que la Grèce?

R. Cette contrée, jadis la plus célèbre de l'Europe, était bornée à l'ouest par la mer Ionienne, au sud par la mer de Crète, à l'est par la mer Égée, et le Mont-Rhodope qui la séparait de la Thrace. On la divise en terre-ferme et en îles, et l'on subdivise la terre-ferme en Grèce propre et en Péloponèse.

D. Quels pays comprenait la Grèce propre?

R. Elle comprenait, au nord, la Macédoine, l'Illyric grecque, l'Epire et la Thessalie; au sud, l'Acarnanie, l'Etolie, la Locride, la Doride, la Phocide, la Béotie, la Mégaride et l'Attique.

D. Où était située la Macédoine?

R. Au nord de la mer Egée, de la Thessalie et de l'Epire; et au midi de la Mœsie, dont elle était séparée par une chaîne de montagnes. Elle fait aujourd'hui partie de la Romélie ou Romanie (Turquie d'Europe). Principales montagnes : le Pangœus renommé pour ses mines d'or et d'argent, le Scardus, l'Orbelus, le Mont-Athos (*Monte-Santo*). Fleuves : l'Halyacmon, l'Axius, l'Erigon et le Strymon. Villes : Pella, patrie d'Alexandre; *Edessa* (Edesse), sur l'Erigon, ancienne capitale; Amphipolis, sur le Strymon; *Philippi*, autrefois Crémides, près de laquelle Brutus et Cassius furent vaincus par Octave et Antoine 42 ans avant Jésus-Christ; *Thessalonica* (Saloniki), sur le golfe de ce nom; Stagira, patrie d'Aristote; *Olynthus* (Olynthe), et *Potidea* (Potidée), dans la presqu'île appelée Chalcidique. L'île de *Thasus* (Thaso), dépendait de la Macédoine.

D. Où était située l'Illyrie grecque?

R. Le long de la mer Adriatique. Villes : *Epidamne* ou *Dyrrachium* (Durazzo), colonie de Corcyre, et Apolonie. Dans la partie méridionale, étaient les monts Acro-Cérauniens, formant avec l'Italie le détroit appelé Golfe-Ionien.

D. Où était située l'Epire?

R. A l'ouest de la Thessalie dont elle était séparée par le mont *Pindus* (le Pinde). Rivière : l'Achéron qui se jette dans le golfe d'*Ambracie* (golfe de Arta). Villes : *Buthrotum* (Buirinto); Ambracie, sur le golfe de ce nom; Nicopolis, bâtie par Auguste, en mémoire de la bataille d'Actium; Dodone, ville et forêt célèbres par les oracles de Jupiter. Les îles de Calypsus, de Mathace et Paxos faisaient partie de l'Épire.

D. Quelles étaient les bornes de la Thessalie?

R. Elle était bornée, au nord, par le Mont-Olympe; à l'ouest, par le Pinde; au sud, par le Mont-Œta; arrosée, dans la partie méridionale, par le Sperchius; et traversée, de l'ouest à l'est, par le Pénée (*Salampria*); formant, près de son embouchure, la délicieuse vallée de Tempé, entre les monts Ossa et Pélion. Villes: *Pharsalus* (Pharsale), célèbre par la victoire de César sur Pompée, en 48 avant J.-C.; Larisse, patrie d'Achille; *Magnesia* (Magnésie), surnommée Sepias, pour la distinguer de Magnésie en Lydie; Pheræ, où naquit le tyran Alexandre, si fameux par ses cruautés; Iolchos, patrie de Jason, au fond du golfe Pélasgique, nom qu'il tirait du port de Pagase, où s'embarquèrent les Argonautes pour la Toison d'Or; Lamia et Héraclea-Trachynia.

Au pied du Mont-Œta, vers la Phocide, était le passage des Thermopyles (*Portes-Chaudes*), poste important, célèbre par la belle défense de Léonidas contre Xerxès.

D. Qu'était-ce que l'Acarnanie?

R. C'était le pays le plus occidental de la Grèce, au sud du golfe d'Ambracie. Rivière: l'Achéloüs. Villes: Actium, à l'entrée du golfe de ce nom, célèbre par la victoire d'Auguste sur Antoine, l'an 31 avant J.-C.; Argos, surnommée *Amphilochicum* et *Stratus*.

A l'ouest de l'Acarnanie, étaient les îles *Leucadia* (Sainte-Maure), terminée au sud par le cap Leucate; *Corcyre* (Corfou), colonie de Corinthe; *Itaque* (Thiaki); Dulichium; *Cephallenia* (Céphalonie).

D. Qu'était-ce que l'Etolie?

R. L'Etolie était séparée de l'Acarnanie par l'Achéloüs, arrosée par l'Evenus, bornée au midi par le golfe de Corinthe, et à l'ouest par la mer Ionienne. Villes : Thermus et Calydon.

D. Où était située la Locride?

R. Le long de la côte septentrionale du golfe de Corinthe (*Sinus Corinthiacus*), appelé aujourd'hui golfe de Lépante; elle était habitée par les Locriens, surnommés Ozoles (*Ozolæ*). Villes : *Naupactus* (Lépante); Amphissa, près de Delphes. Outre les Locriens Ozoles, il y avait, au sud des Thermopyles, les Locriens *Epic-nemidii* (Epicnémidiens) qui habitaient au pied du Mont-Cnemis, ville : Thronium ; et les Locriens *Opuntii* (Opuntiens), ville : *Opus* (Opunte).

D. Qu'était-ce que la Doride?

R. Une petite contrée au nord de la Locride, au milieu des montagnes, fleuve : le *Cephissus* (Céphise), ville : Elathée (*Turco-Chorio*).

D. Qu'était-ce que la Phocide?

R. Une contrée montagneuse qui séparait les Locriens Ozoles des autres Locriens, et où l'on trouve le Parnasse (*Mons-Parnassus*), dont les deux sommets étaient nommés *Nauplis* et *Hyammée*. Villes : *Pytho* ou *Delphi* (Delphes), fameuse par les oracles d'Apollon; Anticyra ou Anticyre, dont le territoire produisait d'excellent ellébore, qui, dit-on, guérissait de la folie.

D. Où était située la Béotie?

R. Au sud de la Phocide, séparée de l'Attique par le Mont-Cithéron, et arrosée au sud par l'Asopus, et au nord par le Cephissus, qui se jette dans le lac Copaïs; à l'ouest, étaient le Mont-Hélicon, consacré aux Muses; les fontaines Aganippe et Hippocrène, d'où sortait le petit fleuve Permesse. Villes : Thèbes (*Thiva*), bâtie par Cadmus, patrie de Pindure, de Pélopidas et d'Epaminondas, détruite par Alexandre en 335; *Lebadée* (Livadie), où se trouvaient l'antre et l'oracle de Trophonius; Chéronée, patrie de Plutarque, et où Philippe vainquit les Athéniens l'an 338 avant Jésus-Christ; Coronée, où Agésilas battit les Thébains; Thespies, consacrée aux Muses; Leuctres, célèbre par la victoire d'Epaminondas sur les Lacédémoniens, en 371; Platées, sur l'Asopus, fameuse par la déroute des Perses commandés par Mardonnius, et détruite ensuite par les Thébains; Aulis, petit port sur l'Euripe, et où s'embarqua la flotte des Grecs, pour le siége de Troie; Tanagre, au-dessus de l'embouchure de l'Asopus dans la mer.

D. Où était située la Mégaride?

R. A l'entrée de l'isthme de Corinthe. Ville : Mégare, avec un port appelé Nisée, sur le golfe Saronique (*Sinus Saronicus*).

D. Qu'est-ce que l'Attique?

R. Une presqu'île peu fertile qui s'étend en forme de triangle, entre le golfe Saronique et la Mer-Egée. Montagnes : le Parnès et le Brilessus, au nord-est; l'Hymette, connu par son miel, et le Pentélique par ses marbres, au centre; le Laurium, au sud. Rivières : le Céphissus et l'Ilissus, près d'Athènes. Villes : *Athènes* (Sétines), bâtie par Cécrops, près de la mer, où se trouvaient trois ports, le Pyrée, Munychie et Phalère. Au haut de l'Acropolis ou citadelle, était le Parthenon (temple de Minerve); Eleusis, célèbre par les mystères de Cérès; Décélie, ville forte; Phyle et OEnoë, forteresses à l'entrée de l'Attique; Marathon, où Miltiade vainquit les Perses en 490 avant Jésus-Christ; Sunium, bourg près du cap de ce nom.

D. Qu'est-ce qu'on appelait le Péloponèse (Morée)?

R. La presqu'île réunie au reste de la Grèce par l'isthme de Corinthe (*voyez* page 50). Les principaux golfes étaient le Saronique, l'Argolique, le Laconique, le Messéniaque, le Corinthiaque.

D. Quels pays renfermait-il?

R. Six : l'Achaïe, l'Argolide, la Laconie, la Messénie, l'Elide et l'Arcadie.

D. Où était située l'Achaïe?

R. Au sud du golfe Corinthiaque; elle comprenait la Corinthie et la Sicyonie. Villes principales: Corinthe, dans l'isthme, avec une forteresse nommée Acro-Corinthe, et deux ports, l'un sur le golfe de ce nom (golfe de Lépante), l'autre sur le golfe Saronique (golfe d'Engia); Sicyone, capitale de la Sicyonie, l'un des plus beaux pays de la Grèce, célèbre par ses écoles de peinture et de sculpture, et par la naissance d'Aratus, chef de la ligue achéenne; *Patræ* (Patras), à l'entrée du golfe de Lépante; Egium, où se tenaient les états d'Achaïe; Cyme, sur le golfe que termine le Promontoire Araxum.

D. Où était située l'Argolide?

R. Entre les golfes Saronique et Argolique, et au sud de la Corinthie. Rivières : l'Inachus, l'Erasinus et le Phryxus. Villes : Argos, dont le port, au fond du golfe Argolique, était appelé *Nauplia* (Napoli de Romanie); Mycènes, au nord, fondée par Persée, et capitale du royaume de ce nom; Némée, où se célébraient tous les trois ans, des jeux en l'honneur de Jupiter; Epidaure, fameuse par le temple d'Esculape; Trézène; Hermione, vers *Scyllæum Promontorium* (cap Skilléo).

D. Qu'était-ce que la Laconie?

R. Un pays très-fertile dans la partie méridionale du Péloponèse, traversé par le Mont-Taygète, arrosé du nord au sud par l'Eurotas (*Vasili-Potmo*), et terminé au sud-ouest par le *Promontorium Tenarum* (cap Matapan), et au sud-est par le *Promontorium Malœum* (cap San-Angelo). Villes : Lacédémone ou Sparte (*Misitra*), capitale, fondée par Lelex ; Amyclées ; *Epidaurus Limera* (Malvasia Vecchia) ; Hélos, dont les habitans réduits en esclavage, étaient nommés Ilotes. L'île de Cythère (*Cerigo*), près du cap Malée, dépendait de la Laconie.

D. Où était située la Messénie ?

R. A l'ouest de la Laconie, dont elle était séparée par des montagnes. Rivières : le Pamisus et le Léda. Villes : Messène, au pied du Mont-Ithome, détruite par les Lacédémoniens et rebâtie par Epaminondas ; *Corone* (Coron) ; *Méthone* (Modon) ; *Pylus* (Navarin), au pied du Mont-Egialée : tout près est l'île de Sphactérie.

D. Où était située l'Elide ?

R. Entre l'Arcadie, à l'est, et la mer Ionienne à l'ouest. Rivières : le Pénée et l'Alphée. Villes : Elis, dont le port se nommait Cyllène ; Pylos, au sud-ouest, qu'on croit être la Pylos de Nestor ; Pise, près laquelle était Olympie, où se célébraient tous les quatre ans les jeux olympiques. Elle comprenait la Triphylie ; ville : Lépreum. L'île *Zacinthus* (Zante), dans la mer Ionienne, dépendait de l'Elide, ainsi que les Strophades (*Strivali*).

D. Qu'était-ce que l'Arcadie ?

R. C'était, au centre du Péloponèse, un pays couvert de montagnes, dont les plus remarquables étaient le Ménale, consacré à Pan, l'Erymanthe et le Lycée. Rivières : l'Alphée, l'Hélisson, le Ladon, l'Erymanthe et le Styx. Villes : Mantinée (*Goritza*), où Epaminondas gagna, en 370 avant Jésus-Christ, une bataille contre les Lacédémoniens, et y perdit la vie ; Tégée (*Tripolizza*) ; Mégalopolis (*Sinano*) ; Orchomène, Phénéos, Hérée, et Gortys (*Garétina*).

D. Quelles étaient les îles de la Grèce ?

R. Outre les îles à l'ouest de Cythère, dont on

vient de faire mention, on distingue celles au sud et celles à l'est.

D. Quelles étaient les premières?

R. L'île de Crète (Candie), traversée par le Mont-Ida. Villes : Gnossus, où régnait Minos; *Cydonie* (la Canée); au nord-est de la Crète, l'île de Carpathos, et au nord les Cyclades, ainsi nommées parce qu'elles semblent rangées en cercle; les principales étaient Délos; *Théra* (Santorin); Cimolos; Paros, fameuse par ses marbres; *Naxos* (Naxie), la plus grande de toutes; *Melos* (Milo); Siphnos, Sériphos, Céos, Mycone, Tenos (*Tine*), et Andros.

Dans le golfe Saronique, Calaurie, où s'empoisonna Démosthène pour échapper aux poursuites d'Antipater; Egine (*Engia*); Salamine (*Colouri*), séparée de l'Attique par un détroit où Thémistocle vainquit Xerxès en 480 avant Jésus-Christ.

D. Quelles sont les îles situées à l'est?

R. Eubée (Négrepont), séparée de l'Attique et de la Béotie par l'Euripe. Villes : Chalcis, sur l'Euripe; Erétrie, Cariste, près le Mont-Ocha : Scyros, le séjour d'Achille, et illustrée par l'exil de Thésée, dont les os furent transportés à Athènes par Cimon; au nord de Scyros, les îles Péparéthus, Hallonnésus, Scopelos et Scyathos.

D. Quels étaient les pays au nord de la Grèce?

R. La Thrace, située à l'est de la Macédoine, à l'ouest du Pont-Euxin, au nord de l'Hellespont et de la Propontide. Montagnes : le Rhodope, l'Hémus. Rivières : le Nestus, l'Ardiscus, l'*Hébrus* (Marizza). Villes : Abdère, patrie de Démocrite; Sestos, dans la Chersonnèse de Thrace; c'est là que se trouve le petit courant dit Ægos-Potamos, fameux par la victoire navale de Lysandre sur les Athéniens, en 405 avant Jésus-Christ; Cardie, depuis *Lysimachia*, à l'entrée de cette Chersonnèse; Sélymbria et Périnthe, sur la Propontide; *Byzan-*

*tium* (Byzance), aujourd'hui Constantinople, sur le Pont-Euxin, fondée par le Mégarien Byzas, en 660 avant J.-C.; dans l'intérieur, *Hadrianopolis* (Andrinople); Trajanopolis, Philippopolis et Beræa. Les îles de Samothrace et d'Imbros, dans la mer Egée, dépendaient de la Thrace.

La Mœsie, au nord de la Thrace, entre l'Hémus et le Danube, était divisée en Mœsie Inférieure à l'est, et Supérieure à l'ouest; elle forme, avec a Thrace et la Grèce, la Turquie d'Europe.

## ARTICLE II.
### *Italia*, Italie.

D. Comment divise-t-on l'Italie?

R. En trois parties : le nord, le milieu et le midi.

D. Quels pays comprenait la partie septentrionale?

R. Cinq : la Gaule Cisalpine, en-deçà des Alpes; la Ligurie; la Vénitie; la Carnie et l'Istrie.

D. Comment était divisée la Gaule Cisalpine?

R. En Transpadane (au-delà du Pô), et en Cispadane (en-deçà). Fleuves : *Padus* ou *Eridanus* (le Pô), dont les principaux affluens sont à gauche: *Duria minor* (Doria Riparia); *Duria major* (Doria Baltea); *Sessites* (la Sesia); *Ticinus* (le Tésin); *Ollius* (l'Oglio); *Addua* (l'Adda); *Mincius* (le Mincio). A droite, *Trebia* (la Trébie); *Tarus* (le Taro); *Rhenus* (le Reno). Elle était séparée du reste de l'Italie par le Rubicon (*Fiumicino*). Lacs: *Verbanus* (Majeur), *Larius* (de Côme), *Sevinus* (d'Iséo), *Benacus* (de Garde, partie occidentale). Montagnes : *Alpis Pennina* (le Grand-St-Bernard); *Alpis-Graïa* (le Petit-Saint Bernard); *Alpis Cottia* (le Mont Genèvre). Principales villes : *Augusta-Prætoria* (Aoste); *Segusio* (Suse); *Augusta-Taurinorum* (Turin); *Vercellæ* (Verceil); *Ticinum*

(Pavie); *Epoderia* (Yvrée); *Novaria* (Novarre); *Mediolanum* (Milan); *Bergamum* (Bergame); *Comum* (Côme); *Brixia* (Bresse); *Cremona* (Crémone); *Mantua* (Mantoue).

Dans la Gaule Cispadane: *Placentia* (Plaisance); *Forum-Alieni* (Ferrare); *Parma* (Parme); *Mutina* (Modène); *Regium Lepidi* (Régio); *Forum Livii* (Forli); *Bononia* (Bologne); *Ravenna* (Ravenne); *Forum-Novum* (Fornoue).

D. Où était située la Ligurie?

R. Elle était au sud-ouest de la Gaule Cisalpine, et s'étendait jusqu'au Pô. Montagnes: *Alpis-Maritimæ* (Alpes-Maritimes); *Apenninus* (l'Apennin). Rivières: *Tanarus* (Tanaro); *Macra* (la Magra). Villes: *Genua* (Gênes); *Portus-Herculi-Monæci* (Monaco); *Intemelium* (Vintimille).

D. Où était située la Vénétie?

R. Au nord-est de l'Italie: lac *Benacus* (de Garde, partie orientale). Rivières: *Athesis* (l'Adige); *Medoacus-Major* (la Brenta); *Medoacus-Minor* (Bacchiglione); *Plavis* (la Piave). Villes: *Verona* (Vérone); *Vicentia* (Vicence); *Patavium* (Padoue), patrie de Tite-Live; *Hadria*, qui a donné son nom au golfe Adriatique; *Tarvisium* (Trévise).

D. A quel pays répond la Carnie?

R. Elle répond à la Carniole. Montagnes: *Alpes-Carnicæ* ou *Juliæ* (Alpes Carniques ou Juliennes). Rivières: *Tajamentus* (le Tagliamento); *Sontius* (le Lisonzo). Villes: *Aquileia* (Aquilée); *Udinum* (Udine); *Amona* (Laybach).

D. Qu'est-ce que l'Istrie?

R. Un petit pays renfermé dans une presqu'île, sur la côte de l'Adriatique. Villes: *Tergeste* (Trieste), sur le golfe de ce nom; *Pola*; *OEgida* (Capo-d'Istria).

D. Quels étaient les pays compris dans la partie du milieu?

R. L'Etrurie, l'Ombrie, le Picenum, le pays des Sabins, le Latium, le Samnium.

D. Qu'était-ce que l'Etrurie ?

R. L'Etrurie (Toscane), était divisée en plusieurs petits états, dont les chefs s'appelaient Lucumons. Lacs : *Trasimenus* (de Pérouse); *Vulsinensis* (de Bolsena). Rivières : *Arnus* (l'Arno); *Umbro* (l'Ombrone); *Ausus* (le Serchio). Villes : *Luca* (Lucques); *Pisæ* (Pise); *Florentia* (Florence); *Sena-Julia* (Sienne); *Arretium* (Arrezzo); Cortone; *Pérusia* (Pérouse); *Clusium* (Chiusi); *Tarquinii* et *Veii*, ruinées; *Vulsinii* (Bolsena); Falerii; *Centum Cellæ* (Civita-Vecchia).

D. Où était située l'Ombrie?

R. Elle s'étendait de l'Apennin à l'Adriatique. Rivières : *Metaurus* (le Métaure); *Nar* (la Néra). Villes : *Ariminum* (Rimini); *Pisaurum* (Pisaro); *Spoletium* (Spolète); *Forum Sempronii* (Fossombrone); *Urbinum* (Urbino).

D. Où était situé le Picenum?

R. Le *Picenum* (Marche d'Ancône) était le long de l'Adriatique. Rivières : *Truentus* (le Tronto); *Aternum* (l'Aterno). Villes : *Ancona* (Ancône); *Firmum* (Fermo); *Asculum* (Ascoli). Au sud, était le pays des Prætutiens. Ville : *Hadria* (Atri); *Aternum* (Pescara).

D. Quels pays occupaient les Sabins?

R. Le pays entre l'*Anio* (le Teverone); le *Tiber* (Tibre), et l'Apennin. Villes : *Reate* (Rieti); Curé; *Tibur* (Tivoli). Il était aussi arrosé par le fleuve Allia près duquel les Gaulois battirent les Romains.

D. Quels étaient les peuples du Latium ?

R. Les Latins, les Herniques, les Eques, les Volsques et les Rutulles. Villes : *Roma* (Rome), sur le Tibre; *Ostia* (Ostie); Lavinium; Ardéa; *Tusculum* (Frascati); *Alba-Longa* (Albe-la-Longue); *Præneste* (Palestrine); *Anagnia* (Anagni); *Terr cina* (Terracine); *Arpinum* (Arpino), patrie de Cicéron et de Marius); *Minturnæ* (Minturne), où se réfugia Marius; *Antium* (Anzio); *Aquinum* (Aquino), patrie de Juvénal.

D. Quels étaient les habitans du Samnium?

R. Les Vestins (*Vestini*); les Marses (*Marsi*); les Marrucins (*Marrucini*); les Pélignes (*Peligni*); es Frentans (*Frentani*); les Samnites. Villes : Amiternum, dont il ne reste plus que des vestiges; *Teate* (Chietti); *Sulmo* (Solmona), patrie d'Ovide; *Corfinium* (San Perino); *Auxanum* (Anciano); *Larinum* (Larino). Dans le pays des Marses, où se trouve le lac *Fucinus* (de Célano), Marrubium, ruinée. Dans le Samnium propre, *Aufidena* (Alfidena); *Bovianum* (Boïano); *Beneventum* (Bénévent); Claudium, ruinée; *Abellinum* (Avellino); *Compsa* (Conza).

D. Quels pays renfermait la partie méridionale?

R. Cette partie, appelée aussi Grande-Grèce, parce que les Grecs y avaient fondé plusieurs colonies, comprenait la Campanie, l'Apulie, la Lucanie et le Brutium. C'est ce qu'on appelle aujourd'hui le royaume de Naples.

D. Qu'est-ce que la Campanie?

R. La Campanie (Terre de Labour) est un des plus beaux pays de l'Italie, et séparée du Latium par le *Liris* (Garigliano). Montagne : *Vesuvius* (le Vésuve), dont la première éruption connue est de l'an 79 après J.-C., sous le règne de l'empereur Titus; Pline l'Ancien y perdit la vie en voulant explorer de trop près les causes de cet événement. Fleuves : *Vulturnus* (le Vulturne), *Silarus* (le Silaro). Villes : *Capua* (Capoue), à trois milles de la nouvelle, dont les délices énervèrent l'armée d'Annibal; *Neapolis* ou *Parthénope* (Naples); Casilinum, ruinée; *Puteoli* (Pouzzoles); *Baiæ* (Baies), séjour délicieux pour les Romains;

17

*Cumæ* (Cumes); *Nola* (Nole), où mourut Auguste, l'an 14 après J.-C.; *Salernum* (Salerne), fameuse par son école de médecine; *Nuceria* (Nocera); Herculanum et Pompéia, abîmées par la première éruption du Vésuve, et dont les ruines ont été découvertes dans le 18ᵐᵉ. siècle; *Misenum* (Capo di Misena.

D. Où était située l'Apulie?

R. Sur les côtes de l'Adriatique, à l'est de la Campanie; elle se divisait en Daunia, Peucetia, Messapia ou Iapygia, et répond à la terre d'Otrante, à celle de Bari, et à une partie de la Capitanate. Montagnes: *Garganus* (Monte San-Angelo); *Vultur* (Mons Vulturno). Fleuves: *Aufidus* (l'Ofanto); *Bradanus* (le Bradano). Villes: en Daunia, Sipuntum, vestiges près de Manfredonia; *Luceria* (Lucera); *Venusia* (Venosa), patrie d'Horace; *Canusium* (Canosa); *Cannæ* (Cannes), où Annibal tailla en pièces les consuls Paul-Emile et Varron, l'an 216 avant J.-C. En Peucetia, *Barium* (Bari). Dans la Messapie, habitée par les Calabrois (*Calabri*), les Salentins (*Salentini*), et les Tarentins (*Tarentini*): *Brundusium* (Brindes), port sur l'Adriatique, où l'on s'embarquait pour la Grèce, et où mourut Virgile; *Lupiæ* (Lecce); *Hydruntus* (Otrante), près du promontoire *Iapygium* (cap Leuca).

D. A quels pays répond la Lucanie?

R. A la Basilicate et à la Calabre citérieure. Fleuves: *Bradanus* (le Bradano), *Aciris* (l'Agri), *Siris* (le Siro), *Silarus* (le Silaro). Villes: *Pæstum* (Pesti), ruinée; *Buxentum* (Poli-Castro); *Potentia* (Potenza); *Acheruntia* (Acerenza); *Metapontum*, où mourut le philosophe Pythagore; Heracléa, sur le golfe de Tarente; Sybaris, dont les habitans étaient si décriés par leur luxe et leur mollesse, qui fut détruite par les Crotoniates, et rebâtie sur ses ruines sous le nom de Thurium.

D. Qu'était-ce que le Brutium?

R. C'était la partie la plus méridionale de l'Italie; il répond à ce qu'on appelle aujourd'hui la Calabre ultérieure. Fleuves : *Crathis* (le Crati), *Netus* (le Neto). Villes : *Roscianum* (Rossano); *Cosentia* (Cozenza); *Croton* (Crotone), patrie du fameux athlète Milon, et où Pythagore ouvrit une célèbre école de philosophie; *Scyllacium* (Squillace); *Mamertum* (Oppido); *Rhegium* (Régio), sur le détroit de Sicile; (*Mamertinum Fretum*); *Locri* (Locres); Tropæa.

D. Quelles sont les îles de l'Italie?

R. La Sicile (*Sicilia*), appelée d'abord Trinacrie à cause de ses trois promontoires les plus remarquables : *Pelorum* (cap Faro), *Pachynum* (cap Passaro); *Lilybæum* (cap Bœo), tire son nom actuel des Sicules, peuple Illyrien, qui y passèrent de l'Italie dont elle est séparés par le phare de Messine. C'est dans ce détroit que se trouvent le gouffre de Charybde et les rochers de Scylla, écueils jadis si redoutés, et qui ne le sont plus à présent. Montagnes : l'Etna ou Mont Gibel; *Mons Eryx* (Monte San-Ghiliano); *Montes Heræi* (les Monts Nébrodes). Fleuves : *Symæthus* (la Giaretta); *Hymera* (Fiume Salso); *Camicus* (Fiume di Platani); *Hypsa* (le Bélisi). Villes : à l'est, *Messana* (Messine), appelée autrefois Zancle, et habitée ensuite par les Messéniens de qui elle tire son nom; *Catana* (Catane), au pied du Mont-Etna; *Syracusæ* (Syracuse), anc. capitale, patrie du roi Hiéron et du mathématicien Archimède, qui périt à la prise de cette ville par le consul Marcellus, pendant la seconde guerre punique. Au sud, Gela, ruinée; *Agrigentum* (Girgenti), où régnait le tyran Phalaris, que les Agrigentins firent mourir en 547 dans le taureau d'airain où il avait fait brûler tant de victimes; Selinus, ruinée; *Mazarum* (Mazara).

A l'ouest, *Lilybæum* (Marsalla); *Drapanum* (Trapani), au pied du Mont-Erix. Au nord, Ségeste, ruinée; *Panormus* (Palerme); Himera, ruinée. Dans l'intérieur, *Halyciæ* (Salème); Hybla-Major, renommée par son excellent miel; *Enna* (Castro-Janni), consacrée à Cérès.

Au nord de la Sicile sont les îles volcaniques *Æoliæ* ou *Vulcaniæ insulæ* (îles de Lipari) : au sud, les îles *Melite* (Malte), et *Gaulos* (Gozzo); à l'ouest, *Ægates insulæ* (îles de Maretimo et Favaguana), où le consul Lutatius gagna, en 242 avant J.-C., une victoire navale qui mit fin à la première guerre punique.

Au milieu de la Mer-Tyrrhénienne, la Sardaigne (*Sardinia*); *Montes insani* (les Monts insensés), ville principale : *Caralis* (Cagliari); et la Corse (*Corsica*), ville : Aleria, sur la côte orientale. Les Grecs appelaient Taphros le détroit entre la Corse et la Sardaigne (détroit de Bonifacio).

Le long de l'Italie : *Ilva* (Elbe), près de l'Etrurie; *Pontia* (Ponza); *Ænaria* (Ischia), près du cap Misène; *Caprea* (Capri), à l'entrée du golfe de Naples. Dans l'Adriatique, les îles de Diomède (*Tremiti*).

## ARTICLE III.
### *Gallia*, la Gaule.

D. Quelles étaient les bornes de la Gaule?

R. La Gaule Transalpine, ou au-delà des Alpes, était bornée au nord et à l'ouest par l'Océan, à l'est par le Rhin et les Alpes, au midi par la Méditerranée et les Pyrénées, et avait plus d'étendue que le royaume de France. Montagnes : *Mons-Vogesus* (les Vosges); *Mons-Cebenna* (les Cévennes); *Mons-Jura* (le Jura). Fleuves : *Rhodanus* (le Rhône), dont les affluens sont *Arar* (la Saône), *Isara* (l'Isère), *Druentia* (la Durance); *Rhenus* (le

Rhin), qui reçoit *Mosella* (la Moselle), *Mosa* (la Meuse); *Sequana* (la Seine), où se jettent *Icauna* (l'Yonne), *Matrona* (la Marne), *OEsia* (l'Oise); *Ligeris* (la Loire), qui reçoit *Elaver* (l'Allier), *Caris* (le Cher); *Garumna* (la Garonne), dont les affluens sont *Tarnis* (le Tarn), *Durannius* (la Dordogne).

D. Comment fut divisée la Gaule du temps de Jules-César?

R. En trois parties: Belgique, au nord; Celtique, au milieu; Aquitaine, au sud, sans y comprendre *Provincia Romana* (la Provence). Elle fut ensuite divisée par Auguste en Aquitaine, Narbonnaise, Lyonnaise et Belgique, dont les subdivisions formèrent dix-sept provinces, ayant chacune une métropole.

D. Quels pays comprenait la Gaule Aquitaine?

R. Elle comprenait le Berry, le Bourbonnais, l'Auvergne, le Limosin, le Poitou, la Saintonge, l'Angoumois, la Guyenne, le Béarn, et une partie du Languedoc.

D. Comment était-elle divisée?

R. En 1re, 2me et 3me Aquitaine: cette dernière était aussi appelée Novempopulanie. Villes: dans la 1re, *Avaricum* (Bourges), cap.; Gergovia, qui était située près d'*Augustonemetum* (Clermont); *Anicium* (le Puy); *Albia* (Alby); *Augustoritum* (Limoges); *Cadurcum* (Cahors); *Segodunum* (Rhodez), chez les Rhuténiens. Dans la 2me, *Burdigala* (Bordeaux), cap.; *Vesuna* ou *Petrocorium* (Périgueux); *Inculisma* (Angoulême); *Mediolanum Santonum* (Saintes). Dans la Novempopulanie, *Ausci* (Auch), cap.; *Aquæ-Tarbellicæ* (Dax); *Palum* (Pau).

D. Quels pays renfermait la Gaule Narbonnaise?

R. La Provence, le Dauphiné, la Savoie, le

Valais, la plus grande partie du Languedoc, et le Roussillon.

D. En combien de parties était-elle divisée?

R. En cinq, qui prenaient chacune le nom de Narbonnaise. Dans la 1re, *Narbo-Martius* (Narbonne), cap.; *Fuxium* (Foix); *Tolosa* (Toulouse); *Biterœ* (Béziers); *Nemunsus* (Nîmes), patrie d'Antonin-le-Pieux. Dans la seconde, *Aquœ Sextiœ* (Aix), cap., près de laquelle Marius tailla en pièces les Teutons, en 102 avant J.-C.; *Forum Julii* (Fréjus); *Segustero* (Sisteron). Au sud, *Stœcades insulœ* (les îles d'Hyères). Dans la 3me, *Vienna* (Vienne); *Gratianopolis* (Grenoble); *Valentia* (Valence); *Arausio* (Orange); *Avenio* (Avignon); *Carpentoracte* (Carpentras); *Massilia* (Marseille); *Arelate* (Arles). Dans la 4me Narbonnaise ou Alpes-Maritimes, *Ebrodunum* (Embrun); *Dinia* (Digne); *Nicœa* (Nice). Dans la 5me ou Alpes Pennines et Grées, *Tarantasia* (Moustiers).

D. Quels pays comprenait la Gaule Lyonnaise?

R. Le Lyonnais, le Forez, le Beaujolais, la Bresse, une partie de la Suisse, la Franche-Comté, la Bourgogne, une partie de la Champagne, l'Isle-de-France propre, l'Orléanais, la Touraine, l'Anjou, le Maine, la Bretagne et la Normandie.

D. Comment était-elle divisée?

R. En 1re, 2me, 3me, 4me et 5me Lyonnaise. Villes principales : dans la 1re, *Lugdunum* (Lyon), cap.; *Augustodunum* ou *Bibracte* (Autun); *Matisco* (Mâcon); *Divio* ou *Divionum* (Dijon); *Lingonœ* ou *Andomatunum* (Langres). Dans la 2me, *Rotomagus* (Rouen), cap.; *Mediolanum Eburovicum* (Evreux); *Constantia* (Coutances). Dans la 3me, *Cœsarodunum* ou *Turones* (Tours), cap.; *Cenomanum* (le Mans); *Andegavum* (Angers); *Condovincum* (Nantes); *Dariorigum* (Vannes); *Corisopitum* (Quimper). Dans la 4me, *Senones* (Sens), capitale;

*Augustobona* (Troyes); *Antissiodorum* (Auxerre); *Meldæ* (Meaux); *Melodunum* (Melun); *Lutetia* (Paris); *Genabum* (Orléans); *Autricum* ou *Carnutes* (Chartres). Dans la 5me, appelée grande Séquanaise, *Vesontio* (Besançon); *Nantuacum* (Nantua); *Salodurum* (Soleure); *Augusta Rauracorum* (Bâle).

D. Quels pays étaient compris dans la Gaule Belgique?

R. Le Beauvoisis, le Soissonnais, la Picardie, l'Artois, la Flandre, une partie de la Champagne, la Lorraine, l'Alsace, et la partie de l'Allemagne sur la rive gauche du Rhin.

D. Comment était-elle divisée?

R. En quatre parties, qui prenaient chacune le nom de Belgique. Principales villes : dans la 1re Belgique, *Augusta Trevirorum* (Trèves), cap., très-ancienne; *Verodunum* (Verdun); *Divodurum* (Metz). Dans la 2me, *Durocortorum* ou *Remi* (Reims), cap.; *Durocatalaunum* (Châlons); *Augusta-Suessionum* (Soissons); *Bellovacum* (Beauvais); *Ambianum* (Amiens); *Atrebatum* (Arras). Dans la 3me ou Germanie Supérieure, *Moguntiacum* (Mayence), cap.; *Confluentes* ou *Confluentia* (Coblentz). Dans la 4me ou Germanie Inférieure, *Colonia Agrippina* (Cologne); *Noviomagus* (Nimègue).

## ARTICLE IV.
### *Hispania*, l'Espagne.

D. Qu'est-ce que l'Espagne?

R. L'Espagne, appelée anciennement *Iberia*, de l'un de ses fleuves *Iberus* (l'Ebre), et *Hesperia* à cause de sa situation à l'ouest de l'Europe, est une grande presqu'île qui avait la même étendue qu'aujourd'hui en y comprenant le Portugal.

D. Par quels peuples était-elle habitée?

R. Par les Callaïques, les Cantabres, les Vascons

de qui les Gascons tirent leur nom; les Astures, les Cosétans, les Edétans, presque tous Celtes ou Gaulois d'origine, ce qui fit appeler Celtibérie une grande partie de cette contrée.

D. Comment nommait-on les principaux fleuves?

R. *Bætis* (le Guadalquivir); *Anas* (la Guadiana); *Tagus* (le Tage); *Durius* (le Douro); *Minius* (le Minho); *Iberus* (l'Ebre).

D. Comment était divisée l'Espagne?

R. En trois parties: la Tarragonaise (*Tarraconensis*), la Bétique (*Bætica*), et la Lusitanie (*Lusitania*).

D. Qu'était-ce que la province Tarragonaise?

R. Cette province, qui s'étendait de la Méditerranée à l'Océan, répond à la Galice, aux Asturies, à la Biscaye, à la Navarre, à la Catalogne, à l'Aragon, aux deux Castilles, aux royaumes de Léon et de Valence, et à la partie septentrionale du Portugal. Villes: *Calle-Portus* (Porto), qui a donné son nom au Portugal; *Asturica* (Astorga); *Pompeiopolis* (Pampelune); *Calaguris* (Calahorra), patrie de Quintilien; *Ilerda* (Lérida), sur la *Sicoris* (la Sègre); *Barcino* (Barcelonne), port de mer; *Tarraco* (Tarragone); *Saguntum* (Murviedro); *Valentia* (Valence); *Carthago-Nova* (Carthagène); *Numance* (Soria), détruite par Scipion-Emilien, l'an 133 avant J.-C.; Bilbilis, patrie de Martial; *Toletum* (Tolède). Au nord-ouest de la Tarraconaise, le *promontorium Artabrum* (cap Finistère).

D. Qu'était-ce que la Bétique?

R. La Bétique, qui tirait son nom du fleuve Bætis, répond à ce qu'on appelle aujourd'hui l'Andalousie et le royaume de Grenade. On y remarque le *Mons-Marianus* (Sierra-Moréna), et le *fretum Gaditanum* (détroit de Gibraltar). Villes: *Gades* (Cadix); *Corduba* (Cordoue); Italica, patrie des empereurs Trajan et Adrien, *Hispalis* (Séville);

Munda, ruinée; *Malaca* (Malaga), colonie Carthaginoise; *Calpe* (Gibraltar).

D. A quels pays répond la Lusitanie?

R. Au royaume de Portugal, à une partie de l'Estramadure espagnole et du royaume de Léon. Villes: *Olisippo* (Lisbonne); *Salmantica* (Salamanque); *Ebora* (Evora); *Cetobriga* (Sétuval); *Emerita-Augusta* (Mérida). On trouvait au sud le petit pays nommé *Ager Cuneus* (les Algarves), où était le *promontorium Sacrum* (cap St-Vincent). Sur les côtes E. de l'Espagne sont les îles *Baléares* (Majorque et Minorque), et les îles *Pythyusæ* (Pithyuses), composées d'*Ebusus* (Iviça), et *Ophiusa* (Formentara).

## ARTICLE V.

## *Germania*, la Germanie.

D. Quels pays comprenait la Germanie?

R. Les pays situés entre le Rhin à l'ouest, le Danube au sud, et la Vistule à l'ouest. Elle avait aussi moins d'étendue que l'Allemagne actuelle.

D. Quels différens peuples distinguait-on parmi les Germains?

R. Les Bructères (*Bructeri*); les Frisons (*Frisii*); les Cauciens (*Chauci*), limités par l'*Albis* (Elbe); les Sicambres (*Sicambri*); les Allemands (*Allemani*), dont une partie occupait la forêt *Hercynienne* (Forêt-Noire); les Cattes (*Catti*), qui habitaient la Hesse, une partie de la Thuringe et du Brunswick; les Chérusques (*Cherusci*); les Lombards (*Longobardi*), qui occupaient le Brandebourg; les Hérules (*Heruli*); les Bourguignons (*Burgundi*); les Vandales (*Vandali*); les Saxons (*Saxones*); les Angles (*Angli*), etc. Villes: *Amisia* (Embden); *Marobudum* (Prague); *Gedanum* (Dantzick); *Arsicua* (Varsovie). Les Marcomans occupaient la Bohême, et les Quades la Moravie.

D. Quels peuples habitaient au nord des bouches du Rhin?

R. Les Francs (*Franci*), et les Bataves (*Batavi*) dans le pays qu'on appelle aujourd'hui la Hollande. Ville : *Lugdunum-Batavorum* (Leyde).

D. Quels étaient les pays au nord et à l'est de la Germanie?

R. 1°. Le pays occupé par les Cimbres, appelé *Chersonèse Cimbrique* (Jutland). Les Teutons habitaient auprès des Cimbres.

2°. La *Scandia* (Scandinavie) comprenant la Suède, la Norwége, et dans le *Sarmaticus Sinus* (Baltique) les îles de Séeland et de Fionie. C'est de cette contrée que sont sortis les Goths.

3°. La Sarmatie, à l'est de la Vistule et du Dniester, répondait à une partie de l'ancienne Pologne, de la Prusse et de la Russie. Les anciens n'en connaissaient que la partie sud, arrosée par le Borysthène, le Tanaïs, le *Rha* (Volga). Les Venedi et les *Borusci* (Prussiens) habitaient le long de la Baltique, vers l'embouchure de la Vistule. Au-delà du Borysthène étaient les Rhoxolans de qui l'on croit que les Russes ont tiré leur nom.

Dans la Chersonnèse Tauride, on trouvait *Taphræ* (Précop), *Theodosia* (Caffa).

D. Quels étaient les pays au sud du Danube?

R. 1°. La *Rhétie* et la *Vindélicie* (pays des Grisons, Tyrol et Bavière méridionale). Villes : *Curia* (Coire); *Augusta Vindelicorum* (Augsbourg).

2°. Le *Noricum* (partie de l'Autriche). Rivières : *Dravus* (la Drave); *Savus* (la Save). Villes : *Boiodurum* (Lanstadt); *Lintia* (Lintz).

3°. La *Pannonie* (partie de l'Autriche et de la Hongrie). Villes : *Vindobona* (Vienne); *Sirmium* (Sirmich), patrie de l'empereur Probus.

4°. L'*Illyrie* (Croatie, Dalmatie, Bosnie). Villes : *Salona* (Salone); *Epidaurus* (Raguse), colonie Romaine.

5°. La *Dacie* était située entre l'*Ister* (Danube), au sud, et le *Tyras* (Dniester), à l'est : c'est aujourd'hui la Transylvanie, Moldavie et Valaquie. Rivières : *Hypanis* (le Bog); *Tibiscus* (la Theisse). Villes : *Jassiorum Municipium* (Jassy), et *Tibiscus* (Témeswar).

## ARTICLE VI.

### *Insulæ Britannicæ*, îles Britanniques.

D. Comment étaient-elles divisées ?

R. En deux parties : *Britannia* (la Bretagne), et *Hibernia* (l'Irlande). La Bretagne ou Albion était subdivisée en deux parties : la Bretagne Romaine au sud, et le pays des Pictes ou la Calédonie, au nord, séparée de la méridionale par un mur qu'y avait fait construire Sévère.

D. Comment était divisée la Bretagne Romaine ?

R. En cinq provinces : Bretagne 1$^{re}$ et 2$^{me}$, Flavienne-Césarienne, Grande-Césarienne, Valentinienne. Villes : *Londinium* (Londres); *Durovernum* (Cantorbéry); *Eboracum* (York), où mourut l'empereur Sévère en 211.

L'Irlande, située à l'ouest et arrosée par le *Senus* (Shannon), avait pour ville principale *Eblana* (Dublin).

D. Quelles étaient les autres îles ?

R. *Cassiterides* (les Sorlingues), *Vectis* (Wight), au sud; *Monabia* (l'île de Man), *Mona* (Anglesey), *Ebudæ* (les Hébrides ou Westernes), à l'ouest de la Calédonie; *Orcades* (les Orcades), au nord; au nord-est des Orcades, les îles Shetland, dont la plus grande est *Thulé* (Mainland). L'île que Pythéas nomme Thulé paraît être l'Islande.

## FIN.

# TABLE DE LA GÉOGRAPHIE ANCIENNE.

Notions préliminaires. . . . . . . . . . . . . . . 355 et 356

## CHAPITRE I<sup>er</sup>. — Asie, p. 357.

| | | |
|---|---|---|
| *Asie Mineure.* 357 | *Pont-Euxin et* | *Tigre.* . . . . 365 |
| Bithynie . . . . Ib. | *la Mer-Cas-* | Assyrie. . . . . Ib. |
| Paphlagonie . . Ib. | *pienne.* . . . . 361 | Médie. . . . . . Ib. |
| Pont . . . . . . Ib. | Arménie-Ma- | Perse. . . . . . Ib. |
| Troade. . . . 358 | jeure . . . . . Ib. | Susiane. . . . 366 |
| Mysie . . . . . Ib. | Colchide et Ibé- | Carmanie . . . Ib. |
| Colonies Grec- | rie . . . . . . Ib. | Gédrosie. . . . Ib. |
| ques . . 358 et 359 | Albanie Asiat. . Ib. | Arie . . . . . . Ib. |
| Lydie . . . . . 359 | *Pays à l'ouest* | Drangiane . . . Ib. |
| Phrygie . . . . Ib. | *du Tigre.* . . Ib. | Arachrosie. . . Ib. |
| Galatie. . . . . Ib. | Syrie. . . . . . 362 | Hyrcanie. . . . Ib. |
| Cappadoce. . . 360 | Phénicie. . . . Ib. | Bactriane. . . 367 |
| Carie. . . . . . Ib | Palestine . . . 363 | Sogdiane . . . . Ib. |
| Lycie. . . . . . Ib. | Mésopotamie. 364 | Sarmatie et Scy- |
| Pamphylie . . . Ib. | Babylonie . . Ib. | thie Asiatique. Ib. |
| Cilicie . . . . . Ib. | Arabie . . . . Ib. | Sérique. . . . 368 |
| *Pays entre le* | *Pays à l'est du* | Inde . . . . . . Ib. |

## CHAPITRE II. — Afrique, p. 369.

| | | |
|---|---|---|
| Egypte. . . . 369 | Cyrénaïque. . . 371 | Zeugitane. . . 373 |
| Ethiopie. . . . 370 | Afrique propre. 372 | Numidie. . . . Ib. |
| Lybie. . . . . . 371 | Syrtique. . . . Ib. | Mauritanie. . . Ib. |
| Marmarique. . Ib. | Bysacène. . . . Ib. | |

## CHAPITRE III. — Europe, p. 374.

| | | |
|---|---|---|
| Grèce. . . . . . 374 | Arcadie. . . . . 380 | Isles d'Italie . . 387 |
| Grèce propre. 375 | Iles de la Grèce. Ib. | Gaule. . . . . . 388 |
| Macédoine . . . Ib. | Thrace. . . . . 381 | Espagne . . . . 391 |
| Illyrie Grecque. Ib. | Mœsie . . . . . 382 | Germanie . . . 393 |
| Epire. . . . . . Ib. | *Italie.* . . . . . Ib. | Chersonèse Cim- |
| Thessalie. . . 376 | Gaule Cisalpine. Ib. | brique. . . . . 394 |
| Acarnanie . . . Ib. | Ligurie. . . . . 383 | Scandinavie . . Ib. |
| Etolie. . . . . 377 | Vénétie. . . . . Ib. | Sarmatie d'Eu- |
| Locride. . . . . Ib. | Carnie. . . . . Ib. | rope. . . . . . Ib. |
| Doride . . . . . Ib. | Istrie. . . . . . Ib. | Chersonèse Tau- |
| Phocide. . . . . Ib | Etrurie. . . . 384 | ride. . . . . . Ib. |
| Béotie. . . . . Ib. | Ombrie. . . . . Ib. | Rhétie et Vindé- |
| Mégaride. . . 378 | Picenum . . . . Ib. | licie. . . . . . Ib. |
| Attique. . . . . Ib. | Pays des Sabins. Ib. | Noricum . . . . Ib. |
| *Péloponèse* . . Ib. | Latium. . . . . Ib. | Pannonie. . . . Ib. |
| Achaïe. . . . . 379 | Samnium. . . . 385 | Illyrie . . . . . Ib. |
| Argolide . . . . Ib. | Campanie . . . Ib. | Dacie. . . . . 395 |
| Laconie. . . . . Ib. | Apulie . . . . . 386 | Isles Britanni- |
| Messénie . . . 380 | Lucanie . . . . Ib. | ques. . . . . . Ib. |
| Elide. . . . . . Ib. | Brutium . . . . 387 | |

FIN DE LA TABLE.

COSTUMES DES PEUPLES LES MOINS CONNUS. Pag 397

# CARACTÈRE, MOEURS,
## USAGES ET COUTUMES
### DES PEUPLES DES CINQ PARTIES DU MONDE.

## ASIE.

*Arabes.* Les Arabes qui habitent les villes, quoiqu'ils aient dégénéré, sont encore bien supérieurs aux tribus nomades des déserts. Du temps des califes, ils se sont appliqués avec succès dans les sciences, surtout dans l'astronomie, la médecine et l'algèbre. Les Bédouins ou habitans des déserts sont bons et hospitaliers sous leurs tentes, mais redoutables dans leurs excursions pour le pillage. Ils n'ont d'autres armes que la lance, l'épée, la massue de fer, et quelquefois la hache. Les Arabes ont beaucoup de vénération pour la barbe; leurs principaux divertissemens sont la chasse et la promenade à cheval. Ils ont le teint basané, sont de moyenne taille, superstitieux, jaloux, vindicatifs et voleurs. Les femmes sont traitées avec humiliation; elles se noircissent, comme dans tout l'Orient, le dessus des yeux, se teignent les ongles, et aiment beaucoup les parfums. Les généalogies des chevaux sont conservées avec plus de soin que celles de leurs maîtres. La supériorité de la race arabe est due à une ardeur infatigable à supporter les plus longues courses. Le grand nombre de filles est une richesse; on ne peut les obtenir en mariage qu'en faisant au père des présens proportionnés à la considération dont il jouit.

*Persans.* Ils sont d'une belle stature, ont l'air poli, affable, obligeant, sont courageux, grands complimenteurs, irascibles, fiers, vindicatifs, fourbes, infidèles à leur parole, et exercés au mensonge; ils ont dégénéré depuis les troubles de leur patrie. Ils se montrent plus tolérans envers les Juifs et les Chrétiens que les Turcs, qu'ils ont en horreur. Ils lavent, peignent et parfument plusieurs fois leur barbe; les plus noires et les plus touffues sont les plus estimées. L'usage de l'opium est général en Perse, mais on s'y livre avec moins d'excès qu'en Turquie. Le café est remplacé par les sorbets et les confitures, et l'on y ajoute les essences et les parfums. Le luxe consiste moins dans l'ameublement et les dépenses de la table que dans l'habillement et le nombre des femmes, des esclaves et des chevaux superbement harnachés. Les femmes sont voilées en public de la tête aux pieds. Les femmes mariées ne sont à proprement parler que les esclaves de leurs maris; elles portent si loin le goût des bijoux, que leur tête, leur cou, leurs doigts et même leurs pieds sont chargés de diamans, de perles et de pierres précieuses. La justice s'exerce avec une sorte de férocité : pour un vol ordinaire, le coupable est mutilé; on fend le ventre aux voleurs de grands chemins, et on les laisse ainsi expirer au milieu des plus cruels tourmens. — Les Persans mettent une espèce de chemise de coton qui va jusqu'aux genoux, et par-dessous un pantalon qui descend jusqu'aux pieds, avec une veste plus longue que la chemise, et dont une ceinture fait plusieurs fois le tour. Leurs chaussures de maroquin ressemblent à nos pantoufles, leur turban est ordinairement vert. Les chemises de la classe opulente sont en soie rouge, et leurs habits en brocart d'or ou d'argent, richement galonnés et brodés. Il y a peu de différence dans l'habillement des femmes.

*Indous.* C'est un peuple très-ancien qui, au milieu des vicissitudes des temps, a conservé son culte, ses lois et ses usages. Il y a une grande variation dans le physique : dans le nord, ils ont le teint basané et les cheveux blonds; dans le midi, ils sont presque noirs. Le teint, dans les classes élevées, est de couleur olive foncée. Les Indous en général sont polis, enjoués, spirituels, sobres, superstitieux, polygames, peu propres à la guerre, la plupart idolâtres et croyant à la métempsycose; ils pensent que c'est un acte de charité d'exposer les malades sur les bords des rivières, et de les y laisser jusqu'à ce qu'ils expirent. La population est divisée en plusieurs sectes qui ne s'allient jamais entr'elles, et dont plusieurs défendent sévèrement de tuer un animal. Le coupable d'une action vile est chassé de sa caste, et perd ses parens, ses amis, ses enfans et sa femme. Les bramines ou prêtres de Brama forment la première caste de cette secte. A la dernière classe appartiennent les malheureux Pouliats chargés de la culture des terres et du soin des troupeaux; ils errent dans les campagnes, et n'ont pas le droit d'entrer dans les villes : c'est un opprobre de les fréquenter, et une nécessité de se purifier quand on les a approchés de trop près. Un homme d'une autre classe, s'il rencontre un Pouliat, lui crie de s'éloigner; et, en cas de refus, il peut l'y forcer à coups de flèche ou de mousquet. Des serviteurs derrière chaque personne, pendant le repas, tiennent toujours en mouvement de grands éventails autant pour chasser les mouches que pour procurer de l'air. Le meurtre d'un homme et d'une vache est également puni de mort. C'est une coutume barbare qui subsiste encore de brûler vivantes ou d'enterrer tout en vie les femmes avec leurs maris. La fête la plus remarquable est celle en l'honneur du Gange, pour lequel ils ont une grande vénération; les Indous sont dans l'opinion qu'en se baignant dans ses eaux on est purifié de toute souillure. Dans une région si étendue, le costume varie à l'infini.

*Birmans.* Ils ont une grande ressemblance de mœurs et d'usages avec les Chinois. Malgré une population de 17,000,000 d'habitans, il n'y a pas de mendians dans toute l'étendue de l'empire. Les femmes y sont plus belles que dans l'Inde et n'y sont pas renfermées, mais elles sont traitées avec la plus grande dureté, et on leur impose les travaux les plus pénibles. Leur code pénal est bien remarquable : au premier vol, on imprime d'une manière ineffaçable, sur la joue et la poitrine, le mot *voleur*, avec le nom de la chose dérobée. Si le vol est considérable ou a été suivi de mutilation ou de meurtre, alors on inflige la peine de mort. Dans le premier cas, à la récidive, quelle que soit la valeur de la chose volée, on coupe un bras au voleur ; la troisième fois, on lui tranche la tête.

*Siamois.* Ils ont une petite taille, le front et le menton pointus, les yeux d'un blanc jaunâtre, le nez court, les joues plates et les dents noircies par l'usage du bétel ; ils sont indolens, adroits, sobres, très-malpropres et inconstans. Le bas peuple est habitué au vol et au mensonge, et les classes élevées ont un penchant irrésistible à la jalousie et à la vengeance. C'est une habitude à Siam de prendre du thé et du café. Les peines ordinaires sont de cruelles mutilations et la mort. Les hommes portent une chemise de mousseline, un large pantalon, un bonnet en forme de cône. Chez les femmes, l'écharpe tient lieu de la chemise ; elles mettent une jupe de calicot dont la couleur varie à leur gré.

*Thibétains.* Ils ont le teint moins basané que les Indous, et une santé plus vigoureuse ; ils sont doux, polis, humains et hospitaliers ; un des usages les plus remarquables, est l'envoi réciproque d'écharpes les jours qu'on se fait une visite. La matière précieuse employée pour faire les schals provient d'un duvet extrêmement fin, adhérent à la peau et couvert d'une toison très-fournie. Les armes des Thibétains sont le fusil, une longue épée, l'arc et les flèches. Les corps des morts sont exposés sur le sommet des montagnes pour y devenir la proie des animaux. On brûle le corps du Teschou Lama, pour en recueillir très-scrupuleusement les cendres. Dans l'opinion des sectateurs de la religion des lamas, leur chef jouit de l'immortalité de l'âme, parce qu'il se régénère toujours. A sa mort, les prêtres font une recherche très-minutieuse pour trouver celui chez qui ils croient que son âme a transmigré.

*Boutaniens* (les), leurs voisins, sont robustes, d'une haute stature, affables envers les étrangers, d'un bon naturel et habiles archers. On remarque leur industrie dans un pays fertile mais montueux et couvert de bois, et l'on est surpris de l'art avec lequel ils construisent des ponts sur les précipices si multipliés dans leur patrie. On ne trouve au Boutan que des animaux domestiques, et de sauvages que le singe.

*Chinois*. Les Chinois sont un peuple dont l'origine se perd dans l'antiquité. Ils sont très-cérémonieux, sobres, industrieux, graves, timides, ont la plus grande vénération pour leurs ancêtres, sont pleins d'estime en leur faveur, et de mépris envers les étrangers. Les enfans ont le plus grand respect pour leurs parens. Les Chinois ont un grand front, le nez court, de petits yeux, un visage large et carré, de grandes oreilles, le teint olivâtre, et une taille médiocre; ils ont un peu de barbe au menton, et de chaque côté de la lèvre supérieure un bout de moustache qu'ils relèvent en pointe; ils se rasent la tête, excepté sur le devant qu'ils laissent une touffe. Les femmes ont l'œil petit, noir ou très-brun, le nez un peu aplati, les lèvres épaisses et les cheveux noirs ; elles ont les pieds d'une petitesse extraordinaire, parce que, dans leur enfance, on leur comprime tellement les orteils qu'on les plie sous la plante des pieds où ils finissent par rester adhérens, et qu'en même temps on leur presse fortement le talon jusqu'à ce qu'il soit rentré dans le pied. Les femmes du peuple supportent les plus durs travaux. La polygamie n'est pas en usage dans les classes inférieures. Celui qui recherche une fille en mariage est sûr de l'obtenir sur-le-champ de son père, s'il lui en offre le plus haut prix ; mais il ne peut voir sa future avant le moment où elle arrive en grande cérémonie à sa porte. Si la jeune fille ne lui convient pas, il lui est permis de la renvoyer ; mais tout ce qu'il a donné est perdu, et il est encore obligé de donner un présent égal à la valeur de la somme qu'il a payée. Une femme ne doit ni manger, ni s'asseoir à la table de son mari. A la mort de l'empereur, toutes ses femmes sont renfermées dans une maison séparée où elles passent le reste de leur vie. Le tabac en poudre et surtout le tabac à fumer sont devenus un besoin pour les Chinois de tout rang, de tout sexe et de tout âge ; l'usage de l'opium est aussi très-fréquent. Le thé et l'eau de vie de grains sont leur boisson ordinaire ; ils préfèrent les légumes à la viande. Ils se sont distingués long-temps avant les Européens par plusieurs découvertes utiles, telles que l'imprimerie, la boussole, la poudre à canon, etc.; mais ils n'ont fait aucun progrès pour atteindre la perfection. Ils ne sont pas habiles dans la navigation, mais ils en savent assez pour des gens qui ne s'éloignent presque jamais de leurs côtes. La langue chinoise, extrêmement difficile à apprendre, s'écrit de haut en bas et de droite à gauche : un monosyllabe, selon l'accent ou le ton de voix, signifie différentes choses. Les deux principales religions sont celle de Confucius, qui admet l'existence de la Divinité et d'un état futur; et celle de Bouddha ou Foë, apportée de l'Inde, qui est la religion de la cour; elle tient beaucoup à l'idolâtrie. Les femmes ne peuvent hériter et disposer elles-mêmes de leurs biens quand elles ont des enfans. Un homme qui n'a pas d'enfans mâles peut laisser, par testament, tous ses biens à sa veuve. Les débiteurs ne sont point confondus dans les prisons avec les criminels, et sont relâchés après avoir prouvé qu'ils ont fait l'abandon de leurs biens à leurs créanciers. La puissance d'un père s'étend si loin qu'il peut à son gré disposer de la vie et du travail de ses enfans. Quand il a plus de filles qu'il n'en peut nourrir, il a le droit de faire périr celles qui sont nées les dernières. Les châtimens ne sont point proportionnés aux crimes: la peine est la même pour le vol d'un pain comme pour un meurtre; si un homme en tue un autre par accident, la loi le condamne également à perdre la vie. C'est une infamie d'avoir la tête tranchée, la potence est le supplice des grands. L'exil ou une punition corporelle sont ordonnés pour tous les délits qui n'emportent pas la peine capitale. L'application des coups de bambou est regardée par les Chinois comme une punition légère à laquelle ils n'attachent aucune honte; il n'en est pas de même de la cangue, espèce de pilori ambulant, appelé en Chine Tcha. Ce supplice consiste dans une table très-lourde à laquelle le criminel est attaché par le cou et les mains, et qu'il est quelquefois obligé de porter pendant des semaines et des mois entiers. La nature du délit est désignée en gros caractères sur la cangue même. L'habillement des Chinois est une robe de soie ou de coton, chez les riches ; elle descend jusqu'à terre, les manches s'élargissent depuis le poignet jusqu'aux épaules. Leur ceinture est, suivant les rangs, une écharpe d'argent, de soie ou de coton dont les deux bouts retombent jusqu'aux genoux. En hiver, ces robes sont garnies de fourrure. Le jaune est la couleur réservée à la famille royale ; le rouge appartient aux mandarins d'une classe supérieure, le violet à ceux des classes inférieures. On appelle mandarins les ministres ou gouverneurs militaires. Le peuple ne peut porter que le bleu, le noir ou le blanc ; sa coiffure est un chapeau en forme d'entonnoir. Les mandarins et les gens lettrés portent plusieurs espèces de bonnets.

*Cochinchinois.* Ils tirent leur origine des Chinois avec qui ils s'accordent pour les usages, les cérémonies, les superstitions, les lois, les peines infligées aux coupables, et la manière d'apprêter leurs alimens. Ils sont gais, francs, braves, actifs et intelligens, d'une taille médiocre, et ont le teint olivâtre. Leurs principales occupations, sont le labourage, la pêche et la chasse ; ils excellent dans la construction des vaisseaux et des barques ; les étrangers sont bien accueillis dans la Cochinchine. Les femmes y sont traitées avec douceur, et chargées du ménage et des travaux que peut supporter la faiblesse de leur sexe ; elles font consister leur beauté à avoir les dents noires et de longs ongles. Les plus belles maisons n'ont qu'un étage, et sont construites en bois et briques sèches. Les Cochinchinois portent une robe sans manches, qui descend à mi-jambes et croise sur la poitrine ; ils mettent sur la tête une toque un peu élevée et entourée de mousseline. Le costume des femmes est une étoffe légère, autour des reins, en forme de jupe.

*Coréens.* Ils sont mal vus des Chinois dont ils sont tributaires ; ils en ont les usages et la religion.

La langue écrite est aussi la même, mais celle usitée dans la conversation est tout-à-fait différente. Ils sont bien faits, polis, adroits, sobres, forts, braves, aiment la musique et cultivent les sciences. Le peuple est très-hospitalier. Comme il n'y a pas d'auberges dans le pays, le voyageur, surpris par la nuit, va s'asseoir près de la palissade de la première maison, et on lui apporte du riz et de la viande pour son souper. L'éducation des enfans est très-soignée chez les nobles. Leur respect pour leurs pères n'est point affaibli par la tendresse et l'indulgence paternelles. L'appartement des femmes est au fond de la maison, afin qu'elles soient moins exposées aux regards. Il n'est permis de se marier, entre parens, qu'au quatrième degré. Les mariages se contractent dès l'âge de huit à dix ans. Dès qu'ils sont arrêtés, les jeunes filles du peuple passent dans la maison de leurs beaux-pères, et y restent jusqu'à ce qu'elles aient appris à gagner leur vie; et dans les classes élevées, jusqu'à ce qu'elles soient instruites des soins du ménage. Le mari a le droit de répudier sa femme, lors même qu'il en a eu des enfans. Il ne peut en avoir qu'une chez lui, quoiqu'il puisse en entretenir plusieurs dans des maisons séparées. Les Coréens ont un habit court, à larges manches, des bottines, un bonnet élevé et entouré d'un turban, le carquois sur l'épaule, l'arc à la main, et le sabre par-devant, comme les Chinois. Les femmes portent les cheveux tressés, qui se rejoignent à l'extrémité d'une espèce de corne relevée sur le sommet de la tête.

*Japonais.* Ils sont en général grands, laids, mal faits et ont le teint olivâtre, les yeux petits, peu de barbe; ils sont spirituels, adroits, sobres, supérieurs aux Chinois pour la guerre, et très-propres aux arts et aux sciences. L'agriculture est portée au plus haut degré de perfection, mais leurs connaissances sont très-bornées pour la navigation. Il est défendu aux étrangers, excepté aux Hollandais, d'entrer au Japon. La bonne police des postes, le bon état des routes, la multiplicité et la commodité des auberges facilitent les communications dans l'intérieur. Les maisons sont basses et petites, l'intérieur en est élégant; mais il entre dans leur construction des matières si combustibles, que les incendies sont très-fréquens. Le thé est la boisson ordinaire; il n'y a ni moutons ni chèvres. Les bœufs et les vaches sont employés aux charrois et au labourage; les Japonais n'en mangent pas la chair, non plus que de celle des poules et des canards dont ils conservent seulement les œufs pour leur nourriture; ils ne font aucun usage ni du lait, ni du beurre. Le noir est pour eux le signe de la joie, le blanc annonce le deuil. Quand ils reçoivent quelqu'un, ils s'asseyent, et mettent le pied hors de leur chaussure pour saluer; ils font consister la beauté de leurs dents à être fort noires. Un magistrat nommé ottana, est chargé de la police dans chaque rue; il tient un registre pour constater les naissances et les décès, et inscrire le nom de ceux qui quittent l'endroit, et de ceux qui arrivent ou viennent s'y établir. Il règle les différens entre les personnes de sa rue, punit les crimes légers, ou par la prison ou par les fers, et constitue prisonniers ceux qui ont commis de graves délits. Les habitans de chaque rue sont divisés en compagnies formées des propriétaires, qui supportent seuls les impôts. Les autres sont cependant obligés de payer pour s'exempter des rondes, qui se font d'autant plus exactement que ceux qui en sont chargés sont responsables des événemens. Les punitions sont la prison, la confiscation, la privation des emplois et la mort. Les criminels condamnés à la peine capitale sont décapités ou attachés à une croix, suivant la gravité du délit ; on est même souvent puni pour les crimes des autres et pour ceux qu'on a pu commettre par inadvertance. Ainsi, les officiers des rues sont punis pour les chefs de famille, ceux-ci pour leurs locataires et leurs domestiques. Le dairi peut avoir douze femmes ; la mère du prince héréditaire a seule le titre d'impératrice. Il est considéré comme un Dieu, et le respect qu'on lui porte est une espèce de culte. Quand il sort, il est porté sur les épaules de ses domestiques, qui prennent bien garde que ses pieds ne touchent pas la terre, qui est regardée comme indigne de le porter. Tous les objets dont il vient de se servir sont aussitôt brisés, de crainte que des mains impures ne s'en servent. On a une telle vénération pour sa personne qu'on n'ose jamais le toucher; et ce n'est que pendant son sommeil, et à titre de vol, qu'on lui coupe la barbe, les cheveux et les ongles. On compte plusieurs sectes, dont les principales sont celle de Sinto et celle de Boudho. Les Sintoïtes admettent un Etre Suprême, placé au plus haut des Cieux, et qu'ils croient trop supérieur aux hommes pour faire attention à leurs hommages : c'est pourquoi ils invoquent des divinités subalternes, qu'ils regardent comme ses ministres. Les Boudhoïstes croient aussi à l'existence d'un Etre Suprême, qu'ils nomment Amédu, et d'un mauvais génie qu'ils appellent Iemmu, à l'immortalité de l'âme, aux récompenses pour les bons et aux punitions pour les méchans, dont l'âme est condamnée à habiter quelque temps le corps des animaux. Les Japonais ont de longues robes garnies de fourrure en hiver, ils mettent par-dessus une espèce de veste à manches très-longues; ils sont chaussés avec des pantoufles et toujours armés d'un grand sabre, qu'ils manient avec la plus grande adresse. Les femmes portent des robes à queue traînante, et une ceinture avec un grand éventail brodé en or. Elles nouent leurs cheveux avec beaucoup d'art.

*Tartares.* Ils se divisent en plusieurs tribus qui ont différens noms, et qui ont toutes à peu près les mêmes mœurs et les mêmes habitudes; ils sont nomades, braves, sauvages, excellens cavaliers, supportent très-courageusement la faim, la soif et les fatigues.

*Montgols.* Ils ont des traits particuliers qui les distinguent des autres peuples de l'Asie; ils ont les sourcils noirs, minces et peu arqués; le nez large, petit et aplati; la tête et le visage ronds, de grandes oreilles très en arrière, de grosses lèvres, le menton court, les poils de la barbe noirs et durs, mais très-écartés. Les femmes sont très-petites. Leurs tentes sont rondes, recouvertes d'un feutre et faciles à transporter.

*Mantchoux.* Ils ont beaucoup de ressemblance avec les Montgols, mais ils ont le teint beaucoup plus blanc.

*Usbecks.* Ils habitent la grande Bukarie, passent pour les Tartares les plus civilisés, et n'en sont pas moins exercés au pillage et au vol; sont Mahométans, robustes, braves et intelligens, se servent de l'arc, boivent du lait de jument, se nourrissent de la chair de cheval, et s'asseyent les jambes pliées sous le derrière pour prendre leurs repas et faire leurs prières. Les femmes les accompagnent dans leurs excursions, armées d'arcs et de flèches.

*Calmoucks.* Ils habitent la partie de la Russie Asiatique qui s'étend vers la Mer-Caspienne, entre le Volga et l'Oural; ils sont divisés en plusieurs hordes qui ont chacune leur kan. Ils parlent la langue des Montgols, et professent le Lamisme; ils ont le visage plat et large, les yeux petits et très-éloignés l'un de l'autre, la vue très-perçante et l'ouïe très-fine; ils sont hardis, intrépides et endurcis à la fatigue, mais rusés et très-malpropres, changent souvent de tentes pour procurer des pâturages à leurs troupeaux, et se nourrissent de chair de cheval et de lait, surtout de celui de jument avec lequel ils composent une liqueur dont ils font un grand cas. Leur habillement consiste dans une veste formée de plusieurs peaux cousues ensemble, et une ceinture autour, fermée par un cordon qui soutient leur arc et leur carquois. Ils se rasent la tête et laissent au sommet une touffe de cheveux partagée en deux tresses, dont l'une pend par devant et l'autre par derrière. Leur bonnet, aussi en peau, est surmonté d'une houppe en soie dont la couleur distingue les hordes. Le costume des femmes diffère peu de celui des hommes.

*Kirguis* ou *Kirghis*. Ils habitent la partie méridionale de la Russie Asiatique; ils sont Mahométans et ennemis mortels des Calmoucks. Ils sont fiers, belliqueux, gros mangeurs, friands de la chair de mouton, adonnés au brigandage et occupés du soin de leurs troupeaux. Ils enterrent leurs morts dans une fosse peu profonde qu'ils recouvrent d'un monceau de pierres sur lesquelles ils dressent une lance. On distribue aux amis du défunt les morceaux de son plus bel habit, pour conserver sa mémoire. Ils se rasent la tête et laissent croître des moustaches et un peu de barbe au menton. Ils portent des culottes très-longues et très-larges, des bottines avec un talon très-haut, et un bonnet en cône dont le sommet est garni d'une petite houppe.

*Baskirs*. Ils habitent la partie méridionale des Monts-Ourals et quelques cantons du gouvernement d'Orembourg; ils ressemblent aux autres Tartares, et font en temps de guerre le service de cosaques. Ils sont très-gourmands, très-ivrognes et très-sales. Leur lit est un banc couvert de peaux de moutons où ils se couchent tout habillés. Leur religion est un mélange de Mahométisme et d'Idolâtrie. Le mariage se célèbre devant un prêtre mahométan qui reçoit le serment des deux époux, et termine la cérémonie en disant au mari : « Sois brave, et aie soin de ta femme. » Les morts sont portés en terre sur une planche entre deux chevaux, et tous les parens et amis du défunt l'accompagnent à cheval.

*Tungouses.* Ils sont une tribu nomade du gouvernement d'Irkutsk; ils sont très-agiles, portent les cheveux longs, et ressemblent aux Mongols, mais ils ont le visage plus large et plus aplati; ils sont armés d'arcs et de flèches; leurs prêtres, choisis parmi les vieillards, sont consultés sur toutes les affaires. Sur l'affirmative que l'époux a acheté sa femme, et qu'il a payé le prix convenu au père, le prêtre les bénit pendant qu'ils dansent avec toutes les personnes invitées à la cérémonie, qui se termine par un repas. On place les morts sur un arbre, où ils sont servis avec soin jusqu'à ce qu'ils tombent en pourriture. Le fouet est la seule peine infligée pour le meurtre, dont l'auteur est obligé de nourrir la famille de celui qu'il a tué. On applique, pour le vol, la bastonnade qui est un opprobre pour toute la vie.

*Samoïèdes.* Ils habitent les bords de la Mer-Glaciale, depuis Archangel jusqu'au fleuve Léna; ils vivent sous des tentes, se nourrissent du produit de leur chasse et de la pêche, et mangent la chair et le poisson crus. Leur taille n'excède pas quatre pieds. Ils ont la peau jaune, les jambes courtes, la tête grosse, les yeux petits, la bouche grande, les oreilles très-longues, le nez écrasé; sont bons, sincères, mais ivrognes, paresseux et très-malpropres. Les femmes se marient à onze ans, et cessent d'être mères à trente. Les cérémonies des funérailles consistent à envelopper le corps du défunt d'une peau de renne, à placer une marmite sur sa tête, un arc à son côté, et à sacrifier sur sa fosse une renne. Ils paient un prêtre pour prier pour le défunt, et ils ne prononcent plus son nom de crainte de troubler son repos.

*Kamschadales.* Ils ont une petite taille, la figure ronde et large, le nez écrasé, de petits yeux creux, le teint basané, les cheveux noirs et presque point de barbe. Ils sont bons et hospitaliers, mais très-paresseux, et ne vivent que des produits de la pêche. Ils n'ont d'autres animaux domestiques que leurs chiens dont ils se servent pour leurs différens travaux et pour conduire leurs traîneaux. Leur climat est si rude qu'il n'y a que les Russes qui puissent le supporter. Leur pays n'est fréquenté que pour le commerce de pelleteries. Ils ne pratiquent aucune cérémonie religieuse, et quoique la polygamie y soit permise, ils n'ont qu'une femme. En hiver, ils creusent leurs habitations dans la terre, à six pieds de profondeur. En été, ils démolissent leurs cabanes pour les établir sur terre. Ceux qui ont commis quelque grand crime sont relégués dans les endroits les plus froids du pays. (*Voyez* les Costumes des Peuples.)

## AFRIQUE.

*Egyptiens.* Ils sont en général indolens, fourbes et voleurs. Les Coptes, peuple aborigène de l'Egypte, ont les mêmes défauts; mais ils sont spirituels et adroits. Ils sont gouvernés pour le spirituel par un patriarche Chrétien qui réside au Caire. Les Mameloucks étaient une milice formée d'étrangers, et dangereuse à la tranquillité; elle a été entièrement détruite par le vice-roi actuel. (*Voy*. pag. 316). La religion, les usages et les lois sont les mêmes qu'en Turquie. Le costume des gens du peuple consiste dans une chemise de grosse toile bleue, large et très-longue, avec des manches très-amples. Les gens d'une condition élevée portent un turban et une robe à longues manches, fermée par une ceinture. (*Voyez* les Costumes des Peuples.) Les femmes sont tellement enveloppées dans leurs habillemens, qu'on ne peut leur apercevoir que le nez et les yeux.

*Barbarie.* Les Tunisiens sont plus civilisés, ont moins de fierté et d'insolence que les autres barbaresques, et s'occupent moins de la piraterie que de leur commerce. Leur religion est le Mahométisme. Dans les conditions élevées, les gens qui ont quelque loisir et qui s'appliquent à l'étude, ne lisent guère que l'Alcoran et ses commentaires. Ils sont extrêmement ignorans en arithmétique, en médecine et en astronomie. La plupart des femmes sont nubiles à onze ans, et cessent d'être mères à trente. Les mariages se contractent sous la simple promesse de se donner réciproquement la foi, en recevant l'un de l'autre la coupe nuptiale. Mais avant la cérémonie, les clauses du contrat sont arrêtées par les pères et mères des jeunes gens, et l'on y règle le Saddok, c'est-à-dire, les robes, les joyaux et la somme d'argent que l'époux assure à la future. Il ne leur est pas permis de se voir avant la célébration du mariage. La polygamie y est permise comme en Turquie.

*Algériens.* Ils ont le teint basané, sont Mahométans, cruels, bien faits, robustes, fiers, insolens, avares et très-adonnés à la piraterie. Les mœurs sont très-dépravées, même parmi les Turcs et les Maures. Leur ameublement est de la plus grande simplicité, et leurs amusemens se bornent aux jeux de dames et d'échecs. On se marie sans se connaître. Ils n'ont d'autre industrie que la fabrication des tapis et de quelques étoffes de soie. La justice est exercée sans frais, sans écriture et sans appel, par le dey lui-même, et des juges appelés cadis. On nomme beys les gouverneurs des provinces; ils y ont une autorité aussi absolue que le dey à Alger.

*Tripolitains.* Ils ont la même religion, à-peu-près les mêmes mœurs, le même caractère et les mêmes usages que les autres Barbaresques. Ils sont robustes, quoique d'une taille médiocre, et l'on ne voit jamais parmi eux des hommes contrefaits ou difformes. (*Voyez*, pour les Barbaresques, les Costumes des Peuples).

*Maroc.* Cet empire est habité par trois peuples différens, les Brerebères, les Maures et les Arabes. Les premiers, qui sont les plus anciens habitans du pays, occupent les montagnes isolées, ont une langue particulière, et ne s'allient qu'entre eux. Ils ont un caractère féroce, une force de corps extraordinaire, sont ennemis cruels des Chrétiens, très-propres à la guerre, et aiment beaucoup leur indépendance. Les Maures descendent de ceux qui furent chassés d'Espagne; ils vivent dans les villes ou dans les campagnes, sous des tentes. Il règne la plus grande simplicité dans leurs repas, leurs habits et leurs meubles. Ils ont des traits réguliers, de beaux yeux et de belles dents, sont grands, maigres, souples, rusés, avares et voleurs. Les Maures qui habitent les villes sont un peu plus civilisés. Un excessif embonpoint est la principale beauté des femmes. Quand elles sont en âge d'être mariées, on leur prépare avec soin des mets exprès pour les engraisser. Sous leurs tentes grossières, elles préparent les laines, les filent, et font des étoffes. Les Maures ne s'habillent qu'avec leurs lainages, et ne mettent ni caleçon, ni chemise. La toile est un objet de luxe qu'on ne trouve qu'à la cour et dans les villes. Les femmes sont dans l'usage de se tatouer comme chez les Sauvages. Le souverain est maître absolu des biens et de la vie de ses sujets. On professe la religion de Mahomet dans toute l'étendue de l'empire. Lorsque la récolte est détruite en totalité ou en partie par les sauterelles, les habitans se trouvent à l'abri de la famine, en se nourrissant de ces sauterelles, dont on porte dans les marchés des quantités prodigieuses salées et fumées comme des harengs saurs. La justice est administrée sans formalités par les cadis. Les punitions sont arbitraires, et se règlent suivant les circonstances qui rendent le crime plus ou moins grave. Le vol n'est jamais puni de mort; on coupe le pied ou la main aux voleurs de grands chemins. Le jugement s'exécute sur-le-champ. Tout ce qui a rapport aux mariages est à peu près conforme à ce qui se pratique en Turquie.

*Côte du Sénégal.* Le caractère commun aux habitans des petits états de cette partie occidentale de l'Afrique, est une extrême patience, une santé vigoureuse, la gaieté, un esprit vif et pénétrant, mais une telle paresse qu'ils ne travaillent que par contrainte. Ils ont si peu de besoins, qu'ils se bornent à vivre au jour le jour. Quand ils ont du riz, du millet, et par-dessus de l'eau-de-vie, ils n'ont plus rien à désirer. On leur reproche cependant d'être voleurs et vindicatifs. Leur religion est le Mahométisme mêlé du Fétichisme, qui est l'adoration d'idoles établies suivant le caprice de chaque Africain. Leurs marabous ou prêtres sont tout à la fois prophètes, médecins et marchands. La superstition des habitans s'étend si loin qu'ils consultent, pour connaître l'avenir, le vol des oiseaux, la rencontre des animaux, et la manière de marcher des bêtes féroces. Les uns croient à la métempsycose avec une destinée plus heureuse, les autres prétendent qu'ils ne meurent que pour aller jouir de la présence de Mahomet, et quelques-uns plus religieux, assurent qu'ils vont après leur mort vers celui qui est le Créateur du ciel et de la terre. Les Nègres s'imaginent que s'ils tuaient un loup ou un serpent, tous les animaux de la même espèce se réuniraient pour venger sa mort. Les pères vendent leurs filles à ceux qui les demandent en mariage, et le prix est toujours proportionné à l'âge et à la beauté de la jeune fille, et à la fortune du père. Les divertissemens et les danses, qui durent trois jours, sont aux dépens du nouveau marié. Il est permis d'avoir plusieurs femmes, mais elles vivent chacune dans une case séparée, où elles ont soin d'élever leurs enfans. Elles font présent, tous les ans, à leur mari de deux pagnes, c'est-à-dire de deux morceaux de toile de coton, qui enveloppent le corps depuis la ceinture jusqu'aux genoux. Après l'accouchement, elles vont à la rivière ou à la première marre, pour y laver leur enfant qu'elles n'emmaillotent jamais, et portent partout attaché sur les épaules avec des pagnes. La première femme mariée est la maîtresse de la maison quand elle a des enfans. A la mort du mari, toutes les femmes jettent des cris affreux pendant vingt-quatre heures et s'égratignent le visage; à ces démonstrations succèdent les préparatifs des funérailles; elles s'occupent alors d'avoir de l'eau-de-vie et du vin de palmier pour régaler, après la cérémonie de la sépulture, les enfans, les amis et les voisins du défunt. En accompagnant le corps, elles recommencent à se lamenter et à se déchirer la figure. Quand le cortège est de retour, on fait un repas qui se termine par des danses. Lorsque le roi meurt, ses sujets le pleurent pendant trois jours, et à leur retour ils se livrent aux divertissemens et aux danses. Il est encore certains petits états où les femmes qui étaient les plus aimées du prince, et les esclaves qu'on croit le plus nécessaires à son service, sont mis à mort et enterrés près de l'endroit où il est inhumé. Les cases des Nègres sont faites comme nos colombiers, et ont une couverture formée de paille, de roseaux ou d'une espèce d'osier comme chez tous les Sauvages, il n'y a point de fenêtre. Tout le mobilier consiste dans quelques pots de terre, des calebasses, des paniers et un mauvais coffre. L'habillement des femmes et des filles est une simple ceinture qui, des reins, passe dans leurs cuisses; mais lorsque le vent du nord-est, qui est froid, se fait sentir, elles portent une pagne et se couvrent la tête d'une autre qui leur descend sur les épaules.

*Mandingues.* Ils habitent non-seulement le pays appelé Manding ou Mandingo, mais encore les bords du Sénègue, du Niger et de la Gambie. Ils sont grands, minces, très-noirs et ont les yeux extrêmement petits; sont polygames, curieux, crédules, gais et aimables. Leur plus grand défaut est de voler les Européens. Ils montrent beaucoup d'habileté dans la préparation des cuirs, le travail du fer et les opérations commerciales. Leur langue est en usage dans la plus grande partie de l'Afrique occidentale. Les occupations des femmes consistent à filer du coton et à teindre les étoffes en bleu avec l'indigo, par un procédé qui leur est particulier pour rendre la couleur si solide, que rien ne peut l'altérer.

*Guinée.* On sait très-peu de chose des indigènes de la Côte des Graines. Leur chef est absolu; à sa mort, on étrangle plusieurs esclaves, et on les enterre avec des nattes, des instrumens, des plats et les ornemens du défunt. C'est une coutume non moins horrible, que sa principale femme soit mise vivante dans la même fosse que son mari. La Côte-d'Ivoire est habitée par les Nègres les plus sauvages, et les plus hideux de l'Afrique ; ils ont les dents crochues et limées en pointes aiguës, se laissent croître les ongles, sont voleurs, vindicatifs et très-violens. Ils passent pour anthropophages. Les habitans de la Côte-d'Or ont une vue très-perçante, un jugement solide, avec une mémoire, une dextérité et une aptitude au commerce qui surprennent chez un peuple barbare. Quoique très-ambitieux, ils supportent avec courage leurs pertes. Ils sont ivrognes, très-déréglés, superstitieux, bons nageurs et habitués au vol. Chaque Nègre a son fétiche ou idole, à son gré, mais le Fétichisme n'est pas incompatible dans ce pays avec la croyance d'un seul Dieu, qui, dans l'opinion de ce peuple, est noir, méchant et se plaît à tourmenter les hommes. Le nombre des femmes et des enfans décide du plus ou moins de considération dont on jouit. Les enfans, jusqu'à l'âge de douze ans, sont confiés aux soins de la mère ; ils passent ensuite sous la conduite de leur père, qui leur apprend à gagner leur vie et s'approprie le fruit de leurs travaux jusqu'à ce qu'ils aient atteint leur dix-huitième année. Alors ils se construisent leurs cabanes, travaillent pour leur compte avec les esclaves qu'il leur a donnés, et deviennent ou excellens pêcheurs ou habiles marchands. Les enfans légitimes n'héritent point de leur père, non plus que la femme qui, après la mort de son mari, est obligée de pourvoir à sa subsistance et à celle de ses enfans. Les biens meubles et immeubles appartiennent au frère de celui qui est décédé, et, s'il n'a pas de frère, à son père, ou en cas que celui-ci n'existe plus, au plus proche parent de la ligne collatérale. Si la femme prédécède son mari, il est assujéti à restituer aux frères de cette femme tout le bien qu'il en a reçu. Il ne revient aux enfans dans la succession de leur père que son emploi et ses armes. Les Nègres du royaume de Juida passent pour plus polis que les autres peuples de la Guinée ; ils sont cérémonieux, complimenteurs, très-adroits pour le vol qui n'est puni que d'une simple amende au profit du roi. Ils rendent un culte à un être malfaisant, sous le nom de diable, et n'ont qu'une idée confuse d'un Etre-Suprême, qu'ils placent dans le ciel, et à qui ils attribuent le soin de punir les vices et de récompenser les vertus. La coutume barbare des pères de vendre leurs enfans, la quantité infinie de prisonniers faits à la guerre, et une passion désordonnée du jeu, sont les causes de l'esclavage à Juida. Il arrive souvent que les Nègres, désespérés d'avoir perdu leur argent et leurs marchandises, jouent leurs femmes, leurs enfans, et finissent par se jouer eux-mêmes. Le fils aîné, à la mort du père, hérite non-seulement de ses meubles et immeubles, mais encore de ses femmes, à l'exception de sa mère qui a son appartement séparé, et un revenu assigné pour sa subsistance. Cet usage est commun au peuple, aux grands et même au roi. Le fils aîné du roi succède à son père. Aussitôt après sa naissance, il est conduit dans un lieu près de la frontière, où il est élevé comme un simple sujet, sans recevoir la moindre éducation. Le roi de Juida est si défiant, qu'il change presque toutes les nuits de chambre à coucher. La couleur rouge n'est employée que pour les habillemens du prince et de sa cour.

*Royaume de Benin.* Les habitans sont d'un naturel doux et pacifique, généreux, très-jaloux, aussi habiles que défians dans les opérations commerciales ; on ne connaît d'autres esclaves parmi eux, que les prisonniers. C'est un crime capital d'insulter un Européen; le coupable est décapité, et son corps est coupé en quatre parties, qui sont la proie des bêtes féroces. Le roi exerce un pouvoir absolu. C'est une marque d'honneur et de considération, de recevoir du prince un collier de corail, mais si l'on néglige de le porter ou qu'on le perde, on est puni de mort. Il existe dans une de leurs villes, nommée Arebe, un usage abominable : si une femme accouche de deux enfans, on l'égorge avec les jumeaux, en l'honneur d'un certain démon qui est supposé habiter un bois voisin. Le mari n'a que le droit de racheter sa femme. Une autre coutume, non moins atroce, c'est d'enterrer vifs avec le roi qui est décédé, un nombre considérable de ses domestiques. La religion, la pluralité des femmes, les punitions y sont les mêmes que dans les autres états de la Guinée.

*Nigritie.* Les Nègres proprement dits, ou habitans de la Nigritie, sont en général brutaux, grossiers, débauchés et paresseux. Ils sont Mahométans dans les villes, et idolâtres dans les campagnes. Pour être bien servi d'un Nègre, il faut l'assujétir à un travail pénible, lui donner beaucoup à manger, et des coups de bâton. Le principal commerce de la Nigritie consiste en cuirs, ivoire, poudre d'or, ambre gris, et surtout dans la vente des esclaves, qui sont des prisonniers faits à la guerre, ou leurs propres femmes et leurs enfans, qu'ils vendent sans pitié.

*Le royaume de Houssa,* situé le long du Niger, est très-étendu. Les habitans ont le teint moins noir, et les traits moins grossiers que les autres Nègres, sont d'un bon naturel, polis, passionnés pour la danse, la musique et les plaisirs.

*Tombouctou.* Le roi du Tombouctou est despotique, il prend le titre de sultan ou de voullo, et paye un tribut à celui de Houssa; son palais, que

L'exagération de certains voyageurs nous a représenté comme si magnifique, n'est autre chose qu'un mesquin bâtiment environné d'un mur en terre, et dont le rez-de-chaussée est composé de huit pièces. C'est le pays de l'Afrique où il y a le plus de police et de tolérance religieuse. Les habitans du Tombouctou sont grands, bien faits, forts, robustes, enjoués et passionnés pour la danse. La justice est rendue par un cadi qui prononce sur toutes les affaires d'après l'esprit de l'Alcoran. Les Nègres du royaume de Darfour tirent leurs principales ressources de l'agriculture, sont d'un naturel enjoué, malpropres, et adonnés au vol, au mensonge et à la débauche. Leurs femmes ne sont point renfermées comme en Turquie, et ils n'attachent aucun prix à leur vertu. La couronne est héréditaire, et le roi a un pouvoir si illimité qu'il peut tout faire, excepté de violer l'Alcoran. À l'époque des semailles, il se rend dans les champs, accompagné de toute sa cour, et creuse de sa propre main plusieurs trous en terre pour y jeter lui-même quelques semences. Les habitans du Kardofan, situé entre le Darfour et le pays de Sennaur, ont la même religion, les mêmes mœurs et à peu près les mêmes usages.

*Nubiens.* Ils sont grands, bien faits, robustes, et ne parviennent jamais à un âge avancé, à cause de tous les excès auxquels ils se livrent dès leur première jeunesse. La guerre et la trahison semblent être leurs seules occupations. Ils se font jeter plusieurs seaux d'eau sur le corps à l'époque des plus grandes chaleurs : c'est le seul moyen qu'ils emploient pour en diminuer l'intensité. Leur habillement est si simple, qu'il se réduit à une chemise de coton bleu de Surate. Leur religion est le Mahométisme. La famille royale est de race nègre; mais les mariages contractés avec des femmes blanches ont extrêmement altéré sa couleur primitive. C'est un usage de faire mourir tous les princes collatéraux. Les Nubiens sont païens, et ont, comme tous les Nègres occidentaux, les cheveux laineux, et le nez aplati. Ceux qui habitent les montagnes et les villages aux environs de Sennaar sont tous soldats du mek ou roi de cette contrée.

*Abyssiniens.* Ils ont le teint olivâtre, la taille élevée, sont robustes, très-féroces, débauchés, mangent la chair crue des animaux, en boivent le sang; ils se croiraient souillés de manger avec les étrangers, et brisent les vases dont ils se sont servis. C'est pour eux une infamie de se mêler en aucune manière des soins du ménage. Ils logent dans des huttes faites de paille et de boue, et le plus souvent sous des tentes. Ils sont moins noirs que les autres Nègres, et n'ont pas le nez aussi épaté ni les lèvres aussi grosses. Leur religion est un mélange grossier de Christianisme et de Judaïsme. Son chef, nommé abuna, ne s'occupe que du spirituel. A chaque victoire on construit une église sur le champ de bataille encore jonché des cadavres des vaincus. Leur année se divise en douze mois de trente jours; à la fin du douzième ils ajoutent cinq jours, et tous les quatre ans un sixième. Le roi d'Abyssinie dispose à son gré des biens et de la vie de ses sujets. Le nombre de ses femmes est illimité, la première est appelée ithégé. Toutes les fois qu'on est admis à se présenter devant le prince, il faut se prosterner jusqu'à terre; il est si méfiant qu'il ne laisse voir aucune partie de son corps excepté ses pieds, même les jours qu'il donne audience ou rend la justice. Il est habituellement assis au fond d'une espèce d'alcôve garnie par devant de jalousies et de rideaux. Quand il redoute quelque danger, il est tout-à-fait inaccessible; et par un trou pratiqué dans un balcon, il donne ses ordres au kal-hatzé, officier chargé de les transmettre aux juges assemblés dans le conseil. La couronne est héréditaire dans la même famille, qui, suivant la tradition du pays, descend de Salomon et de la reine de Saba. A la mort du roi, le premier ministre place ordinairement sur le trône un enfant pour gouverner en son nom. Tous les princes collatéraux sont relégués dans les montagnes où, sur le moindre soupçon, ils sont massacrés. Il n'y a aucune formalité pour les mariages : quand on se convient mutuellement, on se prend sans cérémonie; il en est de même quand on se déplaît ensemble. A la mort de leur mari ou d'un parent, les femmes témoignent leurs regrets en se faisant une incision à chaque tempe avec l'ongle du petit doigt qu'elles laissent croître exprès. Les condamnés à la peine capitale sont sur-le-champ exécutés. Le supplice ordinaire est celui de la croix; le plus terrible est d'être écorché vif. La lapidation est réservée aux Chrétiens, et l'on arrache les yeux avec des pincettes de fer aux conspirateurs et aux rebelles. Les corps des suppliciés sont exposés dans les rues où ils sont dévorés la nuit par les bêtes féroces. Les Abyssiniens vont presque nus, et les femmes n'ont pour vêtement qu'une espèce de chemise qui descend jusqu'aux pieds.

*Congo.* Les habitans sont d'une moyenne taille, communément noirs et assez souvent olivâtres; ils n'ont pas comme les autres Nègres les lèvres grosses et pendantes. Ils sont vifs, enjoués et hospitaliers, ont une passion démesurée pour la musique, beaucoup d'aptitude pour les arts mécaniques, mais une extrême répugnance pour les travaux pénibles. Les habitans des villes vivent des bénéfices du commerce, ceux de la campagne des produits de l'agriculture, les riverains du Zaïre de la pêche. Les femmes sont chargées des travaux les plus durs; leurs mœurs sont très-déréglées. Chaque homme peut avoir autant de femmes qu'il en peut nourrir. Leurs habitations sont de simples huttes de paille, mais assez bien construites. Leur religion est un mélange de Mahométisme et de Fétichisme; ce n'est que dans les endroits occupés par les Portugais qu'on professe le Christianisme. Dans le Congo, les royaumes d'Angola et de Loango, le peuple est partagé en différentes classes, et le gouvernement est despotique, avec droit de vie et de mort. La couronne est héréditaire au Congo et élective à Loango. Il n'est pas permis au roi du Congo de consommer d'autres productions que celles du pays, et il se trouve ainsi privé de l'usage de l'eau-de-vie, aussi commun dans un climat brûlant que dans les régions du nord. Les mariages se font sans l'intervention du prêtre ou du magistrat.

Les habitans du royaume de Loango sont vigoureux, d'une belle taille, très propres au commerce, polygames, ivrognes, superstitieux, ambitieux, débauchés, et cependant généreux. La religion y est à peu près la même qu'au Congo. Il y a si peu de cérémonies et de formalités pour les mariages qu'on ne se donne pas la peine de demander le consentement aux parens : on jette ses vues sur une jeune fille de sept à huit ans, et dès qu'elle a atteint sa dixième année, on l'attire chez soi et on la retient pour être sa femme; certains pères veillent cependant avec soin sur leurs filles jusqu'à ce qu'elles soient nubiles, afin de les vendre à ceux qui les recherchent en mariage. Les femmes sont menées avec dureté, et sont si habituées aux mauvais traitemens, qu'elles croient n'être pas aimées quand elles ne sont pas souvent battues par leurs maris. L'aîné de la famille est l'unique héritier, mais il est obligé de nourrir ses frères et sœurs jusqu'à ce qu'ils soient en état de gagner leur vie. On rend au roi de Loango les mêmes honneurs qu'à la divinité, et l'on ne peut, sous peine de mort, le voir boire ou manger. Il n'est pas permis d'enterrer les Européens décédés dans le pays; leur corps est emporté dans une chaloupe pour être jeté dans la mer.

*Hottentots.* Ils se divisent en trois castes : les indigènes de la colonie du Cap, les Bochismans ou Hottentots sauvages, et les Namaquas. Les premiers, esclaves des Anglais, sont en général bien faits, ont les mains, les articulations et les pieds très-petits, une physionomie désagréable; ils sont traités avec une rigueur inouïe, réduits par leur extrême misère à une tristesse profonde, recommandables par leur fidélité, et d'un naturel tranquille et indolent. Les femmes ont une belle taille qui est bientôt déformée par les travaux pénibles auxquels elles sont assujéties. Les Bochismans, ou Hottentots sauvages, occupent les parties les plus inaccessibles des montagnes, sont très-petits, actifs, enjoués, mais paresseux, ivrognes et très-laids; ont la peau jaunâtre, et, comme les Nègres, le nez aplati et les lèvres épaisses. Ils font continuellement la guerre aux colons du Cap, se servent contr'eux de flèches et de lances empoisonnées, se régalent des entrailles des bêtes féroces et de leurs bestiaux, et croient faire une belle action en donnant la mort aux vieillards infirmes. Les Namaquas sont plus grands, mais moins robustes, et tirent leurs principales ressources de leurs troupeaux.

*Cafres.* Ils ne sont point considérés comme aborigènes, mais comme descendant de quelques tribus errantes d'Arabes Bédouins; ils sont remarquables par la beauté de leur taille et de leur physionomie, naturellement sobres, d'une forte constitution et d'une santé vigoureuse. Ils ne ressemblent en rien aux Hottentots leurs voisins, sont noirs ou trèsbasanés, camus, ont les cheveux semblables à de la laine, et ne sont pas aussi stupides et féroces qu'on les a dépeints. Leur religion se réduit à croire à un être surnaturel, invisible et incompréhensible; ils ne paraissent pas avoir la moindre idée de l'immortalité de l'âme. La punition de l'adultère est une amende ou la répudiation. Le meurtre volontaire est puni de mort; celui occasioné par une défense légitime, une querelle ou un accident, s'expie par une simple amende au profit des parens, plus ou moins considérable suivant les circonstances. Les hommes vont presque nus, et les femmes se bornent à porter seulement une petite ceinture. Ils sont divisés par plusieurs tribus gouvernées par un chef dont l'autorité est fondée sur la justice et la modération.

*Boushouanas.* Ils habitent l'intérieur de l'Afrique méridionale; quoiqu'ils semblent avoir la même origine que les Cafres, ils sont moins grands et moins forts, mais ils l'emportent beaucoup sur eux par l'industrie et la civilisation. Ils ne sont pas tous noirs comme les Cafres orientaux : quelques-uns sont couleur de bronze, d'autres sont d'un brun-rouge comme les Hottentots; ils ont les cheveux plus longs. Ils mènent une vie pastorale, sont très-hospitaliers, se nourrissent principalement de laitage, ne paraissent pas délicats sur le choix des viandes, et font un grand usage du tabac. Le soin de la culture et des récoltes est confié aux femmes, les hommes s'occupent de la chasse, de la préparation des cuirs, de leurs troupeaux, et de la cabane. Ils n'ont aucune cérémonie religieuse, et se bornent à la croyance d'un bon et d'un mauvais génie, ce dernier est invoqué préférablement à l'autre. Leur gouvernement n'est point absolu comme dans les autres pays de l'Afrique. Le roi peut être considéré comme le père de ses sujets, il a le droit de se choisir un successeur ; ce sont les plus anciens qui composent son conseil et exercent la justice. En hiver, les Boushouanas ont des habillemens faits de peaux douces et moelleuses ; l'été, ils s'abritent de l'ardeur du soleil au moyen d'une espèce de parasol garni de plumes d'autruche.

# AMÉRIQUE.

*Canada et peuples circonvoisins.* La population se divise en colons et en indigènes qui ne sont pas encore civilisés. Les premiers, d'un rang élevé, sont très-infatués de leurs préjugés, passionnés pour les plaisirs, très-indolens dans l'intérieur, mais pleins d'ardeur pour la guerre et les expéditions lointaines. La classe du bas peuple est très-insolente; les femmes sont vives, d'un bon caractère et très-propres. Les Canadiens sont, en général, pleins de vanité, très-peu instruits. La religion catholique y est le plus universellement répandue. Le froid y est extrême. Les indigènes sont divisés en différentes tribus : les Hurons, les Iroquois, les Algonquins, etc. L'Iroquois semble être la souche de toutes ces peuplades. Ces sauvages sont intrépides, patiens, agiles, aiment leur indépendance, et font de la chasse et de la guerre leurs principales occupations. Leur commerce consiste en pelleteries ; leurs armes sont la hache et la flèche ; ils se servent aussi du fusil depuis l'arrivée des Européens. Une grande pipe à fumer, nommée *calumet*, et ornée de plumes et d'autres breloques, est entre eux une espèce de symbole qui leur sert de sceau, de signal, d'ôtages pour la paix, les alliances et l'amitié. Leurs cabanes sont construites solidement avec des troncs d'arbres équarris et doublés de planches de sapin en dedans ; mais elles n'en sont pas moins désagréables par l'odeur fétide qu'on y respire. Certains voyageurs rapportent que l'intérieur de leurs habitations est orné des os et des crânes de leurs ennemis. L'un et l'autre sexe sont dans l'usage de se frotter la peau avec de la graisse. (*Voy.* les Costumes des Peuples.)

*Kinsternaux.* Ils habitent une vaste contrée du nord du Canada, ont un idiome et des usages communs avec les autres nations des pays limitrophes, sont industrieux, d'un bon naturel, et se distinguent par leur art à broder leurs vêtemens avec des piquans de porc-épic et des soies de daims gris.

*Chipoyans.* Ils forment une peuplade très-nombreuse, sont d'un caractère paisible, s'abstiennent des liqueurs fortes, ont une langue particulière, abondante et difficile à apprendre, et ne sont ni chasseurs ni guerriers : ce n'est que par leur nombre qu'ils sont redoutables aux Européens. C'est à tort qu'on leur reproche d'être anthropophages ; cependant, malgré la douceur de leur caractère, ils massacrent sans pitié leurs prisonniers. Indépendamment de la métempsycose, ils croient au jugement dernier et à la transmigration des âmes dans un autre monde, où, en récompense de leurs bonnes actions, ils jouiront de tous les plaisirs des sens.

*Esquimaux.* Ils habitent les côtes septentrionales du Labrador, ils ont une petite taille, le visage plat, le nez écrasé, les lèvres épaisses, les dents larges et sales, n'ont d'autre ressource pour exister que la chasse et la pêche, vivent pêle-mêle dans les tanières qu'ils ont creusées sous terre, se garantissent du froid en se couvrant de fourrures, sont lâches, méfians et de mauvaise foi. Ils n'ont pu encore être civilisés, parce qu'ils s'obstinent à fuir les étrangers.

*Louisiane.* Elle fait aujourd'hui partie des Etats-Unis. (*Voyez* page 330.) Elle est encore habitée par plusieurs tribus sauvages, entre autres les Akansas, les Attakapas, les Illinois et les Natchès, etc. Ces différens peuples emploient tout leur temps à la chasse ou à la guerre, se nourrissent indistinctement de la chair de l'animal qu'ils ont tué, sont très-courageux, ont l'horrible coutume de boire dans le crâne de leurs ennemis et d'obliger les vieillards à se poignarder ou à se pendre, sont doués d'une prodigieuse sagacité; et pour se diriger dans leurs longues excursions, ils ont imaginé des espèces de cartes de géographie; ce sont des peaux sur lesquelles ils ont tracé avec la plus grande exactitude les lieux qu'ils ont parcourus, les rivières qu'ils ont traversées. Le commandement de chaque tribu est toujours déféré au plus brave. Le sort des femmes est bien à plaindre; elles sont non-seulement chargées des soins du ménage, mais encore des travaux pénibles de la culture des champs. Les Chikassas sont très-cruels, adroits à tendre des piéges à leurs ennemis, et n'épargnent même pas les Européens. Les Akansas habitent le pays le plus beau et le plus fertile, sont doux et hospitaliers, font avec succès un grand usage des fumigations contre les rhumatismes et autres maladies, et sont si passionnés pour la danse, qu'elle figure dans toutes les affaires. Ils adorent un être suprême sous le nom de *Grand-Esprit* ou de Maître de la vie. Les Attakapas apportent la plus grande attention au choix des chefs des différentes tribus, toujours pris parmi les vieillards en qui on reconnaît le plus d'expérience. Les Illinois habitent une contrée vaste et fertile; ils ont à peu près les mêmes mœurs que les autres sauvages de la Louisiane, mais ils en diffèrent pour le langage. Ils peuvent avoir plusieurs femmes, se marient sans formalité et ont le droit de faire divorce. Les femmes sont très-laborieuses, et les jeunes Illinois recherchent toujours en mariage les filles qui ont le plus de goût et de disposition au travail. Les Natchès adorent le soleil, et en conservent dans leur temple le feu sacré. Lorsqu'ils perdent un enfant, ils suspendent le cercueil aux branches d'un arbre, près de leur demeure, et là souvent le père et la mère, suivis de leurs autres enfans, viennent apporter le tribut de leurs pleurs et de leurs regrets. Tous ces sauvages n'ont point de vêtemens; les jours de parure, ils mettent seulement une ceinture et un chapeau de plumes.

*Floride.* Elle a pris ce nom de ce qu'elle fut découverte, en 1534, le jour de Pâques-Fleuri, par l'Espagnol Ferdinand de Sotto. Les trois peuples indigènes de la Floride sont les Chicassas, les Chactaws ou têtes plates, et les Criks confédérés. Ils sont d'une haute taille, très-forts, fourbes, dissimulés, sales, fainéans, cruels, vindicatifs, voleurs, se font continuellement la guerre entre eux, et emploient plutôt la ruse que la violence. Ils sont si féroces que c'est pour eux un plaisir de répandre le sang. On remarque en eux une passion démesurée pour le jeu, et un extrême penchant au suicide. Leur bonnet est surmonté d'une aigrette; une draperie ou une fourrure autour des reins forme tout l'habillement des femmes.

*Californie.* L'intérieur est occupé par deux nations différentes, les Runsnières et les Eslènes, qui n'ont rien de commun pour le langage. Les premiers n'infligent aucune peine pour le meurtre; chez les autres, il est puni de mort. La polygamie est défendue chez les deux peuples. Ils sont également insolens dans le succès, timides et lâches quand on leur oppose quelque résistance, ne cultivent point la terre, et se nourrissent des fruits qu'elle produit d'elle-même. Ils portent si loin la paresse, qu'ils ne se donnent pas la peine de se construire de petites huttes pour s'abriter ; dans la saison des pluies, ils creusent un logement où ils se retirent pêle-mêle. Quelques-uns, plus industrieux, construisent des canots et font des filets pour la pêche. C'est à leurs femmes qu'ils imposent tout le poids des travaux les plus durs. Avant l'arrivée des Européens, ils allaient tout nus, maintenant ils se couvrent avec quelque peau. Les femmes portent une jupe faite de feuilles de palmier, et qui tombe de la ceinture aux pieds, se couvrent le reste du corps d'un mantelet, et quelquefois de la peau d'un animal. Elles mettent pour parure des colliers de nacre, de perles, entrelacés de coquillages et de noyaux ; quelques-unes placent de petites plumes dans les tresses de leurs cheveux, d'autres y mêlent plusieurs rangs de perles.

*Mexicains.* Les naturels sont basanés, bien faits, adroits, laborieux, doux et fidèles. Quoique naturellement paresseux, ils s'appliquent aux arts et aux sciences. Avant l'arrivée des Européens, ils adoraient le soleil, et sacrifiaient des hommes à leurs idoles. La plupart ont adopté les mœurs des Espagnols, et se sont convertis à la religion catholique. Simples dans leurs habillemens et leur nourriture, ils étalaient, dans la construction de leurs maisons, un luxe qui répondait à leurs prodigieuses richesses. Ils avaient cultivé avec succès les arts, et l'on en trouve une preuve dans les débris de leurs monumens. Un très-petit nombre d'Indiens qu'on n'a pu civiliser, se sont retirés dans les montagnes. Les Créoles (Européens d'origine, nés en Amérique) forment un cinquième de la population ; les indigènes, deux cinquièmes ; les mulâtres (nés de Nègres et d'Indiens), à peu près les deux autres cinquièmes. On y compte environ 80,000 Espagnols et 6,000 Nègres. Ceux-ci sont orgueilleux, emportés, vindicatifs, lâches et paresseux.

*Petites Antilles.* On les appelle aussi Caraïbes, du nom du peuple qui y habitait autrefois, et dont il reste encore à l'île Saint-Vincent quelques descendans mêlés avec des nègres fugitifs. Ils étaient cruels, féroces, vindicatifs, ennemis du repos, et regardaient la bravoure comme la première vertu; ils égorgeaient leurs prisonniers et se nourrissaient de leur chair. Leurs qualités consistaient dans la patience, un courage à toute épreuve, et dans une amitié persévérante. Leur religion était un mélange grossier de déisme et d'idolâtrie, leur croyance en un Etre-Suprême n'excluait pas des divinités inférieures; ils étaient dans l'opinion qu'on ne pouvait apaiser les divinités malfaisantes que par une grande effusion de sang. On leur doit l'invention des hamacs ou lits suspendus dans les navires. Leurs misérables descendans ont encore conservé la coutume d'aplatir la tête des enfans au moment de leur naissance.

*Orénoque.* Les habitans du bord de ce fleuve sont les Caraïbes, les Otomacos, les Maypuras, et autres peuples sauvages plongés dans la plus profonde ignorance, et que, jusqu'à présent, on n'a pu parvenir à dompter ni à civiliser. Les hommes ne s'occupent que de la chasse ou de la pêche. Quoique peu instruits et très-superstitieux, ils croient à un Etre-Suprême auteur de toutes choses, qui est l'objet principal de leurs vœux et de leur culte. Quelques-uns prennent le soleil pour l'Être-Suprême, d'autres, moins sensés, décernent aux crapauds les honneurs de la divinité; ils varient tous dans leur opinion sur le sort de l'âme après la mort. Ces sauvages ne reconnaissent pour leurs chefs que ceux qui endurent sans la moindre plainte la faim, la soif, les fatigues et les tourmens les plus inouis. Le sort des femmes est déplorable, elles éprouvent des traitemens plus durs que chez aucune autre nation sauvage. Elles cultivent seules la terre, font la moisson, portent la nourriture à leurs maris quand ils sont à la chasse ou à la pêche, rapportent le gibier et le poisson, et ont quelquefois un enfant à la mamelle et un autre sur le dos dans une hotte. Les vieillards infirmes ou caduques n'ont aucun soulagement à attendre de leurs enfans, qui sont assez dénaturés pour porter sur eux une main parricide. Leurs armes sont l'arc et les flèches; ils n'ont, pour tout habillement, qu'une ceinture de plumes ou de feuillage.

*Péruviens.* A l'arrivée de Pizarre, ils avaient déjà fait de grands progrès dans les arts, excellaient dans l'architecture, la sculpture, l'exploitation des mines, et l'art de travailler les métaux et les pierres précieuses. Ils adoraient le soleil, et ils lui avaient élevé des temples magnifiques. Leurs souverains, appelés Incas, étaient regardés comme les enfans du soleil; ils avaient pour eux le plus grand respect. Ils étaient régis par un code de lois civiles et religieuses. Chacun possédait une pièce de terre proportionnée à ses besoins; les champs de la veuve et celui de l'homme infirme ou de l'orphelin étaient toujours cultivés les premiers. Les Espagnols y ont répandu le Christianisme, mais les naturels conservent encore la superstition de leurs ancêtres. Ils sont bien faits, robustes, propres à la fatigue; ils ont le teint basané, beaucoup de goût pour la danse et de penchant à l'ivrognerie, sont insoucians, sales et paresseux. Les Espagnols nés en Europe et les Créoles forment à peine la sixième portion de la population. Ceux qui habitent les villes ont adopté le costume espagnol, mais les habitans des campagnes et des montagnes ont conservé quelque chose de l'ancien costume. Les Péruviennes mettent autour des reins une espèce de chemise en forme de robe avec diverses draperies, et pour parure, des plumes en quantité sur la tête et aux bras. (*Voy*. les Costumes des Peuples.)

*Chili*. Les Sauvages qui n'ont pu être domptés par les Espagnols, se sont retirés dans les Cordillières, où ils vivent dans un état continuel de guerre. Ils ont le teint basané, une taille bien proportionnée, les cheveux longs et plats, peu de barbe, sont très-forts, fiers, errans, et n'ont pour habitations que des huttes faites avec des branches; chaque famille a un chef pris parmi les plus anciens; ils n'ont aucune idée de religion, ni temples, ni idoles. Comme chez les autres Sauvages, les femmes ne sont que les esclaves de leurs maris. L'habillement des deux sexes couvre à peine leur nudité ce n'est souvent qu'un tour de plumes qui retombe sur les cuisses. Les Chonos et autres peuplades éloignées des habitations des Européens, vont absolument nus. Les jours de fête, leur plus grande parure consiste à mettre sur la tête des plumes rouges et blanches.

*Brésil*. Les Portugais forment le sixième de la population, les nègres et mulâtres les trois sixièmes, et les naturels les deux autres sixièmes. L'intérieur est habité par les naturels du pays qui n'ont pu être réduits à l'esclavage, ni même à la civilisation. Ils ont en général une taille moyenne, la peau olivâtre, les cheveux gras et lisses, les yeux longs et noirs, peu de barbe, sont forts, robustes, très-agiles et très-adroits à conduire des canots. Ils se tiennent très-écartés des vastes établissemens des Portugais, qu'ils massacrent sans pitié toutes les fois qu'ils les rencontrent isolés. Ils ont l'atroce coutume d'assommer, de faire rôtir, de manger, les jours de fête, leurs prisonniers qu'ils ont eu soin d'engraisser exprès. Ils n'ont point de rois et choisissent pour chefs les plus anciens de chaque tribu. Ils adorent le soleil, sans avoir ni temples, ni prêtres. La nombreuse nation des Tapuyas est la plus redoutable par ses qualités physiques et une cruauté inouie; elle forme soixante et seize tribus qui portent différens noms, et sont toutes aussi féroces les unes que les autres. Tous ces Sauvages vont tout nus; ils mettent une ceinture les jours de fête, et s'ornent le front de plumes de différentes couleurs; les femmes laissent croître leurs cheveux et se couvrent d'une coiffe de coton.

*Pays des Amazones* (le), dont l'intérieur nous est entièrement inconnu, est habité par plusieurs nations idolâtres, aussi cruelles et stupides que les autres Sauvages de l'Amérique. Tous les efforts qu'on a faits jusqu'à présent pour les civiliser ont été inutiles, parce qu'ils s'enfuient précipitamment à l'approche des Européens. Il n'y a rien de précis sur le nom donné à cette immense contrée. On assure qu'elle a été ainsi appelée de ce que les premiers voyageurs ont dit avoir vu des femmes guerrières sur les bords du fleuve; mais il est plus probable qu'elle doit le nom qu'elle porte aujourd'hui à l'erreur de ces voyageurs, qui avaient pris pour des Amazones les Sauvages sans barbe et vêtus à peu près comme des femmes.

*Guyane.* Parmi les tribus sauvages qui vivent éloignées des établissemens des Européens, on compte les Caraïbes, les Accawaws, les Arrowauks et les Worrouws. Les premiers sont plus nombreux et plus belliqueux; ils ont le teint plus clair et les traits moins désagréables que les autres indigènes. Les mœurs et les occupations de ces différentes peuplades varient suivant les lieux qu'elles habitent. Les Indiens retirés dans l'intérieur vivent de leur chasse; ceux des côtes s'occupent de la pêche; ceux qui habitent les endroits les plus écartés se font une guerre continuelle et sont féroces, ce qui fait présumer qu'ils mangent leurs prisonniers.

Les Sauvages de la Guyane ont en général un gros ventre, une petite taille, le teint rougeâtre; ils s'arrachent la barbe, sont ivrognes, paresseux et superstitieux. Le plus grand nombre ne porte aucun vêtement, quelques-uns mettent une ceinture. Lorsqu'une femme accouche, c'est le mari qui garde le lit.

*Patagons.* Ils sont très-grands, mais non des géans, comme l'ont annoncé les premiers voyageurs; ils vivent principalement de la pêche et de la chasse, n'ont point de demeure fixe, et se retirent dans des cabanes faites de peaux et faciles à transporter; ils sont forts, robustes, ont le teint bronzé, les pieds et les mains très-petits, les cheveux longs et presque aussi durs que des soies de cochon. Tout leur habillement consiste dans une peau qu'ils s'adaptent autour du corps avec une ceinture. Ils ont toujours les épaules découvertes, quelle que soit la rigueur du froid. Leurs chiens et leurs chevaux sont leurs principales ressources. Ils n'ont d'autres armes que l'arc et la fronde dont ils se servent avec une adresse extrême. Ils rendent les honneurs divins au soleil, à la lune et aux étoiles.

*Terre-de-Feu.* C'est un pays très-froid, inculte et hérissé de montagnes arides du côté de la mer. Les habitans sont trapus, laids, stupides, apathiques, et passent pour hospitaliers. Leurs cabanes sont faites avec quelques branches liées ensemble et recouvertes de peaux. Tout leur mobilier consiste en un panier, une vessie de poisson pour mettre de l'eau, des filets pour la pêche, un arc et des flèches pour la chasse. La parure des femmes est un bonnet de plumes d'oie avec des colliers faits de petites coquilles. L'habillement des deux sexes est une peau de veau marin attachée sur les épaules et autour des reins.

# OCÉANIE.

*Java* (l'île de) est habitée par les Malais, les Javanais ou naturels du pays, et les Chinois. Ces derniers, au nombre de cent mille, résident à Batavia et dans les environs, et forment, avec les Hollandais, la population la plus industrieuse et la plus active. Les Malais habitent les côtes, sont très-nombreux et divisés en plusieurs classes, gouvernées chacune par un chef responsable de leur conduite; ils sont courageux, robustes, cruels, perfides, aiment passionnément le jeu, ont le teint olivâtre, le nez plat et les cheveux noirs. Leur langue, douce et harmonieuse, est presque en usage dans toute l'Océanie. Les Javanais proprement dits ont la taille moyenne, mais assez bien prise, le front large, le nez écrasé, mais un peu recourbé par le bout, le teint d'un brun clair, et les cheveux noirs rendus luisans au moyen de l'huile de noix de coco. Ce peuple est en général paresseux, arrogant, mais très-timide. Leur arme principale est une espèce de poignard appelé *kris*, de la longueur d'un couteau de chasse. Leur nourriture se compose de riz bouilli avec un peu de poisson; l'eau est leur seule boisson. Leurs cabanes, construites en bois, sont placées près d'un lieu ombragé, et dégarnies de meubles. On vante leur habileté à jouer au ballon. Le Mahométisme est la religion du pays. Les Javanais ont un grand respect pour les tombeaux de leurs saints. Dans un pays aussi chaud, l'habillement est simple et léger (*Voyez* les Costumes des Peuples). Les enfans vont nus jusqu'à l'âge de huit à neuf ans. Les supplices sont très-rigoureux pour les Orientaux, et nécessaires pour intimider et retenir des hommes sauvages, qui, plongés dans une violente frénésie par de trop fortes doses d'opium, se livrent souvent à toutes sortes d'excès, et parcourent les rues de Batavia en tuant indistinctement tous ceux qu'ils rencontrent.

*Bornéo*. L'intérieur est habité par des peuples païens: les Dejakkèses, les Biajous, les Marouts et les Papous. Les premiers se font surtout remarquer par leur extrême férocité. Tous ces Sauvages sont d'une constitution physique très-forte, extrêmement superstitieux, prohibent la polygamie, et punissent de mort l'adultère. L'intime concorde qui règne entre eux est leur plus sûre garantie contre l'ambition des Européens. On ne peut obtenir une femme en mariage qu'en lui apportant la tête d'un ennemi. Celui qui est devenu veuf, et qui désire se remarier, est obligé de donner la même preuve de bravoure à sa future. A la mort d'un Déjakkèse, on n'enlève le corps que lorsque les parens amènent un esclave pour être immolé sur sa tombe.

*Célèbes* ou *Macassar*. Cette île renferme plusieurs états gouvernés par des rajahs indépendans; dans quelques-uns, l'autorité suprême est héréditaire, dans d'autres, elle est élective. Parmi les différens peuples qui se trouvent aux Célèbes, les principaux sont les Boniens, et surtout les Macasses. Les premiers, qui forment la nation la plus puissante, sont fortement musclés, d'un brun clair, rusés, perfides, et si familiarisés aux assassinats qu'ils se font un jeu, pour essayer leurs *kris* ou poignards, de tuer ceux même de qui ils n'ont reçu aucune offense. C'est avec une sarbacane qu'ils lancent à une très-grande distance de petites flèches presque toujours empoisonnées. Les Macasses ne sont pas aussi bien faits, mais ils sont pleins de courage, ont l'air plus martial et une forte horreur de toutes sortes de trahisons. Ils suivent les uns et les autres la religion de Mahomet, et admettent par conséquent la polygamie et le divorce. L'union conjugale, pour laquelle ils ont beaucoup de respect, se prépare de très-bonne heure. Dès qu'un garçon a atteint l'âge d'environ cinq à six ans, son père s'occupe avec soin de lui chercher une épouse qui lui convienne. Le vêtement des deux sexes est simplement un morceau d'étoffe de coton qu'ils mettent autour des reins, le haut du corps reste nu; une espèce de mouchoir enveloppe leurs cheveux qui sont très-noirs et très-longs. Il y a beaucoup de Malais à Célèbes; ils sont Mahométans. Leurs prêtres, appelés *touans*, ont un grand pouvoir; ce sont eux qui négocient les mariages, président aux funérailles et aux autres cérémonies. A la mort d'un rajah, on porte dans la maison commune le corps sur lequel on allume deux lampes, et quatre jeunes filles l'éventent deux jours et une nuit, et lorsqu'il tombe en putréfaction, un cortége de guerriers, avec tous les instrumens de la guerre, l'accompagne jusqu'au lieu de la sépulture.

*Amboine* et îles adjacentes. Ces pays renferment quatre races différentes, les Aborigènes ou Alphouréens, les Amboiniens, les Chinois et les Européens. Les Alphouréens ne se mêlent avec aucune autre nation, habitent les montagnes de Ceram et de Bouro, deux îles dépendantes d'Amboine, et n'ont de communication que pour leurs échanges avec les habitans des côtes. Ils sont moins noirs, mieux faits et plus robustes que les Amboiniens, extrêmement agiles, et ont une vue très-perçante. Ils se nourrissent communément de gibier, et même quelquefois de serpens. C'est un usage atroce établi parmi eux, de ne pouvoir se marier qu'ils n'aient auparavant apporté la tête d'un ennemi à la fille qu'ils demandent en mariage. Les Amboiniens sont paresseux, lâches et efféminés, et ne se livrent au travail que par contrainte ou besoin. Leurs femmes ont beaucoup plus d'activité. Chaque négrerie ou village a un chef particulier, mais il y en a plusieurs qui sont réunies sous l'autorité d'un chef supérieur appelé rajah. Les Amboiniens sont Mahométans, quelques-uns ont embrassé le Christianisme, mais l'un et l'autre culte sont un mélange grossier d'idolâtrie. Les Chinois et les Européens ont conservé dans ces îles leurs mœurs et leur caractère.

*Nouvelle Hollande* (la). Chez les indigènes, la couleur de la peau est mélangée; les uns sont aussi noirs que les Nègres d'Afrique, les autres ont la couleur de cuivre comme les Malais, le nez aplati, des cheveux longs sans être laineux, de larges narines, une bouche d'une grandeur démesurée, les yeux enfoncés et surmontés d'épais sourcils. Ils sont petits et très-maigres. La nature semble les avoir dédommagés de cette extrême laideur par l'égalité et la blancheur des dents, et une vue extraordinairement perçante. L'huile de poisson dont ils se frottent pour se garantir de la piqûre des insectes, le blanc et le rouge dont ils se colorent, les rendent aussi horribles que dégoûtans, par la mauvaise odeur qu'ils exhalent. C'est, de tous les peuples, celui qui est le moins civilisé et qui manque le plus d'intelligence. Les huttes, en forme de four, sont grossièrement construites avec des écorces d'arbre. On y entretient le feu à l'ouverture et laisse pénétrer la fumée dans l'intérieur; on y dort pêle-mêle, sans aucun égard pour la différence des sexes. Les habitans des côtes se nourrissent de poisson, ceux de l'intérieur de leur chasse. Ils sont divisés par familles distinguées par leur résidence, et donnent le titre de *Beana* ou père, au plus âgé de la famille. La tribu la plus nombreuse et la plus forte s'est arrogé le privilége, aussi singulier que barbare, d'arracher une dent aux jeunes gens des autres tribus, comme une marque de subordination de leur part. Leur religion se réduit à une idée très-confuse de l'existence future; ils croient qu'après leur mort ils retourneront aux nuages dont ils sont originairement descendus, et allient à cette opinion la croyance à la magie, aux sortiléges et aux spectres. Rien n'est plus odieux ni plus bizarre que les dispositions de ces Sauvages pour se marier; l'union conjugale n'est accompagnée chez eux d'aucune cérémonie. Lorsqu'un jeune homme aperçoit une femme qui lui plaît, il l'engage à le suivre; en cas de refus, il la menace; si elle persiste, il la jette par terre, la frappe à coups de bâton ou avec une épée de bois, et, toute meurtrie, il l'emmène de force dans sa cabane. (*Voyez* les Costumes des Peuples.)

*Diémen* (la terre de Van). Le nombre des indigènes est absolument inconnu. Ils ont une taille moyenne, les cheveux crépus et laineux comme les nègres d'Afrique, mais les traits moins désagréables, sont francs, enjoués et très-féroces; vont tout nus, se noircissent les cheveux, la barbe et le visage avec un mélange de graisse et de charbon, et n'ont d'autre ressource que la pêche pour exister. Ils se distinguent des autres Sauvages par un usage barbare qui leur est particulier. Ce sont les femmes qui, au risque d'être dévorées par des requins, sont obligées de plonger dans l'Océan, pour y ramasser des crustacées et des coquillages, tandis que leurs maris attendent paisiblement qu'elles rapportent les provisions.

*Nouvelle-Guinée*, ou *Terre des Papous*. L'intérieur est habité par une race d'hommes nommés *Haraforas*, beaucoup plus sauvages que ceux qui vivent sur les côtes. Les Papous approchent beaucoup des Malais pour la figure et la couleur; ils ont un extérieur hideux et presque effrayant, les cheveux longs sans être laineux, le nez épaté, une bouche démesurée, les lèvres, surtout la supérieure, extrêmement épaisse, la peau souvent défigurée par des cicatrices faites exprès et semblables à la lèpre, des anneaux ou des arêtes à travers le nez qu'ils ont percé, et des défenses de sanglier suspendues à leur cou. Ils sont robustes, mais très fainéans, n'ont qu'une ceinture autour des reins, ne se nourrissent que de fruits sauvages, de leur pêche et de leur chasse, et sont très-adroits à construire et diriger leurs pirogues. Les femmes ont la tête plus petite, sont moins difformes, plus industrieuses, et ont beaucoup d'adresse à faire des nattes et à fabriquer des pots de terre. Leur langue a quelque rapport avec celle des habitans de Bornéo. Les Papous, comme beaucoup d'autres insulaires, construisent leurs habitations dans l'eau, sur pilotis. Leur pays est trop peu connu pour savoir parfaitement quelles sont leurs opinions religieuses. Tout ce qui est parvenu à notre connaissance, c'est qu'ils ont une grande vénération pour les restes de leurs ancêtres ou de leurs proches, et qu'ils leur élèvent des tombeaux quelquefois ornés de sculptures.

*Nouvelle-Zélande.* Les naturels sont d'une couleur basanée; on en trouve cependant quelques-uns de blonds. Ils ont à peu près la même taille que les Européens, et les traits assez réguliers et agréables. Ils poussent la vengeance à un tel point qu'elle n'est assouvie que par la mort de leurs ennemis; ils sont anthropophages, et avec une atrocité inconnue aux autres nations sauvages. Ils goûtent un plaisir barbare à couper par morceaux, à faire rôtir, à dévorer les corps encore palpitans de leurs ennemis, et leur férocité dans les combats se décèle par les plus affreuses grimaces. Plus cruels que les habitans de la Nouvelle-Hollande, ils sont plus industrieux, et mettent beaucoup plus d'art dans la construction de leurs cabanes et de leurs pirogues. Ils ornent ordinairement ces canots d'une tête ciselée, dont la figure peint la rage. Ainsi on démêle, à travers leur industrie, la cruauté de leur naturel. Les armes dont ils se servent sont la lance, la javeline et une espèce de massue. Le peuple paraît divisé en différentes tribus, qui se font entre elles une guerre d'extermination. Le suicide est très-commun chez eux. Ils croient à l'immortalité de l'âme, et sont dans l'opinion que trois jours après l'enterrement du mort elle se sépare du corps, et qu'une divinité bienfaisante l'enlève dans les nuages, tandis qu'un esprit malin précipite le corps dans la mer. Ils ont des prêtres, mais il ne paraît pas qu'ils aient des temples. Leur vêtement ordinaire est une robe de lin ou de jonc grossièrement fabriquée et attachée sur leurs épaules comme un manteau. (*Voy.* les Costumes des Peuples). Les habitans des côtes se couvrent d'une étoffe plus fine, faite avec un lin soyeux qui croît naturellement sur les bords de la mer. Ils portent aux oreilles de petits morceaux de sad vert (minéral précieux), et ont le visage barbouillé de rouge.

*Nouvelle-Irlande* (la) nous est encore très-peu connue. Les habitans sont noirs et ont les cheveux laineux, mais ils n'ont pas l'épaisseur des lèvres ni l'aplatissement du nez comme les nègres; ils se barbouillent tout le corps de blanc, et couvrent leurs cheveux d'une poudre de la même couleur. On les dépeint comme cruels et belliqueux.

*Nouvelle-Calédonie.* Les habitans ont une taille médiocre, la peau noire, les cheveux laineux. Comme les productions du sol ne suffisent pas à leur subsistance, ils sont naturellement féroces. On assure qu'ils dévorent le corps de leurs ennemis tués à la guerre. Ils se nourrissent ordinairement de coquillages, de poisson cru, de patates et d'ignames. Quoiqu'ils soient habitués à se coucher en plein air, ils ont cependant des maisons construites en forme de ruches, mais inhabitables à cause de la chaleur et de la fumée. Ils portent des masques de bois de cocotier pour se garantir de la piqûre des insectes. Leurs chefs ont sur eux une autorité très-bornée. Leurs armes sont la zagaie (sorte de javelot), et la massue, artistement fabriquées.

*Pelew* (les îles) ou *Palaos.* Les habitans ont une constitution vigoureuse, une taille assez haute et bien proportionnée, un teint plus foncé que la couleur cuivrée, mais qui n'est pas tout-à-fait noir, les cheveux longs et flottans. Ils sont d'un naturel doux, gai et affable. Ils ont l'habitude de se tatouer et de se teindre les dents en noir. Une petite pagne, très-étroite, est tout l'habillement de ces insulaires; les femmes portent deux petits tabliers faits avec la filasse de la noix de coco. Leur principale nourriture est le poisson, auquel ils ajoutent une espèce de confiture faite avec la canne à sucre. Leurs maisons sont formées d'un simple assemblage de planches et de bambous, sur une assise de larges pierres élevées de trois pieds au-dessus du sol. Leurs principaux meubles consistent dans des vases de terre de forme ovale, et des espèces de couteaux faits avec des coquilles de moule ou avec du bambou fendu. Ils sont gouvernés par un roi dont l'autorité est absolue, et qui a sous ses ordres plusieurs chefs qui forment son conseil; il est considéré comme le propriétaire du territoire, et ses sujets ne possèdent en propre que leur mobilier. Les insulaires sont polygames, n'ont point de religion, croient à l'immortalité de l'âme, et enterrent les morts avec beaucoup de respect.

*Mariannes* (les îles) ou *des Larrons*, au nombre de quinze, (*Voy.* p. 342). Les naturels sont laids, noirs, de petite taille, très-sales, et parviennent à la vieillesse sans avoir été malades. Les femmes font consister la beauté à avoir les dents très-noires et les cheveux blancs, et c'est pour se procurer ce double avantage qu'elles font usage de certaines plantes et d'eaux préparées à cet effet. Ces insulaires sont devenus doux, honnêtes, hospitaliers, et si confians entre eux, qu'ils laissent, sans danger, leurs maisons ouvertes le jour et la nuit. On leur reproche d'être légers, et cependant capables de méditer, pendant plusieurs années, la plus noire vengeance. Ce peuple est divisé en trois classes, les nobles, le peuple, et les gens d'une condition médiocre. Les premiers sont polis, mais fiers et insolens. Ce ne sont point leurs enfans qui héritent, ce sont leurs frères ou neveux qui prennent alors le nom de celui qui est décédé ou du chef de famille. Chacun se fait justice à soi-même, et les démêlés entre les différentes peuplades se terminent par la guerre. Faciles à s'irriter, elles courent promptement aux armes, marchent sans chef et sans ordre, et n'ont d'autre tactique que les moyens que leur suggère la ruse. La mort de deux ou trois ennemis met fin aux hostilités. Par un usage contraire à ce qui se pratique chez les autres Sauvages, les femmes ont toute l'autorité dans le ménage. Ont-elles à se plaindre de leurs maris, elles les maltraitent impunément, les quittent et reprennent leur première liberté. En cas de résistance, elles se font aider, pour les chasser, par leurs parens et les autres femmes du village. Dans la séparation, la femme conserve ses biens et emmène ses enfans, qui considèrent son nouvel époux comme leur propre père.

*Sandwick* (les îles), au nombre de onze (*Voy.* p. 342). Les habitans sont grands, vigoureux, actifs, agiles à la course, plus civilisés que les autres insulaires, capables de résister aux plus dures fatigues. Ils ont les yeux grands et noirs, les cheveux bruns et flottans, et le bout du nez aplati; ils sont dans l'usage de se tatouer. Leur vêtement est une simple étoffe qui passe entre leurs cuisses et se rattache derrière les reins. Dans les combats ils portent, en guise de bouclier, une natte épaisse artistement travaillée. Les jours de cérémonie, les chefs se couvrent d'un manteau dont le fond est un réseau sur lequel sont rapprochées des plumes jaunes et rouges, avec un tel art, qu'elles ont l'apparence d'un velours lustré. Le costume des femmes consiste dans un léger manteau orné de plumes de diverses couleurs. Les hommes se rasent la tête de deux côtés en ne laissant au milieu qu'une bande étroite de cheveux. Les femmes coupent les leurs par derrière et les relèvent par devant. Quoiqu'ils traitent leurs femmes comme leurs compagnes, elles sont obligées de manger séparément. Ils sont gouvernés par un roi absolu. La nation est partagée en trois classes: les chefs de districts; les propriétaires, qui ne prennent aucune part au gouvernement, et les toutons qui n'ont ni rang ni propriété. Ces insulaires ont renoncé aux sacrifices humains, au culte des idoles, et ont livré aux flammes tous les objets de leur ancienne croyance.

*Marquises* (les) forment un groupe de cinq îles. Les mœurs des habitans sont très-corrompues; ils se tatouent, sont grands, bien faits, doux, propres, humains, hospitaliers, et ont le teint basané, les cheveux courts et la barbe longue. Ils ont autant de goût pour les plaisirs que d'insouciance pour le travail, et commettent sans scrupule les petits vols. Leur industrie pour la fabrication de leurs armes et la construction de leurs pirogues, est la même que celle des autres insulaires du grand Océan. Ils se nourrissent de volaille, de poisson, et préférablement de fruits; l'eau pure est leur boisson ordinaire. Ils ont un grand nombre de divinités; chaque canton a son moraï ou temple, et les morts y sont enterrés sous de grosses pierres. Les coutumes leur tiennent lieu de lois. La polygamie est permise, surtout pour leurs chefs, qui ont d'ailleurs une autorité très-limitée.

*Otahiti* (l'île). Les Otahitiens sont forts, bien faits, se tatouent, ont une taille élevée, le teint brun et de très-belles dents. L'un et l'autre sexe emploient le suc de certaines plantes pour rendre ineffaçables les sillons qu'ils se font sur la figure. Quoique leurs mœurs soient très-dissolues, ils sont portés entre eux à la douceur, à la bienveillance, et surtout à la bonne foi, qualité qu'on peut attribuer à la communauté des propriétés; car chacun a le droit de prendre les choses nécessaires à sa subsistance. La pêche et les combats sont les seules occupations des hommes, presque toujours en guerre avec les habitans des îles voisines. La polygamie est établie à Otahiti. Les femmes sont chargées de la culture des champs, des soins du ménage, et traitées néanmoins avec égard. Les alimens des Otahitiens sont les végétaux, le poisson, et très-rarement la viande; ils ne boivent que de l'eau pure, et ont une extrême répugnance pour le vin, l'eau-de-vie, le tabac et toutes les odeurs fortes. Ils font preuve de beaucoup d'industrie dans la construction de leurs maisons, qui sont dispersées sans aucun ordre dans des lieux ombragés, et communiquent ensemble par de petits sentiers. Pour tout vêtement, les hommes et les femmes ont une ceinture; les principaux habitans y ajoutent une pièce d'étoffe qu'ils laissent tomber sur les genoux. (*Voy*. les Costumes des Peuples.) Les Otahitiennes se garantissent du soleil au moyen d'un petit chapeau de canne orné de fleurs. Elles portent, ainsi que les enfans, de très-belles perles autour du cou et aux oreilles. Le gouvernement est monarchique et héréditaire dans la même famille. Le pays est partagé en petits cantons régis chacun par un chef qui ne décide de rien sans l'avis d'un conseil formé par les principaux habitans. Ces insulaires croient à un Etre Suprême, à l'immortalité de l'âme, admettent une foule de divinités subalternes, et n'ont aucune idée d'un châtiment futur. Chaque famille a un esprit gardien, qui est l'objet de son culte particulier. Malgré la douceur de leur caractère, ils sacrifient des victimes humaines. Ils placent les morts sur un échafaud, vont verser des larmes auprès, les frottent avec de l'huile sans être rebutés par la putréfaction, et ne les emportent à la maison pour les y conserver, que lorsque les cadavres sont réduits à l'état de squelette.

*Pâques* (île de), située dans le Grand-Océan, fut reconnue en 1721 par Roggewni, et ensuite par Lapérouse. Ces insulaires ressemblent aux autres Sauvages de la Polynésie; ils ont les cheveux noirs, une petite taille, mais ils sont vifs, agiles et laborieux; ils dessinent des figures sur leur peau, et s'allongent tellement les oreilles, qu'elles tombent souvent sur leurs épaules. Leurs huttes sont communément construites en pierres, et la porte en est si basse qu'ils ne peuvent y entrer qu'à genoux et sur leurs mains. Leurs moraïs ou temples sont des espèces de plates-formes hautes de 15 pieds, et surmontées de colonnes informes, elles servent aussi de cimetières. Ils ont su par leur industrie suppléer à l'ingratitude du sol. Leur habillement est un manteau d'écorces d'arbre, une ceinture autour des reins; et pour coiffure une couronne de plumes; ce qui distingue le roi et les chefs du reste de la nation, est la couleur jaune et un bâton.

# EUROPE.

*Islandais.* Ils se distinguent par leur bonne foi et leur attachement pour leur patrie; ils sont petits, malpropres, crédules, mélancoliques et passionnés pour l'eau-de-vie et pour le jeu des échecs. Ils mangent de très-mauvais pain, du poisson sec, et la chair des ours et autres animaux qu'ils prennent sur la glace. Leurs maisons sont très mal bâties, et la fumée s'en échappe, comme chez les Sauvages, par un trou pratiqué dans la toiture. On considère leurs légendes comme les documens les plus précieux pour l'antiquité du Nord. Les femmes n'emmaillotent pas leurs enfans, les nourrissent très-peu de temps, et les laissent couchés par terre où ils sont libres de leurs mouvemens, ce qui leur donne de la force. Le vêtement et la coiffure des femmes sont d'un très-mauvais goût. (*Voy.* les Costumes des Peuples.)

*Lapons.* Ils sont malpropres, paresseux, perfides, brutaux, colères, superstitieux, mais agiles et très-adroits à construire leurs canots et leurs traîneaux; ils aiment passionnément l'eau-de-vie et la fumée du tabac, et préfèrent la vie errante à l'état sédentaire. Leur taille est à peu près de quatre pieds et demi; ils ont le teint pâle et basané, une grande bouche, le nez camus, le menton allongé, les joues plates, la poitrine et la tête larges, les yeux enfoncés et presque toujours rouges à cause de la fumée dont leurs cabanes sont remplies. La durée des crépuscules, les aurores boréales et la clarté de la lune, les dédommagent en quelque sorte de la longue absence du soleil. (*Voy.* pag. 38.) Ils font leurs cabanes avec des piquets rangés en forme de cône, les couvrent par dessus de planches de gazon ou de mousse, et laissent un trou au comble pour donner passage à la fumée. Toutes leurs occupations consistent dans la chasse, la pêche et le soin des troupeaux de rennes. (*Voy.* pag 282.) Les femmes, laides et très petites, font les filets, traient les rennes et font sécher le poisson, qui, réduit en poudre, tient lieu de farine. Malgré la rigueur du climat, les Lapons aiment singulièrement leur pays. Ils ne mettent point de chemise, et tout leur habillement, en hiver, est de peau de renne dont le poil est en dehors. (*Voy.* les Costumes des Peuples.)

*Russes.* Ils sont divisés en quatre classes : 1°. les nobles, 2°. le clergé, 3°. les personnes libres, 4°. les paysans ou serfs. Les mœurs des premiers approchent de celles de l'ancienne noblesse française; ils aiment les voyages, ont beaucoup d'instruction et de politesse. Les Russes sont en général sains, amoureux, braves, patiens, humains, très-agiles et d'une extrême gaîté. On n'évalue pas en Russie la propriété d'après la qualité et l'étendue du sol, mais d'après le nombre des paysans qui y restent attachés. Les habitans des campagnes se nourrissent d'alimens grossiers; leurs cabanes sont faites avec des troncs d'arbres entassés les uns sur les autres et grossièrement équarris. Ils couchent ordinairement sur des bancs ou à terre, et l'hiver sur une espèce de four en briques très-grand et plat par-dessus. (*Voy.* les Costumes des Peuples.)

*Finlandais.* Ils sont affables, hospitaliers, sobres et économes. Les provisions qu'on trouve chez eux consistent en lait caillé, en harengs fumés, en viande salée. Les maisons des paysans sont bien bâties, quoique en bois. Comme leurs besoins sont bornés, ils convertissent leurs économies en vaisselle et autres ustensiles. Les femmes ont l'habitude de porter sur leurs habillemens des chemises de toile, les hommes n'ont au contraire à la maison que la chemise et la veste.

*Turcs.* Ils sont intelligens, réfléchis, amis du repos, passionnés pour les chevaux, l'opium, le café et la pipe, très-hospitaliers entr'eux, mais cruels envers les Chrétiens; vindicatifs, ignorans et superstitieux. Ils doivent aux Arabes le goût des parfums. Leur religion leur permet la polygamie, le divorce, et leur commande l'abstinence du vin. Les femmes, sévèrement surveillées, sont enfermées dans des lieux inaccessibles à tous les regards, appelés *harem*; celui du sultan porte le nom de sérail. L'usage est de marier les garçons de treize à quatorze ans, et les filles de dix à onze. Le mariage se contracte devant un tribunal de paix, et les deux époux n'ont pas la permission de se voir avant le jour de leurs noces. Le mari s'engage à se charger des enfans, dans le cas où il répudierait sa femme. Un Turc peut avoir quatre femmes, un homme du peuple en a rarement plus d'une. L'empalement est un supplice affreux en usage chez ce peuple; il consiste à ficher un pal aigu dans le fondement, et à le faire passer par la gorge ou l'épaule. (*Voy.* les Costumes des Peuples.)

*Grecs.* Quoiqu'ils aient bien dégénéré de leurs ancêtres, ils sont actifs, enjoués, hospitaliers, mais ignorans malgré leur aptitude pour s'instruire. Les Epirotes et les Maynottes ont conservé leur antique valeur, et l'on retrouve presque les mœurs des anciens Grecs parmi les habitans des montagnes. Ils portent un petit gilet rayé, une très-large culotte ou espèce de jupe avec une ceinture, et par-dessus un bonnet élevé et pointu lorsqu'ils voyagent. L'habillement des femmes est dans le goût oriental.

*Albanais* (les) sont d'une haute taille, très-forts, excellens cavaliers et grands voleurs. Les femmes sont industrieuses, et ne mènent point une vie indolente comme dans le reste de la Turquie. (*Voy.* les Costumes des Peuples.)

FIN.

---

Imprimerie de J<sup>H</sup>. MORONVAL, rue Galande, n°. 65.

*Ouvrages nouveaux qui se trouvent chez* J<sup>s</sup>. MORONVAL, *Imprimeur-Libraire, rue Galande, n°. 65;*

**LE CONDUCTEUR DE L'ETRANGER A PARIS.** Edition ornée de vingt-quatre planches en taille douce représentant les plus beaux Monumens de Paris, et d'un Plan. Par F.-M. Marchant. Prix : 4 f.

**LE PLAN DE PARIS.** Prix : 1 fr. 20 c.

---

**INSTRUCTION SUR L'HISTOIRE DE FRANCE**, par LE RAGOIS, continuée jusqu'au Couronnement de S. M. CHARLES X; augmentée d'une Chronologie en vers des Rois de France par M. DE FOSY, Professeur de Géographie, de Langues, etc. Edition ornée des portraits de nos Rois, admis par les beaux arts, gravés par M. Thompson et M<sup>me</sup>. Dupont, et d'un très-beau Frontispice en taille-douce par M. Hocquart; suivie de l'Histoire Ancienne, Grecque et Romaine, d'un Abrégé de Géographie, de Mythologie, des Métamorphoses d'Ovide, etc. Ouvrage admis pour la Bibliothèque de LL. AA. RR. les ENFANS DE FRANCE. 2 vol. in-12. Prix, br. : 3 fr.; et 4 fr. reliés.

---

**LA MORALE EN ACTION,** ou Choix de Faits mémorables et instructifs, propres à faire aimer la Religion, la Sagesse, à former le cœur par l'exemple de toutes les vertus; à l'usage de toutes les Ecoles. Edition ornée de quatre planches en taille-douce. Par M. Hocquart. Un volume in-12 de 400 pages. Prix, br. : 2 fr.

www.ingramcontent.com/pod-product-compliance
Lightning Source LLC
Chambersburg PA
CBHW060515230426
43665CB00013B/1519